中华人民共和国体育科技发展史

（第二版）

黄汉升　主编

科学出版社

北京

内 容 简 介

本书在保留上一版对中华人民共和国成立至2000年期间体育科技发展历程梳理的基础上，重点增补了21世纪以来中国体育科技的快速发展历程。全书以"科技兴体"战略为主线，系统梳理了体育科技政策演变、科研机构发展、学科建设深化、科技成果转化等方面的重要成就，深入阐述了体育科技在全民健身、竞技体育和体育产业等领域的应用与创新，充分反映了体育科技在国家重大赛事中的支撑作用。

本书适合体育科技工作者、体育院校师生、体育科研人员以及关注体育科技发展的读者阅读参考。书中翔实的历史资料和系统的理论分析，可为相关领域研究者的学习、研究，以及管理者的决策提供重要参考。

图书在版编目(CIP)数据

中华人民共和国体育科技发展史 / 黄汉升主编. 2版. --北京：科学出版社，2024.12. -- ISBN 978 7 03-080892-9

Ⅰ. G812.97

中国国家版本馆 CIP 数据核字第 2024K10Q82 号

责任编辑：张佳仪／责任校对：谭宏宇
责任印制：黄晓鸣／封面设计：殷　靓

科学出版社 出版
北京东黄城根北街 16 号
邮政编码：100717
http://www.sciencep.com

南京文脉图文设计制作有限公司排版
上海雅昌艺术印刷有限公司印刷
科学出版社发行　各地新华书店经销

*

2002 年 12 月第 一 版　开本：787×1092　1/16
2024 年 12 月第 二 版　印张：22 3/4
2024 年 12 月第三次印刷　字数：457 000

定价：160.00 元
(如有印装质量问题，我社负责调换)

《中华人民共和国体育科技发展史》(第二版)编委会

主　编

黄汉升

副主编

罗超毅　陈俊钦

编　委

（按姓氏笔画排序）

王相飞　王润斌　王　琪　王　雷
方千华　朱昌义　刘红建　许红峰
陈作松　陈俊钦　罗超毅　孟春雷
徐建华　郭惠杰　黄汉升　谢正阳
韩淑燕

第二版前言

进入 21 世纪，我国体育科技发展迈入崭新阶段。在国家政策的大力支持和社会各界的共同推动下，体育科技作为建设体育强国的重要支撑，为全面推进体育事业现代化注入了强大动力。新时期的体育科技不仅在竞技体育、全民健身和体育产业等领域中发挥了关键作用，更成为推动国家健康战略和社会进步的重要引擎。

在过去的二十多年间，中国的体育科技体系逐步完善，各类科研机构蓬勃发展。信息化和智能化手段的广泛应用，使科技力量成为提升我国竞技体育水平、改善国民体质、推动体育产业发展的重要保障。从 2008 年北京奥运会的"科技奥运"到 2022 年北京冬奥会的"科技冬奥"，体育科技在国家重大赛事中的支撑作用日益彰显，标志着我国体育科技的持续创新与整体升级。

为系统梳理和全面总结这一重要历史进程，我们在上一版的基础上，以"科技兴体"战略为导向，编纂了《中华人民共和国体育科技发展史》第二版。本书延续了第一版"史论结合"的写作方法和思路，以历史事实为基础，从多维视角勾勒 21 世纪我国体育科技的发展轨迹。全书围绕政策与体制机制改革、科技支撑体系建设、学科全面发展、科技服务应用等主题，深入考察各领域的发展变迁，并结合时代背景，客观呈现我国体育科技的发展路径与内在逻辑。

本书按照 21 世纪以来中国体育科技发展的脉络，系统梳理了重大事件、体制机制改革、科技创新成就，深入总结了体育科技政策演变、科研机构发展、学科建设和科研成果转化应用等方面的经验与启示。特别关注了新时期体育科技服务社会的多元发展，包括全民健身、体育产业和竞技体育等，客观反映体育科技在提高民众健康水平、提升竞技体育表现和推动社会经济发展方面的积极作用。

需要说明的是,考虑到篇幅精简及知识产权保护等出版规范,上一版中收录的重要政策文件和各级各类奖项等内容在本书中进行了删减和更新。书中有些统计数据可能超出或不足2022年,因此时间范围未严格限定在2022年。鉴于体育科技史料浩繁,虽力求全面,仍恐有所疏漏,敬请读者批评指正。

本书既是对21世纪以来中国体育科技发展的系统总结,也是对体育科技创新历程的翔实记录。期望这部著作能为体育科技工作者、研究者及关注者提供有价值的参考,为中国体育科技的未来发展提供历史借鉴与理论支持。

编 者

2024 年 6 月

第一版前言

在中华五千年的文明史上,中华人民共和国的历史,是历史画卷中最辉煌的篇章。翻开中华人民共和国的历史,当代中国科技发展史占有着重要的地位。

在漫漫的历史长河中,50年不过是短暂的一瞬。但是,新中国的体育科技事业却在艰难的起步中,谱写出了光辉灿烂的篇章。

在50年体育科技实践过程中,新中国虽然经历了曲折与教训,然而,更多的则是积累了宝贵的经验。因此,对新中国体育科技50年的历史进行系统的回顾与总结,进行全方位的分析和研究,是一项具有开创意义的研究工作。

摆在面前的这部《中华人民共和国体育科技发展史》,是1998年国家社会科学基金资助项目课题。该课题试图理清新中国体育科技发生、发展的历史线索,对这一历史过程的主要阶段性特征及重大的历史事件做出客观的分析与科学的评价,总结其中的经验与教训,认识历史发展过程中蕴含的客观规律,为全面贯彻"科技兴体"战略方针,推动体育科技的改革和发展,提供重要的历史借鉴。

本书力求有史有论,史论结合,论从史出,一切以历史事实为基本出发点,将新中国体育科技发展的历史划分为起步探索、停滞和恢复发展三个阶段;以50年来重大体育科技事件为主线,从不同侧面,多角度、深层次地勾勒出我国体育科技工作者在党的亲切关怀下,辛勤耕耘,无私奉献,为我国体育科技事业的发展所做的贡献。

对于新中国每个历史阶段的体育科技,我们都将其放在当时的政治、经济、科技、文化的历史大背景下加以分析和考察,力求做到历史与逻辑的统一、资料和观点的统一、理论和实践的统一,并以历史事实为依据,观点取自史料,规律来自历史发展过程的概括。

本书在内容上,一方面力求体现出"史论结合",对体育科技发展的历史演进过程进行考察和叙述,并做出恰当的批判与论证,以突出著作的学术理论性质;另一方面,在材料的组织、观点的陈述以及理论的分析上,紧扣体育科技这一主题,引用其他材料时亦服务于这一点,从而在研究内容上形成特色。

本书以历史的回顾与总结为基础,但不是史料的简单罗列和堆砌。在课题的研究中,进行了严密的逻辑分析与论证,且以历史事实为依据进行理性推断,并立足于历史事实进行科学分析与评价,实现了课题研究的目标。此外,对所阐述的各个问题,本书不仅仅停留在史料的搜集和整理上,而是经过认真的思考、分析所得到的理性判断;更重要的是,这些概括与提炼,有利于人们理解和认识我国体育科技发展的历史进程。从这个意义上讲,本书既是一部体育科技发展史,又是一部体育科技的探索史。

本书在体例上,采用章节编排。"总论"是全部研究的产物,既是对本书的一个高度概括,又是全部研究的思路,即全书的导论。各章都对其对应的历史进行了概述,以说明体育科技发展与社会、政治、经济、科技、文化发展的内在联系,以统帅这一时期体育科技的历史事件与事实,从而确定这一历史阶段最为本质的问题。这样做,既展现出历史发展过程,又呈现出历史发展中的重大事件,给人们以较为完整的历史轮廓。

由于篇幅受限,有些文献和史料不能大量地引用,只在有关问题的叙述中标明其出处,以供读者查阅。

书末还集录了我国体育科技重要方针、政策、规划等历史文献和资料。

编　者
2002 年 8 月

目 录

总论 001
    一、起步、探索阶段(1949~1965年) 001
    二、停滞阶段(1966~1976年) 004
    三、恢复与逐步发展阶段(1977~1999年) 004
    四、快速发展阶段(2000年至今) 014

第一章　模仿借鉴、独立探索、曲折发展的中国体育科技 016
  第一节　建立与健全体育管理体制 016
  第二节　发展体育教育事业,培养体育科教人才 018
    一、发展高等体育教育 018
    二、加强体育干部培训 021
    三、研究生教育的起步与发展 023
  第三节　创办体育报刊,促进宣传交流 025
  第四节　创建体育科研机构,开展体育科学研究 027
    一、基础薄弱,底子薄 027
    二、体育科学研究得到重视 028
    三、体育科学研究的起步与发展 029
    四、体育科研机构的创建 031
    五、加强交流、探索提高 032
    六、制定体育科学研究规划 033
    七、十年内乱差距拉大 034
  第五节　苏联模式对我国体育科技发展的影响 035
    一、依靠苏联、学习苏联 035
    二、经验教训 038
  第六节　错误思想对体育科技发展的影响与干扰 039
    一、武术的学术性讨论与转向 039
    二、学术问题政治化 040

  三、《体育运动十年规划》及影响 　　041

第二章　体育科技的春天　　043
 第一节　体育科技热潮的兴起　　043
  一、全国体育科技工作会议召开　　043
  二、中国体育科学学会成立　　044
  三、振兴体育，必须加强科技工作　　051

第三章　改革开放带来体育科技实力的增强　　053
 第一节　体育科技体制改革　　053
  一、历史背景　　053
  二、科技体制改革的新篇章　　056
 第二节　新时期体育科技的政策与法规　　066
 第三节　体育科研机构的大发展　　068
  一、我国最大的综合性体育科研机构——国家体育总局体育科学研究所　　069
  二、最大的体育科技信息服务机构——国家体育总局体育信息研究所　　069
  三、享誉国内外的专业性研究所——国家体育总局运动医学研究所　　070
  四、国家体育总局昆明体育电子设备研究所　　071
  五、国家体育总局成都运动创伤研究所　　071

第四章　体育科技支持系统的改革与逐步完善　　073
 第一节　信息支持系统　　073
  一、改革中的体育情报体系　　073
  二、体育宣传出版的发展　　076
  三、各舆论媒体体育宣传的发展　　080
 第二节　实验设备支持系统　　084
  一、国家级重点实验室——兴奋剂及运动营养研究测试中心　　085
  二、国家体育总局体育科学研究所中心实验室　　085
  三、江苏省重点实验室——运动生物力学实验室　　086
 第三节　教育支持系统　　087
  一、院、系的整顿和调整　　087
  二、体制改革　　088
  三、多种层次的体育教育　　091

第四节　体育科技激励体系的完善　093
　　　　一、设立体育科技进步奖　093
　　　　二、体育科技奖励体系的完善　094

第五章　体育学科的大发展　096
　第一节　引言　096
　　　一、起步与初创阶段　096
　　　二、停滞阶段　097
　　　三、恢复与发展阶段　097
　第二节　体育学科体系的完善　100
　　　一、体育科学学科体系的建立　100
　　　二、我国体育科学学科发展的主要特征与趋势　107
　第三节　体育自然学科的发展　108
　　　一、我国体育自然科学的学科体系　108
　　　二、我国主要体育自然学科的发展概况　109
　第四节　体育社会学科的发展　128
　　　一、我国体育社会科学研究发展回顾　128
　　　二、我国体育社会科学研究的主要进展和成就　130

第六章　系统科学的应用与体育软科学的发展　141
　第一节　引进系统科学，提高体育科技整体水平　141
　　　一、系统科学进入体育科技领域的必然性　141
　　　二、系统科学在体育科技领域扎根和发展的历程　142
　第二节　加强软科学研究，提高管理决策水平　146

第七章　体育科技为两大战略服务　149
　第一节　体育科技面向竞技体育主战场　149
　　　一、中国女排的成功离不开现代科学技术　150
　　　二、体育科技为我国竞技体育冲出亚洲做出贡献　151
　　　三、体育科技为我国称雄亚运会做出贡献　153
　　　四、奥运金牌闪耀科技之光　154
　　　五、体育科技的开发与推广　157
　第二节　体育科技为全民健身战略服务　158
　第三节　学校体育科研为学校体育改革服务　160
　　　一、开展体质调查与研究为学校体育改革提供科学
　　　　　依据　160
　　　二、改革学校体育管理体制的探索　161

三、加强学校体育教学研究 161
　　四、社会力量支持学校体育改革研究 162
　　五、体育教育专业教改研究 163
第四节　体育科研机构的重要贡献 165
　　一、国家体育总局体育科学研究所 165
　　二、国家体育总局信息研究所 167
　　三、国家体育总局运动医学研究所 168
　　四、国家体育总局昆明电子设备研究所 170
　　五、国家体育总局成都运动创伤研究所 171

第八章　21世纪的中国体育科技发展创新 173
第一节　体育科技政策与机构 173
　　一、21世纪的体育科技相关政策法规 173
　　二、21世纪的体育科研机构 178
第二节　体育科技支撑系统 191
　　一、信息支撑 191
　　二、体育装备支撑 198
　　三、科技交流系统 201
第三节　体育学科大发展 207
　　一、体育自然科学 207
　　二、体育社会科学 218
第四节　体育科技队伍 236
　　一、体育科研人员 236
　　二、高校体育人才培养 240
第五节　体育科技服务 259
　　一、全民健身科技服务 259
　　二、竞技体育科技服务 267
　　三、体育产业科技服务 272
　　四、我国体育科技专利、成果应用及转化 283

附录Ⅰ　中国体育科技相关主要政策 292
附录Ⅱ　中国体育科技相关获奖成果 343

总　论

1949年10月1日，中华人民共和国成立，开启了中华民族伟大复兴的历史新纪元。70余载砥砺奋进，在党的坚强领导下，我国体育科技事业从无到有、由弱渐强，走出了一条具有中国特色的发展道路，书写了波澜壮阔的奋斗篇章。从新中国成立初期的艰难起步，到改革开放后的蓬勃发展，再到新时代的创新跨越，我国体育科技在服务国家战略、推动体育强国建设、增进人民福祉的伟大进程中，谱写了精彩纷呈的华彩乐章。

立足新时代、开启新征程，系统回顾中华人民共和国成立以来体育科技发展的光辉历程，深入总结70余年来我国体育科技进步的宝贵经验，对于我们准确把握体育科技发展规律，深入实施创新驱动发展战略，加快建设体育强国，具有重要的历史意义和现实意义。

体育科技的发展进程与国家政治经济体制改革和科技创新紧密相连。基于我国不同历史时期的主要特征，结合体育事业发展的内在规律，我们将新中国体育科技发展历程划分为以下四个主要阶段。这四个阶段既相对独立又相互联系，共同构成了中国体育科技发展的历史长卷。其中，第四阶段作为新时代体育科技创新发展的关键时期，将在第八章进行专题讨论。

第一阶段：起步、探索阶段（1949～1965年）

第二阶段：停滞阶段（1966～1976年）

第三阶段：恢复与逐步发展阶段（1977～1999年）

第四阶段：快速发展阶段（2000年至今）

一、起步、探索阶段（1949～1965年）

（一）体育科技队伍、体育科研机构、体育科技报刊的创建

1. 发展体育科学教育，培养体育科教骨干

中华人民共和国成立后，体育开始在全国范围内走向社会主义的发展道路，这是中国体育历史上的一个重大转折点。从此，在中国共产党的领导下，中国体育进

入了为社会主义建设服务的伟大历史时期,由此中国体育也揭开了继承国内体育传统与借鉴国外经验的崭新一页,继承与借鉴也始终贯穿于作为社会主义体育事业的理论探索和实践努力的伟大历程之中。新中国初期,为了适应国家大规模、有计划的经济建设对高等教育人才的需求,根据新中国高等教育的实际,进行了全面的高等学校院系调整。调整后,1953 年先后成立了中央、华东、中南、西南体育学院。到 1957 年止,全国先后创办了 6 所体育学院和 11 所体育学校;恢复了 38 所高等师范院校体育系科,在校的学生数是新中国成立前的 367 倍。体育科学教育的进步、体育专门人才培养机构的成立和人才培养,为新中国体育事业的发展提供了强有力的智力支持,促进了新中国体育科技的发展,培养的人才数量和质量都是旧中国所无法比拟的。

2. 创办体育科技报刊,推动体育科技发展

从 1950 年开始,根据我国体育科技发展的实际,先后创办了《新体育》《体育文丛》《体育报》等多种不同任务、不同特点的体育科技报刊,并于 1954 年成立了人民体育出版社。体育和体育科技报刊的创办,为宣传党的体育方针和政策,宣传新中国体育运动的成就,促进国内外体育科技信息交流提供了园地,推动了体育科技事业的发展。三年国民经济的恢复和第一个五年计划建设期间,随着体育事业的不断发展,体育科技对体育报刊的要求不断提高,各体育学院纷纷创办了学报,进一步推动新中国体育科技的交流和发展。

3. 创建体育科研机构,开展科技服务

经过一段时间的艰苦创业,新中国体育科技的发展初具规模。1958 年 9 月 18 日,以体育学院毕业的研究生和出国归来的留学生为基本力量,成立了北京体育科学研究所(现国家体育总局体育科学研究所前身),逐步设立了群众体育、运动训练、运动生理、运动医学、资料等五个研究室以及摄影制片、仪器装配两个辅助工作室,对体育运动实践中出现的实际问题与理论问题进行研究,呈现出新中国成立初期我国体育科学研究的雏形。为了使生理解剖的教学理论联系实际,整理和发扬祖国医学遗产之一——正骨科,1958 年 10 月 1 日,新中国第一所体育医院——成都体育学院附属医院,由成都体育学院骨伤科、解剖生理教研组、卫生保健室及骨伤科训练班合并成立;1959 年成立了北京运动医学研究所。此后,上海、黑龙江、广东、成都等省市也分别成立了各级体育科研机构。科研机构的成立,科研工作者的深入研究、努力钻研,使新中国的体育科技无论在增进人体健康,还是在治疗运动创伤、掌握科学训练方法等方面,都取得了一些可喜的成果[1]。

(二) 借鉴苏联经验建立社会主义体育理论及其体系

1950 年 7 月《新体育》在发刊词中明确提出:"要向苏联及各人民民主国家学

---

[1] 荣高棠. 当代中国体育. 北京:中国社会科学出版社,1987.

习,根据我们国家的实际情况吸取他们成功的经验,来充实我们的体育内容和启发我们的创造,使我们的体育,成为世界进步体育的一个构成部分。"在当时,苏联作为社会主义国家,已经在社会主义革命和社会主义建设中积累了丰富的经验,科学技术已走在世界的前列。因此,在当时的历史条件下,认真地学习和借鉴他们的成功经验,对新中国成立初期推动我国社会主义革命和社会主义建设具有重要的现实意义。这些指导思想同样对新中国成立初期体育科技的发展产生了深刻的影响,1950年以徐英超为团长的中国体育访问团一行12人访问苏联,迈出了向他们学习的第一步。在选派留学生到苏联学习的同时,我国体育界从1952年开始全面借鉴他们的理论与实践,大量聘请他们的体育专家来华讲学,从而培养了一批体育科教人员和教练员。1953年创刊的我国第一份全国性体育科技期刊《体育译丛》,以大量的篇幅登载和介绍苏联在体育各个领域的思想。1954年贺龙亲率体育代表团访苏,从体育组织机构、规章制度、科学管理、教学训练、运动队伍建设与技术发展等方面全方位地进行了取经;同时中央体育学院本科的教学计划也是参照斯大林体育学院本科教学计划拟定的。学习和借鉴当时苏联先进的体育思想和丰富的体育实践,不仅对我国体育运动的普及与提高有帮助,而且对体育科技的发展规模、速度、方向等都产生了极为深刻的影响,对新中国成立初期我国体育科技的发展起到了积极的推动作用。但是盲目照抄照搬也带来了深刻的教训。

1956年至1966年是新中国发展史上十分重要的10年,也是新中国体育科技大胆探索、曲折前进的10年。1956年,党中央发出了"向科学进军"的号召,把"百家争鸣"作为科学技术发展的方针。1956年4月,新中国成立后的第一次体育科学讨论会——北京体育学院第一届体育科学研讨会召开,来自全国各地200多所高等学校的师生代表300多人参加了研讨会,会议报告讨论了体育理论、生理卫生、运动技能、运动教学和教练等方面的31篇论文,这是新中国体育科技发展可喜的起点。资料表明,1956~1957年,全国各体育学院和其他高等学校拟定的研究课题达923项,北京、上海等体育学院每年都要举行多次研讨会[①]。为了满足新中国成立初期体育事业发展的需要,1957年,《体育译丛》更名为《体育文丛》,在继续刊登国外先进的体育科研成果的同时,开始发表我国体育科技工作者的学术论文,对"体育""体育教育"等一些体育科学基本问题展开了热烈的讨论,体育科技界的学术气氛进入了"大鸣大放"时期。

但为时不久,"双百方针"受到了"左"的干扰。例如,《体育文丛》1957年第4期刊登了美国学者C.H.麦克乐的《进行体育科学研究的方法》一文后,很快受到了批判,编辑部为此还公开作了书面检讨,体育理论界学术上的交流逐步陷入沉闷之中。接着"大跃进"的到来,举步发展的体育科技,逐步脱离了我国国情的发展,脱离实际,急于求成的现象十分普遍,盲目性、狂热性、浮夸风、形式主义严重。

---

① 贺卢.体育科学研究的一个良好开端.体育文丛,1957(2):40.

在当时的历史背景下,虽然我国体育科技的发展受到了"左"的影响,但体育科技的发展、体育科学研究仍受到高度的重视。1958年,陈毅在全国体育工作会议上指出:"体育是一门科学,体育学家应是科学家,体育活动应根据生理学和医学的原理进行。按体育的操作规程、科学技术进行活动,才能出冠军,打破旧的纪录,创造新的纪录,再打破新的纪录,创造更新的纪录。"同年2月28日,国家体委邀请北京市的有关科学家和体育学家、教育部和卫生部的代表、各体育学院的负责人等,座谈我国体育科学研究工作的第一个十年规划,把体育科学研究工作提上了工作日程。1958年9月19日,中共中央批转了国家体委党组《关于体育运动十年规划的报告》,并做了重要批示。1960年3月,国家体委召开了第一届全国体育科学工作会议,动员和组织了研究力量,统一了认识;这次会议对我国体育科学研究工作的发展起到了积极的推动作用。1960年底,党中央、国务院提出了"调整、巩固、充实、提高"的八字方针,我国体育界认识到急于求成,把问题简单化,不是体育科学研究的正确的态度。体育科学研究,必须从实际出发,密切联系实际,需要从长远着眼、从当前着手。经过3年的调整,体育科技工作在原有的基础上有了进一步的发展,新兴的体育科学被纳入了国家《1963—1972年科学技术发展的规划》,体育科学进入了新的发展时期。1964年11月23日至12月1日,在北京召开了第一届全国体育科学报告会,大会共收到82个单位的321篇论文,23个省(自治区、直辖市)和解放军系统的体育科研人员、教练员、大中学校体育教师以及运动生理、医学工作者120名正式代表、300余名列席代表参加了会议[①]。会议的召开,不仅检阅和交流了新中国成立以来我国体育科学研究的成就,而且还调动了科研人员的积极性,推动了体育科学研究工作的发展,促进了体育科学研究及科研人员的进步。

二、停滞阶段(1966~1976年)

1966年,"文化大革命"开始,体育科研机构被撤销,科研队伍被解散,体育科研工作基本停止,已见雏形的我国体育科技陷入了"十年浩劫"之中。这场灾难一直延续到"四人帮"被打倒、拨乱反正之后,我国体育科技才得以恢复发展。

三、恢复与逐步发展阶段(1977~1999年)

(一)体育科技春天的到来

粉碎"四人帮"后,1977年7月,邓小平再次复出。他复出后的第15天,就主持召开了科学和教育座谈会,并作了《关于科学和教育工作的几点意见》重要讲话。

---

① 国家体委科学工作委员会.关于1964年全国体育科学报告会的情况报告.体育科学技术资料,1965(8):4.

这次会议解除了广大知识分子的疑虑,使他们轻装上阵,立志要把"文化大革命"中损失的时间夺回来,科技和教育战线开始出现新气象,全国掀起了一股学科学用科学的热潮。

1978年3月18日,全国科学大会在北京隆重开幕。这次大会是紧接在2月份的十一届三中全会结束后立即召开的,共有5 586名代表参加会议,会议规模之大是前所未有的。召开全国科学大会,共商科技发展大计,这在我党历史上还是第一次。这是一次向科学技术进军的动员大会和誓师大会。这次大会是我国科学技术发展的一个里程碑;在这次大会的推动下,向科学技术现代化进军的热潮在全国城乡迅猛发展,科学技术的春天到来了。

在科学技术的春天里,体育科学技术这块园地开始出现了一片欣欣向荣的景象。

1977年,国家体委召开了全国体育科学技术规划会议,草拟了《1978—1985年全国体育科技发展计划》。从1978年开始,体育科技列入了国家科委制定的《1978—1985年全国科技发展规划》。

1979年5月,第二届全国体育科学技术工作会议召开,会议集中讨论了建立、健全体育科研机构,进一步开展体育科研工作的问题,初步总结了体育科研工作正反两面的经验,研究了国际上体育科研的新动向。6月份,国家体委下发了《第二届体育科学技术工作会议纪要》,明确了今后一个时期体育科技工作侧重于提高,并提出了这一时期体育科技工作的6大任务。

改革开放,国门打开,体育界的有识之士看到了我国竞技体育和社会体育与发达国家的差距,认识到产生这种差距的主要原因之一就是体育科技整体水平的落后。各级体委领导的观念开始有明显的转变,对体育科技的地位与作用有了较深刻的认识。1984年,全国体育科技工作会议明确提出"振兴体育必须依靠科学技术,体育科技工作必须面向体育运动的发展"的体育科技方针,从此揭开了"科技兴体"的序幕,我国体育科技事业开始进入了快速发展的阶段。

(二)中国体育科学学会的成立和体育科研队伍的壮大

1. 中国体育科学学会的成立与发展

根据第二次全国体育科技工作会议精神,在国家体委的支持下,体育界酝酿成立一个全国性体育科学群众团体。经过一年多的积极筹备,我国最大的体育学术性群众团体——中国体育科学学会,在中国科协的领导下,在国家体委和有关方面的大力支持下,于1980年12月5日在北京成立。

中国体育科学学会自成立以来,发展很快,在组织建设、学术交流、学科的发展、科技开发、人才培训、国际交往等方面都取得了较好的成绩,对我国体育科学技术的繁荣进步和体育科学学术水平的提高,起到了很大的促进作用,切实发挥了党和政府联系体育科技工作者的纽带和发展体育科技事业的助手作用。

中国体育科学学会在1980年成立时,只设立了运动医学、运动生物力学、运动心理学、运动训练学和体育科学理论等五个分科学会。随着体育科学技术的迅速发展,当前,中国体育科学学会共计设有22个分会、7个工作委员会和3个会刊。全国27个省(自治区、直辖市)和3个计划单列市建立了地方体育科学学会[①]。

为了组织广泛的学术交流,展开百家争鸣,促进科学技术繁荣,每年中国体育科学学会及各分会都要举行各种论文报告会或研讨会。学会还成功举办了四届全国体育科学大会。1964年,第一届全国体育科学大会论文的应征数只有312篇,入选数只有109篇。1997年,第五届全国体育科学大会论文的应征数达到了2 068篇,入选数达到了1 044篇,入选数是第一届的近10倍。体育界参与科学研究的人数在不断增多,研究的队伍在不断壮大。

为了进一步交流和推广体育科研成果,学会于1981年9月创办了学报《体育科学》,1982年7月创办了专业学术刊物《中国运动医学杂志》。此后,全国各省(自治区、直辖市)(除西藏、海南外),先后也都有了自己的体育科技刊物。

2. 体育科研机构的发展壮大

改革开放之前,我国体育科研工作十分薄弱,专门的体育科研机构仅有7个。改革开放后,由于各级领导的重视,全国各地的体育科研机构如雨后春笋般地相继出现,到1985年,全国独立的省级以上的体育科研所就达到了28个,专职科技人员达1 800多人[②]。

与此同时,全国不少体育院系也相继成立了体育科研所或研究室,大大增强了我国体育科学研究的力量。

3. 科研人员的学历不断提高

自1979年北京体育学院恢复研究生招生以来,研究生教育的规模不断扩大。改革开放之后,国务院学位办共批了7批博士、硕士授予点,其中体育的博士授予点7个,硕士授予点82个。研究生教育基本上涵盖了体育科学领域的所有专业。研究生教育的大发展,为我国培养了一大批高素质的体育科教人员,增强了我国体育科研队伍的总体实力。

(三) 体育学科的大发展

1. 体育社会科学学科的大繁荣

体育科学是一门综合学科,它的研究对象具有自然和社会的两重性,它的知识体系既包含自然科学知识体系,也包含社会科学知识体系。然而,在改革开放前由于受极左思想的影响,我国社会科学不被重视。在这种情况下,体育社会科学研究十分薄弱。因此,在1980年以前,体育界带有社会科学性质的唯一学科就是"体育

---

① 中国体育科学学会.中国体育科学学会简介.中国科技信息,1997(19):43.
② 伍绍祖.在庆祝新中国成立50周年座谈会的讲话.体育报,1999(9):26.

理论"。

改革开放后,我国经济和社会迅速发展,体育事业同样取得了空前的发展,体育运动在社会生活中的地位日益上升,体育自身的组织和结构日趋复杂,体育与经济、政治、社会、文化等的联系日益紧密。因此,要深刻理解体育运动中的各种现象,解释体育实践中遇到的问题,都需要运用社会科学多学科的理论知识,全方位、多角度、多层次地进行研究。这样才能深刻揭示它的本质和规律,找到理论与实践问题的答案。

20多年来,我国体育界一批学者,将哲学、经济学、社会学、法学、历史学、心理学、教育学、管理学、政治学、美学、伦理学等社会科学学科知识引进体育领域,同时加强了国际学术交流,引进国外一些新的体育学科。应用这些学科的知识和方法研究体育运动这一社会文化现象的不同层次和不同侧面。这些人文社会科学学科的应用,加强了体育社会学研究的理论基础和认识能力,扩大了体育社会科学的视野,改善了体育理论研究队伍的知识结构,推进了体育社会科学研究的深广度。一大批社会科学的引进和应用,在体育科学园地里萌发,一批体育社会科学的新学科逐步成熟,显示出体育社会科学的繁荣和兴旺。

在体育社会学学术界的共同努力下,这批新兴的体育社会科学学科已被纳入中国体育科学学科体系。在中国体育科学学会之下设有二级分会和学科专业组织的学科有:体育史、学校体育学、社会体育学、体育管理学、体育经济、体育社会学、体育法学、体育哲学、体育伦理学、体育美学、体育科学、比较体育、奥林匹克运动、运动心理学、体育信息学、体育概论等。此外,正在研究的学科还有:体育人才学、运动竞赛学、体育传播学、体育人类学、民族体育学、体育文化学等学科[①]。

体育社会科学的迅速发展,奠定了它成为国家哲学社会科学一级学科的基础,引起了有关部门的重视。经过认真调查分析和论证,专家们认为,无论是体育社会科学学科本身发展的成熟程度,还是学科的重要性,都具备和符合了列为国家哲学社会科学一级学科的基本条件。1996年7月,全国哲学社会科学规划领导小组正式批准把体育社会科学列为国家统一规划管理的社会科学一级学科,这对学科的发展具有十分重要的意义。

2. 体育自然科学朝综合化与纵深方向发展

为了适应人们不断把高新科学技术应用于体育科学研究,适应众多的自然科学学科知识不断移植、渗透、借鉴到体育科学体系中来的现实,体育自然科学学科在向纵深发展的同时,也朝着学科综合化的趋势发展。

(1) 运动医学

运动医学是我国体育科学中十分重要的一门综合性学科,它包含运动创伤、运

---

① 阎世铎. 我国体育社会科学研究现状与发展趋势. 北京:人民体育出版社,1998:20.

动医务监督、运动生理、运动营养和生化、运动解剖和运动康复等6个分支学科。

中国现代运动医学是从1953年起逐步建立和发展起来的。在经历了初创、停滞、恢复和发展四个阶段后，我国运动医学从小到大，从落后到先进，成为当前具有相当数量专业人员队伍、较大规模的各级医疗和科研机构，形成了涉及体育、医药卫生和高校等系统的具有中国特色的运动医学体系。

1978年，我国成立了中国运动医学学会，他们分布在运动队、科研机构、医学院校、体育院校及临床医疗机构。一直以来，中国运动医学学会为我国"奥运争光"和"全民健身"计划的实施做出了应有的贡献，取得了一大批的优秀成果，获得了国际上的以及一大批国家级、省部级奖项。

随着运动医学的发展，我国运动医学不仅进行运动对人体整体影响的研究，而且在基础研究领域中进行了人体细胞、亚细胞及分子水平的研究；采用了计算机图像分析、激光共聚焦显微镜、活细胞分离与培养、免疫细胞化学、受体放射配基结合技术、DNA原位杂交、DNA分子杂交、PCR（基因扩增技术）、分子克隆、引物合成等国际最先进的细胞分子生物学的技术和方法，因此研究水平不断提高，已有相当数量的研究论文居世界前沿水平[1]。

(2) 运动生物力学

运动生物力学是将力学、人体解剖学、人体生理学和各项运动技术的知识、理论、方法用于研究、探索各项体育运动技术动作中的生物力学规律的一门科学。它为提高我国竞技体育技术水平，不断提高运动成绩，立下了汗马功劳。

我国的运动生物力学起步较晚。1959年，国家体委科研所成立了第一个运动生物力学研究小组。进入20世纪80年代，在我国体育事业高速发展的推动下，运动生物力学得到了迅速发展。1980年，成立了中国体育科学学会运动生物力学学会；1981年，国家体委科研所成立了运动生物力学研究室。与此同时，全国十几个体育科研所建立了运动生物力学研究小组，近百所体育院、系、科开设了运动生物力学课程。不少理工科院校和科研单位也开展了运动生物力学研究工作。运动生物力学出现了前所未有的繁荣景象，研究的领域不断扩大，几乎覆盖了所有的运动项目，对这些项目运动技术水平的提高起到了重要的作用[2]。

随着我国经济和科技水平的提高，运动生物力学的研究方法与手段在不断现代化。今天，进行生物力学研究所用的各种测试仪器都是现代高科技产品，如高速摄影机、高速摄像机、红外光点摄像机、影片、录像解析仪、三维测力台、测定单个肢体肌力测力仪、测定单个关节的赛百斯之类的测力系统，还有适用各种专项技术动作的各类测力仪；多道肌电仪和各种计算机处理系统等，都得到普遍运用。研究方法与手段的现代化，大大提高了我国运动生物力学的研究水平。

---

[1] 高崇玄. 中国运动医学在前进. 中国科技信息，1997(19)：29.
[2] 卢德明. 解开人体运动之谜. 中国科技信息，1997(19)：25.

(3) 运动训练学

改革开放后,我国运动训练学的研究不断深入。进入 20 世纪 80 年代后,相继出版了多版本的《运动训练学》专著,各个专项的运动训练学也陆续问世,运动训练学已经逐步形成体系。从 20 世纪 80 年代中期开始,我国开始着力开展运动训练的科学化探索,先后组织专家完成了较为重要的研究成果,如《运动训练的科学化探索》(田麦久)等。这些领域的研究成果,大大丰富了运动训练学的理论体系,提高了体育界对运动训练规律的认识。

(四) 系统科学的应用和软科学研究的发展

1. 系统科学的引进、应用和发展

改革开放后,我国体育事业发展迅速,与国际的交流日益频繁,体育实践中许多以前看来很简单的问题变得越来越复杂了。人们开始认识到传统的单学科的深入研究,已经难以解决体育运动中普遍存在的复杂问题,必须寻找一种崭新的科学思维方法,优化的工作方法和定量数学工具,才能使我们对体育运动复杂系统的控制成为可能。于是,我国体育界中一些有识之士,开始敏感地将目光转向了系统科学。

改革开放带来了同外部交流的机会,苏联和民主德国等体育强国成功应用系统科学的例子,对我国体育界产生了深刻的影响。20 世纪 80 年代初,一批学者开始意识到,应当尽快引进系统科学理论,让体育工作者了解和掌握系统科学的新概念、新思想和新方法,采用多学科综合研究的方法去探讨和解决复杂的体育问题,彻底改变我国体育科学研究的面貌,提高体育科技的整体水平。

我国体育界学习、引进、应用和发展系统科学的过程大致可以分为三个阶段[①]:

第一阶段:十一届三中全会后至 1988 年,可称为学习引进阶段;

第二阶段:1989~1993 年,可称为飞跃发展阶段;

第三阶段:1994~1999 年,可称为深入推广阶段。

(1) 学习引进阶段

在这一阶段中,一批学者在《中国体育报》和《体育科学》等学术报刊上,发表了主题为"系统科学进入体育界的必然性"和"系统科学与体育运动"的系列论文。如袁旦 1984 年在《体育科学》上发表了《论系统论、信息论、控制论进入体育科学技术领域的必然性》一文,徐本立 1985 年在《中国体育报》上连载发表了《谈"三论"在现代体育中的应用》,何方生同志 1985 年在《体育科学》上发表《运用系统原理探讨运动训练改革》一文。这些论文对我国体育界引进和应用系统科学起到了促进作用。系统科学热在体育界的兴起,引起了体育院系的关注,一些院系从 1985 年开始,在

---

① 王国琪. 近年来我国体育界运用系统科学情况综述. 体育科学,1994,14(4):13-21.

本科生和研究生中开设了三论基础与应用、体育控制论等课程。系统科学开始逐步在我国体育界得到应用。

(2) 飞跃发展阶段

到1989年,经过10年的学习和引进阶段,体育界对系统科学的认识和应用水平有了质的飞跃。

这一阶段的特点是在质上得到了飞跃,主要体现在北京亚运会和2000年奥运会申报工作以及上海东亚运动会等大型活动的组织上。1990年北京亚运会,是我国第一次承办国际大型运动会。党和政府对本届亚运会十分关心,江泽民指示,应把本次赛会的组织管理工作当作一个系统工程进行操作。为了办好本届亚运会,组委会决定采用C3I指挥技术。组委会借鉴了这种在现代军事活动中建立的C3I系统,结合本次赛会的实际,建立了与之相似的"类C3I系统"。这一系统在本届亚运会指挥中发挥了关键的作用,使本届亚运会组织严密,办得隆重、热烈、精彩、成功,向全国人民交上了一份满意的答卷,得到了江泽民和钱学森同志高度的赞扬。本届亚运会的圆满成功,是系统科学与体育出色结合产生出巨大成效的一个典范。

(3) 深入发展阶段

为了进一步推广系统科学,使系统科学的应用往更高更深的层次发展,1994年7月,国家体委成立了以袁伟民同志为组长的系统科学推广工作领导小组。领导小组的成立,标志着我国体育界应用系统科学进入了深入发展的阶段。从此,系统科学的应用与推广工作,做到了有领导、有计划、有组织地进行。

在深入发展阶段,系统科学在体育界应用的领域越来越广,除了大型体育活动外,国家体委机关、直属单位和许多地方体委,都在运用系统科学来指导日常工作管理和重大决策,积累了不少好经验。许多体育科研人员、教练员、体育院系教师逐步把系统科学的基本理论、基本思想和方法广泛运用于教学、训练和科研过程之中,取得了可喜的成效。

2. 加强软科学研究提高决策水平

软科学是指研究社会组织和管理学科的总称。它主要包括科学学、系统科学、战略科学、规划科学、未来学、决策科学、管理科学、政策科学及行为科学等。

进入20世纪80年代后,我国体育界开始认识到,体育科研只有软硬科学的研究相结合齐头并进,才能发挥出它的整体功能,为推动我国体育事业的发展起到更大的作用。因此,软科学开始得到了重视。

1983年至1984年,国家体委组织部分理论工作者与实践工作者完成了国家"六五"计划期间的哲学社会科学重点科研项目《2000年中国的体育》的专题报告。1985年,在国家体委的领导下,成立了中国体育发展战略研究会,组织对中国体育发展战略的专题研究和滚动研究。此后,各大区和省、市也纷纷研究和制定地区性的体育发展战略。据不完全统计,截至1995年,全国共召开不同规模的体育战略研讨会 200 多次,有 100 多项研究成果被决策部门采纳。在这些大量研究的基础上,1995 年国家体委颁布了《全民健身计划纲要》和《奥运争光计划》。

1987 年,国家体委提出要重视软科学的研究,并组织了几个重大体育理论问题的讨论。

体育软科学研究还为我国体育和体育科技体制改革、各项体育政策的制定和各种体育法规的出台提供了科学的依据。

(五)体育科学技术面向体育实践

根据"振兴体育要依靠科技进步,体育科学技术要面向实践"的体育科技方针[1],我国体育界主动面向体育实践,积极为奥运争光计划和全民健身计划服务,在组织科研时,努力做到基础研究面向应用研究,应用研究面向开发研究,开发研究面向体育实践,使科研成果尽快转化为生产力,直接推动我国体育运动水平的提高。

1. 科训结合提高运动训练科学化水平

1979 年,我国重返国际奥林匹克竞技舞台时竞技体育的水平很低,相当一部分项目达不到奥运会报名的标准。当时,全国人民迫切希望振兴中华体育,冲出亚洲,走向世界,为国争光,扬中国人的志气。为此,1979 年全国体育工作会议明确提出,迅速提高我国体育运动技术水平,为国争光是我国体育界一项重要任务;当年召开的体育科技工作会议提出,今后几年体育科技工作应侧重于提高运动技术水平。

进入 20 世纪 90 年代,体育界加大了科训结合的力度。据统计,为备战 1990 年北京亚运会和 1992 年巴塞罗那奥运会,仅国家体委就组织了近 600 人次参加了 109 个科研攻关组,投入 500 多万元的科研经费,对 29 个运动项目进行了重点科研攻关。为备战 1996 年亚特兰大奥运会,国家体委从 1995 年 2 月开始就组织 21 个单位计 466 人组成 63 个课题组直接为运动队服务。这是历年来参加的单位、人数最多,涉及项目最多的一次。在本次组织的研究队伍中出现了一个可喜的现象,那就是有 65 名教练员、33 名行政管理人员直接地参加了科研工作。这种现象说明了训练业务主管部门和教练员的科研意识有了较大的增强,科技工作与训练实践的结合有了很大的改善[2]。科训有机结合,大大提高了本届奥运会金牌的科技含量。可以认为,在 1996 年亚特兰大奥运会上获得奖牌的每一个项目,都包含有科技攻关和科研课题组的艰苦工作和劳动。

科技工作与训练实践相结合,还促进了其他方面的应用研究和技术的开发、推广。例如,通过科学研究,建立了科学的运动员选拔体系,发掘了一大批优秀运动

---

[1] 荆福生.振兴体育要依靠科技进步 体育科学技术要面向体育实践.福建体育科技,1990(1):1-3.
[2] 罗超毅.我国体育科技成果辉煌.中国科技信息,1997(19):17-18.

员;在兴奋剂检测方面,取得了显著进展,为国家反兴奋剂工作奠定了坚实基础,保证了我国竞技体育的顺利发展;同时,还开发了一系列运动营养补充剂和运动饮料,以及先进的体育仪器和器材。这些成果都为我国体育的腾飞做出了巨大的贡献。

为了使科研成果得到推广和应用,体育科技界先后组织专家出版了《优秀运动员机能评定手册》《高原训练指南》《血乳酸与运动手册》《运动员心理咨询手册》《药物与竞技体育》等一批著作。这些成果的推广应用确实为提高教练员的科学训练水平起到了非常积极的作用。

2. 体育科技为全民健身战略服务

我国宪法中规定要发展群众体育。发展群众体育,提高国民的身体素质,体现了党为人民服务的宗旨。国家领导人都十分重视发展群众体育,提高人民的健康水平。

然而,客观地说,20世纪80年代我国体育界的工作过于侧重竞技体育,对群众体育工作的重视是不够的。我国体育科技工作在相当长的一段时间里,主要将力量放在竞技体育上,群众体育的科研工作相对较薄弱。

20世纪80年代,为了适应社会发展的需要,一批学者开始致力于群众体育学的学科建设工作,发表了《建立群众体育学初探》《身体锻炼原理和方法》《论消遣和娱乐》《2000年的中国群众体育》《2000年的中国群众体育学》《群众体育学论纲》《从国外大众体育的成因和特点探讨我国群众体育的发展条件和趋势》等较有影响力的论著。

进入20世纪90年代,随着我国经济和社会的发展,健身活动成了广大群众的一种实实在在的需求。党和政府也一再强调要重视群众体育。为了顺应社会发展的潮流,满足广大人民渴望体育健身的呼声,1993年,我国体育界提出全民健身计划;1995年6月,经国务院批准,正式颁布《全民健身计划纲要》。该计划凝聚了广大体育工作者、科技工作者和人民群众的集体智慧与创造精神,广大群众称该计划是"共产党为人民服务的一大政德"。

全民健身计划受到党和政府的高度重视,得到人民群众的拥护和响应,人们健身的热情不断高涨,群众性的健身热潮在中华大地上掀起。我国体育界意识到,要更好地开展全民健身运动,提高全民健身的效果,需要把全民健身运动引入科学化的轨道。为此,群众体育的科研工作得到了充分的重视,体育界组织了几个大课题,并投入了大量的人力、物力和财力进行研究:①制定成年人体质测定标准,筹建国民体质监测系统。②面向社会征集、推广与普及科学的健身方法;出版了《中华体育健身方法》。③重视群众体育信息系统的建设,筹建了群众体育信息中心。该中心设计了信息系统的软件,并编辑出版了4期的《大众体育专集》。④开展全民健身试点工作,促进全民健身计划的深入贯彻。开展体质检测工作,建立国民体质监测站和监测网点,开展全民健身的科研及科普工作,建立群众体育评估指标,开展评比表彰活动等。⑤进行群众体育现状调研,提高决策的科学化水平。1996年,在全国进行较大规模的城市社区体育工作调研,1997年启动较大型的国家级哲学社会科学课题"中国群众体育工作现状调查研究",获得了大量的有关数据,摸清了我国群众体育的家底。⑥在高校设置社会体育专业和学科,培养社会体育人才。如天津体育学院建立了社会体育系,北京体育大学也设立了社会体育专业。⑦抓产业开发,多渠道筹集经费①。

群众体育的科研工作和技术开发工作大大地促进了我国群众体育的深入开展。

3. 学校体育科研工作日益活跃

学校体育是我国实现两大战略的结合部,是国民体育的基础,也是实施全民健身计划的重点。因此我国体育界历来重视学校体育的科研工作,学校体育科研是我国体育科技领域最活跃的一部分。

"健康第一"是党和政府对学校体育的基本要求,因此增强学生体质,促进学生健康全面发展,始终是学校体育最关注的课题。1979年,由国家体委、教育部等5部委联合组织进行了大规模的学生体质调研工作;其后,在1985年和1990年又进行了全国性的学生体质调研工作。大型的体质调研工作,收集了大量的、有参考价值的基础数据,反映了我国各级学校学生体质的动态变化情况,为学校体育改革提供了科学的依据。

在很长一段时间里,学校体育工作者重视对体育课的生理负荷和课的密度的研究和应用,从生物学的角度探讨如何通过体育活动以增强学生体质,这无疑是十分重要的。随着社会的发展和学校体育改革的不断深入,人们的视角不断扩大,在继续重视从生物学的角度研究体质问题外,开始从心理和社会的角度来研究学校体育的改革问题。近年来,学校体育的研究领域不断拓展,涉及的内容十分广泛,主要包括:学校体育的指导思想、体育教学理论与模式、学校体育管理、体育教学内容与方法、手段的改革、学校体育的评价与考核、学校运动队训练、课外活动等,还包括了体育院系的专业改革、课程体系与教学内容改革等。

(六) 体育科技发展走上规范化、制度化与法治化

十一届三中全会以来,我国体育科技开始走上了有规划、有法规的、有序的发展过程。1978年,国家体委印发了《国家体委关于加强体育工作的意见》;同年又制定了《1978—1985年全国体育科技发展规划》;接着,制定了《1981—1990年体育科技发展计划纲要》;进入20世纪90年代,又制定了《1991—2000年体育科技发展规划》。这些规划对不同时期我国体育科技的工作做了布置,明确了目标和任务,确定了重点研究课题。1996年,国家体委制定了《全民健身计划科技工程》和《奥运争光计划科技工程》。这两项工程的制定,使我国体育界明确了至2000年,我国

---

① 刘吉副主任1997年1月15日讲话(节录).体育工作情况,1997(合订本).

科技工作的主要任务，重点研究的课题及时间的安排，主要的措施和经费的来源等。

1987年，国家体委提出了《体育科研课题管理办法》；1991年，政法司又先后制定了《国家体委软科学研究管理暂行办法》《国家体委体育社会科学、软科学研究项目管理暂行办法》等文件，并于1991~1997年先后6次发布委管年度研究课题，共立项143个，完成率占75%。1996年6月，体育社会科学正式被批准列为国家统一规划管理的社会科学一级学科；1997年，体育社会科学国家社科基金资助项目经过评审，立项20个课题，资助总金额56.5万元；1998年立项14个，资助金额为44.6万元。各省、区、市社科规划管理部门对体育科学也有了一定的投入。

为了调动体育科研工作者的积极性，表彰一部分优秀的科研成果。1985年，国家体委发布《国家体委体育科学技术进步奖励条例》；1989年，国家体委颁发了《国家体委体育科学技术成果鉴定办法》。据不完全统计，1979年以来，全国共完成体育科研重大课题1 167项。从1983年开始，体育界组织科技成果申报国家级奖励，到1999年为止，共有14项获奖，其中一等奖1项，二等奖5项，三等奖8项。从1985年开始，国家体委组织体育科技进步奖评审工作，截至1999年已举办10届，共评出获奖项目545项，我国体育科研与科技开发取得了丰硕的成果。新中国成立以来，在我国经济和科技高速发展和体育事业自身发展的推动下，我国体育科技突飞猛进，取得了辉煌的成果，为我国体育事业的发展做出巨大的贡献。但是，我们也应当清醒地认识到，我国体育科技起步较晚，与一些发达国家相比仍有一定的差距。还存在着体育科学学科体系的结构尚不够完善，体育科研方法与手段还不够先进，科研与运动实践的结合以及科技成果的推广应用未尽如人意，在某些领域里理论滞后于实践，低水平重复研究的现象比较严重，高水平成果较少等问题。但我们相信，在党和政府的高度重视下，在全体体育科技人员的共同努力下，一定能逐步解决这些问题，进入21世纪，我国体育科技将取得更大的辉煌。

四、快速发展阶段（2000年至今）

进入21世纪，我国体育科技迈入了快速发展的新阶段。在国家政策的支持下，体育科技创新能力显著增强，在服务竞技体育、全民健身和体育产业发展中发挥了关键作用。信息化、智能化等高新技术的广泛应用，推动了我国体育科技水平的整体跃升，充分展现了中国体育科技的综合实力。

（一）体育科技顶层设计日臻完善

新世纪以来，国家相继制定并实施了《奥运科技（2008）行动计划》《全民健康科技行动方案》《体育强国建设纲要》等重要政策文件。构建起了纵向贯通、横向协同的体育科技发展政策体系。通过持续深化科技体制改革，不断完善资源配置机制，为体育科技创新发展提供了强有力的制度保障。

(二)体育科技创新体系全面构建

新世纪以来,我国体育科技立足于构建现代体育科研体系,建立健全体育社会科学研究基地,创新体育科技奖励机制,设立了各级各类体育科技奖项。通过构建训练、科研、医疗"三位一体"的科技服务体系,建立健全科技评价激励机制,激发了体育科技创新的内生动力。

(三)体育科技原创能力显著提升

新世纪以来,我国体育科技坚持自主创新战略,在运动训练监控系统、运动员科学选材、运动损伤预防与康复等关键领域取得重大突破。建立了以创新为导向的高水平科研团队,打造了具有国际影响力的体育科技创新高地。一批具有自主知识产权的科技成果实现产业化应用,有力支撑了竞技体育实力的整体提升。

(四)体育科技服务格局不断优化

新世纪以来,围绕建设体育强国的战略目标,我国体育科技工作坚持"三位一体"协同发展。在竞技体育领域,建立了完整的训练监控与评估体系;在群众体育领域,开发了科学健身指导平台;在体育产业领域,推动了器材装备的创新升级,实现了体育科技服务的全方位覆盖。

(五)体育科技研究范式深度革新

新世纪以来,体育科技研究秉持"大体育、大科学、大健康"理念,推动体育学与生命科学、信息科学、材料科学等学科深度融合。通过构建多学科交叉的科技创新体系,不断拓展研究的广度和深度,引领体育科技研究迈向更高水平。

(六)体育科技智能化水平持续提升

新世纪以来,抢抓新一轮科技革命和产业变革机遇,我国体育科技积极推进5G、人工智能、大数据、云计算等新技术在体育领域的创新应用。打造了一批智能化训练场馆和科研平台,发展了"互联网+"体育服务新业态,开创了体育科技发展新局面。

(七)体育科技国际影响持续扩大

新世纪以来,通过深化国际科技合作,积极参与国际体育科技治理,我国体育科技的国际话语权和影响力显著提升。在多个国际体育科技组织中发挥引领作用,为推动世界体育科技进步贡献了中国力量。

第一章　模仿借鉴、独立探索、曲折发展的中国体育科技

旧中国广大的体育工作者为了提高民族的体质和体育水平，在体育教学和体育科研的过程中，积累了大量宝贵的经验。因此，借鉴和批判旧体育的同时，继承、推广和发展解放区的体育经验，对于加快新体育的建设步伐具有积极的促进作用，是新中国成立初期建设新体育最重要的工作之一。新中国成立初期我国新体育建设正是沿着这一基本思路，依据这一脉络而逐步展开的。

第一节　建立与健全体育管理体制

新中国成立初期面临着繁重的新民主主义革命和建设任务，以毛泽东为首的党中央第一代领导集体在百废待兴、百业待举之际，把发展新中国体育事业摆上了议事日程，给予了极大的关怀和高度的重视。党和国家领导人对体育事业的发展做出了重要指示（表1-1），制定了各项方针政策，明确了新中国体育的性质和任务，在很短的时间内基本建成了以团中央为主管领导，以中华全国体育总会为具体操作，以教育部、中华全国总工会等系统部门为各方协作的较完备的体育管理体系[①]。

表1-1　新中国成立初期党和国家领导人为体育事业题词

领导人姓名	题词时间(年)	内容
毛泽东	1952	发展体育运动，增强人民体质
朱德	1952	普及人民体育运动，为生产和国防服务
周恩来	1955	开展职工体育运动，推进社会主义建设事业
刘少奇	1955	开展体育运动，增强体质，为社会主义建设服务
邓小平	1952	把体育运动普及到广大群众中去

---

① 伍绍祖.中华人民共和国体育史(综合卷).北京：中国书籍出版社，1999：13.

第一章 模仿借鉴、独立探索、曲折发展的中国体育科技

1949年10月26～27日,开国大典刚结束,受党和政府的委托,团中央作为新中国成立初期主管全国体育工作的领导机构,在北京组织召开了"全国体育工作者代表大会",共商新中国体育发展事宜。朱德亲自到会并作了重要讲话,团中央书记冯文彬作了关于《新民主主义的国民体育》的报告,报告比较系统地阐述了新民主主义体育的性质与任务、体育方针、体育道德、实施办法、体育的组织和领导等。报告提出建立发展体育组织,团结全国体育工作者,把爱好体育活动的人们都组织起来、团结起来;研究中国既有的体育,总结其经验,扩大体育教育和宣传,以指导体育活动;有计划地翻译苏联和各国撰写的有关体育的成功经验和办法的论著,并协助编辑撰写系统的体育教材等,建设新体育的3项具体工作。会议做出改组中华体育协进会,成立中华全国体育总会筹备委员会的决定。

新中国成立初期,青年团在认真贯彻党和政府的体育方针、政策,广泛团结全国体育工作者,积极组织社会力量,放手发动群众,努力建设新体育等方面,较好地发挥了领导作用,尤其在组织群众性体育活动和竞赛中起到了很大的作用。1952年上半年,团中央鉴于全国体育的发展和团自身的特点,为进一步理顺全国体育管理工作的关系,向中央建议体育工作改由教育部主管。教育部在主管全国体育工作期间,主要是政治思想上的领导和部门系统内部的领导。

1952年6月20～24日,中华全国体育总会(以下简称"体总")成立大会在北京举行。参加会议的有6大行政区体总分会代表、中央各有关部门和群众团体的代表147人。毛泽东、朱德分别为成立大会作了"发展体育运动,增强人民体质"和"普及人民体育运动,为生产和国防服务"的重要题词。会议听取了荣高棠的《为国民体育运动的普及和经常化而奋斗》报告;着重讨论了体育工作的方针和任务;通过了《中华全国体育总会章程》;通过了将《新体育》作为全国体育总会机关刊物。会议选举朱德为中华全国体育总会名誉主席,时任教育部部长的马叙伦为主席,荣高棠为秘书长。中华全国体育总会通过举办各种学习班、培训班,培养了大批的体育干部和体育骨干;根据新中国体育发展的需要,广泛开展国际体育交往,努力学习先进的经验;组织各种体育比赛;公布和推行《准备劳动与卫国体育制度条例》;贯彻新民主主义体育方针;创办机关刊物《新体育》等,为新中国成立初期新体育的建设做了大量的工作,发挥了积极的作用。

1952年7月,中国体育代表团参加了第15届奥运会,回国途中代表团参观和考察了苏联的体育运动,特别是体育管理方面的情况。8月21日,体总秘书长荣高棠上书党中央,汇报我国参加奥运会的情况,并就加强体育工作提出了4点建议。9月6日,教育部部长马叙伦又把内容相似的建议上呈政务院。两份报告都指出:"目前我国体总只是一个群众性的体育组织,以此机构来领导我国体育运动,实不相称……加强我国体育运动的领导工作,首先应加强领导机构。因此我们建议,在政务院下设一个全国体育运动事务委员会,最好由贺龙同志任主席……"1952年11月15日,中央人民政府委员会第19次会议决定成立中央人民政府体育运动委员会

(1954年改称为中华人民共和国体育运动委员会),任命贺龙为委员会主任,蔡廷锴为副主任。原计划由团中央转到教育部领导的体总和国防体育俱乐部改由中央体委接管。1954年9月28日,中华人民共和国第一届全国代表大会第一次会议,根据国务院总理周恩来的提名,通过了国务院组成人员人选的决定,贺龙兼任中华人民共和国体育运动委员会主任。11月1日国务院任命蔡廷锴、蔡树藩、卢汉、黄其翔、荣高棠为国家体委副主任[①]。随着我国体育事业的不断发展,1964年,为了进一步组织协调全国的体育科研工作,国家体委成立了以李梦华为主任的体育科学工作委员会(国家体育总局科教司的前身),具体规划、指导全国的体育科技工作。

1966年5月,"文化大革命"开始,国家体委系统的各级领导干部相继受到了冲击和批斗,各级体委机关陷于全面瘫痪,其他各级工会、青年团、妇联组织中与体育有关的机构的工作也先后陷于停顿。1971年7月8日,中央任命王猛同志为国家体委革委会主任,此后体委整个组织管理系统开始逐步恢复。1972年至1973年初,根据中央的指示,各级革委会相继撤销了体委的军管组,成立了体育局,体委系统组织机构逐步恢复,开始行使管理职能。

总之,新中国成立初期我国体育管理体制的建立与健全,为制定体育科技方针、政策打下了基础,为发展体育科学教育,培养体育科教人才,开展体育科学研究,促进国际交流提供了保障,为体育科技的发展奠定了良好的开端。

第二节 发展体育教育事业,培养体育科教人才

一、发展高等体育教育

新中国成立初期我国的体育专业教育是在旧体育专业的基础上发展起来的。当时被接管的旧体育教育专业主要有河北师范学院体育系、北京师范大学体育系、金陵女子文理学院体育系、南京大学体育系、西北师范学院体育系、上海体育专科学校等。1952年中央体委成立后,贺龙主任把建立体育学院,培养体育人才作为一件大事来抓,多次强调办好体育学院是发展体育事业不可缺少的重要一环,亲自过问体育学院的建设。新中国成立初期,为了适应国家大规模有计划的经济建设对高教人才的需求,适应新中国高等教育建设的需要,在全国范围进行了大规模的高等学校院系调整。随同我国高等学校院系的调整,1952年11月8日,在上海成立了由南京大学、华东师范大学、南京金陵女子文理学院等院校体育系、科合并组成的新中国历史上第一所高等体育学府——华东体育学院(1956年更名上海

---

① 伍绍祖.中华人民共和国体育史(综合卷).北京:中国书籍出版社,1999:49-50.

体育学院,2023年更名上海体育大学)。1953年11月1日,在北京成立了中央体育学院(1956年更名北京体育学院,1993年更名北京体育大学)。同年11月8日,在南昌成立了中南体育学院(1955年迁至武汉,1956年更名武汉体育学院)。1954年3月,在成都成立了西南体育学院(1956年更名成都体育学院)。1954年9月,在西安、沈阳成立了西北体育学院(1956年更名西安体育学院)和东北体育学院(1956年更名沈阳体育学院)。到1957年止,全国先后创办了6所体育学院(表1-2)和11所体育学校,恢复了38所高等师范院校体育系科,1956年在校学生数是1948年的364倍。1958～1966年又先后成立了哈尔滨体育学院、广州体育学院、南京体育学院、天津体育学院、解放军体育学院。体育学院和其他体育系、科的建立和恢复,大大缓解了新中国成立初期我国学校体育师资需求的矛盾,加快了新中国体育人才的培养,其中仅国家体委直属6所体育学院,1949～1957年6年间年均毕业生就是新中国成立前年均毕业生的14.6倍,培养的人才数量和质量都有了较快的发展(表1-3)。

表1-2 1952～1954年体育学院成立情况

学院名称	创办时间	学院原名	更名时间	创办基础
上海体育学院	1952.11.8	华东体育学院	1956	南京大学、华东师范大学、南京金陵女子文理学院等院校体育系、科合并组成
北京体育学院	1953.11.1	中央体育学院	1956	北京师范大学体育系
武汉体育学院	1953.11.8	中南体育学院	1956	江西南昌大学体育专修科
成都体育学院	1954.3.10	西南体育学院	1956	成都体育专科学校
西安体育学院	1954.9.20	西北体育学院	1956	西北体育干部训练班、西北师范学院体育系
沈阳体育学院	1954.9.1	东北体育学院	1956	

表1-3 新中国成立前后体育人才培养比较

时间	体育学院数/所	体育系科数/个	在校学生人数/人	毕业人数 总计/人	毕业人数 年均数/人
新中国成立前	0	39	282(1948年统计)	30年培养1 000	33
1949～1957	6	38	102 572(1956年统计)	6年体院2 629	438

资料来源:谷世权.中国体育史.北京:北京体育大学出版社,1997.

由于体育事业迅速发展,体育竞赛日益增多,业余体育学校蓬勃兴起,要求运动技术水平更快提高。在这种形势下,1957年北京体育学院增设了运动系,专门培养专项教师和专项教练员,之后其他体育学院也陆续增设了运动系。1958年初,为了迎接1959年第一届全国运动会的召开,国家体委要求各体育学院毕业生的运动技术水平一般要达到一级运动员或运动健将标准。由于过分地强调培养优秀运动员的任务,致使各体育学院取消了体育系和运动系的设置,纷纷按运动项目分类,按专项分班,按运动技术成绩分队,按等级运动员的要求修订教学计划、教学大纲。单一化的做法,虽然使学生的运动技术水平有了较大的提高,在全运会取得了较好成绩,但使得学生的理论和知识学习大大削弱,运动专长过窄,毕业后很难胜任体育教师工作,偏离了体院的培养目标,这一教训在20世纪50年代后期才为人们所认识。1963年5月20～30日,国家体委在北京召开全国体育学院工作座谈会。会议在总结经验教训的基础上,进一步端正了办学思想,明确了体育学院应以培养体育教师为首要任务,同时应重视培养其他中、高级体育专门人才。按照理论联系实际、精简课程、减轻学生负担等要求,对各院教学计划作了相应的修订,草拟了体育系4年制本科教学计划(草案)。纠正了对基础理论、基本知识和基本技能不够重视,技术偏重"一专",劳动、实习偏多,课程时数偏多等缺点。此后,体育院校各方面工作逐步纳入正常的轨道①。

1958～1960年,在全国"教育大革命"的浪潮影响下,体育院校发展迅猛,体育学院从6所发展到29所,中等体育学校从11所发展到79所。特别是1959～1960年,在经济状况十分困难的情况下,有的省、市还在新办体育专业院校,急于兑现1958年提出的十年规划培养人才的高指标。由于很多新院校师资、设施、场地、器材等严重不足,学生生源、校舍、设备较差,难以达到预期的培养目标。到1960年,实际上很多体育院校因不具备起码的办学条件和种种限制处于难以为继的困局。1960年冬,根据党中央对国民经济实行"调整、巩固、充实、提高"的方针,国家体委果断提出:暂不新建体育学院和体育学校,也不升格。有计划地按一定的条件,按1省1所体育学院和体育学校的原则进行调整。对领导力量弱、师资差、生源不好、基建和设备落后的院校要降格。根据领导力量、师资和生源、校舍、设备条件,保留一些骨干和条件好的院校,合并、撤销一些学校,县以下不办体育学校。体育学院通过1961年的大幅度调整和认真整顿,到1962年初缩减为20所,恢复了以前的体育系和运动系,中等体育学校数量也大大压缩。

从1953年起,我国体育院校在学习苏联经验的同时,根据我国体育事业发展的需要,结合我国的具体情况和实际经验,制定了新的体育专业教学计划和大纲,建立了教研室或教研组,加强了运动竞赛的组织工作,并逐步开展了科学研究工作,加强了实践环节,从而不断提高学生的业务水平和工作能力。特别是,1958年8月5日,国家体委在青岛召开了体育学院院长座谈会,就体育学院的任务、培养目标、学制、教学计划及编写教学大纲和教科书等问题进行了专门的讨论和研究。1959年,国家体委和教育部又在保定召开了全国高等体育院校和高等师范院校体育系科负责人会议,着重研究了培养目标、系的设置、教育计划等问题。20世纪50年代初借鉴苏联经验虽然对发展我国体育教育事业起到了积极作用,但由于受大

---

① 荣高棠.当代中国体育.北京:中国社会科学出版社,1987:443-444.

环境等原因的影响,高等体育教育的发展结合我国的实际不够,也未能广泛吸收其他国家的有益经验,使我国高等体育教育在以后的一段时间里没有新的重大突破。

二、加强体育干部培训

新中国成立后,随着教育、体育各项事业的发展,迫切需要培养各方面的体育人才。因此,全国体总、中央体委党组多次在有关文件中对发展体育科学教育,培养体育科教人才做出了决定。荣高棠在1952年6月24日全国体育总会第二次代表大会《为国民体育运动的普及和经常化而奋斗》的报告中指出:"大力举办各种业余体育干部短期培训班,大量培养体育运动的积极分子,使他们成为各基层单位业余的体育运动宣传者、组织者和技术辅导员,这是目前解决干部不足的主要方法。积极协助中央教育部办好中央体育学院,并建议扩大现有的体育专科学校和大学体育专修科,增设短期训练的班次,以培养专职的体育干部。利用假期,还可举办体育教师学习会,加强政治学习,提高业务水平。"中央体委党组在1953年11月17日《关于加强人民体育运动工作》的报告中指出:"为适应当前开展群众的业余体育运动的需要,各地应有计划地开办短期体育训练班和厂矿、部队、机关体育积极分子的训练班,以培养体育工作干部。各地可适当地利用寒暑假学习会、业余研究会的方式组织在职体育工作者的业余学习,以便提高政治思想水平与业务知识。为了集中师资训练体育干部,应逐步调整各高等院校附设的体育系科,在各大区逐步成立体育学院,中央体育学院应多聘请几位苏联体育运动专家以加强体育教学工作。"1954年1月16日,贺龙主任在中央体委1953年体育工作总结报告中指出:"1953年全国各地有计划地开办了短期体育干部培训班,很多地区举办了厂矿、学校、部队、机关体育积极分子的训练班,同时还利用各种方式组织了体育教员的业务学习。这对开展各基层单位的体育运动起到了很大的作用。1953年成立了中央、中南、西南体育学院和军事体育学院。这对正规地培养体育干部奠定了基础。……为了适应当前开展群众性体育运动的需要,应首先着重培养各基层单位的体育积极分子。其次,各地还应有计划地开办短期体育干部训练班和加强对体育学院的领导,以培养体育工作干部。对于在职的体育干部和体育教师应着重提倡他们学习政治、钻研业务,在实际工作中学习,或采取业余进修的方法,不断提高自己。"1955年1月6日,时任国家体委副主任的蔡树藩在全国体育工作会议上作1954年体育工作总结并指出:"干部训练工作是开展体育运动的基本条件之一,应当根据各地工作发展的情况,有计划地大批训练和培养。配合教育部办好各体育学院,并希望教育部加强各师范学院的体育系科,以培养体育师资和体育团体、各级体委的干部;加强干部和业余积极分子的短期训练工作,今后应根据各地需要,制订具体计划,训练各单项运动的技术指导、裁判和基层体育会的干部;今后准备在体育学院举办各级体委干部的轮训,逐步改变体育干部不懂业务的情况,这是一项长期的任务。"1955年2月22日,中央体委党组在关于召开全国体育工作会议的报告中指出"加强训练和培养干部的工作,首先要办好现有的各个体育学院和短期干部训练班。对在职干部,除采取在工作中培养的办法外,并可在体育学院有计划地进行轮训。希望教育部门,办好各师范学院的体育系、科,在整个教学改革中改进体育教学工作"。国家体委党组在关于1960年全国体育工作会议情况的报告中指出:"一方面要努力办好体育学院、体育学校、师范学院的体育系、科,尤其是新建的院校;另一方面,大量举办体育干部短期培训班,有条件的城市开办业余的体育学院或体育学校,有条件的体育学院办函授系。"

为了贯彻中央的有关指示精神,我国高等体育专业在新中国成立初期仿照苏联模式建立了单科制的体育学院,在学制上除少数4年制本科外,主要开办了2年制专科,同时吸收培养干部的传统经验,开办体育干部培训班。在我国,各级体育院校和师范院校是培养体育人才的主要基地,短期培训和在职进修也是我国体育人才培养的重要形式。特别是20世纪50年代,在社会体育人才比较缺乏的情况下,由于短期培训和在职进修在时间、方法、内容等方面的特点,使它成为当时多快好省培养体育专业人才的重要途径之一,为我国体育事业培养了大量的体育干部(表1-4)。

表1-4 1953～1977年培训体育干部人数　　　　　单位:人

年份	体委干部	职工	学生	农民	其他	合计
1953	—	1 453	399	—	76	1 928
1954	197	1 452	583	—	716	2 948
1955	251	4 405	921	—	133	5 710
1956	840	15 544	6 430	4 200	3 442	30 456
1957	16 004	11 020	9 583	2 758	2 467	41 832
1958	52 292	34 571	60 924	56 127	43 059	246 973
1959	16 465	16 149	200 051	8 623	2 960	73 248
1960	1 189	12 394	28 491	2 283	19 854	63 941
1961	649	8 540	7 658	549	3 124	20 520
1962	600	12 394	5 055	135	5 258	23 578
1963	395	8 540	5 475	397	3 535	37 165
1964	—	—	—	—	—	40 055
1965	—	—	—	—	—	85 313
1972	—	—	—	—	—	66 096
1973	—	—	—	—	—	93 415
1974	—	—	—	—	—	56 275*
1975	—	31 147	114 596	20 600	15 675	182 018
1976	—	136 285	331 046	183 064	12 803	663 198
1977	21 990	42 105	146 369	32 981	5 367	248 810
总计	110 872	354 956	746 581	311 177	118 199	1 983 479

资料来源:国家体委.中国体育年鉴1949—1991精华本(上册).北京:人民体育出版社,1993.
—为原资料中缺此数据。* 表示其中:农村、工矿企业、工会干部15 705人

三、研究生教育的起步与发展

在积极办好体育专业本、专科教育的同时,我国也积极创造条件发展体育专业研究生教育。1954年2月,中央体育学院(北京体育学院)先后聘请了苏联体育理论、运动生理、田径、足球、体操、游泳、运动解剖、体育卫生等8个专业10位专家任教,担任指导教师。1957年华东体育学院(上海体育学院)聘请了苏联专家开始了体育理论、排球、篮球3个专业的研究生培养工作。到1959年10月,北京体育学院、上海体育学院已培养体育理论、运动生理、人体解剖、体操、足球、篮球、排球等研究生200多人。

由于当时高等学校急需体育教师、科研机构体育科研人才,因此当时体育专业研究生培养主要是面向高等学校和体科所。这对当时提高体育师资水平,开展体育科学研究起到了重要的作用。但这种培养目标对后来我国体育专业研究生教育影响极大,使我国长期以来始终难以摆脱培养师资和科研人员的局限,人才培养规格单一。这一时期我国体育专业研究生教育在苏联专家的帮助下,发展很快。当时的研究生在苏联专家的指导下,主要学习1~2门课程,以便毕业后能从事本科的教学工作。因此理论基础不够广泛深刻,培养规格类型比较单一,与我国实际需要结合不够紧密,研究生参加政治运动多、劳动多,重实践轻理论,很少有科学研究工作和训练,培养质量总的来说不高。

1959年,苏联专家全部撤走后,我国体育专业在学研究生急剧减少,从1958年的81人降到1959年的6人。当时的教育部部长蒋南翔提出"建立高质量的研究生教育关系到我国教育独立及学术独立"的思想,之后我国体育专业研究生教育开始回升,并逐步对苏联体制遗留的问题进行了改革。1963年4月9日,教育部颁发了《高等学校培养研究生工作暂行条例草案》,草案针对研究生培养质量的下降,对研究生招生、培养、领导和管理、待遇与工作分配等方面均做了明确的规定。根据草案的精神,我国体育界本着"保证质量、严格要求"的方针开始了独立自主培养研究生的新阶段(表1-5)。根据《高等学校培养研究生工作暂行条例草案》,这时我国体育专业研究生教育的培养目标仍是培养高等学校体育师资和体育科学研究人才,但培养计划强调课程学习和科学研究工作相结合,课程学习包括:政治理论课、外国语、专业基础课和专业课等。这一模式是对只跟苏联专家学习1~2门课程的直接改革,而且开始重视研究生科研能力的培养,因此研究生培养质量有一定的提高。同时对研究生的入学考试、培养计划、课程学习、导师遴选等都有规定和要求,也逐步积累了一定的经验。

表1-5 1951~1965年我国体育教育专业研究生人数情况　　　　单位:人

年份	在学研究生	招生数	毕业生数
1951	9	—	—
1952	10	1	—

(续表)

年份	在学研究生	招生数	毕业生数
1953	—	—	9
1954	86	51	—
1955	128	40	—
1956	179	79	29
1957	139	60	95
1958	81	—	56
1959	6	6	81
1960	76	53	—
1961	93	20	—
1962	95	3	—
1963	38	2	48
1964	12	4	27
1965	18	10	3

资料来源：中国教育年鉴编辑部.中国教育年鉴(1949～1981).北京：中国大百科全书出版社,1984.
—为原资料中缺此数据。

我国体育学院独立培养研究生,始于1960年。1959年,北京体育学院招收的研究生,因召开第一届全运会的缘故,首批田径、体操、排球、篮球、生理、解剖和体育理论等7个专业93位研究生推迟到1960年2月入学。由于当时北京体育学院不具备导师力量,课程设置不合理,导师管理工作薄弱,加之入学标准低,外语水平不适应研究工作的需要,直接影响了研究生的质量。1961年,北京体育学院根据"调整、巩固、充实、提高"的方针和"高教60条",制定了《研究生工作暂行条例(草案)》,对研究生的培养目标、培养方法等主要问题作了规定,使研究生的培养工作开始步入正轨。1963年1月,教育部召开了全国高等学校研究生工作会议,明确了培养研究生工作的重要性。对研究生培养目标、培养原则和方法等重要问题进行了讨论,取得了统一的认识。根据教育部颁发的《高等学校培养研究生工作暂行条例》,进一步完善和加强了研究生的培养工作。这些研究生毕业后,大大加强了体育学院教师队伍的建设,成了我国体育界各个方面的骨干力量,为我国的体育事业的发展起到了很大的作用[①]。

1966年,"文化大革命"使体育教育事业遭到严重破坏,不少体育院校被迫合并或撤销,有的一度停止招生。由于"研究生制度是培养特权阶层,培养资产阶级和修正主义接班人"的错误观念,体育专业研究生教育在此期间中断。1971年,北京体育学院开始恢复招生,从1972年开始,西安体育学院、成都体育学院等高校也招收了少量的学生。1973年,全国高校恢复招生,各师范院校和综合性大学体育系也同时招收2年制的工农兵学员。由于被推荐进体育院系的学生体育基础和文

---

① 伍绍祖.中华人民共和国体育史(综合卷).北京：中国书籍出版社,1999：168-169.

化基础参差不齐,再加上频繁的政治运动和形式主义的影响,正常的教学秩序和运动训练受到了严重的冲击,严重影响了教学质量,使这个时期学员的学习和训练都受到很大的影响。但多数学员都能珍惜来之不易的学习机会,毕业后成了各级体委、体院的业务骨干。1975年,各体育院校在开展批判资产阶级派性,加强领导班子的团结的同时,整顿了学院的教学秩序,取得了比较好的效果。但为时不久,刚有好转并开始步入正轨的形势再度逆转,各体育院校再度处于混乱状态。

新中国成立初期,随着我国体育事业的发展,体育科教人才的培养虽然经历了坎坷,走过了模仿和艰难的探索过程,但体育科学教育的进步、体育科教人才培养机构的成立、人才培养制度的不断完善,仍然为新中国体育事业的发展提供了强有力的智力支持,促进了新中国体育科技的发展,为以后我国体育科教事业奠定了坚实的基础。

第三节 创办体育报刊,促进宣传交流

新中国成立初期,党和政府为了系统地研究和总结旧体育,改造旧体育,扬弃旧体育的理论、技术和作风,为了更好地学习苏联及其他人民民主国家的先进体育经验、体育科研成果,充实新中国体育内容和启发新中国体育科技的创造,除了在《光明日报》《人民日报》等大型综合性报纸上开设体育专栏外,从1950年开始,根据我国体育运动发展的实际,创办了多种不同任务、不同特点的体育报刊(表1-6),出版和发行了各类体育知识丛书。《新体育》杂志是新中国创刊最早、发行量最大的全国性综合性的体育专业期刊,1950年7月创刊时,毛泽东为之题写刊名。1953年,为了使广大的体育工作者能更好地了解和学习苏联体育运动的先进经验,《新体育》杂志社还先后不定期地出版发行了12辑《体育译丛》,重点介绍苏联等社会主义国家先进的体育经验、理论、成果。1957年3月,为了适应我国体育事业的发展,《体育译丛》更名为《体育文丛》。改版说明中写道:随着我国体育运动的蓬勃发展,加强体育科学研究,以提高体育科学研究水平,越来越迫切。几年来,学习苏联的先进的体育理论与经验,经过实践,许多人已有了自己的见解和体会。去年,党提出的"向科学进军"的号召和"百家争鸣"的政策,更鼓舞了体育工作者学习和研究的热情。大家一方面要求更及时、更广泛地介绍外国的体育科学发展的情况与成果,以开阔眼界、增长见闻;另一方面也迫切要求发表自己的研究成果,沟通情况,交换意见,互相帮助,共同提高。只刊载翻译文章的《体育译丛》就不能满足工作发展的需要。因此,《体育译丛》改为《体育文丛》。《体育文丛》本着党的"百家争鸣"的方针去办,并把它看作是能否办好文丛的一个重要的标志。在文丛上应该

开展学术性问题的自由讨论和自由争辩,应该容许对文丛上任何文章提出不同的意见和批评。《体育文丛》作为新中国创办的第一个正式的体育学术刊物,围绕体育教学和体育科学研究的需要,在继续介绍外国先进的体育理论与经验;发表体育科学论文,交流体育教学研究经验;组织学术讨论,探讨和研究体育理论与实践中的重要问题,为体育科学研究提供参考资料等方面起到了积极的促进作用。《体育文丛》问世后,《新体育》逐步减弱了原有的一些学术色彩,开始向完全普及性的办刊方向转变。

表1-6 新中国成立初期创办的全国性体育报刊

刊名	创刊时间	主要任务及内容
新体育	1950年7月	宣传党对体育工作的方针政策,宣传体育运动为增强人民体质、加强国防和生产建设服务的重要意义,宣传新中国体育运动的成就,指导各地体育组织和体育运动工作、交流工作经验,介绍基本的科学的体育知识、运动方法和生理卫生常识,评述国内外重大运动竞赛,介绍苏联和人民民主国家先进的体育
体育译丛	1953年	介绍苏联及人民民主国家的体育经验、理论、科技成果
中国体育（China Sports）	1957年4月	面向各国体育爱好者的英文刊物。宣传中华人民共和国成立以来党和政府对广大人民身体健康的巨大关怀,我国群众性体育运动开展的新面貌和运动员不断取得的成就,反映我国与各国体育工作者、运动员的友好往来,介绍具有悠久历史的中国武术和其他一些行之有效的健身方法,以及医疗体育、体育史话等知识
体育文丛*	1957年3月	介绍国外先进的体育理论与经验,发表国内学者体育科学研究论文,交流体育教学研究经验,组织体育学术性问题的讨论,探讨和研究体育理论与实践中的重要问题
体育报	1958年9月	宣传党和政府国家关于体育运动的方针政策,报道国内外重大政治时事,加强运动队伍的政治思想教育,促进群众性体育运动的发展和运动技术水平的提高,丰富群众的业余文化生活;通过体育活动的宣传报道,向群众进行共产主义教育
体育科学技术资料**	1959年	发表体育科学研究动态、经验和成果,交流运动训练经验

* 前身为《体育译丛》,1957年更名为《体育文丛》;** 后更名为《中国体育科技》。

1954年1月,中国第一家体育专业出版社——人民体育出版社成立。在人民体育出版社成立前,青年出版社和人民教育出版社出版了一些体育书籍,但以翻译的居多。人民体育出版社依据党和政府关于体育工作的政策和发展社会主义的需要,为推动体育运动的普及和提高,编辑出版了各种体育书籍,宣传中国的体育方针、政策,介绍体育运动知识和锻炼身体的方法、运动训练的经验和体育科研成果、体育工作方法,介绍国外体育运动先进技术。体育专业出版社的诞生,为进一步推动新中国体育各项事业的发展起到了积极的作用。

1957年4月,我国第一份英文版体育期刊《中国体育》(China Sports)创刊,它通过向国外读者介绍中国体育发展情况,让世界了解了新中国体育所取得的成就。1958年9月1日,我国历史上的第一张全国性的体育专业报纸《体育报》创刊,《体育报》通过新闻评论等方式,阐述党的体育方针和政策,阐述体育运动在社会主义建设中的地位和作用,介绍中国体育事业多方面的成就和国际体育新闻,并开辟有关学校体育、群众体育的研究专栏,深受人民群众的喜爱。1959年国家体委科研所还创办了《体育科学技术资料》,重点介绍世界各国先进的体育运动技术等,为我国运动员、教练员及时了解世界体育科技发展动态提供了较为丰富的信息资源。

体育报刊的创办,为宣传党的体育方针和政策,宣传新中国体育运动的成就,促进国内外体育科技信息交流提供了园地,推动了体育科技事业的发展。随着体育事业的不断发展,体育科技对体育报刊的要求不断提高,各体育学院和部分省、市纷纷根据各自的特点创办了学院学报、体育科技期刊,从而进一步加速了新中国体育科技的交流和发展。

第四节　创建体育科研机构,开展体育科学研究

一、基础薄弱,底子薄

1949年新中国成立时,全国只有187个在高等院校和工业部门的科研机构和691名有一定成就的自然科学家,全国科学技术人员不足5万人,仅有39个专门研究机构,且有许多名存实亡。因此,中国共产党人认识到,发展中国的科技事业,必须从科技队伍的恢复与建设起步。1949年,全国政治协商会议通过了建立中国科学院的提案,10月17日,中央人民政府委员会第三次会议通过任命郭沫若为中国科学院院长。1950年8月18~24日,在北京清华大学礼堂召开了新中国科技工作者第一次盛大聚会——中国自然科学工作者代表会议。周恩来在会上做了题为《建设与团结》的报告,热烈称赞这次会议是我国自然科学工作者"团结的大会,向前开步走的大会"。这次会议后,中国科技界极为活跃,群众性的科技活动和科学家间的联系和交流,生机勃勃地开展起来[①]。

与其他研究或科学领域一样,体育科技的发展也有其历史的连续性。探索中国体育科技发展的历史,首要的问题是明确其历史的起点,在此基础上追溯其继承和发展的过程。体育科学是一门年轻的科学,从全世界范围来看,有组织、有计划地进行体育科学研究,是从20世纪初才开始的,体育科学研究比较广泛地开展是在第二次世界大战结束之后。我国从20世纪30年代到新中国成立前夕,虽有一

---

① 赵玉林,夏劲,李振溅,等.中国科技五十年:成就、经验和规律.科技进步与对策,1999(5):7.

些体育学术论著,但体育科研的基础十分薄弱,实验研究几乎空白,而且没能有组织地开展起来。由于新中国成立初期我国的体育科学研究的基础差,底子薄,没有一个专门的体育科研机构,因此也没有相应的研究队伍。1955年,中国科学院为奖励科学研究成果,曾两次向体委系统征集优秀的体育科学研究成果,但体委系统一项成果也报不出。那时尽管中央体育学院于1954年设立了研究生部,有少量研究生在专家指导下进行学习研究,但时间还不到1年,未能有所建树。国家在制定1956~1967年12年重大科学技术发展规划时,将运动生理和医务监督的研究课题列在医学科学第53项中,体育科学尚未作为一个独立的科学门类列入规划[①]。

二、体育科学研究得到重视

随着我国体育事业不断发展,国家体委在有关文件中多次对加强体育科学研究工作做了重要的指示。1953年11月17日,中央体委党组在关于加强人民体育运动工作的报告中指出:"我国的民族形式体育如武术等,是我国优秀文化遗产的一部分,是几千年来我国发动人民锻炼体魄的良好方式。民族形式体育的项目极为丰富,其中有许多对强身有益的体育形式,中央体委拟设专门的研究机构着手研究和整理,以便正确地推广和提倡。"1959年3月22日,国家体委党组关于1959年工作几个问题的报告中指出:"应该制定科学的训练计划,发动运动员和教练员认真钻研训练工作中的关键问题,总结自己的经验,创造性地学习和运用苏联和其他国家的先进经验,发扬适合我国运动员特长的战术和技术。必须加强体育学院的工作和体育科学研究工作。"1961年,全国体育工作会议纪要指出:"运动训练工作是一门新的科学,认真总结一套切合我国实际,能够充分发挥我们特点的训练方法,需要不断加强体育科学研究工作,避免片面性、一般化等毛病。努力办好体育院校,不断提高教学质量。各级体委应当加强体育院校的领导。体育院校必须坚持以教学为主,生产劳动、科学研究、社会活动要安排得当,集中力量改进教学工作,提高教学质量。"1962年全国体育工作会议纪要指出:"继续认真总结经验,贯彻'百花齐放、百家争鸣'的方针。加强科学研究,加强技术情报资料的搜集,改变耳目闭塞的情况,更好地为训练服务。提倡尊重科学,形成钻研业务,钻研技术的风尚,鼓励不同风格的创造和发展。"1965年,全国体育工作会议纪要指出:"办好体育报刊、体育学院,做好科学研究工作。体育科学研究工作应深入第一线,密切联系实际,在普及群众体育运动、猛攻世界运动技术尖端中充分发挥积极作用。"1973年,全国体育工作会议纪要指出:"有计划、有重点地开展体育科学研究工作。"

---

① 荣高棠.当代中国体育.北京:中国社会科学出版社,1987:451.

三、体育科学研究的起步与发展

1956年2月1～7日,新中国成立后的第一次体育科学讨论会——北京体育学院第一届体育科学研讨会召开。来自全国各地200多所高等学校的师生代表300多人参加了研讨会,会议报告讨论了体育理论、生理卫生、运动技能、运动教学和教练等方面的论文共31篇。提交会议交流的部分研究成果已具有一定的水平,如北京医学院研究了太极拳的生理机能,对练太极拳和未练太极拳的健康老人的身体发展指标、机能状况、心电图、心肺及骨骼X线等方面,作了大量的较全面的观察和比较,证明了坚持练太极拳的明显功效。在运动技术和训练方法方面,一些研究人员也提出了许多新的、值得重视的观点。

北京体育学院第一届体育科学研讨会召开,对推动我国体育科学研究工作起到了积极的促进作用。据不完全统计,当时全国有5所体育学院的373位教师和研究生以及41所高等学校的250位体育教师,制定了研究计划。这些计划中,个人和合作研究的题目共有444个,其中体育教育理论108篇(占24.33%),运动生理、卫生和医务监督74篇(占16.67%),运动技术、教练法和教学法研究204篇(占46%),一般基础研究58篇(占13%)[1]。

1956～1957年全国各体育学院和其他高等学校拟定的研究课题达923项;1958年北京体育学院完成160篇论文,等于前4年的总和;1959年完成692篇,等于1958年的4倍。上海体育学院1957年以前仅举办研讨会5次、完成论文2篇,1957～1958年举办研讨会25次、完成论文192篇,1958～1959年举办研讨会172次(包括各系的科学小组活动),完成论文842篇[2]。从1956年开始的人体解剖学研究工作,根据运动实践的需要,已逐步由描绘解剖学向机械解剖学发展,初步研究了一些运动动作。运动生理学研究了各项运动的生理特点和运动训练对身体机能的影响,探讨了身体训练的生理原则,分析了我国青少年运动员身体训练的指标等。此外,在研究中华武术,体育文献的收集、整理,以及运用气功疗法、经穴按摩治疗运动创伤,继承和发扬几千年优秀体育文化遗产方面,取得了初步成果。

20世纪60年代初期,体育院系的科研工作重点围绕以教学为中心,为教学服务,要求科学研究要与调查研究、编写教材、建立健全的新的教训秩序和提高教学质量相结合。在这一阶段,除完成了一批国家重大科学技术项目研究课题外,主要落实体育院系教材编写工作,特别强调了教师在科研中的主导作用,提高了教师对科研的重视程度,并制定了相应的规章,对教师从事科研给予时间上的保证,明确

---

[1] 千山碧.体育科学工作广泛展开.体育文丛,1957(1):1.
[2] 上海体育学院科学研究委员会.让体育学院科学研究工作跃进再跃进.体育文丛,1960(3):8.

规定将参与科研的时间计入总的工作日中。成都体育学院1960年举行了不同规模和形式的科学讨论会、报告会15次。完成论文200篇,其中运动医学30篇、运动训练63篇、民间体育17篇、群众体育28篇、教学改革24篇,相当于1954年建院以来的总和[1]。1960～1961年,北京体育学院选作国家研究项目的题目43个,其中运动训练28个、体育运动生物科学10个、运动保健4个。1961年全院重点题目26个,其中14个属于编写教材和总结教法,此外还有12个专题研究。由于研究项目大都结合当前运动实践需要,根据实际材料进行分析,因而对运动实践中的不少问题提出了一定的看法和意见[2]。

1963年以后,很多院校不定期地召开论文报告会。由于改变了以往"献礼"式的突击性科研工作,各体育学院更加重视科学研究与实践需要紧密结合。同时为科研活动提供了必要的条件,解决了实践中存在的一些问题,提高了课题的质量。大多数体育学院的课题的主要方针围绕培养目标,面向中学进行调查研究;结合教学,围绕修订教学大纲,修改充实教材;研究改进教法;充实有关教学资料等,取得了不少成绩。

在各体育学院积极开展体育科学研究的同时,各省市体科所也根据各自的特点,有针对性地开展了体育科学研究。北京体育科学研究所1961年以10个运动项目为主,同时兼顾其他方面,对优秀运动员的训练、运动训练的生理特点、医务监督与运动伤病治疗以及工人生产操、少年运动训练等问题进行了研究,并取得了相应的成果。为配合运动训练和科研工作,还翻译整理了166万字的外文资料,冲洗放大相片14 000多张,收集影片资料279个。这些资料对于了解世界各重点国家的重点项目发展水平,吸收先进经验,起到了有益的作用[3]。1962年,上海体育科学研究所集中力量对上海市重点项目的优秀运动员的训练和技术问题进行了较为深入的研究,研究涉及短跑运动员的速度耐力和起跑、途中跑技术;跳远运动员的全面训练和技术力学分析;举重运动员的抓举、挺举技术分析等,完成论文82篇,共计20多万字,比1961年增加2倍多。此外,还同上海体育学院和有关协会联合举办了1962年上海市体育科学年会(这种形式的年会在上海还是第一次),出席会议的体育界各方面人士达500多人。编印了《体育科学论文资料》12期,约20万字;《体育译文》2期,3.5万字;译文资料50余篇,共34万多字;冲洗放大照片1 800余张,收集国内外图片150余张[4]。成都体育学院研究室仅今年一年就编纂体育史资料10多篇,达40万字。1960年以来整理总结郑怀贤运动创伤经验7篇,

---

[1] 成都体育学院科研处.成都体育学院1960年的科学研究工作.体育科学技术资料,1960(60):31.
[2] 北京体育学院.北京体育学院科学研究工作简况.体育科学研究资料,1963(89):20.
[3] 北京体育科学研究所1961年工作总结和1962年工作意见(摘要).体育科学研究资料,1962(53):33-36.
[4] 上海体育科学研究所1962年工作总结和1963年计划要点(摘录).体育科学研究资料,1963(120):37-41.

并编写出版了《伤科诊疗》及《伤科按摩术》两书,近80万字[①]。

进入20世纪60年代,全国逐步形成了一支专业体育科研队伍,体育科研主要涉及体育理论、体育史、群众体育、青少年训练、优秀运动员训练、运动生理、运动医学、科研仪器、场地器材、情报资料等领域。科研机构的成立、科研队伍的发展壮大、科研工作者的努力钻研,使新中国的体育科技无论在增进人体健康,还是在治疗运动创伤、掌握科学训练方法等方面,都取得了一些可喜的成果。如曲绵域教授主持的北京运动医学研究所、郑怀贤教授主持的成都体育学院附属体育医院,在分别采用现代医学和中医结合的方法,为运动员消除疲劳和治疗运动创伤等方面做出了贡献。

20世纪60年代初期,为了加强横向联系,促进学术交流,在北京、上海、广州、武汉等地体育科技工作者的倡议下,1964年7月28日,国家体委科学委员会第一次会议决定建立中国体育科学学会,随即草拟了学会章程(草案),酝酿了理事候选人名单,后因客观原因被搁置下来。1964年11月23日~12月1日,在北京召开了第十届全国体育科学报告会,大会共收到82个单位的321篇论文,其中专门研究机构75篇、各医学院77篇、各体育学院53篇、各高等体育系40篇、各普通高校34篇、各训练机构19篇、各中学15篇、各少体校7篇、教育行政机关1篇。出席会议的有20个地区和解放军系统共45个单位的论文作者,及各省、自治区、直辖市体委和各体育院系负责人126人,300余名列席代表参加了会议。会议报告论文109篇,其中运动训练23篇、体育教学24篇、运动生理15篇、运动医学47篇。报告会论文作者有95%以上是年轻的讲师、助教、中学教员、教练员、研究人员和医生,有63%以上是非专门研究人员。会议期间各专业小组还就本次会议的研究成果进行了总结发言[②]。1964年第一届全国体育科学报告会召开,不仅检阅和交流了新中国成立以来我国体育科学研究的成就,调动了广大体育科研人员的积极性,同时也积累了举办大规模、高层次体育科学报告会的经验。

四、体育科研机构的创建

1954年前,我国体育科学基本上属于松散型、自发型的。随着我国体育教育事业的不断发展,1954年,北京体育学院设立了研究部,开始培养研究生和开展体育科学研究工作。此后,其他直属体育学院也都设立了研究部或科学研究办公室,组织和领导体育科学研究工作。特别是1958年9月18日,以北京体育学院研究生部毕业的研究生和1955年选派出国学习归来的研究生和本科生为基本力量,成

[①] 国家体委科学工作委员会.体育科学研究工作的当前情况及对今后工作的几点建议.体育科学研究资料,1965(8):1.

[②] 国家体育科学委员会.关于1964年全国体育科学报告会的情况报告.体育科学研究资料,1964(8):4-13.

立的中国历史上第一个专门体育科研机构——北京体育科学研究所（现国家体育总局体育科学研究所前身），标志着我国有组织、有计划地开展体育科学研究正逐步形成，呈现出新中国成立初期我国体育科学研究的雏形。北京体育科学研究所在发展过程中，逐步设立了群众体育、运动训练、运动生理、运动医学、资料等5个研究室以及摄影制片、仪器装配两个辅助工作室，对体育运动实践中出现的实际问题与理论问题进行研究。为了使生理解剖的教学理论联系实际，整理和发扬祖国医学遗产之一正骨科，1958年10月1日，新中国第一所体育医院——成都体育学院附属医院由成都体育学院骨伤科、解剖生理教研组、卫生保健室及骨伤科训练班合并成立，1959年卫生系统又成立了北京运动医学研究所。国家专门为这些研究所拨出了足够的经费购置仪器和图书，为体育科学研究工作的顺利进行，提供了充分的物质条件。进入20世纪60年代，上海体育科研所、黑龙江体育科研所、广东省体委科研室、成都体育学院体育史研究室、运动医学研究室等省、市科研机构相继成立，为进一步开展体育科学研究工作创造了有利的条件，呈现出我国体育科学研究不断发展的良好势头。

五、加强交流、探索提高

我们的社会主义体育事业是前人所没有做过的事业，要在较短的时间内赶上和超过世界水平，就要依靠自己的辛勤劳动，靠自己大胆实践和摸索，积累和总结经验。与此同时又不排斥学习外国的先进经验。在国内体育学术界开展体育科学研究的同时，我国运动训练部门也积极选派运动员、教练员出国学习国外先进的体育科学技术。1954年4月和1955年5月，我国先后两次派出24名游泳运动员和4名助理教练员赴匈牙利布达佩斯体育学院接受游泳专门训练，学到了先进的游泳技术，增长了见识。1954年6~9月，我国男女排球队在参加第12届世界大学生夏季运动会排球比赛前后，赴苏联学习和访问了2个多月，运动员开阔了眼界，进一步了解了6人制排球的技战术和比赛特点，既看到了自己灵活快速的长处，也找到了技术片面、攻强守弱的问题。回国后，教练员和队员讨论、整理，出版了《6人排球技术》一书。这本新中国较早的排球专业书籍，比较系统地介绍了6人制排球的几项主要技术和基础攻、防战术。1955年6月10日~10月21日，我国派体操队到莫斯科斯大林体育学院学习，在苏联优秀体操教练员普洛特金、阿历山大洛夫等的指导帮助下，比较系统地学习了体操理论和训练法，对巴甫洛夫条件反射学说、运动技能形成理论有了初步了解。苏联体操训练中关于多年规划、年度训练计划、周期训练法、大运动量训练法、蒸汽浴控制体重等方法，都在相当长的时间里对中国体操的训练实践有着重要的影响。1962年，在训练中重新提倡"百花齐放，百家争鸣"方针，加强科学研究，加强技术情报的搜集，改变耳目闭塞的现状，更好地为训练服务。提倡尊重科学，提倡不同技术观点的自由辩论，形成钻研业务、钻研技术的风尚,以促进运动技术的发展和训练方法的不断改进。国家体委明确要求:"各级体委不要用行政命令力量推广或禁止某一种流派、风格的训练方法,也不要用行政命令去解决不同技术观点的争论。"我国的竞技运动训练从20世纪50年代单纯强调学习苏联先进技术,转变为在学习和吸收世界上主要的技术类型和优秀的技术、战术和训练方法的同时,形成了更先进的技术,更适合我国民族体质特点的技、战术和训练方法。在优秀运动员队伍中,通过自己的不断摸索和总结,很快形成适应自己项目和运动员特点的训练方法和技术风格。中国乒乓球队在1959年取得第一个世界冠军后,以辩证唯物主义思想为指导,破除唯心主义和形而上学,主张以我为主,走自己的路,学习与创造、继承与革新有机地结合起来。坚持学诸家之长,提倡百花齐放,不搞清一色、一律化,尽可能地接纳世界各种打法,使各种流派在团队里"互相竞争、互相适应、互相制约、互相促进",形成了自己的独特风格。在解决技术训练中遇到的难题时,坚持领导、教练、运动员三结合的"集体会诊"方法,使政治的领导作用、教练的主导作用和运动员的自觉性、积极性、创造性很好地结合起来,实现了集体基础上的个人努力,个人努力上的坚强集体。训练方法和技术的研究创新使我国乒乓球水平始终保持世界领先。北京体育科研所搜集翻译了几百万字的世界乒乓球运动技术资料,为我国乒乓球运动走在世界前列做出了贡献。1962年11月12～28日中国体育科学代表团由团长赵斌率领,参加在莫斯科举行的社会主义国家运动训练科学讨论会。

六、制定体育科学研究规划

1958年2月28日,国家体委邀请北京市有关的科学家和体育学家、教育部和卫生部的代表、各体育学院的负责人等,座谈我国体育科学研究工作的第一个十年规划。会上体委负责人指出:"我国体育运动的发展,把体育科学研究工作提上了工作日程,体育运动'大跃进'的形势以及十年左右赶上世界水平的任务,要求体育科学研究工作加速赶上去,以便总结我国已有的经验,掌握新的技术,帮助解决当前工作中提出的迫切问题。体育科学研究工作的任务是在原有的基础上加以全面规划、统一安排、分工协作,以辩证唯物主义观点对我国的体育运动实践进行具体的分析,并建立我国体育研究工作体系,有步骤建立体育科学研究机构,培养体育科学人才,加强体育科技研究的国际合作。"[1]会议一致认为,制定出统一的体育科学研究工作的发展方针和规划,做到统筹安排、分工合作和建立体育科学研究机构是十分必要的。

体育科学研究十年规划提出了十年内体育科学研究的10个主要课题,包括体育理论与体育制度、运动技术与训练、体育运动的卫生学和生理学论证、体育运动

---

[1] 国家体委举行体育科学研究工作十年规划座谈会.体育文丛,1958(3):14.

的医学与医务监督、体育运动的心理学、中国体育史、组织领导与工作制度研究、培养体育干部与学校体育、体育场地和运动器材的科学研究、外国体育运动。此外在《全国科学技术发展远景规划第55项任务第9中心问题说明书》中，亦提出了关于体育科技1956～1967年的5个研究题目，分别是"中国民间体育经验的研究""运动生理和运动训练方法和生理基础的研究""某些兴奋药物（如人参、五味子）对体育活动的影响""中国运动员的适宜营养问题""各种疾病及外伤在运动员中的发病率的调查统计和分析研究"。1958年9月19日，中共中央批转了国家体委党组《关于体育运动十年规划的报告》，并做了重要批示。《关于体育运动十年规划的报告》对这一时期我国体育科技的发展具有深刻的影响。

体育界的"大跃进"这一现象直到1960年底党中央、国务院提出"调整、巩固、充实、提高"的八字方针后，才逐步有所扭转和改变。1961年1月，中共中央在北京召开了八届九中全会，会议正式通过了《关于1960年国民经济计划执行情况和1961年国民经济计划主要指标的报告》，批准对国民经济实行全面调整。我国体育界认识到急于求成，把问题估计简单化以及"不鸣则已，一鸣惊人"等，不应是体育科学研究的正确的态度，体育科学研究，必须从实际出发，密切联系实际，从长远需要着眼，从当前需要着手。1960年3月，国家体委在北京召开了第一次全国体育科学工作会议，对1960年重大科研课题项目计划作了补充修改，讨论了1961～1962年体育科学发展纲要。在明确科研工作方针、任务的基础上，从各单位的实际出发，大体作了统一的安排和必要的分工。由于加强了对体育科研工作的领导，建立了一支体育科研队伍，在国家编制《1963—1972年科学技术发展规划》时，体育科学方面的研究课题大大增加，其中包括运动训练、运动解剖、运动营养、运动创伤、医务监督和传统体育项目太极拳、气功等方面。这次会议对我国体育科学研究工作的发展起到了积极的推动作用。经过3年的调整，体育科技工作在原有的基础上有了进一步的发展，新兴的体育科学被纳入了国家《1963—1972年科学技术发展规划》，体育科学进入了新的发展时期。

七、十年内乱差距拉大

正当新中国体育科技事业进入发展时期，"文化大革命"接踵而至，体育科研机构被撤销（1969年国家体委科研所被强行撤销），科研队伍解散，科研工作完全中止，使许多科研人员"欲干不能，欲罢不忍"，已见雏形的我国体育科学研究陷入了"十年浩劫"之中，到1977年全国体育科研专业机构的人员不足300人。在这一期间，虽然1970年周恩来总理针对北京运动医学研究所被撤销的事指出："运动医学不能取消，只能加强，不能减弱，要在运动实践中发挥作用。"1972年恢复了一些体育科研，一些同志克服种种困难，开展科研工作，但就整个体育科研来说，基本上处于半停顿状态，我国体育科研水平和世界先进水平相比，差距逐步拉大。生化研究国外使用微量分析方法,而我们仍沿袭 20 世纪 50 年代的操作方法;研究运动员运动中生理机能变化,国外使用电子遥测装置,把运动过程的脉搏、心电、肌电等多指标的变化随时加以记录,并通过计算机系统及时做出分析,我们基本上还只能做静态下的研究;在情报资料研究上,国外已使用显微胶卷复制收藏,编成目录索引输入计算机储存系统,供随时查阅,而我国的情报资料研究工作和 60 年代相比,基本上没有大的突破;在运动技术研究上,有的国家开始运用宇宙学知识分析体操的翻转技术,我们基本上还是靠教练员的经验、体会训练运动员,存在较大的局限性和盲目性。总之,当时我国的体育科学技术水平和国外先进水平相比,除个别项目外,大多数项目只相当于 50 年代和 60 年代初期的水平。由于我国的体育科技水平不适应体育运动实践的需要,严重制约了我国体育运动成绩的提高,例如我国 50 年代游泳水平和民主德国大体相当,到了 70 年代初,我国的成绩提高幅度缓慢,但民主德国提高幅度显著,究其原因是多方面的,其中民主德国加强体育科学研究是重要的一个因素。按其教练员的话说"民主德国的专家们进行了繁重的科学研究,民主德国运动员是用科学的方法造就出来的"。这场灾难一直延续到粉碎"四人帮"拨乱反正后,我国体育科技才得以逐步发展。

第五节　苏联模式对我国体育科技发展的影响

一、依靠苏联、学习苏联

　　1949 年,中华人民共和国成立,使一个占世界人口 1/4 的半殖民地、半封建的东方大国脱离了帝国主义的统治,以美国为首的一些西方国家对社会主义的新中国采取了敌视、颠覆的政策。1950 年美国发动了朝鲜战争,并裹挟许多国家加入了对我国的全面封锁,给新生的中华人民共和国带来了巨大的威胁。苏联比中国早 30 多年就建立了社会主义国家,积累了丰富的经验,其科学技术已经走在世界的前列。在这种情况下,对于缺乏社会主义建设经验的中国来说,学习苏联是我们的唯一选择。向苏联学习,自然就成为一条"最平直、最接近、最宽阔的大道"(郭沫若语)。认真地学习和借鉴苏联的成功经验,对推动我国新民主主义革命和建设具有重要的意义,对于刚刚起步的中国体育事业来说也同样如此,由此形成了苏联对新中国体育各个层面的重大影响。

　　新中国的体育理论学科体系是在苏联体育理论指导下创建起来的。这个体系的总体特征是以马克思列宁主义为思想基础,以巴甫洛夫学说为自然科学基础,并依据教育学原理来指导。新中国成立初期,为了改变旧体育落后的面貌,尽快建立新体育体制,我国把学习、吸收苏联和东欧社会主义国家先进的体育制度和经验,作为一项重要的工作。朱德指出："中国的体育工作者应好好地向苏联的同志学习，为建立中国的体育事业而奋斗。"《新体育》发刊词明确提出："建设新体育，必须向苏联及各人民民主国家学习，根据我们国家的实际情况吸取他们成功的经验，来充实我们的体育内容和启发我们的创造，使我们的体育，成为世界进步体育的一个构成部分。"这些指导思想对新中国成立初期新中国体育科技的发展也带来了深刻的影响。1950年《新体育》杂志创刊，就把介绍苏联体育放在十分突出的位置，如牟作云的《今日苏联的体育》一文，对苏联体育的历史、体育制度、体育组织以及体育师资的培养、学校体育、社会体育等情况进行了全面的介绍。《新体育》1952年第17期还对苏联中小学体育教学法进行了系统、详细的介绍，同时讨论如何"积极地学习先进的苏联体育教学方法"的问题。1953年创刊的《体育译丛》，也以绝对的篇幅大量登载和介绍苏联在体育各个领域的思想。1957年，在庆祝伟大十月社会主义革命四十周年之时，第8期《体育文丛》还专门发表了任思治的文章《坚定不移地向苏联学习》。

除了利用媒体对苏联的体育经验进行介绍外，我国还积极派出各种代表团出访苏联，1950年8月28日～11月28日，以徐英超为团长的新中国第一个体育代表团一行12人应邀访问苏联，在2个多月的访问中，对苏联体育运动的组织领导、干部培训和学校体育等问题做了较为系统的考察与了解，并参观了莫斯科斯大林体育大学、中央体育研究院等。这次出访，对于刚刚开始有计划、有步骤地发展体育事业的中国体育界提供了可直接借鉴和参考的经验。1952年7月，体总秘书长荣高棠率领中国体育代表团参加了第15届奥运会后访问苏联和东欧社会主义国家，对这些国家的体育组织等情况进行了考察。1954年7月13日～8月17日，应苏联部长会议体育运动委员会的邀请，以贺龙为团长、荣高棠为秘书长的中国体育代表团一行15人访问苏联，观摩了全苏体育节，考察了苏联各级政府的体育机构和组织、体育设施和体育科研状况，从体育组织机构、规章制度、科学管理、教学训练、运动队伍建设与技术发展等方面，加深了对苏联的了解，迈出了全面向苏联老大哥学习的步伐。

在走出去的同时，我国还积极邀请苏联体育代表团和专家来华传授先进的体育经验。1950年12月24日～1951年2月1日，苏联部长会议体育运动事务委员会派遣了以罗曼诺夫为团长的体育代表团来华访问，这是新中国接待的第一个苏联体育代表团。1953年9月13日～10月26日，苏联国家体操队应邀来华访问，在1个多月的访问中，苏联体操队除了进行示范练习外，还召开了学术研讨会、座谈会等，给我国带来了现代体操运动的新信息和先进的训练经验。为了更好地学习苏联先进的体操理论与训练经验，我国还挑选了有培养前途的运动员随同观摩学习。1954年苏联游泳队访华，在广州、上海、北京等地和我国运动员进行比赛，并多次举行游泳训练和裁判法讲座及座谈会等一系列学术活动。为了尽快提高我国运动训练水平，1955年底至1956年初，我国邀请了12名有经验的苏联教练员来华工作,他们和以后陆续来华工作的其他教练员系统地介绍了苏联和东欧先进的训练理论和训练方法。新中国成立后的一段时间里,在苏联体育专家的热情帮助下,我国的学校体育专业教育有了很大的发展。苏联专家通过指导制定了学校各个专业的教育计划、教学大纲、主要教材、教学组织与制度、教学作业的方法方式等一系列教学文件,对建立健全教学秩序和培养体育师资起到了重要的作用,中央体育学院本科的教学计划也是参照苏联斯大林体育学院本科教学计划拟定的。

为了培养体育科研人才,1950年7月在北京清华园举办了首期"全国体育工作者暑期学习会",会议专门邀请了苏联体育专家戈尔节拉则做了"关于苏联体育运动的性质、目的、组织形式"的主题演讲,使参加学习会的全体人员对苏联体育有了更深刻和更全面的了解和认识。从1954年初起,中央体育学院先后聘请了伊格·凯里舍夫、鲍·谢·吉潘莱特尔、米·巴·苏施科夫等10位苏联专家担任体育理论、生理学、解剖学、卫生学、田径、足球、体操、游泳8个专业的研究生导师,招收了215名2年制研究生。上海体育学院也于1957年邀请了鲍·谢·格拉明尼茨基、阿·格·阿依列扬茨、尤·卡·拉古纳维邱斯3位苏联专家担任体育理论、排球、篮球专业的研究生导师,培养了59名研究生。中央体育学院聘请的凯里舍夫、上海体育学院聘请的鲍·谢·格拉明尼茨基和东北师范大学聘请的库库什金3位苏联体育理论专家在培养研究生与参与指导学校各项工作的同时,还介绍了苏联的体育理论体系。凯里舍夫在中央体育学院研究部的讲稿《苏联体育教育理论》,于1956年11月由人民体育出版社出版发行,该书对我国后来构建的体育理论体系有着重要影响(表1-7)。

表1-7 凯式体育理论体系与中国体育理论体系的比较

凯里舍夫的"体育理论"	1962年中国"体育理论"
(1) 苏联体育教育理论的对象	(1) 绪论
(2) 体育教育在苏联是共产主义教育的不可分割	(2) 我国体育运动为社会主义建设服务的一部分
(3) 苏联体育教育制度	(3) 服从全局、结合各项工作开展体育运动
(4) 苏联体育的准备劳动与卫国综合制度	(4) 群众路线是开展体育运动的
(5) 身体锻炼的特征	(5) "两条腿走路",普及和提高相结合是多快好省地发展体育运动的方针
(6) 苏联体育教育制度中之游戏、体操、运动和旅游	(6) 组织领导和措施
(7) 体育教育过程中及运动教练中之教学和教育	(7) 教学和训练
(8) 体育教育中作业的组织形式	(8) 教学、训练的组织和计划
(9) 教学教育和教练工作的计划与考核	(9) 运动竞赛
(10) 家庭的儿童体育教育	(10) 我国的体育科学研究工作
(11) 学前教育机关的儿童体育教育	(11) 学前体育
(12) 中小学体育教育	(12) 学校体育
(13) 高等学校中体育教育的目的和任务	(13) 厂矿、企业、机关体育

(续表)

凯里舍夫的"体育理论"	1962年中国"体育理论"
（14）高等学校中体育教育的领导 （15）高等学校中体育教育工作的形式和内容 （16）高等师范学校中体育教育的内容和 （17）医学院中体育教育的内容和组织特点 （18）进行大学生的体育教育作业的组织与方法 （19）体育教研室的科学研究工作与科学教学法工作 （20）高等学校中的群众运动工作 （21）职工大会系统中业余体育运动的组织和领导 （22）业余体育组织的教学运动工作 （23）志愿体育协会中的群众体育工作 （24）公共休息场所的群众体育工作 （25）生产过程中的体育措施 （26）组织乡村体育工作的特点	（14）农村体育

资料来源：伍绍祖.中华人民共和国体育史（综合卷）.北京：中国书籍出版社，1999.

对苏联经验的学习，有力地加快了新体育的建设步伐，推动了体育事业的发展。正如《新体育》1955年2月号社论所说的："我国人民体育事业一开始就肯定体育为人民健康、为生产和国防服务的崇高目的，以及开展群众性体育运动的方针。在提高运动技术方面，我国运动员已经和正在学习着苏联运动员训练方面的经验——全面发展、重点提高、全年训练、最大训练量等科学原则和各项运动的先进的技术方法。苏联体育是社会主义教育的一个重要组成部分，他们的运动技术是先进的，所以我们还得努力学习苏联的体育理论和各种运动技术。"

二、经验教训

新中国成立初期，百废待兴，继承体育优秀遗产和学习外国体育的先进经验是建立新体育的必经之路，当时可供学习和借鉴的只有苏联和东欧的模式。但我们在具体操作中，未能根据国情的实际，也存在一定程度的照搬并不加选择地引进。举国上下推行"准备劳动与卫国体育制度""运动员等级制度""裁判等级制度""运动竞赛制度"等，不仅对我国体育运动的普及与提高，而且对体育科技的发展规模、速度、方向等都产生了极为深刻的影响，左右了新中国成立初期我国体育科技的发展。正如毛泽东所说"一边倒，正是这样，积40年和28年的经验，中国人民不是倒向帝国主义一边，就是倒向社会主义一边，绝无例外"。这是指新中国在政治上的一边倒，是倒向社会主义一边的。但后来把政治上的一边倒，理解为教育上也应一边倒。认为苏联教育是社会主义教育，应一概肯定，而对欧美的教育和旧中国的教育则应一概否定。一切向苏联老大哥学习，一切以苏联老大哥为标准，直到20世纪60年代中苏关系紧张破裂才有所缓解。可以说,新中国成立初期苏联对我国体育科技发展的影响甚深,其痕迹至今仍可寻觅。

第六节 错误思想对体育科技发展的影响与干扰

一、武术的学术性讨论与转向

为了满足新中国成立初期体育事业发展的需要,1957年《体育译丛》更名为《体育文丛》,在继续刊登国外先进的体育科研成果的同时,开始发表我国体育科技工作者的学术论文,对"体育文化""体育教育"等一些学术问题展开了激烈的讨论。同年中国体育界展开了对武术问题的学术讨论,这一讨论始于1957年《新体育》第2期蔡龙云的《我对武术的看法》和第4期吴高明的《武术是锻炼身体的方法》。后来又有《体育文丛》编辑部邀请部分武术专家于1957年6月19~20日召开了"关于武术学术问题的座谈会",郑怀贤、温敬铭、蔡龙云、吴图南等21位学者出席了座谈会,会议着重讨论了"关于武术的性质问题、关于统一武术教材和百花齐放的关系问题"[①]。1957年第6期《体育文丛》发表了马辉的《武术性质和它的当前的任务》,第7期发表了向一的《武术的性质和发展方向的问题——兼评蔡龙云先生的观点》等文章。这一阶段,人们交流和争论的中心是关于武术的健身、技击、艺术价值等学术性问题。1957年10月开始,体育界关于武术问题的讨论逐步由学术性问题转向为政治问题,将学术观点随意上升到政治的高度,政治色彩逐渐浓厚。如《体育文丛》1957年第7期发表的《对于王新午"开展武术运动的一些意见"的意见》、第8期发表的《驳王新午的谬论》等文章。如果说武术讨论中的转向,起初还仅是一种自发行为和个别行为的话,那么,1957年《体育文丛》第9期张非垢的《武术工作中的两条路线》文章的发表,则将原本仅是学术性的讨论,上升为路线斗争的问题。文章对武术讨论的结论是:"另有一种争论,是假借武术之名,进行反共反人民反社会主义的阴谋。故意颠倒黑白,混淆视听,造谣挑拨,猖狂进攻。武术云云,其实醉翁之意不在酒,而是企图浑水摸鱼,乘机树立个人势力,实现个人野心,为资产阶级复辟扫清道路。直截了当地说,就是要造反。这场斗争是右派和其他利用武术做坏事的分子所挑起的。这是一场尖锐的阶级斗争。我们必须坚决予以反击,把他们彻底打垮,否则,对人民不利,对武术也不利。"

---

① 荣高棠. 当代中国体育. 北京:中国社会科学出版社,1987:443.

二、学术问题政治化

我国体育界学术问题的政治化,源于1952年由《新体育》杂志发起了"向体育工作中的资产阶级思想作坚决斗争"的运动。在结合"三反"(反贪污、反浪费、反官僚主义)而开展的批判体育工作中资产阶级思想的运动中,将我国著名的体育学者吴蕴瑞、袁敦礼、方万邦三人作为当时主要批判对象,特别是吴蕴瑞与袁敦礼合著的《体育原理》和方万邦著的《体育原理》,被批判为:"宣传体育超政治、超阶级,体育为了个人发展、培养领袖";"宣传了体育是消遣娱乐,以及彻头彻尾的崇美、媚美观点等;宣传了杜威和胡适的实用主义的哲学、政治和教育思想"。虽然三位学者的著作中存在着错误的思想观念,在当时的批判是必要的,但将学术问题与政治观念简单等同,用政治批判代替学术批判,则影响了正常的学术讨论,制约了体育学科的建设与发展[①]。

1957年《体育文丛》第4期刊登了美国学者C.H.麦克乐的《进行体育科学研究的方法》一文,文章从科学研究者的态度问题、如何发现问题、如何选题、进行研究的一般准备工作、研究的方法等五个方面介绍了如何进行体育科学研究。客观地说,在当时我国体育科学研究起点还比较低的情况下,编辑部刊登此篇文章的主导思想是可取的,文章的发表有利于我国体育工作者开阔视野,有利于互相交流。但由于学术问题的政治化等因素的影响,甚至在该文章尚未全部发表时就受到了严厉的批判。如《体育文丛》1957年第5期发表丁之的《我对〈进行体育科学研究的方法〉一文的几点批判》中指出:"麦克乐是美国资产阶级的体育学者,他所写的《进行体育科学研究的方法》一文,就其总体来说,是一篇贯彻着浓厚的资产阶级反动思想观点的资产阶级的体育科学研究方法。因此,我们必须对它进行批判。"编辑部在发表丁之的文章时还专门加了编者按,编者按写道:"在我国展开体育科学研究的初期,我们还没有介绍苏联的和我们本国的体育科学研究方法,就先发表了含有浓厚毒素的美国的体育科学研究方法,这是严重的政治性错误。"接着,编辑部还在《体育文丛》第6期专门以一个版面公开做了书面检讨。检讨中写道:"在《体育文丛》上(特别是前四辑)所发表的文章中,关于宣传与论证党对体育方针、政策和在体育活动中进行共产主义教育,批判资产阶级思想方面的文章和篇幅都很少,而运动生理和运动技术方面的东西则很多,有严重脱离政治的倾向。在学习外国的经验方面,我们把苏联与资本主义国家并列,有些地方学习资本主义国家甚至超过了苏联。例如体育文丛第4辑中,发表苏联的论文才2篇,而美国的东西却有3篇。另外,在没有发表苏联的体育科学研究方法之前,却先发表了美国麦克乐的体育科学研究方法,这是一个很大的错误。"

---

① 伍绍祖.中华人民共和国体育史(综合卷).北京:中国书籍出版社,1999:96.

随着学术问题的政治化悄悄进入了体育科技文化领域,政治挂帅成为这一时期体育科技的主旋律。《体育文丛》先后开设了"劳卫制的理论与实践""坚持政治挂帅,大搞技术革命,加速提高成绩,不断创造新纪录""办好青少年业余体校,大力培养新生力量"等专栏或专题讨论,体育理论界学术交流逐步陷入沉闷之中。

三、《体育运动十年规划》及影响

与其他领域相比较,体育界的"大跃进"思想实际早在1956年就出现了。1956年的全国体育工作会议已经着重讨论了多快好省地发展体育运动的问题。1958年召开的全国体育工作会议,讨论和制定了《体育运动十年发展纲要》。《体育运动十年发展纲要》提出后不久,1958年3月中央召开了著名的成都会议,5月又召开了党的八大二次会议,正式提出了"鼓足干劲,力争上游,多快好省地建设社会主义"的总路线。在这样的背景下,国家体委对原纲要提出的各项工作指标进行了较大的修改,产生了《体育运动十年规划》。

《体育运动十年规划》作为管理活动的一项计划措施,且经过一定的调查研究和论证制定的体育发展目标,在当时是具有一定的积极意义。但由于规划是全国"大跃进"形势下的产物,所以带有明显的脱离实际的浮夸痕迹,过分夸大了人的主动性和创造性,违背了体育运动发展的规律,脱离了国家民族的实际,故而给体育界造成了一些消极的影响[①]。具体表现在思想方法上,凡实事求是、讲求实际的人和事往往被视为右倾保守,而脱离实际、吹牛浮夸的人和事则常常受到肯定和表扬。败坏了我党所提倡的实事求是、一切从实际出发的思想作风;工作上弄虚作假和形式主义,为了完成不切实的高指标,只好"抄近路""改数据""树样板",出现了体育科学研究"高指标、高标准"等不切合实际、浮夸、贪大求全的现象;认识上的盲目蛮干和不要科学。如运动员培养完全依靠自然淘汰的广种薄收,不仅浪费大量的人力资源,而且还造成许多的运动伤害事故。这一现象直到1960年底党中央、国务院提出"调整、巩固、充实、提高"的八字方针后,才逐步有所扭转和改变。

1961年1月,中共中央召开了八届九中全会,会议正式批准了对国民经济实行八字方针。八字方针表明了我国国民经济和社会主义事业发展的指导思想已经由"全面大跃进"转变为较为符合实际的"大调整"。体育战线在实事求是总结过去工作的基础上,按照中央的有关精神,对各方面工作进行了卓有成效的调整。包括整顿优秀运动队、调整国防体育、减少国内国际赛事、稳妥开展群体活动、压缩体育专业人才培养数量等。在整顿优秀运动队中,训练工作的调整效果

---

① 伍绍祖.中华人民共和国体育史(综合卷).北京:中国书籍出版社,1999:106.

最为明显,表现为实际性的多了,假的、空的、浮夸的少了,制定了思想教育、技术训练、战术训练、身体训练相结合的全面训练方针。在处理政治与训练的关系上,明确了运动队的主要任务——提高运动技术水平;在训练方法和训练量上,注重训练的规律和特点,强调科学训练的原则,提倡不同技术观点的自由辩论,鼓励大胆创造新技术。

第二章　体育科技的春天

第一节　体育科技热潮的兴起

一、全国体育科技工作会议召开

随着党的十一届三中全会的召开,科学技术是生产力的马克思主义观点得到确认,一个向科学技术现代化进军的热潮在全国迅猛兴起。体育科技的春天也到来了。

1977年国家体委召开了全国体育科学技术规划会议,草拟《1978—1985年全国体育科技发展规划》。从1978年起,体育科技列入了国家科委制定的《全国科学技术发展规划》。

1978年5月,国家体委发出《关于加强体育科学技术工作的意见》,要求各省(自治区、直辖市)体委、体育学院按照文件精神,高度重视体育科学研究工作,把科研工作摆到重要议事日程上来。要陆续建立和充实科研机构、充实科技队伍,搞好科学实验基地的建设,充实必要的科研设备。一面创建,一面开始研究。大干快上,做出成果。文件提出了1978年到1985年体育科研的主要任务:"(一)提高运动技术水平的研究,着重进行项目,特别是田径、游泳、足球和体操的大运动量训练的生理生化基础、机能评定和合理安排的研究。(二)开展体育运动对增强人民体质的作用和规律的研究,重点研究我国少年、儿童身体形态、机能和素质的特点,研究不同年龄阶段的体育教学、训练任务和身体全面发展的指标。(三)中西医结合防治运动性伤病,消除训练、比赛后疲劳的方法、手段和运动员合理营养的研究。(四)加强运动生理、生化、生物力学等体育科学技术的基本理论的研究。(五)积极研制现代化的体育器材、场地设备和体育科学仪器[1]。"文件还对建立、充实机构、队伍,合理布局作了规定,"国家体委和省(自治区、直辖市)体委建立科技工作管理

---

[1] 国家体委政策研究室.体育运动文件选编(1949～1981).北京:人民体育出版社,1982:697-698.

机构,负责统一规划、协调和组织管理体育科技工作。"国家体委科教司就是在这一时期成立的。文件指出,首先整顿、建设好国家体育科学研究所,国家体委科研所应以研究重点运动项目提高运动技术水平带有共性的问题为主;体育学院以研究体育的基本理论和学校体育为主;省(自治区、直辖市)以研究本地区的重点项目和群众体育中的一些重大问题为主,从而对各体育科研机构提出了分别负责的某些重点项目的科研任务,逐步形成了全国体育科研体系的合理布局。文件号召各体委和解放军体育部门加强党对科技工作的领导,积极落实党的知识分子政策,为体育科学技术工作创造必要的条件。

1979年5月7日,第二届全国体育科学技术工作会议召开,会议集中讨论了建立、健全体育科研机构,进一步开展体育科研工作的问题,初步总结了体育科研工作正反两方面的经验,研究了国际上体育科研的新动向。会议提出了体育科研为体育运动服务,为奥运会重点项目服务。在研究提高运动技术水平的同时,要研究群众体育的普及和全民族的健康水平。6月11日,国家体委下发了《第二届全国体育科学技术工作会议纪要》,明确了今后一个时期体育科技工作侧重提高,并提出了这一时期体育科技工作任务:"(一)围绕参加1980、1984年奥运会的任务。(二)在群众体育中,要突出抓好中小学体育和青少年身体健康的研究。(三)加强体育基础理论(如运动生理学、人体解剖学、生物化学、运动力学、运动心理学等学科)的研究。(四)要重视体育理论、体育史以及其他有关体育社会科学的研究。(五)要有计划研制一些急需的科研仪器设备和体育器材。(六)要重视体育科学技术情报工作。"为了保证上述任务的执行,还做出了分工和布局,如抓好体育科研机构的建设问题;建立体育学会和体育科学技术委员会,加强学术交流;精选与培养体育科技人员;以及体育科研经费问题等等。这次会议还明确了:体育科研为体育运动服务,主要是研究一整套科学的训练方法来提高运动技术水平,以便迎接日益激烈的国际竞赛的挑战;同时研究科学的锻炼方法和多种组织形式,以推动群众体育的普及,提高民族的健康水平。这一时期的体育科技工作,提出了体育科研的"面向"问题,但对体育科学技术的地位和作用还阐述不够,对体育科研与运动训练实践结合的问题提得不够明确。

二、中国体育科学学会成立

中国体育科学学会是1980年成立的我国最大的体育学术性群众团体。自成立以来,发展迅速,在组织建设、学术交流、刊物编辑、科技开发、人才培训、国际交往等方面都取得了较好的成绩,为我国体育科学技术的繁荣进步和体育科学学术水平的提高,起到了一定的促进作用,切实发挥了党和政府联系体育科技工作者的纽带和发展体育科技事业的助手作用。

(一) 组织建设

受"文化大革命"影响,我国体育科研遭受了摧残,同世界体育科学先进水平的差距很大。在建设四个现代化的新时期中,我国体育事业的主要任务是大力提高全民族的健康水平和运动技术水平,为创造社会主义精神文明做出贡献,尤为突出的是,我们恢复了奥委会的合法地位后,全面登上了世界体育舞台,能否在1984年、1988年奥运会上创造优异成绩,这是关系到国家荣誉、民族尊严的大事,不言而喻,在新形势下,体育科技工作的任务更重了,标准更高了,中国体育科学学会就是在这样的一种新形势下成立的。

1980年12月15日,在中国科协的领导下,在国家体委及有关方面的大力支持下,中国体育科学学会在北京召开了成立大会。大会听取了学会筹备工作的报告,通过了学会的章程。学会的章程是开展学会工作的根本依据,学会的全体成员,必须切实地遵守章程的有关规定,学会是体育科学工作者的学术群众组织,肩负着团结广大体育科技工作者,为繁荣和发展我国体育科技事业做出贡献的光荣使命。这次大会还建立了运动医学、运动生物力学、运动心理学、运动训练学和体育科学理论五个分科学会,并讨论了学会刊物编委会的组成问题。

截至1999年,中国体育科学学会所属的学科、学科群划分的分会、专业委员会已由初建的6个发展到14个,它们是:体育理论学会、运动训练学会、运动生物力学学会、运动医学学会、运动心理学学会、体育情报学学会、体质研究会、体育仪器器材研究会、体育建筑研究会、体育统计研究会、计算机技术应用研究会、学校体育研究会、武术学会和中国体育史学会。已形成了一个组织上纵向联系、学科上横向发展的学会体系。学会会员由1980年的184人增加到1994年的15 302人,增加了83倍。后由于学会会员资格的重新确认及其他原因,会员人数减少至1998年的7 500人(表2-1)。

表2-1 中国体育科学学会会员发展情况

年份	1980	1984	1987	1988	1989	1992	1993	1994	1998
会员人数/人	184	5 164	7 571	8 205	10 925	15 016	15 191	15 302	7 500

注:根据1980~1998年《体育科学》的中国体育科学学会总结资料整理。

(二) 学术交流

组织广泛的学术交流,展开百家争鸣,促进科学技术繁荣,是党发展科技事业的一项重要政策。成立以来,中国体育科学学会及各分支机构举行了各种论文报告会、研讨会,征集论文近万篇。学会还先后成功地举办了多届体育科学大会。学会主办的这些学术活动(表2-2)越来越得到社会的认可,具有一定的权威性。

表 2-2　中国体育科学学会学术活动情况（1982~1992 年）

年份	1982	1987	1988	1989	1992
学术活动/次	8	20	17	13	14
征集论文/篇	660	1 615	1 346	973	2 270
录选论文/篇	355	616	557	496	800
参加人数/人	958	1 769	1 200	853	1 000

注：根据 1982~1992 年《体育科学》的中国体育科学学会总结资料整理。

1980 年召开中国体育科学学会第一届论文报告会即第二届全国体育科学大会（1964 年为第一届）。在这次大会上，来自全国各省、市、自治区近 500 名与会代表中，200 多位代表在大小会上交流了 280 篇论文，这些论文是从 621 篇应征论文中评选出来的。会上宣读论文 251 篇，与上届大会比较，不仅论文数量上增加了一倍多，质量上也有明显提高。从论文的内容分析，主要表现在涉及的学科增多了，研究领域扩大了，实用价值、研究方法、数据处理等方面加强了科学性，采用多学科综合性研究的论文增多。研究成果的学术水平有了较大的提高。但是，也存在一些问题，例如，研究内容还不全面，有关体育经济、体育管理、体育社会学等学科领域还有待于展开，综合研究虽有所加强，但还只限于在少数课题中运用；实验技术手段大多仍较陈旧，文献资料也较缺乏，研究成果缺乏重大突破。

1987 年 12 月 15 日，在中国体育科学学会成立七周年之际，中国体育科学学会第二届论文报告会即第三届全国体育科学大会在河北省石家庄市召开，这次大会共征集论文 1082 篇，通过评审录选 412 篇，会议报告 242 篇，书面交流 170 篇。从总体上看，我国体育科技研究有了较大的进步。从征文的数量看，已经大大超过了第二届报告会的 251 篇；从论文选题来看，涉及几十个学科领域；从来稿地区看，除台湾省外，已遍布全国各省、市、自治区和直辖市；从论文作者看，既有体育系统的科技工作者、体育院系和普通高校的教师、运动队的教练员以及管理人员，又有卫生系统的医学工作者以及有关部门的工程技术人员。在录选论文的作者中，具有中高级职称的近 70%，中青年占 80% 以上，这一切都表明，我国已初步形成一支学科多、地区广，以中青年为主体、老中青结合的科技队伍。本届大会的论文研究的广度和深度有了新的发展，各个学科不仅自成体系，而且学科之间的相互交叉、渗透，开始形成纵横交错的知识网络。论文普遍重视了选题的实用性，在研究过程中加强了理论与实践的结合。许多论文紧密配合当前体育改革的形势，探讨体育发展战略、体制改革、体育社会化和学校体育等方面的理论与实践。值得指出的是，宏观的研讨受到重视，微观的探索深入发展，各个学科都从不同层次、不同角度为增强体质和运动训练科学化提供了理论依据和方法手段。同时，新技术和新设备的引进，研究方法手段的不断更新，也是这次大会的一个特点。但从本届大会也看到我国的体育科研工作仍然适应不了实践发展的需要，有的论文质量不够高，对我国高水平运动项目的研究不够得力，教练员撰写科研论文还不多。

1992年12月8日,在全国体育工作者认真学习和贯彻党的十四次全国代表大会精神的时候,第四届全国体育科学大会(即中国体育科学学会第三届论文报告会,从这届开始,学会的论文报告会改称为全国体育科学大会)在山东省潍坊市隆重开幕了。出席这次大会的有506人,其中,高、中级职称的占84.5%,有来自全国各省区市以及香港、台湾地区的学者。这次大会内容丰富,既总结了近年来体育科研工作的经验,又展望了体育科学的未来,有力地促进了体育科学学科的发展,推动了体育科技与体育实践的结合,是我国体育科技发展历程中一次重要的学术会议。中国体育科学学会的一些分会、专业委员会在协助搞好这次全国科学大会的同时,还分别举办了群众体育学术研讨会、体育美学论文研讨会、体育社会学研讨会、体育哲学研讨会、训练学研究研讨会、第一届全国举重论文报告会、第三届全国游泳科学论文报告会、全国体育领域计算机应用学术会、体育情报网工作研讨会、"东方体育"国际学术研讨会、"奥林匹克精神与奥林匹克运动"专题研讨会、全国县级优秀体育设施学术研讨会等。大会征集论文1 830篇,比上届多748篇,录选论文538篇,其中会议交流和书面交流各269篇,比上届多126篇;论文作者中84.5%具有中高级专业技术职称,高于上届。所交流的论文中,获得国家自然科学基金资助以及部委级课题占22.2%,省市级课题占10.1%,不少成果获得了国家部委和省市级别的奖励,有的成果还在国际上获了奖。无论是理论性研究,还是应用性研究,都更加注重联系运动实践,不少论文紧密结合我国体育改革实际,进行专题研究,配合承办大型综合性运动会和申办2000年奥运会,开展社会学、情报学、史学、电子技术等多学科、多领域的研究。研究竞技体育、社会体育和学校体育的论文分别占总数的64.8%、18.9%和16.3%,显示了我国体育科学及其各分支学科逐步走向协调发展。透过对应征论文的分析,可以发现我国体育科研工作的可喜变化,主要表现在应征论文数量大幅度上升,而且学科分布更趋协调,研究水平有所提高,研究深度得到加强,研究方法和手段有较大的进步。

1997年10月18日,第五届体育科学大会在北京召开。这次大会是在党的十五大胜利闭幕、第8届全国运动会取得运动成绩和精神文明双丰收的大好形势下召开的,是20世纪最后一届全国体育科学大会。大会在十五大精神的指引下,努力贯彻"科学技术是第一生产力"的思想,认真执行"百花齐放,百家争鸣"的方针,以"回顾展望,服务创新,迎接新世纪"为主题,采取大会学术报告、专题报告、墙报和书面交流的形式,交流了近5年来体育科学研究的新成果,体育科技研究更加重视体育实践中现实问题的探讨,增强体质,提高运动技术水平成为各学科共同的研究主题,广度、深度都超过以往任何一届。评选出37篇优秀论文。这是对体育学术研究工作的一次大检阅、对体育科技工作迈向新世纪的总动员,是体育科技工作者的一次盛会。来自全国各地(包括港澳台地区的)论文作者、特邀嘉宾,以及各省、市体育科学学会代表共800余人出席了大会,另有近400人列席。在国家体委和大会组委会的领导下,在北京体育大学及有关单位的大力支持下,通过全体人员的共同努力,大会富有成效,完成了预定的任务,取得了圆满成功。

大会得到了相关部门的大力支持。国家体委把本届大会纳入1997年工作计划网络,把开好这届科学大会作为第8届全运会后的一项重要工作,给予了高度重视。钱正英、袁伟民、张发强和张泽等出席了大会开幕式;伍绍祖刚下飞机,不顾旅途劳累直接赶到大会闭幕式现场,发表了热情洋溢的讲话。这些都体现了领导部门对体育科技工作的关怀,对本次大会的重视。

大会得到了全国科技界和其他科研人员的积极响应。大会论文通知发出后,在不到8个月的时间里,共征集论文2 068篇,数量之多为历届大会之最。

大会也得到了宣传部门的大力配合。首都18家新闻单位对大会进行了宣传报道,《中国体育报》除了刊登大会的征文通知,出专版对科学大会的召开进行宣传外,会议期间还进行了连续报道,进一步扩大了社会影响。大会还得到了34个单位和5位友好人士的支持、资助,这也是历届体育科学大会少有的。

本届大会与会人员的学术层次和论文质量较高。入选论文的作者,58%具有高级专业职称,获博士学位的占7%,获硕士学位的占42%;得到国家自然科学基金资助及部委级课题的占17%,省市级课题占10%,博士、硕士学位论文占17%;有60多篇论文获得了国家、部委、省级奖励,这些数字大都超过了上几届。这次大会反映出我国体育科研的整体水平有了明显的进步,主要表现在:①研究方法和手段更加先进。与往届相比,实证研究、动态追踪研究、多指标同步测试及多学科协同攻关研究增多。对数据的处理多采用规范的专用统计分析软件包进行。一些研究采用了三维摄影(摄像)、计算机网络、多媒体技术、基因重组、基因表达、PCR检测等国际上先进的技术,使研究的准确性、可信性、科学性增强,不仅提高了论文的质量,使研究成果接近或达到国际水平,同时也为今后我国体育科研确立了更高的起点。②中青年科技人才迅速成长。入选论文作者中,40岁以下的占54%;37篇优秀论文作者中,年龄在49岁以下的占70%,40岁以下的占44%。这预示着我国体育科技的发展后继有人,前景光明。

"百花齐放,百家争鸣"方针,得到认真的贯彻,体育科学领域出现了民主、宽松、健康的学术气氛。这次大会在组织形式上进行了革新,如:大会开幕式不设主席台,体现对知识和知识分子的尊重;大会根据录取论文的实际情况,组织了18个专题进行多角度、全方位的交流与研讨,较大范围地组织了专题交流;把答辩改为集中的专题讨论,并压缩报告时间,对论文报告技巧提出了新的要求;把墙报交流作为一种重要的交流形式;由体育院校承办科学大会等。

学术交流是科技工作者了解科技动态、传递科技信息,吸收先进科学技术的重要途径之一。从第一届大会至今,我国体育科技力量从小到大,从弱到强,发生了很大的变化。从历届科学大会规模、数量的对比中所反映出的数字和特点,就足以说明我国体育科技事业的发展状况。

(1) 应征论文的数量逐届增加(表 2-3)。从第一届 300 多篇,增加到第五届 2 000 多篇,被录用的论文也从百余篇上升到千篇以上。

表 2-3　1964~1997 年全国体育科学大会统计

届数	时间	地点	录用论文数/篇	应征论文数/篇
一	1964	北京	109	312
二	1980.12	北京	280	621
三	1987.12	石家庄	412	1 082
四	1992.12	潍坊	530	1 830
五	1997.12	北京	1 044	2 068

(2) 学科建设不断发展,大会所设学科由原来 5 个增长到 14 个,多学科综合研究增多。

(3) 从历届科学大会主题、热点看,体育科学研究广度和深度的拓展,研究领域不断扩大,选题范围不断拓宽,研究方法、手段不断更新。

(4) 学术研究质量不断提高,许多科研成果是在获得国家科学基金或省市科学基金资助并在国内外获奖。学术研究的进步与繁荣,是体育事业兴旺的重要标志。

(5) 紧密结合运动实践,大力加强应用研究,重视成果推广,科技含量逐步提高。

(三) 刊物编辑

为进一步交流科研成果和普及体育科技知识,中国体育科学学会创办了三种刊物。

1. 综合性学术刊物——《体育科学》

1981 年 9 月创刊以来,截止到 1999 年底,已出版了 94 期。该刊物的内容反映了国内有代表性的体育科研与学术成果,现已成为中国最具权威的体育类核心刊物,在国内外体育学术界有一定的影响和威信。《体育科学》由于质量很高,具有较高的学术水平,发行量从创刊时的 3 000 册,上升到 26 000 册以上。

2. 专业的学术刊物——《中国运动医学杂志》

1982 年 7 月创刊以来,在国内外运动医学界享有较高声誉。已发行到每期 8 000 多册,拥有 100 多个国外订户,同 30 多个国家建立了交流关系。每期文章的英文摘要被输入进加拿大国际体育情报中心的电脑储存系统中。

3. 科普性刊物——《生命在于运动》

1983 年 2 月创刊以来,以"体育科学群众化,群众体育科学化"为办刊方针,着重普及了有关体育新学科、祖国医疗体育及健身方法等方面的知识,受到了中小学体育教师,特别是中老年读者的欢迎。发行量达十一万册以上。

不少地方学会也创办了自己的刊物。例如,《福建体育科技》、《江西体育科学学会通讯》、湖南的《体育研究》、广东的《体育之春》(科普性)和《广东体育科技》(学术性)、《四川体育科学学报》、《浙江体育科学》、《安徽体育科技》等。各级学会的刊物大都注意了提高与普及并重,重视质量,讲求效果。对进一步巩固和交流学术与科研成果,普及知识,辅助人才培训,交流学会动态与工作经验,起到了促进作用[①]。

(四) 科技开发

中国体育科学学会发挥了学会特点,大力开展科技咨询和服务工作。科技咨询在为经济建设的决策、管理服务中,利用知识密集、人才集中的优势提出大量有价值的咨询意见,已日益显示出其重要作用,已发展成为一项独立的科技事业,并已做出了成绩。如,"深化我国体育改革的咨询建议""加速实现运动训练科学化的七条建议""建立第 6 届全运会生物力学研究队的建议""对 1990 年北京亚运会体育设施的规模和内容的意见和建议"等咨询意见,受到有关决策部门的重视并多数被采纳;应国家体委有关部门的委托,中国体育科学学会发动各二级学会,为中国科协汇编的《2000 年的中国研究资料》一书,编写了《体育科学国内外水平和差距》部分;运动训练学会在成都召开过专门的咨询工作会议,为提高田径、游泳运动技术水平,提出了有关组织训练承包、技术指标与战略目标等方面的全面咨询建议;湖南体育科学学会组织了"省体育科技发展预测"的咨询活动,80%的会员参加了讨论,提出建议 100 条;学会承担的"我国优秀运动员的心理咨询和心理品质的调查研究"和"运动生物力学研究方法"两个部委课题取得了良好的社会效益,其成果分别获得了国家体委科技进步奖三等奖和四等奖;学会体育仪器器材研究会结合专业发展、成果推广、学术交流和人才培训等方面向有关单位提出了关于研制方向、新技术在体育中的应用、在体育院校中增设新课程,以及举办多国体育仪器展览等方面的咨询建议 18 条,受到国家体委主管部门的重视。学会通过举办展览会,引进了国外先进的科学技术和设备,为国内 40 余个科研、训练、教学单位购置了 500 多万美元急需的科研和训练方面的仪器器材,对宣传现代科技在体育领域中的作用和推动运动训练科学化起到了积极作用。展览会的举办还促进了技术交流和中外体育用品商的合作,为我国体育用品工业的发展和市场的繁荣做出了积极贡献。

(五) 人才培训

学会把人才培训与科普教育作为重要的工作来抓,每年举办各种形式的培训班,根据体育科学的发展和体育事业的需要安排教学内容。至今已举办了 30 多期

---

① 马铁.《体育科学》十周年回顾.体育科学,1991,11(5):2-10,93.

培训班,有4 100多人次参加了培训学习。其中每年举办一期的全国运动训练科学化培训班吸引了全国各地的学员参加,有力地促进了体育科研成果的推广运用和运动训练科学化进程。学会还举办了青年体育科技工作者学术会议,要求用英语报告及答辩,目的在于培养跨世纪的体育科技人才,为青年学者脱颖而出走上国际讲台创造条件。学会利用曾创办过的科普杂志《生命在于运动》与《中国体育报》、《健康报》联合举办了"老年保健讲座",直接听讲的老干部达5 000多人。人才培训和科普教育活动进一步增强了人们的科技意识,传播了国内外先进的体育科技知识,对增强人民体质、提高技术水平有很大的促进作用。

(六) 国际交往

学会积极开展国际交流活动,至今已派出学会会员200多人次出国考察、学习和进行学术交流,邀请外国专家来华讲学100多人次。学会已参加了国际体育科学和教育联合会、国际运动生物力学学会、国际运动心理学学会、国际运动医学联合会、国际体育史学会以及亚洲南太平洋运动心理学学会等7个国际体育科学组织。有部分学会理事在其中担任了领导职务。学会还与日本、澳大利亚、加拿大、韩国等国家的体育科学组织建立了联系,并成功地举办了两届北京国际运动医学学术会议,共有境外20多个国家和地区的150名学者以及境内360名学者参加了会议,在国际运动医学界产生了良好影响。

中国体育科学学会是改革开放的产物,并随着现代化建设和体育事业成长、壮大,现已成为发展我国体育事业的一支非常重要的科技力量。实践证明,把遍布全国各行各业中从事体育科研的人们团结、组织起来,充分调动他们的积极性,更有利于体育科技的繁荣和体育事业的发展。在建设社会主义市场经济的新形势下,学会将进一步深化改革,创造新局面,为繁荣我国体育科技和发展体育事业做出更大贡献。

三、振兴体育,必须加强科技工作

由于"四人帮"的严重干扰和破坏,我国体育科研工作缓慢,甚至停滞不前,从全国来看,尚处于初创阶段,与世界先进水平差距很大,严重影响了我国体育事业的发展,为了尽快把体育搞上去,迅速赶超世界先进水平,《国家体委关于加强体育科技工作的意见》中提出:"希望各级体委切实重视加强体育科学技术工作的领导,把这项工作抓紧抓好。"

1979年1月1日,《体育报》的元旦社论:《把体育工作转移到现代化轨道上来》一文指出:"体育现代化就是要在马克思主义、毛泽东思想指导下,用现代科学技术装备起来,有现代化的体育设施、场地器材,有现代化的训练方法、手段,有现代化的医务监督,以及与此相适应的现代化的科学管理方法等等。"社论呼吁全社会都能关注体育科技,重视体育科技。

现代科学的发展,给体育科学提供了许多新理论、新技术,推动体育科学研究迅速发展,并取得了可喜成果。在1978年全国科学大会上,有12项体育科技成果获奖,它们是《乒乓球的打法类型与技术分析》《恒力矩自行车测动器》《游泳相应速度表》《运动员关节软骨损伤、机制、修复、再生的研究》《我国优秀马拉松、中长跑和自行车运动员呼吸循环机能的研究》等。

发展体育科技,提高体育科技的地位也引起各级领导的重视。

1987年6月9日李梦华主任在主持国家体委办公会议上做了《体育离不开科学技术》的总结发言。总结中他强调了以下几点:

一是,体育干部要重视科学技术工作,每个干部都要努力学习科学技术知识,他认为,体育发展到现在,离开先进的科学技术就不能继续提高,一定要有重视科学技术的观念。就体育科研工作基础理论和应用科学而言,他认为重点应该放在应用科学上,体育科研当前要强调为运动实践服务,提高运动水平。

二是,科学发展到现阶段,要重视物质、技术设备对科学训练的作用,离开了测试分析手段和先进的设备仪器,科学训练就成为不可能,要先抓训练领域,要用先进仪器把18个重点项目装备起来,要重视器材、仪器以及运动服装等的研究和改进。

三是,体育科研应有长远的规划。

四是,要重视多渠道搜集各国体育科技情报信息,特别是奥运会上主要对手的动态,包括训练方法、手段和新人、新技术。

五是,要继续加强对教练员的培训。

第三章　改革开放带来体育科技实力的增强

第一节　体育科技体制改革

一、历史背景

（一）体育科技体制改革的春风

中国共产党十一届三中全会以后，中共中央、国务院对我国体制的改革工作做了较为具体的部署。仅1984年至1985年两年间，中央便做出了《关于经济体制改革的决定》《关于教育体制和科技体制改革的决定》《关于科学技术体制改革的决定》等一系列有关改革的决定，使全国各行各业的体制改革，尤其是经济体制改革，政治体制改革，各项文化体制改革迈出新的步伐。体制改革，是关系到各行各业现代化建设大局的一个重大问题，也是体育战线的一项首要任务。1978年全国科学大会后，在邓小平同志关于"科学技术是生产力"和"知识分子是工人阶级的一部分"的著名论断鼓舞下，体育界将"科学化"和"社会化"作为促进体育事业发展的两翼，中央和国家体委下发了对体育科技体制改革有很大影响的三个重要文件。

1. 中共中央《关于进一步发展体育运动的通知》

1984年10月5日，中共中央下发了中共中央《关于进一步发展体育运动的通知》（以下简称《通知》）。《通知》共有6个方面的重要内容，其中第2个内容是："我国体育事业的发展规模和发展水平同世界先进水平相比，还有很大的差距。为了尽快地缩小这个差距，必须坚持普及与提高相结合的方针，采取有力措施，使体育运动不断向新的广度和高度发展……在体育科技方面，改革训练和竞赛体制，积极发展体育科研，体育事业加强科学训练，不断革新技术。"

在我国体育取得历史性胜利，改革开放正深入发展的新时期下发的《通知》，全面阐明了体育在现代化建设中的地位、任务和作用，极大地提高了体育的社会影响，也引起了各级党委、政府对体育科学技术体制改革的重视和社会各界的关注。

《通知》明确提出了"在20世纪内把我国建设成为社会主义体育强国"的目标。1985年《2000年中国的体育》研究组在研究报告中提出了8项主要指标,即人民体质、学校体育、社会体育、竞技体育、体育人才、体育科学技术、体育场地设施、体育精神产品。并提出我国成为体育强国的主要标志是:全国近5亿人参加体育活动;青年一代的身体形态、机能、素质有明显提高;在奥林匹克运动会上名列前茅,大多数运动项目达到和接近世界水平;出现一批具有世界水平的体育科技成果,在重要领域有重大创新和突破;普遍增加群众体育活动场所,建成一批现代化的场地设施;拥有一支又红又专的体育队伍,彻底改善体育队伍的人才结构[①]。从8项主要指标和主要标志可以看出体育科学技术的发展对实现体育强国的目标是极为重要的。

2.《中共中央关于科学技术体制改革的决定》的发布与实施

1985年3月13日,《中共中央关于科学技术体制改革的决定》(以下简称《决定》)正式公布。《决定》指出科学技术工作必须紧紧地围绕和服务于振兴经济、实现四化这一工作中心。《决定》还指出,进行科技体制改革的根本目的,就是使科学技术成果迅速广泛地应用于生产,使科学技术人员的作用得到充分发挥,大大解放科学技术生产力,促进经济繁荣和社会发展。

《决定》的公布标志着我国科技体制的改革由科研机构和地方的自发探索,进入到国家有组织有领导的,有明确目标指引进行探索和试点的新阶段。从1985年开始,全国各地、各行业的科技体制改革试点工作逐步展开,并逐步取得了改革的经验,1987年国务院根据科技体制和整个经济体制改革的需要,颁布了《关于进一步推进科技体制改革的若干规定》,同年2月,国家经济委员会、国家科学技术委员会、国家经济体制改革委员会、国防科学技术工业委员会、国务院科技领导小组办公室颁布了《关于进一步推动科研与生产联合的若干意见》,国家科委提出了"放活科研机构""放活科技人员"的双放政策。这大大推动了体育科研机构与各训练队的合作进程,推动体育科技体制改革的进行。

3. 国家体委《关于体育体制改革的决定(草案)》

随着体育事业的发展,体育对增强人民体质、振奋民族精神、陶冶道德情操、发展国际交往、增进人民的团结和友谊、加强国防力量起着越来越大的作用。但我国体育事业的发展规模与水平同世界体育发达国家相比,还有相当大的差距。长期以来,由于受"左"的思想束缚,办体育的路子不宽、不活,体育领导体制和训练、竞赛体制等方面存在一些弊端,与经济体制改革的进展相比较,体育体制改革的步子迈得不大,已经实行的改革措施没有触动原有体育体制的核心,对体育体制改革中理论和实践问题研究得不够,没有设计出一个宏伟的改革蓝图和总体的构思,加之受经济条件的制约,在一定程度上影响了体育社会化和科学化的进程,要实现20

---

① 伍绍祖. 中华人民共和国体育史. 北京:中国书籍出版社,1999:308-310.

世纪内建成体育强国的目标,必须全面落实中共中央《关于进一步发展体育运动的通知》中提出的各项要求,"必须总结经验存利去弊,坚持改革"①。

1986年4月15日国家体委下发了《关于体育体制改革的决定(草案)》(以下简称《决定(草案)》)。《决定(草案)》制定了如下主要改革措施:改善体育领导体制,切实发挥体委对体育事业的领导、协调、监督作用;建立科学的训练体制,形成多形式、多渠道、多层次的运动人才梯队;继续改革竞赛体制,逐步做到社会化、多样化、制度化,发挥各方面积极性,把群众体育推向新的广度和深度;大力繁荣民族系统体育,逐步实现科学化、规范化;逐步实现体育科学化,把体育科研与体育运动实践紧密结合起来;改革体育教育体制,实现多层次、多规格、多形式办学;加强和改善思想政治工作改进体育宣传;进一步改善物质保证,继续改进奖励制度;对外体育活动实行更灵活的开放政策,适应体育全面走向世界的新形势。其中最核心的是改善领导与管理体制、训练和竞赛体制改革以及体育科技体制改革。

在体育科技体制改革方面,确认体育科研体制改革的重点,是由重点学科发展向体育科研与训练结合转变。1986年,国家体委改变了无偿下拨体育科研经费的办法,逐步实行了科研经费的分级、分类管理,促进了体育科研与运动训练的结合,为体育科技的发展注入了新的活力。

(二) 体育科学技术体制的弊端

20世纪80年代初,随着我国体育事业发展进入了一个新的历史阶段,原先在体育事业发展中发挥过重要作用的体育科技体制已不利于体育科技力量的优化组合,不利于体育科技资源的合理配置,不利于体育科技与体育运动实践的紧密结合,逐渐暴露出弊端。这些弊端概括起来主要有:"统得过死,科研机构缺乏自主权;科研机构数量多,质量差,人力分散,发展很不平衡;科研与教学训练有脱节现象,不能一体化;国家、省市自治区之间缺少科研分工协作,不能做到全国一盘棋,低水平重复研究泛滥;学科不成体系,缺乏决策研究能力,不利于发展体育系统工程,更会影响20世纪世纪末体育强国目标的实现。"①从我国体育科学技术发展的现状来看明显存在着两种不平衡,第一种不平衡是科技人员分布不平衡,据官方统计,全国22所体育科学技术研究所(截至1983年底)中大学毕业以上科研人员仅占47.3%,有的学科研究人员较多,力量较强,有的学科研究人员较少,力量较薄弱。由此,出现第二个不平衡,即各学科水平发展不平衡,有的学科起步较早,人员较多,发展较快,水平较高;有的学科起步较晚,人员较少,发展较慢,水平较低。

因此,根据1984年我国体育科技工作会议所确定的体育科技方针,从1985年起围绕贯彻中共中央《关于科学技术体制改革的决定》精神,开始了体育科技体制的改革。

---

① 伍绍祖.中华人民共和国体育史.北京:中国书籍出版社,1999:292-294.

二、科技体制改革的新篇章

从1985年起围绕《中共中央关于科技体制改革的决定》的精神,开始逐步展开的体育科技体制改革取得了一些经验。体育科技体制改革得到了领导的重视,并通过深化认识,转变观念,改革体制,增强活力,壮大队伍,改善条件,坚持"依靠"与"面向"的体育科技方针,发展高技术,勇攀科学高峰;重视基础研究,保证继续发展。体育科学研究始终保持着持续、稳定、发展的好势头。可以说,改革开放的20年,是我国体育科技事业逐步转变观念、深化认识、明确发展方向、完善科技体制的20年,是加强科学研究,推进科技进步,不断充实提高,蓬勃发展的20年。

(一) 体育科技体制改革引起各级领导的重视

1988年5月20日下午时任中共中央政治局委员、国务委员李铁映出席了在北京召开的国家体委全国体委主任座谈会,并讲了话,他在讲话中强调:

"一、积极研究体制问题、政策问题。1983、1984年中央制定了建设体育强国的目标方针,现在要考虑体育体制能不能适应在20世纪末实现体育强国目标的要求。

二、科研体制要服务于现代化建设。在商品经济体制中,科研本身就是商品经济发展的一个组成部分,它必须和企业紧密结合在一起。现在科研体制所面临的问题,是能不能在服务于现代化建设中找到自己发展的机制和道路,而不能在另一条渠道上去发展。

三、要建立既联合又竞争的机制。

四、疏通人才渠道。

五、用建设体育强国的要求衡量体育改革。

体育战线从现在开始,若要实现2000年建成体育强国这个目标和设想,必须从现在抓起,特别是科学研究、教练等问题,如果到那时抓就晚了。今后十几年整个体育事业的发展,就是用建设体育强国的要求来衡量、检查、来探讨体育体制中存在的问题。"

1990年2月28日至3月3日,国家体委在河南洛阳召开了全国体育发展战略讨论会,伍绍祖关于我国体育发展战略措施,提出要抓好以下几个方面:深化体育改革,完善体育管理体制;依靠科技进步,走内涵型发展道路;加强队伍建设,全面提高体育队伍的素质;与教育部门协同配合,抓好学校体育这一战略要点;重视体育宣传,提高体育意识,大力推进体育社会化;建立体育法律体系,为体育发展提供良好的内部环境和外部条件。

伍绍祖在第四届全国体育科学大会上的讲话中提到:"深化体育改革的基本问题,就是体育体制要从适应原有的经济体制转到适应现在提出来的逐渐形成的社会主义市场经济体制,这是一个很大的系统工程,也是一个非常艰巨的任务。深化体育体制改革的基本思路,可以用五句话来表达:这场新的革命是在过去革命取得成功和社会主义建设取得巨大成就的基础上进行的;是在我党领导下有秩序、有步骤地进行的;它不是要改变我们社会主义的性质,而是社会主义制度的自我完善和发展;原有经济体制有它的历史由来,曾发挥过重要的积极作用,但是随着条件的变化,越来越不适应现代化建设的要求;它也不是原有经济体制的细枝末节的修补,而是经济体制的根本性变革。"

(二)深化认识,转变观念

继第二届全国体育科技工作会议后,1984年至1999年先后召开了5次全国体育科技工作会议,每次会议都明确了该时期体育科技工作方针和目标,提出了该时期体育科技工作的具体措施,深化了认识,转变了观念,积极调动了体育科技人员的积极性。

1984年底,在云南昆明召开了第3届全国体育科技工作会议,集中地讨论了体育科技体制改革、体育科研机构整顿、改善体育科研条件等工作,并着重研究了体育科研与运动训练相结合,为提高运动技术水平服务的问题,明确提出了体育科学技术的发展方针是"体育振兴要依靠科学技术进步,体育科学技术必须面向体育运动的发展",为增强人民体质,提高运动技术水平和社会主义精神文明服务。并提出了体育科技的主要任务,它们是:在为增强人民体质服务中,重点抓好高校体育的研究;在为提高运动技术水平服务中,重点围绕亚运会、奥运会等重大国际比赛夺取优异成绩开展研究。并要求体育科研要根据运动训练实践选题,研究成果应为运动水平、运动成绩的提高发挥作用。同时会议要求各级体委领导重视体育科技工作,要充分认识体育科技工作是整个体育工作的重要组成部分,是体育一切工作的基本环节,要加强体育科技工作的领导。这次会议的最大成绩,就是按照中央的精神,明确了体育科技工作方针,是体育科技体制改革中迈出的重要一步。

1985年3月《中共中央关于科学技术体制改革的决定》发布,又进一步推动了体育科技工作的发展。国家体委加强了对体育科技工作的领导,把体育科学化提到体育腾飞的两翼之一的重要地位,设立了体育科学进步奖,增加经费投入(表3-1),逐步改善了科研条件。这一时期,各体育科研单位在体制改革和与运动训练相结合等方面都有一些好的做法和经验。1986年底国家体委及时在成都召开了体育科技体制改革经验交流会,集中研究和讨论在新的改革开放时期,如何做好体育科技工作,讨论了国家体委体育科技管理的有关条例和"七五"期间体育科技课题。

1989年底,为了总结和交流1984年全国体育科技工作会议以后四年来的经验,深化体制改革,推进体育科学化进程,国家体委在山东泰安市召开了第4届全国体育科技工作会议。这次会议以加强科研与训练结合为主题,交流经验,表彰先进,讨论规划和改革意见,会议集中研究和讨论了《深化体育科技体制改革意见》和

表3-1　国家体育总局体育科技经费情况　　　　　　　　　　单位：千元

年份	劳务费	科研业务费元	资产建设	购置仪器	合计
1990	1 614	1 511	2 461	401	9 317
1991	2 034	1 354	1 850	2 573	11 374
1992	2 002	1 947	4 176	1 977	13 373
1993	2 667	1 502	10 583	1 919	20 860
1994	2 872	5 879	6 145	1 545	19 611
1996	9 348	4 549	7 264	4 410	26 359
1998	5 579	8 038	5 880	4 995	21 738

资料来源：国家统计局，国家科学技术委员会.中国科技统计年鉴1998.北京：中国统计出版社，1999.

《1991—2000年体育科学技术发展规划》。会议明确了：要把体育科学技术放在体育各项战略的首要位置；贯彻落实中长期体育科技发展规划；以转变运行机制为核心进行配套改革。在体育科学技术发展中要处理好理论与实践的关系；学科与术科的关系；研究所的基本科目设置与突出特色、特点的关系；体育科学与非体育科学的关系。这次会议非常重要，"科技兴体"的指导思想明确提出来，并放到重要的战略位置上。对统一思想、明确规划目标、明确工作重点、制定相应措施、进一步推动科技与训练的紧密结合起到了重要作用[①]。

1994年12月，在山东淄博召开了第五次全国体育科技工作会议。会议认真贯彻落实中央关于"稳住一头、放开一片"的科技体制方针，重点研究了体育科技体制改革问题。同时围绕全民健身和奥运争光两个计划，研究制定并开始组织实施"两个科技工程"，使群众体育和竞技体育科技工作得到了进一步的协调发展。

1996年全国体委主任会议以科技进步和人才培养为主题，专门研究了体育科技改革和发展问题，极大地推动了体育科技事业的发展。会议颁布了《国家体委关于贯彻科教兴国战略，加速体育科技进步的意见》，比较全面地表述了我国体育科技事业的发展基本方针、基本政策、基本任务和基本措施，是我国现阶段体育科技重要的指导性文件。

1999年11月，在辽宁沈阳召开了第六届全国体育科技工作会议。国家体育总局袁伟民副局长做了题为《加强创新，深化改革，把体育科技工作全面推向新世纪》的主题报告，李富荣副局长宣布了《关于颁布1999年国家体育总局体育科学进步奖的决定》和国家体育总局《关于颁授"体育科技荣誉奖"和表彰体育科技先进工作者的决定》，段世杰副局长做了题为《肩负起"科技兴体"的历史使命》的大会总结报告。国家体育总局科教司司长史康成还就《1991—2000年体育科技发展规划》的执行情况和《2000—2010年体育科技发展规划》（草案）的有关问题做了说明。科技部副秘书长段瑞春做了题为《国家科技改革与发展》的报告。

---

① 国家体委文史工作委员会，全国体总文史资料编审委员会.中国体育改革十五年（体育史料第18辑）.北京：人民体育出版社，1998：100-101.

这次会议是认真贯彻全国技术创新大会和《中共中央、国务院关于加强技术创新,发展高科技,实现产业化的决定》精神,总结、研究、规划我国体育科技工作的改革与发展的一次重要的会议,是进一步贯彻落实科学技术是第一生产力的思想,加强体育技术创新工作,深化体育科技体制改革,全面加速推进体育科技进步,全面实施科技兴体战略的动员大会。会议传出的信息,即"创新、改革、迎接新世纪"无疑将对我国体育科技创新,体育体制改革及未来十年我国体育科技工作的发展起到极其重要的指导和推进作用。会议的成功召开标志着我国体育科技工作发展进程中的一个里程碑,它必将促进新世纪我国体育科技工作在挑战与机遇面前乘风破浪,再创辉煌。

(三) 改革体制,增强活力

我国体育科技体制在体育事业发展中发挥过重要作用,但是当体育事业发展进入新的发展阶段时,它已不能适应社会主义市场经济对体育事业提出的更高的要求,根据1984年全国体育工作会议所建立的"依靠"与"面向"的体育科技方针,从1985年起围绕《中共中央关于科学技术体制改革的决定》精神,开始了体育科技体制改革。

第一,运行机制的改革,调整科技工作任务,对科研管理实行分类管理。从自选单项研究为主,转向计划指导,以多学科综合研究为主;研究机构从扩大外延为主,转向充实内涵重视研究质量,发挥现有仪器设备作用,提高主体效能为主;从主要运用行政手段转向综合运用法律、政策、经济和行政管理手段。重点抓了分类管理制度,对部分有显著经济效益或社会效益的应用开发研究项目实行课题招标,采用合同制管理,或实行贷款、部分贷款管理;对综合性的重大科研项目,打破单位界限,加强横向联系,共同承包,并经专家严格审议论证,试行项目经费包干制结余提成的办法管理;对应用基础研究或体育实践需要的重大项目,或采取申请国家拨款或给予经费补助。据初步统计:1980～1984年5年中,委管课题共97项,其中合同课题29项,经费回收1.5万元,约占课题经费的1%,对昆明体育电子设备研究所等单位课题贷款百余万元;1994～1999年5年中,仅对国家体育总局局管课题的统计,立项课题共计322项,经费1 343万元,分别比前5年提高了48%和189%。

第二,在运行机制的转变中,比较明显的是体育科技力量已经向运动训练主战场转移。提倡和鼓励广大科技人员深入体育运动实践第一线,集中力量狠抓重点项目的科研攻关和科技服务,在实践中发现问题和解决问题。这一改革措施不仅促进了"依靠"与"面向","科研与训练"的结合,而且取得了明显的成效。如:备战1998年曼谷亚运会和1992年巴塞罗那奥运会和1996年亚特兰大奥运会等重点项目的科技攻关和科技服务工作。

第三,改革科技拨款制度,使科研机构具有自我发展的能力和面向经济建设的活力。各级行政部门的经费投入方式从对科研机构、科技人员的一般支持，改变为以项目为主的重点支持。国家体育总局已经决定，今后每年在原来基础上增加100万元专款，用来支持体育科技工作的发展，今后还将根据情况继续增加这方面的投入。各项目管理中心也要加大对科技的投入，充分重视体育科技。这不但是解决体育科研经费不足的根本途径，也是促使体育科研结构转变机制、面向体育发展实践和经济建设第一线的重要措施。如昆明体育电子设备研究所是国家体委直属科研所，在拨款制度改革中属于前沿的技术开发结构，通过实行合同制，削减事业费拨款，面向市场，在竞争中多渠道地争取科研任务和经费，实现了事业费自给。这个所自拨款制度改革以来，共争取各种纵向、横向收入上千万元。其他独立科研机构和高等院校的体育科研机构，也逐渐形成了从体育、教育、科委以及企事业等部门多种渠道争取课题和经费以促进体育科研的运行机制，过去计划经济体制下形成的体育科技拨款渠道单一的弊病，正在逐步得到根除。这说明经过几年的努力，科研机构通过拓宽任务来源，开辟各种经费渠道，功能扩大，活力大为增强[①]。

第四，改革管理制度。在领导体制上，实行所长负责制；在人事管理上，实行了专业技术职务聘任制；在科研计划管理上，实行科研责任制或课题承包制；有些科研机构，打破按学科建研究室的组织结构，按照科研任务需要设立多学科、跨室的综合研究中心或科研组。同时引进竞争机制和激励机制，积极挖潜创收，努力改善科研条件和科研人员待遇。内部管理制度的改革进一步调动了科研人员的积极性和创造性。在管理方式方面，将备战亚运会、奥运会的科研攻关与科技服务的具体管理职能由总局科教司转移到运动项目管理中心。各中心根据需要与有关单位签订合同，双方根据合同共同组织实施。这一改革，促进了各中心、运动队从被动接受服务向主动管理科技的转变；促进了经费投入从政府单一渠道向多种渠道的转变；促进了从少数科研单位包揽课题向总局系统和各省市体委、科研系统和体育院校、体育系统和社会力量都积极参与的转变；促进了科研单位、科技人员从过去"下"队服务向"上"门竞争的转变；促进了组织管理从过去单一的"课题"模式向更符合实践需要的多种模式的转变；促进了政府部门职能从微观管理向宏观管理的转变。

第五，提出体育科技决策，推动体育科技事业的发展。1990年3月国家体委颁发了《国家体委关于深化体育科技体制改革的意见》和《1991—2000年体育科学技术发展规划》，这是我国体育科技工作20世纪90年代的指导性文件。为了把体育事业的发展引入到科学的、法治的轨道，1991年又着手研究制定《中国体育发展与改革纲要》和《中华人民共和国体育法》。并通过实施两个"科技工程"，加强了群众体育科技工作，努力改变群众体育科技工作长期相对滞后的状况。在1999年的

---

① 国家体委文史工作委员会，全国体总文史资料编审委员会.中国体育改革十五年（体育史料第18辑）.北京：人民体育出版社，1998，102-104.

全国体育科技工作会议上又通过了未来十年我国的体育科技工作指导性文件《2000—2010年体育科学技术规划(草案)》。这些体育科技决策,都为该时期的体育科技工作明确了方向,极大地推动了我国体育科技事业的发展。

(四) 壮大队伍,改善条件

在改革体育科技体制的同时,还根据现代管理科学的基本原理和我国的具体情况,从加强体育科技管理理论和方法研究,建立一支专业化的体育科技管理干部队伍,逐步实现体育科技管理手段的现代化等方面着手,认真整顿、充实和健全体育科技领导体系。采取了切实可行的措施,使体育科技力量大大增强。

在体育科技的组织方面,截至1999年,全国有36个省级以上体育科研所,体育科技专业人员1 700多人,加上体育院校和各种社会力量,大概有10 000多人,这是一支不小的力量,初步形成了具有一定研究、开发实力的体育科研体系。1985年以前,全国独立体育科研机构有28个,职工人数1 239人,其中科技人员729人,到1999年全国省、自治区、直辖市以上的独立体育科研机构共36所,职工总数1 700人。在经费的投入上,"六五"期间,全国科研用于购置科研仪器的费用共计约500万元;"七五"期间达到2 300万元,增加了4倍多。截至1998年底,全国省级以上体育科研机构固定资产总额已达16 900万元。委管课题经费"六五"期间共计约470万元,"七五"期间约为884万元,增长了近两倍。而在1994~1999年5年间,全国省级以上体育科研机构登记的290项研究成果中,已应用成果达216项,技术转让获得经济效益110余万元。从1986年开始,给18个运动训练基地配置了近百万美元的先进科研仪器,并投资建立了具有国际先进水平的中国兴奋剂检测中心,国家体委科研所也建成了中心实验室。

在面向体育运动实践中,广大专职和兼职科技人员也取得了可喜的成绩。在科学研究方面,20年来完成重大成果近1 500项,不同程度地在体育运动实践中发挥了很好的作用,其中有近600项成果获得国家级和国家体委体育科技进步奖。其中国家体委体育科技进步奖从1985年首次评奖,至今共评选10次,评出特、一、二、三、四等奖545项,有一批成果已经接近或达到国际先进水平。

(五) 促进"依靠"与"面向",组织重大科技项目研究

进入20世纪80年代,尤其是后期,为保证我国运动员在亚运会、奥运会等国际大赛上取得优异成绩,集中体育科研力量,围绕体育事业的发展和运动训练中急需解决的带有方向性、综合性的关键问题,狠抓重点项目的攻关研究和科技服务,开展了重点科技项目的研究,这是我国体育运动水平迅速提高的一个比较重要的原因。据不完全统计,国家体委为备战1990年亚运会和1992年巴塞罗那第25届奥运会投入科技经费近500万元,组织近600人参加的109个科研小组,对29个运动项目进行了重点科研攻关和科技服务,两届世界大赛,在获奖牌的项目和个人

中,基本上都有科技人员在为他们服务[①]。为了建设一套完整的科学选材、科学训练、科学比赛体系,以及对训练比赛过程先进的综合性的监测和调控系统,重点组织了运动员科学选材、运动训练、体育仪器器材系列化、体育发展战略等大型综合性课题的研究。

1. 运动员科学选材研究

运动员科学选材研究是由当时的国家体委科研所、上海体育科研所、广东体育科研所、辽宁体育科研所、北京体育学院、上海体育学院、武汉体育学院、甘肃体委科研室等8个单位承担"优秀青少年运动员选取材研究"课题。该课题被国家科委列为国家级科研课题。参加研究工作的239名科技人员经过两年多时间,对优秀运动员及青少年运动员4 871人的身体形态、机能、素质、心理、遗传等102个指标进行了测试。获得原始数据74.8万多个,经过计算机处理和分析,完成了选材论文123篇,对田径、游泳、体操、排球、足球等运动项目的科学选材和进一步深入研究提供了选材数据和某些理论依据。该项课题1985年获得国家体委体育科技进步奖一等奖,1987年获得国家科技进步奖二等奖。

2. 青少年体质的研究

为了掌握我国青少年学生体质、健康状况,国家体委两次与有关部委对青少年体质进行调查研究。第一次,是1978~1983年,由国家体委、教育部、卫生部共同组织1 500例抽样测试,掌握了大量的数据。第二次,是1983~1986年,由国家体委、国家教委、卫生部、国家民委共同领导和组织的"中国学生体质与健康调查研究",对29个省区市28个民族98万多学生的体质、健康调研,共获得28个省区市7~22岁汉族学生和14个省27个少数民族学生29项指标的原始检测数据14 779 341个。这项课题在1989年获得国家科技进步奖二等奖。同时为制定《国家体育锻炼标准》《学生体育锻炼标准》《军人锻炼标准》等提供了科学依据。

3. 运动训练科学化的研究

1986年国家体委组织全国30余名主要学科的专家、学者,成立《运动训练科学化探索》课题组,进行了这一大型的综合性应用研究。该项成果的完成和推广应用,从理论与实践结合上,科学地系统地论述和总结了提高运动训练科学化水平的方法和手段,广泛介绍了科学训练最新研究成果,具有较高的学术水平和实用价值,对我国运动训练科学化水平的提高起到了有力推动作用。该项成果1989年获得国家体委体育科技进步奖一等奖。

4. "我国优秀竞技运动项目发展规律的总结和发展趋势的预测"研究

面对一些优秀项目正面临危机的状况,同时也根据加强运动训练科学化的需要,国家体委组织了"我国优秀竞技运动项目发展规律的总结和发展趋势的预测"

---

① 国家体委文史工作委员会,全国体总文史资料偏审委员会.中国体育改革十五年(体育史料第18辑).北京:人民体育出版社,1998:105.

研究课题。参加课题研究的有女排、乒乓球、体操、跳水、举重、游泳等 8 个项目的近 40 位专家、学者、教练员、管理人员。通过此研究探索了各项目发展的内在规律,认真总结分析了我国各项目发展过程的经验、教训;科学地预测了未来的发展趋势,结合我国运动项目的现状、特点,及时地寻找相应的对策,跟上世界竞技水平飞快发展的步伐,力争继续保持优势。根据运动训练需要,科研人员还与训练部门密切配合,研究制定了田径、体操、举重、游泳、篮球、排球、足球、乒乓球、羽毛球等 9 个运动项目的措施,其成果获国家体委体育科技进步奖一等奖。

5. 我国优秀运动员的机能评定研究

1987 年,根据我国实际情况和科学训练的需要,国家体委组织了国家体委科所、训练局、北京医科大学、运动医学研究所,以及上海、湖南、云南、河南、山西等体科所 56 名有高级职称的专家、青年科研人员,对"我国优秀运动员的机能评定"课题进行了研究,属国家体委的重点研究课题,该项研究包括如何制定机能评定制度和机能评定的新指标、新方法等问题。经过科研人员的深入研究,总结了机能评定的方法和手段,阐述了优秀运动员机能评定的内涵和外延,运动医学检查的目的、内容、要求、注意事项、结果评定和处理原则,提出了机能评定的常规或常用的 20 个指标及其测定方法、标准和注意事项。系统介绍了 25 个运动项目运动员机能评定的特点和各指标的具体应用。在这些研究成果的基础上,编著了国家体委体育科技成果专辑《优秀运动员机能评定手册》。这是一部科学性和实用性很强的专著,是国内第一项运动员机能评定综合性研究成果。

6. 血乳酸指标测定与应用研究

国家体委组织专家编著了《血乳酸指标测定与应用手册》(1992 年获国家体委体育科技进步奖二等奖)并举办多期培训班,加强指导,使血乳酸指标更有效地为科学训练服务。此法近年来已推广应用于许多运动项目,已成为教练员掌握和安排训练负荷的主要依据。山东省生物研究所研制的"SBA-30 血乳酸分析仪"和"乳酸酶膜及其配套试剂盒",荣获了 1991 年国家体委体育科技进步奖二等奖。

7. 体育仪器器材研制

多年来,为帮助教练员、运动员进行科学训练,提高训练效果,科技人员研制了一批实用的体育仪器器材,并在运动训练中得到推广和应用。如:"B-82 型乒乓球发射机"获得尤里卡金奖;"乒乓球旋转的实验研究"获得 1988 年国家体委体育科技进步奖二等奖;"近景动态立体摄影测量在体育科研中的应用"获得 1989 年国家体委体育科技进步奖二等奖。还研制了其他一些具有先进水平的体育科研仪器,如"肌纤维组成的无损测定方法与仪器"获得国家体委体育科技进步奖一等奖;"红外光点运动分析系统"获得 1991 年国家体委体育科技进步奖二等奖;"三维测力平台微机专用系统"获得 1991 年国家体委体育科技进步奖三等奖等等。电子计算机也广泛应用于体育训练和比赛中,如"第 6 届全运会电脑管理系统"获 1988 年国家体委体育科技进步奖一等奖;"计算机排球技术统计系统"获1991年国家体委体育科技进步奖三等奖;"三维测力台计算机同步测试系统的研制和应用"获1992年国家体委体育科技进步奖二等奖等等。

8. 基础科学研究

多年来,我国体育科学技术在运动医学、运动生理学及营养学、运动生物力学等基础研究领域,取得了突破性的进展,某些领域取得了举世瞩目的成就,不少研究成果都是国内先进水平,有的达到国际先进水平。如:由中国医学科学院和国家体委运动医学研究所共同完成的"兴奋剂检测方法的研究与实施"研究成果,通过对绝大多数禁用药物的代谢研究,找出特征代谢产物,建立了完整的兴奋剂色谱质谱数据库。在总结规律的基础上,建立了一套较完整的具有我国特色的准确可靠的分析方法,有很强的科学性和独创性。曾准确无误地完成了1990年北京亚运会、北京世界大学生运动会等大型比赛的检测任务,为祖国争得了荣誉。该成果1991年获得国家体委体育科技进步奖一等奖,后来还获得国家科技进步奖一等奖;由北京医科大学运动医学研究所完成的"运动员末端病的防治研究"的成果,从发病机制、解剖、病因病理,以及临床手术等方面作了系列的研究,具有独立见解,提出了正确的命名,澄清了国内外对该病的含混认识;运用生物力学知识分析末端结构的发病原因的研究难度也很大,有较高的学术水平,1987年获国家级科技进步奖三等奖;国家体委科研所承担的"耐力训练后大鼠训练心肌组织学、酶组织化学、超微结构及形态计量学研究"的研究课题,从组织学、酶组织化学、超微病理学及显微形态计量学诸方面展示了在不同方式耐力训练下不同性别实验动物左右室心肌、内膜下心肌存在着不同的适应性反应。该研究成果引起了国际上一些学者的极大兴趣(1991年获得国家体委体育科技进步奖一等奖)。该所在对运动延迟性肌肉和肌肉疲劳机制的探讨、乳酸无氧阈机制的研究,骨骼肌纤维组成、结构与运动能力——肌活检技术在体育中的应用等方面的研究,都取得高质量和高水平的研究成果。"肌肉运动后延迟性酸痛的研究"获得了国际奥委会科学荣誉奖。

9. 技术成果的推广应用

20世纪80年代以后,技术成果的推广应用、技术转让和技术开发,加速了技术成果的商品化,获得了较显著的经济效益。例如:从健力宝到人体测量仪、八道遥测肌电仪、大型彩色显示屏、电子计时计分成套设备、体育专用风速仪、帆板无线电指挥仪、电脑电刺激肌肉力量训练仪等技术成果已应用于生产。据1994～1999年委管体育科技成果的不完全统计,已为国家新增产值110多亿元。对有社会效益的科技成果,由国家体委组织印刷出版体育科技成果专辑和体育科技交流专辑。出版发行《运动训练科学化探索》《优秀运动员机能评定手册》《运动员心理咨询手册》《血乳酸与运动训练应用手册》《运动员科学选材》《高原训练指南》《体操训练学部分问题探索》等成果专辑和《药物与竞技体育》《探索冠军之路的奥秘》等交流专辑本。为了加强体育科技成果的推广应用,加速成果的转化,国家体委成立了技术市场办公室,负责对体育系统技术市场的协调指导和宏观管理,开展技术转让、服务、咨询、培训、技术承包和技术出口等组织、协调。体育科技成果以多种形式转化为生产力与发展体育的动力,进入经济建设和体育运动实践,给科研机构带来了活力,也推动了体育科技进步。

把体育振兴转移到依靠科技进步提高体育队伍素质的轨道上来,关键之一在于建立起科技与体育运动实践密切结合,协调发展的运行机制。通过科技攻关和科技服务,使科学技术进入训练,科技人员深入到运动训练这个主战场,狠抓重点运动项目的攻关研究和科技服务,发现和帮助解决训练中的难题和关键问题,不仅促进了"依靠"与"面向","科研与训练"的结合,而且也提高了研究成果的科学性和实用性。

(六) 国际交往频繁,内外结合有致

改革开放以来,作为体育对外开放战略一个重要内容的国际体育科技合作与交流工作空前活跃,官方、双边、多渠道、多层次、多形式的体育科技交流合作广泛展开。学会与日本在体质方面、与德国在力量训练方面进行了合作研究,并与美国、原苏联、日本、英国、德国、波兰、保加利亚、加拿大、澳大利亚等建立了院际、所际科技交流,还邀请德国、法国、捷克等国家的专家讲学。中国体育科学学会已是多个国际体育组织的成员,在国内已举办过不少国际体育科学报告会,特别1990年是成功地举办了北京亚运会科学大会。

1990年北京亚运会科学大会,是我国首次举办的大型综合性国际体育学术会议,本次大会无论是从规模、参加国家(或地区)的数量,还是从学术水平、大会的组织工作,都是一次成功、圆满、团结、高水平的国际学术会议,是我国体育科技事业取得的一项重大成果,是亚洲体育科技事业发展过程中的一个里程碑。这次大会在亚运会科学大会史上也是属规模空前的体育科学盛会,与会代表是分别来自亚洲及世界各地31个国家和地区的千余名专家学者,分别采用口头报告和墙报两种形式报告了600余篇论文。从入选论文看,属社会科学方面的论文占23%,技术科学约占25%,自然科学约占52%。这次会议显示了我国在改革开放中政治稳定、社会安定、人民团结的大好局面;向人们展示了体育科学技术发展的现状和未来;增加了中国与亚洲及世界各国体育科技工作者的友谊与合作;促进了海峡两岸学者的了解与交流[①]。

---

① 国家体委文史工作委员会,全国体总文史资料编审委员会.中国体育改革十五年(体育史料第18辑).北京:人民体育出版社,1998:119.

第二节　新时期体育科技的政策与法规

党的十一届三中全会以来，我国体育科学技术工作通过深化认识，转变观念，改革体制，增强活力，壮大队伍，改善条件，获得了突飞猛进的发展，在完善体育科技体制体系方面也有了长足发展，推出了一系列体育科技政策与法规，在推动体育科技事业发展中起到了突出的作用。

1978年，国家体委发出《关于加强体育科学技术工作的意见》，要求各省、自治区、直辖市体委、各体育学院按照文件精神，高度重视体育科学研究工作，把科研工作摆到重要议事日程上来。要建立健全的科研机构，充实科技队伍，搞好科学实验基地的建设，充实必要的科研设备。一面创建，一面开始研究。大干快上，做出成果。

1979年国家体委召开的全国体育科技发展规划会议，草拟了1978~1985年全国体育科技发展规划，并列入国家科委制定的《全国科学技术发展规划》，后因这次规划属于"洋冒进"的新的"跃进"规划，对我国国情和社会主义建设的复杂性、艰巨性、长期性认识不足，对顺利的一面看得过多，对"文化大革命"造成的危害及现实困难估计不足，再加上当时全党、全军和全国人民也都有急于把"四人帮"耽误的时间夺回来的强烈愿望，在宏观政策中又发生类似于1958年的急于求成、片面追求高速度的急躁冒进情绪。国家体委参加全国体育科学大会筹备工作领导小组于1977年11月7日草拟的全国体育科学技术长远发展规划（草案）没有实施。1979年第2届全国体育科技工作会议后，于1980年8月又重新制定了《1981—1990年体育科技发展计划纲要（草案）》（以下简称《纲要》），《纲要》制定了1981~1985年及1986~1990年我国体育科技奋斗目标，目的是要改善劳动人民的健康状况，研究不同劳动条件对人体的影响和不同年龄的生理解剖特点，列出了今后需解决的关键问题，及采取的主要措施，提出了十年体育科技的设想，《纲要》在"六五"期间作为体育科技发展的依据和目标起到了很大作用，基本与"六五""七五"期间的实际体育科技成就相吻合。从体育科技人员的发展看，《纲要》计划"六五""七五"体育科技人员分别为1 000人、2 000人，基本接近实际发展的1 003人和1 638人。

20世纪80年代后期，为完善体育科技体制体系，推出了一系列的体育科技政策和法规：

1981年11月25日，国务院学位委员会下发《关于下达首批博士和硕士学位授予的通知》；1981年11月3日国务院批准北京体育学院（体育理论、人体生理学、体育教学理论与方法、运动训练学），上海体育学院（体育理论、人体生理学、体育教学理论与方法、运动训练学），国家体委体育科学研究所（运动医学），为首批硕士学位授予单位。

1984年5月5日,国家体委下达《关于进一步加强学校体育工作的意见》,6月24~29日,下发了《体育文物管理暂行办法(试行)》。

1984年5月7日,国家体委发出《关于统一发布重要体育新闻的规定》。

1984年10月5日,中共中央发出《关于进一步发展体育运动的通知》,11月9日,国家体委发出贯彻执行《中共中央关于进一步发展体育运动的通知的意见》,11月22~28日。全国体育科技工作会议在昆明召开,与会代表按照《中共中央关于进一步发展体育运动的通知》的要求,总结交流了体育科技工作经验,研究了贯彻党的科技工作方针,解决体育科研与运动训练相结合的问题,以及科研体制改革等问题。

1985年7月28日,国家体委颁发《国家体委体育科学技术进步奖的奖励条例》和《国家体委体育科学技术进步奖的奖励范围和评审标准实施细则试行》,为体育科技奖励工作提供了法律制度上的保障。

1987年2月25日,国家体委下发《国家体委体育科学技术研究成果管理条例(暂行)》,同年6月2日,国家体委下发《关于加强重大体育比赛宣传报道组织工作的几点意见》。并通知各省、区市和计划单列城市体委,要结合当地实际情况贯彻执行,切实把新闻宣传报道的组织工作做好,进一步完善体育科技的规章制度。

1987年7月18日,国家体委发布了《关于制定体育法规程序的规定》。

1989年6月28日,国家体委公布《体育器材设备审定办法》,7月10日国家体委公布《国家体委体育科学技术成果鉴定办法》,为体育科技成果的鉴定提供了法律依据。

1989年7月10日,国家体委发布并施行《国家体委体育科学技术成果鉴定办法》,对技术成果的鉴定范围、形式和方法进行了严格的规定。

1989年9月22日,国家体委发布了《国家体委关于授予"体育工作荣誉奖章"的规定》,同年10月4日,国家体委又发布了《国家体委关于授予"体育事业贡献奖"的规定》。这两项规定都是为表彰在发展我国体育事业中做出重大贡献的单位和个人而制定的。

1989年11月27日至30日,全国体育科技工作会议在山东泰安举行,会议讨论了《1991年到2000年我国体育科学技术发展规划(草案)》,会上交流了经验,并向4个单位颁发了"体育事业贡献奖",同时颁发了"1989年国家体委体育科学技术进步奖"和国际奥委会"1989年体育医学奖"奖杯。

1991年7月8日,国家体委、国家教委联合下发了《体育运动学校办校暂行规定》《三年制中等体育学校教学计划》《体育运动学校学生学籍管理办法》,对体育运动学校实行规范化管理。

1991年10月17日,国家体委下发《"八五"期间国家体委软科学研究项目指南》。

1992年5月20日至25日,全国体育工作会议在北京召开,会议着重讨论通过了《中国体育发展与改革纲要》《体育事业十年改革规划和"八五"计划》《中华人民共和国体育法》三个草案。此后国家体委开始着手制定《体育科学技术十年(2000—2010年)规划》。

1992年9月23日,国家体委、国家无线电管理委员会联合发布《个人业余电台管理暂行办法》。

1994年3月16日,国务院办公厅下发了"国家体育运动委员会职能配置、创设机构和人员编制方案"。

1995年,国务院下发了《关于"九五"期间深化科学技术体制改革的决定》,同年颁发了《奥运争光科技工程》和《全民健身科技工程》,国家体委也下发了《关于进一步深化体育科技体制改革的意见》,从此,我国的体育科技体制改革围绕着《奥运争光科技工程》《全民健身科技工程》和《1991—2000年体育科技发展规划》提出的"133"工程三个工程进一步深化。

1999年11月3日,全国体育科技工作会议在沈阳召开,会议通过《2000—2010年中国体育科技发展规划》(草案),对下世纪的中国体育科技事业提出了新的奋斗目标及实现这些目标所要解决的问题和采取的主要措施。自此,我国的体育科技事业历经20年的改革历程,已建立了适合自身发展的法律体系的政策保障体系,并逐步走向完善。

第三节　体育科研机构的大发展

改革开放前,我国体育科研工作十分薄弱,专门的体育科研机构仅有7个。改革开放后,由于各级领导的重视,全国各地的体育研究机构如雨后春笋地相继出现,到1985年全国独立的省级以上的体育科研机构就达到了28个,在职科技人员729人;到1990年科研机构发展到38个,在职科技人员1 148人;1999年科研机构调整为36个,科研人员增加到1 700人(表3-2)。与此同时,全国不少体育院校也相继成立了体育科研所或研究室,大大增强了我国体育科学研究的力量,分别在机构建设、体制改革、人才培养、科学研究、成果推广应用、科研攻关与科技服务以及开展国际体育科技合作与交流等方面都取得了突出的成绩,为促进体育科技进步和我国体育事业的可持续发展做出了很大的贡献。

表3-2　改革开放以来体育科研机构与人员增长情况

年份	1978	1985	1990	1999
科研机构数/个	7	28	38	36
科研人员数/人	不详	729	1 148	1 700

一、我国最大的综合性体育科研机构——国家体育总局体育科学研究所

创建于 1958 年的国家体育总局科研所是国家体育总局直属的多学科综合性体育科学研究所,是我国最大的体育科研机构。

现有在编职工 124 人,其中高级职称 66 人,博士学位 60 人,新世纪百千万人才工程国家级人选 2 人,国家体育总局中青年百人计划培养对象 15 人。建所以来,共有 44 人享受国务院政府特殊津贴。2013 年经人社部批准设立博士后科研工作站,开展博士后培养工作,目前在站博士后 6 人,已出站博士后 4 人。国家体育总局科研所现有体育教育训练学、运动人体科学、体育人文社会学和运动医学专业的硕士学位授予权,已经培养出 200 多名博士和硕士研究生。国家体育总局科研所现有国民体质与科学健身研究中心、运动训练研究中心、体能训练研究中心、运动心理与生物力学研究中心、运动生物科学研究中心、运动康复研究中心、体育社会科学研究中心、体育工程研究中心 8 个研究中心和 1 个综合实验中心,拥有运动训练监控重点实验室、运动心理重点实验室 2 个国家体育总局重点实验室。建所 60 多年,国家体育总局科研所围绕国家体育事业发展实践主战场,开展全方位、多层面、高水平的科研工作,取得了丰硕的科研成果,获得部委级以上科技成果奖励 363 项,其中《我国优秀运动员竞技能力状态的诊断和检测系统的研究与建立》《中国乒乓球竞技制胜规律的科学研究和创新实践》《中国优秀运动员运动训练的生理生化监控理论与方法》等重大科研成果获得国家级科技进步二等奖。近年来,承担国家重大科研任务、获得研究经费、SCI 收录论文和授权专利逐年大幅增加。近十年来,共计承担国家科技支撑计划、国家科技基础专项、国家自然科学基金、国家社会科学基金、国家体育总局科研攻关与科技服务等重大研究项目 661 项。[①]

科研所已建立了一支高水平的体育科研及科技服务队伍,配置了较先进的、齐全的体育科研设备,取得了丰硕的科研成果。积累了一定的科研工作经验,形成了多学科经济性的体育科研优势,在国内享有较高的声誉,为提高我国的竞技体育水平和普及全民健身运动做出了应有的贡献。

二、最大的体育科技信息服务机构——国家体育总局体育信息研究所

国家体育总局体育信息研究所成立于 1987 年 7 月 6 日,其前身为 1958 年成立的国家体委科研所的情报资料研究室和电影录像摄制室。成立以来,在原国家体委和现国家体育总局的直接领导下,广大科技人员根据我国体育事业的发展和

---

① 国家体育总局体育科学研究所. 研究所简介. [2024-12-08]. https://www.ciss.cn/yjsjj/index.html.

需要,广泛收集系统加工处理,深入研究和及时传递国内外体育信息,为体育科研与教学,为运动训练与竞赛,为体育管理与决策以及社会体育和体育市场等提供了多种形式和不同层次的信息服务,分别在文字信息服务、科研课题研究、文献整理与传播体育、声像作品制作与发行等各项体育信息研究与服务中取得了一定的成绩。

从1992～1997年间该所每年通过编发18种内部刊物提供各类信息213期,约275万字;编辑出版公开刊物2种,约220万字;建立和引进12种数据库存储68万多条记录和580万字文本信息;承担或完成了42项国家级科学基金研究项目(或子项目)、9项委管科研项目、10项委管软科学课题,争取新的课题和经费逐年增多;完成专题报告96篇;组织召开了3次研究成果推广活动,组织9人次参加了3项国际学术活动;编辑出版各类书籍10本,152万字;收集2 500小时技术录像片,向全国提供声像技术片15 000小时,编辑了《国家体委体育信息研究所十年成果集(1987—1997)》。在科研体制与机制的改革方面也做了一些尝试。在原来部门创收4∶3∶3分配方案基础上,把原来上交所的经费作为事业发展的"4"直接留给部门,作为部门事业经费,从而改进了财务分配制度,提高了创收积极性。制定和修订了《仪器、设备管理办法》《技术创新评定办法》《固定资产管理办法》等新的管理办法,为进一步加强各项业务管理提供了依据,同时在加强成果转化,开拓信息服务市场等方面也收到了一定的成效,并获得了一定的经济效益和社会效益。

三、享誉国内外的专业性研究所——国家体育总局运动医学研究所

国家体育总局运动医学研究所自1987年7月成立以来,经历了奠基—创业—立业—改革—发展五部曲,形成了"团结、奉献、求实、奋进"的办所方针,已成长为一个具有较强研究实力和国际检测水平,并且享誉国内外的专业性科研所。

建所以来,开展了80余项科研课题的研究,发表论文和报告180余篇,出版专著5本,有14项科研成果获得部级以上奖励16次,其中有国家科技进步奖一等奖1项,国家体委科技进步特等奖1项、一等奖1项,国家体委奥运会科技攻关与服务一等奖1项。在人才培养方面共培养副研究员以上高级科研人员10名,科研所还同北京体育大学、成都体育学院等单位合作,先后共招收和培养各类研究生14名,其中博士研究生5名,硕士研究生11名。在实验室建设方面于1995年成立了"兴奋剂及运动营养研究测试中心"的国家重点实验室。该中心自从取得检测资格后,先后完成了在我国举办的包括11届亚运会在内的各类体育比赛、赛外检测等兴奋剂检测,共检测样品约20 000份。完成境外体育和赛外检查4 000份。其年度兴奋剂检测的数量已由开始的每年600份左右,逐步增加到现在每年4 000份左右。

四、国家体育总局昆明体育电子设备研究所

该所成立于1979年12月,20年来在总局的领导下,经历了"八五"科技体制改革,"八五"期间的深化改革,事业经费的逐步递减,改变了原来半封闭的计划管理科技体制模式,逐步地适应社会主义市场经济体制,谋求自身生存与发展的道路。

改革开放以来,在国家体委领导下,该所已经研究和开发了50多个用于体育场、馆、池,以及体育竞赛各类计时、记分和训练比赛用的电子设备,其中小批生产的10多种产品已分布全国各个省、市、部队,为8个国外体育设施提供了配套电子设备,完成了田径比赛成套电子设备、大型彩色显示屏、游泳电子计时成套设备等的研制。通过测试并在我国大型比赛中多次使用,证明其精度高、运转稳定可靠、操作方便,基本达到国际标准,并作为体育援建项目出口。该所与国家体委电子信息中心合作研制完成了"第11届亚运会计时记分系统",并荣获国家体委体育科技进步奖一等奖。也为国内承办亚运会、亚冬会等运动会的一些如田径、游泳、射击等国家体委的科技进步奖项目。这些设备的实际运用,以及对国内外多层次的技术服务,已为该所赢得了较好的信誉,也有了一定的市场占有率。在体制改革方面,进一步解放了思想,完善了所内的运行机制,把管理机构从原6个科室调改为3个,实施按岗位职责严格控制编制,加强了科研开发部门,实施全员聘任制,更新了科研项目由所里补贴办法,实施二级经济核算办法,加强了所一级的财务管理,协助用户从规划、设计方案、价位、生产、安装、培训等给予"一条龙"服务,从而为所里带来了一定的社会和经济效益。从前10年与原9年的对比(表3-3)中可以看出改革后昆明体育电子研究所在事业经费,科研经费,成果转为产品销售等方面带来的巨大的经济效益。

表3-3 昆明电子设备研究所体制改革前后比较   单位:万元

	1979~1989年	1990~1998年
事业经费	251(投入)	379(返回)
科研经费	0	169
房屋维修	0	110
成果转为产品销售金额	428	3 621
全所固定资产	42	691
上缴税收	—	105

五、国家体育总局成都运动创伤研究所

该所于1984年12月正式建立,建所以来,全所人员以艰苦创业和坚韧不拔的

精神,在社会和经济两个效益上都取得了较大成绩,在科研医疗工作和基建工作诸方面上了一个新台阶,创造了辉煌的业绩。

自成立至21世纪前,该所经济保持年递增15%的较高水平,1998年全年总收入1 210万元,较建所初期增长了17.8倍,人均收入比1985年增长了11.5倍,现占地面积40亩,工作用楼房11 954平方米,固定资产4 000多万元,拥有部分世界一流的先进仪器、设备,已初具集科研、医疗、教学为一体的现代化的运动创伤防治研究中心。该所先后派出大批科研、医务人员为历届全运会、第10届、11届、12届和13届亚运会,以及第24届和26届奥运会开展科技攻关和医疗服务工作。先后编著了《伤科诊疗》《运动创伤学》《中国骨伤科学》等10余部专著,参与《中国医学百科全书中医骨伤科学》的编写,共发表论文600余篇,获部(省)级科技成果奖30余项,国家专利2项。建所以来共接待了英国、德国、苏联、日本、保加利亚、意大利等15个国家和地区的运动医学代表团来所交流和进修,派出科研医务人员赴10多个国家讲学、交流和医疗服务,为弘扬祖国传统医学做出了宝贵的贡献。

第四章 体育科技支持系统的改革与逐步完善

第一节 信息支持系统

一、改革中的体育情报体系

（一）改革开放初期体育情报工作概况

20世纪80年代初，世界上已有61个国家和地区63个体育情报或文献机构（中心）在国际体育情报联合会注册。而此时，体育情报工作在我国还是一项十分年轻的事业，体育文献工作非常薄弱，起步晚，文献工作人员少（表4-1），素质较差，知识结构单一，但此时的国内体育文献增长速度很快，已到了非开展检索查找不可的程度，到1981年我国中文体育期刊种类已达118种，是"文化大革命"前最高年份（1963年）的3.19倍，其平均年递增率为24.6%。

表4-1 四单位文献人员与翻译人员人数调查比较（1980年）

单位	文献人员/人	翻译研究人员/人	比例
一机部情报所	58	36	1.61∶1.00
铁道部情报所	53	50	1.06∶1.00
化工部情报所	30～40	70	1.00∶2.00
体科所情报资料室	8	23	1.00∶2.88

资料来源：马铁.关于建立我国体育情报中心的探讨（摘要）.体育情报（西安体育学院），83(1)：12.

在这种情况下，1981年国家体委召开了第一次全国体育情报工作会议，并成立了体育情报学会，确定了体育情报工作的地位，同时下发了会议纪要。会议纪要充分肯定了体育情报工作对体育事业的重要作用，制定了方向、任务和要求，并指出体育情报是体育科学技术的重要组成部分。

1981年全国体育情报工作会议以后，一些学科和专项成立了情报网，国家体委科研所和北京体育学院等六个单位也组成了文献工作协作组，他们开展了大量的工作,总结出一些群众体育情报服务形式的经验,促进了体育情报工作的发展。

体育情报学会仅在两年间就发展270多名会员,这些会员活跃在情报管理、理论研究、文献资料、翻译研究、编辑报道、情报交流和声相情报等各种岗位上,做了大量的工作。学会还根据形势发展的要求,在1982年和1983年先后举办了三期进修班,也积极地推动了体育情报工作的发展。

(二)第一届全国体育情报学术讨论会召开

1983年10月7日至12日,中国体育科学学会第一届情报学术讨论会在庐山召开,这次讨论会得到了广大会员和体育情报工作者的热烈响应,报送论文和声像资料共103篇(件),评选出大会报告24篇,另有书面发言28篇,与会人员122人,这次讨论会在探讨一条适合中国国情、具有中国特色的、理论与实践紧密结合的学术道路上,跨出了重要的一步,在建立自己的体育情报理论体系和总结我国体育情报工作经验的过程中有了一个良好的开端,论文反映了我国体育事业对体育情报工作的需要和当前体育情报理论与实践的实际水平。会议发言论文75篇,有40篇是从体育情报工作的需要出发将科技情报工作的普遍理论应用于体育情报工作实际,从而阐述出对体育情报工作带有指导意义的专业情报工作理论;其余25篇(声像作品10部另计)则从体育情报工作各方面的实际出发,或总结工作经验,或开展社会调查,找出规律,做出结论,提出个人见解,其中有11篇还在广泛调查的基础上,进行了定量统计分析,使阐述的问题更具说服性。

从作者的构成看,具有助研讲师和馆员等以上职称的有38位,其他36位;24～40岁的作者有18位,41～55岁的有51位;来自体育管理单位的作者有1位,来自体育科研单位的有2位是非体育工作者;有66篇文章由1位作者完成,有10篇文章由2位以上作者共同完成。

继1983年江西庐山会议以后,1984年又在昆明召开了编辑和外文翻译两个专业研讨会和1985年在四川成都召开了全国体育情报(文献、声像专业)学术讲座会。两会概况如下:

1984年会议是由来自全国23个省、市自治区43个单位的84位同志参加的我国第一次分专业举行的体育情报学术会议,从理论上进一步明确了体育情报翻译和体育情报编辑工作中的一些认识问题,探讨了一条适合我国国情的体育情报工作,为传播体育信息创造条件。

1985年全国体育情报学术研讨会是由来自全国各个省、市自治区和解放军共37个单位的65位代表以及6位列席代表参加了会议,会议共有体育文献专业的文章41篇,体育声像专业的文章13篇,声像作品24部入选,通过这次研讨会,代表们对文献工作和声像工作的范畴、内容、任务特点、方法等方面有了更深一步的认识,为进一步开展好工作打下了思想基础。

（三）国家体委体育信息研究所成立

国家体委体育信息研究所于 1958 年建室，1987 年建所，至今已拥有一定规模。现有 72 名在编专业技术人员，其年龄结构基本合理，年富力强的中青年职工占 63.7%。在岗职工因工作环境不同而具有多种类的专业技术人员，现有 8 个语种的翻译、研究人员及声像专业人员。有专业技术职称的人员达 85%。国家体委体育信息研究所的资金来源主要有：事业拨款；专项拨款；课题费；创收。创收呈现单部门向多部门、多项目发展的特点，信息中介获得一定效益。其主要固定资产已具一定规模。声像设备是国家体委体育信息研究所的主要固定资产（占 48%）；图书、期刊占 26.6%；计算机设备占 17.3%，这些物质资产具有开发潜力。信息所主要通过《国外体育动态》《奥运项目信息》《专题报告》等内部刊物为国家体委领导提供世界各国体育发展动态及宏观管理信息，为各级体委机关、训练教学、科研部门提供体育管理、运动训练、科研教学等各类信息。同时开展横向合作，扩大服务领域，如合办《足球俱乐部》杂志，开展信息中介活动，建立"中外体育用品信息库""体育竞赛赛事信息库"等数据库，开展有偿信息服务，为今后的改革摸索了经验。

国家体委信息研究所在面向体育运动实践、大众健身活动的体育信息服务与经营中具有广阔的前景。信息所以确立"国家体委体育信息中心"为发展目标；以明确各部门任务作为内部结构调整的基本依据；以人事制度、财务制度的改革为先行，相继出台一系列改革措施和各种规章制度。从工作环节讲，创建具有较高体育研究水平的体育信息研究中心，拥有大量体育图书、期刊、特种文献的文献中心，拥有"体育文献数据库""体育科技成果数据库""专项运动数据库"等多种数据库，进入并通过国家体委及全国信息网络的信息检索中心；可进行体育声像制品制作、发行的体育声像中心；编辑、出版《中国体育科技》《体育科技文献通报》《国外体育动态》《奥运项目信息》以及全民健身、体育产业等方面的一系列出版物。同时还创建了竞技体育信息中心、大众体育信息中心、体育产业信息中心。信息所还对新时期的发展目标采取了下列改革措施：

（1）引进现代化高科技手段，更新计算机设备，改建计算机联网系统，引进国际互联网，在条件成熟时建立网络 C 级结点，开展电子信箱服务业务，改善声像设备，面向社会提供服务。

（2）进一步改善人事管理制度，完善聘任制，在实施行政职务、专业技术职务聘任制的同时，逐步实行双向选择、优化组合，制定考核办法，加强年终考核。挖掘在岗职工潜力主要靠改革管理体制来实现，实行职工收入与其工作业绩挂钩，打破平均主义和"大锅饭"，以少的人员、高质量完成尽量多的任务、获得尽可能大的效益，实现最大奖励为原则，真正体现多劳多得，充分地调动在岗职工的积极性，同时，建立人才培训制度，提高人才质量，重视对中青年人才的培养，可实行国内国外、长期短期、脱产业余等多种进修方式。

(3) 实行承包制,即任务承包制和经费承包制,完善奖励制度。

(4) 加强思想政治工作,提高全体职工的素质,加强职能管理,充分发挥办公室、业务处,政治处的参谋、助手、监督、反馈等方面的作用。1987~1996年国家体委体育信息研究所获奖项目(表4-2~表4-4)。

表4-2 国家体委体育信息所获体委体育科技进步奖情况

获奖时间	获奖等级	获奖题目
1990年	四等奖	苏联体育改革的情报研究与服务
1991年	一等奖	第11届亚运会的情报研究与服务
	三等奖	《专项信息》的管理、服务和效益
1992年	二等奖	《专项运动数据库》
	四等奖	现代篮球竞技——美国职业篮球
1993年	二等奖	技术系列录像片中外文体育文献数据库
	三等奖	第25届奥运会情报研究与服务
1995年	二等奖	94亚运情报研究与服务
	三等奖	中国走向奥运会战略思考
		体育汉语主题词表

表4-3 国家体委研究与服务代表团集训队科研攻关与科技服务奖情况

获奖时间	获奖等级	获奖题目
1992年	二等奖	第25届奥运会情报
	三等奖	赛艇项目计算机辅助训练及情报信息服务
1996年	一等奖	亚特兰大奥运会信息服务

表4-4 全国科技信息系统优秀成果奖情况

获奖时间	获奖等级	获奖题目
1992年	二等奖	《体育科技文摘》
1996年	三等奖	办好《国外体育动态》为领导备战决策服务
		奥运会国家金牌名次综合评估预测法

资料来源:赵亚平.国家体委体育信息研究所成果选集(1987~1997).1997.

二、体育宣传出版的发展

体育宣传是宣传工作的一项重要内容,也是体育事业一个重要组成部分。体育宣传可以通过多种多样的宣传,吸引、影响和动员亿万人民群众投身到体育运动中去。通过体育宣传使群众掌握健身的知识和各种强身的手段,促进全民身体素质的提高。体育宣传对丰富和活跃群众的业余文化生活也有重要作用,常给人民群众带来健康向上的愉悦和美的趣味享受。体育宣传还能极大地激发人民群众的爱国热情,激励拼搏向前的精神,增强民族的凝聚力。体育事业的发展离不开体育宣传工作,体育宣传成为体育事业发展的一个强大的推动力。

十一届三中全会以后,党和政府对体育事业和体育宣传工作更加重视,《中华人民共和国体育法(草案)》和《中国体育发展与改革纲要》以及《体育事业十年规划和"八五"计划》中都列上了体育宣传的内容,强调"各级体育行政部门和体育社会团体应广泛运用传播媒介宣传体育"。国家体委领导也十分重视体育宣传工作,对体育宣传工作定期研究讲座及时做出指示。十一届三中全会以来,曾于1982年、1987年、1992年召开过3次全国体育宣传工作会议,对体育宣传工作进行了讨论和部署,并发出《关于加强和改进体育宣传工作的意见》等文件。20年来,体育宣传取得了很大的突破和发展,无论是体育宣传阵地的扩大,体育宣传队伍的增加,还是体育报道内容的丰富,体育报道质量的提高,以及宣传数量、规模、声势、影响,都是十一届三中全会以前任何历史时期所不能比拟的。

(一)体育宣传的规模越来越大

在整个宣传工作中所占比重越来越大,一些大型赛事,往往成为宣传的重点和热点。各媒体对体育宣传花时间,拿版面,投力量。体育宣传不再是茶余饭后的点缀,而是一台重头戏。体育真正成为人民群众生活中不可或缺的一部分,这要归功于体育宣传。如:1984年洛杉矶奥运会是我国首次登上奥运会舞台,派近80位中国记者参加了报道工作。1988年汉城奥运会我国组织了100多名记者前往采访,是新中国成立后第一次派出上百人的记者队伍出国采访。1990年在中国北京举办的第11届亚运会,是我国首次承办的国际大型综合性运动会。中外记者中有5 000余人参加,其中中国记者3 000余人,还不包括大量的后方保障、编辑和勤务人员。1992年巴塞罗那奥运会的宣传报道,是我国体育宣传报道的又一次新的突破。我国有112名记者,代表国内29家新闻单位远涉重洋参加了报道工作。1994年广岛亚运会电视报道转播,中央电视台破天荒派出一个近60人的前方节目制作组,投入巨额资金从新闻、专题、实况三方面对亚运会进行宣传报道。该台四个频道都有亚运转播,黄金时间被亚运赛事尽占。另外,各媒体还有150余名文字广播摄影记者赴会,这是又一个创纪录的数字。

(二)体育报道宣传的内容更加丰富,形式更加生动活泼

除各媒体应遵循的一些基本政治原则和方针外,在报道形式上,八仙过海,各显其能,充分发挥各媒体的优势和特长,调动记者编辑的主动性、创造性。这样,好文章好版面好标题好图片精彩纷呈,层出不穷。读者翻了这张报纸,还想看另一份报纸,过去那种千人一面的报道不多见了。

(三)体育宣传所起的影响和作用越来越大

体育宣传固然有自身的规律和特点,和政治性报道有明显区别。但体育宣传

的功能却是多方面的,它所产生的影响超越体育界本身。正是由于体育宣传的作用,20世纪80年代的青年才喊出"团结起来,振兴中华"的激动口号,海外侨胞才面对荧屏冉冉升起的五星红旗流出热泪。可以说,体育宣传在进行爱国主义、奋斗精神的教育,增强民族凝聚力,加强社会主义精神文明建设上有独特的作用。在对外宣传上也有极强的感染力、说服力。体育舆论媒体与体育界互相渗透、双向参与。随着体育宣传的作用与影响越来越大,体育界人士越来越注意运用舆论的力量,大多数体育界人士愿意接近宣传界和新闻界。

(四)体育宣传越来越符合自身的特点和规律

在20世纪70年代末80年代初,体育宣传沿袭了新中国成立后的体育宣传传统,突出了政治内涵和思想性。围绕女排、乒乓球、男排、足球等项重大赛事所取得的成绩,高奏起"冲出亚洲、走向世界""团结起来,振兴中华""拼搏精神"等爱国主义的激情和奋勇拼搏的凯歌。在报道内容上,由于中国走向世界体育舞台,国际体育赛事和国际体育交往的内容比重加大,扩大了国内群众和体育爱好者的视野。在报道形式上,较文化革命前更加生动活泼、丰富多彩。摒弃了"左"的、形而上学的一些宣传报道模式,更加贴近读者,贴近实际生活。这段时期体育宣传也存在着一定的问题,如有些宣传把某项赛事与政治作生硬的联系,有的报道缺乏辩证法,有片面性;有的不实事求是,把成绩说得过满,群众的心理期望值过高等等。这些问题对体育事业也产生了一些消极作用。在20世纪90年代初,体育宣传的这些问题得到了较好的纠正。爱国主义、拼搏精神依然是体育宣传的主调,同时体育宣传更加客观公正。体育宣传有新闻性、时效性、群众性、娱乐性、竞争性、观赏性、分析性等多种特性。它具有政治功能,又不等同于政治。体育宣传要符合中央和国家总的宣传方针,又不能生硬地联系和图解。改革开放以来的体育宣传,总的说越来越符合体育运动的实际,符合新闻和其他宣传手段的规律,接近于自身的特点。因而,越来越受到群众的欢迎与喜爱,体育版面、体育节目、体育实况转播、体育的出版物,体育的各种体裁的报道和文章、图片,成为人们喜闻乐见的内容。

(五)对举世瞩目的大型综合性运动会进行全方位、多角度、深层次的报道,是改革开放以来体育宣传的又一显著特点

1979～1999年,我国举办了6届全国运动会、1届亚洲运动会、1届世界大学生运动会,我国体育代表团参加了5届亚运会、6届夏季奥运会、6届冬季奥运会,还举办了1届东亚运动会、1届冬季亚运会、1届远东及南太平洋伤残人运动会。这些综合性运动会规模大、影响也大,往往成为全国人民包括亚洲地区和世界各国关注的焦点。1984年洛杉矶奥运会中国记者以严肃认真、作风严谨、工作勤奋而树立了自己的形象,许多稿件时效性强。1988年汉城奥运会各新闻单位赛前做了大量准备工作,在报道版面与时间安排上,力求做到突出、充分、及时。在报道方式上,许多媒体做了有益的尝试。1990年在中国北京举办的第11届亚运会,亚运报道在新闻报道与宣传诸方面都取得了历史性的突破,生动活泼、现场感强;视野开阔,宏观意识强,总体报道思想明确。从报道时效上说,本届亚运会报道也有重大突破。据统计,新华社编发的亚运新闻,90%比外国通讯社快。从9月中旬到10月初,新华社发中文稿8 287条,158万多字、英文稿2 258条,53 869行。中国电台播出亚运新闻12万字,亚运专题27.5万字;对少数民族广播用5种语言播出亚运消息4.5万字,专稿7.7万字;对台湾广播播出亚运专题节目58个,各类稿件25万字,《亚运快讯》7万字,录音报道150个;现场实况转播约百场,总计138小时。中国国际电台用30多种语言播出了480小时的亚运特别节目;首次进行4种语言的体育比赛现场直播共19场,总计58小时;《亚运知识竞赛》收到102个国家和地区3.9万份答卷。中央电视台播出亚运电视节目335小时,比上届多170多小时;为外来转播者提供14路卫星通道,对外卫星传送的时间高达2 045小时,发送10个亚运节目,录像带2 200盘,计2 600小时。《人民日报》国内版在二、三版共出亚运专版9块,39万字,图片160余幅;另编辑出版《亚运新闻报》共17期,51万字,图片200余幅。《中国体育报》加出晚报,日报晚报共刊登亚运稿件120万字,图片400多张。《北京日报》也增出《亚运专刊》,与日报共刊登亚运稿件810篇,30.4万字。而《北京晚报》则每天用3个半版登载亚运报道,共50万字。就连一些行业报纸也用了大量版面报道亚运会。《工人日报》每天一个半版,共20万字。《解放军报》亚运期间出了39.5个专版,稿件301篇,图片107幅。从以上首都几家主要新闻媒体看,其宣传声势和报道规模确实可说是空前的。报道工作所产生的影响是广泛、深远的。它的影响也超出了体育的范畴。成为加强中华民族凝聚力、向心力,进行爱国主义、拼搏精神教育的无形力量,意味着体育报道宣传水平登上了一个新的台阶。

1992年巴塞罗那奥运会中国媒体的宣传报道在规模、数量、质量、时效以及多样性上均超过了洛杉矶奥运会的报道,是我国体育宣传报道的又一次新的突破。同1984年洛杉矶奥运会相比,中国记者采访境外大型国际赛事显得更加成熟。各媒体注意发挥各自的特点和优势,避免宣传报道中"撞车"。新华社人多势大,在报道面的"广"、时效"快"上下功夫。在各参赛项目上做到不漏一条重要新闻消息。中央电台努力抓"快",体现广播的及时迅速的特点。中央电视台大量运用穿插字幕的方式,把奥运信息及时传递给国内观众,同时抓现场直播质量水平,把观众吸引到"第一时间"上。《中国体育报》发挥专业报权威的特点,力求报道专而深入。一些"单兵作战"的报刊,很难面面俱到,因此就抓花絮,抓特写,抓重要人物和重要事件。还有些报刊,采取"联合作战"的方式,分兵把口,然后定时交换信息,各取所需,体现了既竞争又合作的精神。为此,国家体委表彰了对奥运报道做出突出贡献的新闻单位。授予新华社等5家中央级新闻单位"体育事业贡献奖",授予《光明日报》《文汇报》等23家中央和省市新闻单位"第25届奥运会新闻报道纪念奖"。除了上述综合性运动会外,对一些重大赛事,如世界杯足球赛、1994年罗马世界杯游泳锦标赛、世界女排锦标赛,以及国内的民族运动会、城市运动会、农民运动会等,各媒体也都给予了充分的报道。

(六) 对体育明星的重点宣传

体育明星是体育战线的拔尖人物,是民族的骄傲,亿万观众推崇的英雄。同影星、歌星一样,体育明星也有其独有的魅力和明星效应。在改革开放前,我国的体育宣传也曾宣传过体育战线的杰出人物,但由于受"左"的思想影响,对明显的宣传往往概念化、模式化,更多地强调集体的作用、领导的作用。改革开放解放了体育新闻工作者的思想,他们的报道敢于深入体育明星的内心世界,不回避矛盾和比赛训练中存在的尖锐问题。这样,站在大众面前的就是一个有血有肉的、与人民群众密切相连的活生生的人,而不是"高大全"式的机械人。他们的一举一动,喜怒哀乐,皆成为人们的谈资,成为青少年模仿的楷模。当然,在对体育明星的宣传中,也存在一些不良内容,如对明星的隐私、婚恋、人际矛盾刻意渲染,对集体的作用也强调不够等①。

三、各舆论媒体体育宣传的发展

改革开放以来,体育宣传工作有了很大的发展。1979年全国专职兼职的体育记者有500余人,到1999年已有几千人,不但数量增加,体育记者的业务素质和学历水平也有大幅度提高。体育宣传的阵地也在扩大,体育宣传数量也有大幅度增加,各舆论媒体体育宣传面貌一新。

(一) 体育记者的业务素质和学历水平大幅度提高

国家体委宣传司曾在1991年底对全国新闻单位搞过一次调查。在收到的350家新闻单位答卷中(其中省市新闻单位297家,中央新闻单位28家,国家体委系统新闻单位25家),有体育记者1 282人,具有大专以上文化程度的747人,中专程度70人。其中高级记者41人,主任记者167人,记者473人,助理记者380人;有443人不同程度懂外语;286人受过体育专业培训;425人受过新闻专业教育。从以上统计中可以看出,体育新闻与体育队伍的整体业务水平和专业知识水平确实在提高。

(二) 体育宣传的阵地在扩大

上述调查还显示,350家新闻单位中有260家设体育专栏或体育专题节目。

---

① 国家体委文史工作委员会,全国体总文史资料编审委员会.中国体育改革十五年(体育史料第18辑).北京:人民体育出版社,1998:187-197.

其中 16 家省级电台、22 家省级电视台辟有体育专题节目,大多数中央级报纸有体育专栏。许多省市如天津、上海、广东、辽宁、深圳等省市级党报,每天有体育专版。全国近 50 家晚报都把体育当作报纸主要内容之一,差不多都有体育专版。全国目前还办有体育专业报刊近百种,其中报纸 30 多种,期刊 60 多种。专业体育出版社有 4 家,许多出版社都出版体育书籍。

(三) 体育宣传数量大幅度增加

国家体委宣传司 1991 年对 350 家新闻单位统计,体育宣传报道量约达 1 300 万字,播出时间 667 小时 30 分。比改革开放以前呈十几倍的增长。如新华社 1990 年英文发稿量就比 1985 年增加 4.5 倍,中文发稿增加 1 倍。中央电视台 1990 年播出体育节目比 1985 年增加 2 倍。如果把 1994 年报道量和 1978 年相比,那么增加的幅度就更惊人了。体育专业报刊总发行量约 300 万份,体育图书仅人民体育出版社"七五"期间就出书 1 200 多种,3 500 多万册;北京体育大学出版社"七五"期间出书 377 种,1 522 万册。

(四) 各类媒体体育宣传的面貌一新

1. 通讯社

新华通讯社的体育报道 1978 年时,还放在国内部和对外部。负责国内发稿的只有一个专职体育记者,对外发稿的有两个记者。到 1994 年,新华社已专门成立了一个体育部,有专职体育记者近 30 人。设中文组、英文组、办公室、资料室等部门。新华社报道的特点是全面、充分、丰富、准确。

2. 广播

中央人民广播电台的《体育节目》专题是中央台的一个名牌传统节目。该专题已成为中央台众多节目中最受群众欢迎的节目之一。据 1993 年社会抽样调查,《体育节目》拥有国内固定听众 4.5 亿,经常收听的达 6 亿人左右。《体育节目》每天播出 2 次,每次半小时,内容有《明星访谈》《体坛文摘》《健身咨询》《体育信箱》等 10 余个专栏。广播电台并未因电视的竞争而退出舞台,它以时效快、小巧、适应性广而站稳了脚跟。中央电视台的体育宣传在新闻方面努力做到扩大信息量,增加新闻背景、新闻分析、赛事评点、人物介绍等深度报道,在专题节目方面,探索信息、知识性、服务性、娱乐性的更好结合,将体育宣传推上一个新台阶。中央人民广播电台台播部是对台胞广播的部门,下设体育组。该部针对台湾听众的喜好,对棒垒球、篮球、田径等台湾体育的强项给予重点报道,吸引了大量台湾听众。对大陆体育的飞速发展,及大陆台湾选手在国际赛场创造的好成绩,给予了及时全面的报道,成为沟通海峡两岸人民心灵的一座桥梁。中国国际电台每天用近 40 种语言对境外各国播出,其中体育是重要的播出内容,该台还经常结合一些大赛举办听众知识测验、有奖答卷等趣味活动,吸引了境外大批听众的参与。除中央级的 3

个广播电台外,省市级的电台也都十分重视体育广播宣传。一些重点省市电台都设有体育组、体育专栏节目。它们对本地区的体育活动进行了充分的宣传报道。

3. 电视

电视体育宣传以其直观、形象、快捷的形式而深受人民群众的喜爱,成为宣传体育运动最有效、最有力的手段。中国的电视事业发展很快,现有上亿台电视机和 6 亿以上固定的电视观众,这就为电视体育宣传提供了富饶的土壤。中央电视台现设有体育部,办有《体育新闻》《体育大世界》等节目。改革开放以来,中央电视台为实况转播投入大量人力财力,以满足国内观众的需求。一些大型运动会,如奥运会、亚运会、大学生运动会、友好运动会、国内的全运会、民运会、城运会、农运会等,中央电视台都派出精兵强将赴赛场进行转播。对一些单项体育比赛,如世界锦标赛、世界杯赛、亚洲杯赛中央电视台也积极予以转播。一些重要体育比赛转播,常达到"万人空巷"的程度,极大地推动了该项目的普及。各电视台既竞争又联合,目前有 27 家省级电视台成立了协作组,进行体育信息、画面、转播、节目的交流和联合制作。一些大型赛事,以中央电视台为核心,发挥全国一盘棋的优势,各电视台积极支持,派出设备和人员,协同作战。

4. 报纸

报纸也是体育宣传的重要阵地。全国有 1 700 多家各类报纸,综合类的报纸大多有体育报道,一些专业报纸也常有体育宣传。《人民日报》作为全国第一大报,日益重视体育宣传的作用。每天近四分之一版刊登体育消息,每周一个专版登载体育文章。《人民日报》国内版和海外版都设有体育组,共有专职体育记者近 10 人。遇有大赛,该报常年出专版进行报道,重要消息和喜讯常上头版,甚至头条。作为党中央机关报,《人民日报》的体育报道和宣传注意指导性,常对一些体育活动、体育现象做出自己独到的评论。同时,宣传基调健康、高昂、稳定。近几年,该报也注意了体育宣传的可读性,使之更贴近群众的需要。《光明日报》《中国日报》《解放军报》《工人日报》《中国青年报》等专业的综合性报纸,大多设有体育专栏,逢大赛有体育专页。各级各类的报纸,无论是各级党报,还是行业报,几乎都有体育报道。一些经济发达、体育发达的省市的报纸,如上海的《文汇报》《解放日报》,广东的《南方日报》《广州日报》《深圳特区报》,辽宁的《辽宁日报》,天津的《天津日报》,湖北的《湖北日报》《长江日报》,北京的《北京日报》等,都有体育专版。除日报外,晚报也是体育宣传的一块主要阵地。体育被称为晚报的 4 个支柱之一(另外 3 个是社会新闻、文艺、副刊)。几乎无一例外晚报都有体育部(组),体育专版,有的晚报像《北京晚报》《新民晚报》都有两个版以上的版面报道体育,逢有大赛版面多达 4 版、6 版。晚报因具社会性群众性的特点,因而在人民群众,特别是城市市民中有很大影响。

5. 杂志

期刊杂志是我国最多数量的传媒类群,1994 年统计,全国已达 6 000 多种。体育也常是各类杂志的报道内容。社会性杂志往往抓住一些体育热点,进行深入性报道。它们特别强调体育宣传内容的可读性。体育明星、体育事件内情是他们追索的主要内容。各种健身健体知识、疗法也常刊登在各类杂志上。由于杂志期刊在时效上无法与其他种类媒体竞争,因此它们在知识性、可读性、观赏性和深层次报道上下功夫,仍然争取了一部分读者。青年类、妇女类、卫生健身类、职工类杂志,不乏一些体育宣传的好文章、好版面。

6. 体育专业报刊

体育专业报刊是体育宣传的一个极重要的阵地,因其专业性而使之具有权威性、深入性、全面性等特点。

国家体委办有50余种体育专业报刊。《中国体育报》是机关报,它是我国第一体育大报,发行份数30万左右,该报为日报,最初为周二报、周三报、周四报,反映了体育发展的历程。中国体育报现有总编室、球类部、运动部、社会体育部、通联部等十余个部门,有自己的印刷厂,还办了经营实体。除正报外,该报还办有《棋牌周报》、《健与美》杂志、《五环》杂志、《体育画报》等报刊。

《新体育》杂志是国家体委的机关刊物,该杂志社已成为拥有五刊一报的报业集团:《搏》《健康之友》《围棋天地》《中国排球》《体育文摘周报》。《新体育》杂志既继承了昔日的庄重的传统,又注入了新时期的活力,保持住了全国第一大体育期刊的地位。

《中国体育》(英文版)杂志是我国唯一的一份对外体育宣传刊物。该杂志最高发行量曾达每期6万多份,发行到100多个国家和地区,是我国除《人民画报》外第二大对外宣传品。

除这3种主要报刊外,国家体委还有一些协会办的体育专业刊物,如《篮球》《足球世界》《田径》《游泳》《乒乓世界》《群众体育》《学校体育》等,这些刊物满足了专业读者的需要。

各地体委和一些新闻单位也办有体育专业报刊,报纸方面,如湖南的《体育周报》、广州市体委办的《现代体育报》。期刊方面,如黑龙江的《当代体育》、北京的《体育博览》、山西的《搏击》、广东的《体育之春》等也都深受体育爱好者的好评。

7. 体育图书

1954年,新中国成立了第一家体育图书专业出版社——人民体育出版社,改革开放以来,又陆续成立了蜀蓉棋艺社、北京体育大学出版社、奥林匹克出版社等体育专业出版社。人民体育出版社是国家级出版社,体育方面的一些重要书籍,如教材、知识读物、竞赛规则,都由该出版社出版。除图书外,该社还办有《体育大市场报》《体育科学》《中国钓鱼》《健康顾问》等十几种期刊,取得了良好的社会与经济效益。北京体育大学出版社是体育出版界的后起之秀,它的编辑人员不多,但勤奋刻苦工作,发书人均量很大,建立了竞争向上的激励机制,许多书多次再版。奥林匹克出版社是适应亚运会和申办奥运的形势而成立的,重点出版一些奥林匹克专题的书籍。一些书籍受到国际奥林匹克委员会和国际体育组织的赏识。除这4家专业出版社外,全国许多行业出版社和综合出版社也大量出版体育图书。棋牌类、健身类、体育娱乐类等图书,是各社竞相出版的热点。

8. 体育宣传社团

中国体育记者协会是中国体育记者和编辑的行业群众团体,于1979年成立,它由国家体委主管,受全国记协的指导,1993年已在民政部通过社团登记。是我国第一家专业记协。截至1999年,中国体育记协已发展省市级团体会员25家,首都和中央新闻学会、晚报学会、广播协作会、日报协作会、体育报告文学研究会、省市体育报刊学会、体育摄影协会等7家二级学会,它们各自根据本专业特点开展活动。协会日常办事机构是秘书处,还有公关部、理论研究部、国际部等部门。协会不设专职人员,都是体育新闻宣传工作者兼职进行工作。为活跃体育记者文体活动,协会在首都还成立了排球、篮球、足球、网球、乒乓球、桥牌、中国象棋、台球、保龄球等十几个业余运动队,为记者提供了健身和实践的机会。协会还办了先时公关广告公司,为协会活动筹集资金,协会与新闻单位还合办了报纸、丛书,出版了一些体育宣传品。协会成立以来,搞了许多有益的社会活动和体育活动,如提高体育记者业务水平为目的的体育好新闻评选,优秀体育摄影作品评选,专题研讨会、报告会和以推动体育事业发展为宗旨的评选亚洲十佳运动员,评选优秀体育家庭,以及游泳、田径等项目年度最佳运动员,以加强记者联系和各种联谊活动,联欢活动,以帮助记者深入基层的各种专题采访活动,如职工体育采访、农村体育采访、侨乡体育采访、部队体育采访、民族体育采访等,深受记者欢迎。经过多年的努力,中国体育记协已成为颇具社会影响力和知名度的一支专业记协,其工作受到中宣部、全国记协和国家体委领导的好评[①]。

第二节 实验设备支持系统

"文化大革命"期间,一些实验设备遭到破坏,改革开放以后,保留下来的一部分设备已处于老化和落后,因此"十五"期间,国家为了提高基础研究和应用性研究的实力和水平,尤其是提高技术基础性研究的国际竞争力,有计划地在全国实力较强、基础较好的高等学校和科研机构建设一批开放式国家重点实验室。

国家体委对建立重点实验室十分重视,于1990年制定了《1991—2000年体育科学技术发展规划》(以下简称《规划》),《规划》计划实施"133"科技工程,即在"八

---

① 国家体委文史工作委员会.全国体总文史资料编审委员会中国体育改革十五年(体育史料第18辑).北京:人民体育出版社,1998:210.

五"期间建成 10 个左右研究中心和重点实验室,国家体委重点培养 30 名中青年学术带头人,争取在全国范围内形成 300 名左右优秀中青年科技骨干。1990 年起国家体委开始抓重点实验室建设,几年来,共建成国家级重点实验室 1 个,体委系统重点实验室 3 个,省级实验室多个。据统计,截至 1998 年底,全国省级以上体育科研机构固定资产总额达 16 900 万元,比 1993 年增加了 70%;其中总局 5 个直属所固定资产总额达 7 385 万元,比 1993 年增加了 1.2 倍(省属所增加幅度为 43%)。总局运动医学研究所 1996 年被国家科委批准为"国家兴奋剂及运动营养测试研究中心",这是体育系统第一个国家级重点研究中心;总局科研所继建成全国成年人体质监测中心之后,正在积极筹新中国成立民体质监测中心;总局信息所的体育社会科学研究中心的建设也在积极推进。继 1989 年江苏体科所建成运动生物力学重点实验室之后,山东体科研究所模拟训练实验室、广东体科所运动测试中心、湖南体科所运动机能评定与恢复重点实验室、湖北体科所全民健身重点实验室、河北体科所神经肌肉功能与力量训练重点实验室、黑龙江体科所冬季项目重点实验室、山西体科所运动能力重点实验室等也相继建成或正在建设中。

一、国家级重点实验室——兴奋剂及运动营养研究测试中心

1987 年在国家体委领导和有关部门的支持、帮助下,通过近 3 年时间的准备,调入了所需要的各方面专业人员和管理人员,完成了仪器的购置、验收调试、检测方法的研究等准备工作,1989 年通过了国际奥委会 3 次预考,并于年底通过了正式资格考试,使得我国拥有了国际奥委会承认的实验室,是国际奥委会承认的 A 级检测实验室,这在当时是全世界第 20 个,亚洲第 3 个此类实验室,标志着我国有能力承担包括奥运会在内的各类体育比赛的兴奋剂检测。根据国家科委的要求,国家级重点实验室必须通过国家技术监督局的计量认证,因此实验室在各项管理规章、制度及实验条件及全体科技人员的培训上进行了规范性管理,后经过国家技术监督局和国家科委组织的专家组的严格考核,评议和检查,在 1999 年 9 月获得国家技术监督局计量认证合格证书,正式成为体育系统的国家级重点实验室。

二、国家体育总局体育科学研究所中心实验室

1990 年起国家体委开始抓重点实验室建设,国家体育总局体育科学研究所的科研力量较雄厚,仪器设备较齐全,应发挥以面向国家优秀运动队为主的综合性全国体育科学研究中心的作用,这也正是该体科所的"九五"规划,拟将加强生理生化实验室、运动医学实验和中心实验室的基础建设。建于 1958 年的国家体委科学研

究中心实验室,设有心肺功能和肌肉力量测定室,配有检测呼吸、循环系统功能,有关生化指标及肋力测定等方面的先进设备。"九五"期间,中心实验室购置的大型科研仪器、设备共75万元,包括便携式心肺功能仪、肌电仪、快速图像分析仪等大型精密仪器;运动医学实验室购置大型科研仪器、设备共120万元,包括彩色B超仪24导脑电图仪;生理生化实验室购置大型科研仪器设备共71万元,包括荧光分光度计、计数器、毛细血管电泳仪、血球计数器;这些仪器设备在科技人员进行基础性和应用性研究中,以及围绕奥运会、亚运会进行卓有成效的科研攻关与科技服务中发挥了巨大作用,产生了良好的社会效益,并为今后在国家体育总局科研所建立重点实验室奠定了必要的基础。

三、江苏省重点实验室——运动生物力学实验室

20世纪70年代后期,随着我国竞技体育新的发展需要,江苏省体育科研所应运而生。建所伊始,即筹建运动生物力学实验室。20世纪80年代初,成立了实验与研究为一体的运动生物力学研究室。当时人员仅有5名,仪器也只有两台普通摄像机和一台手提摄影机,开始了运动生物力学的方法学研究和结合运动实践的应用研究。

运动生物力学实验室实行省科委、省体委双重领导,以省科委领导为主,省体科所实施对实验室的具体管理。实验室实行主任负责制,任期3年。运动生物力学实验室是开放性实验室,承担国内外高等院校、科研单位和优秀运动队的科研。实验室同南京理工大学、东南大学、苏州大学分别联合招收运动生物力学硕士研究生。运动生物力学实验室的建成与运行,为课题研究和攻关服务创造了良好条件,成果是显著的。

实验室加强学术交流,鼓励和支持科研人员积极参加国内相关专业的学术会议和学术活动,同时也尽可能为科研人员参加国际学术活动创造条件。1988年、1990年和1991年,先后派科研人员前往加拿大、德国、澳大利亚等国考察、学习进修。

1987年是运动生物力学实验室重大发展的一年。省政府拨专款100万元,从美国引进高速同步摄影机、Ariel影片——录像分析系统、三维测力台和Ariel上下肢力量训练器等先进设备。1991~1993年,江苏省科委、省财政厅、省体委总投资额411万元,在原省体科所运动生物力学研究室的基础上,建成了"江苏省重点实验室——运动生物力学实验室"。这在当时的全国是首例,省政府和国家体委领导十分重视实验室建设,多次亲临现场视察、指导工作。实验室建有功能完善、设备先进的运动生物力学测试大厅,并具有全国先进水平的影像解析系统、肌力测量评定系统和计算机网络系统,从而大大加强了运动生物力学的综合测试能力,为全面开展应用研究和相关的应用基础理论研究创造了良好条件。在江苏省优秀运动队

迎七、八届全运会的科技攻关服务中做出积极贡献。

实验室先后承担部省级科研项目40多项,发表学术论文100多篇,7项获部省级科技进步奖,其中二等奖1项、三等奖2项。

第三节　教育支持系统

教育的发展是向科技输送人才,普及科学技术知识,提高劳动者素质,使科技成果转化为现实生产力的重要保证,"七五"期间,国家决定普及九年制义务教育,从而使我国的基础教育达到了稳步的发展,自1977年恢复体育高考制度后,我国的体育高等教育获得了肯定的进步,函授和自学考试等多种形式的成人高等教育也迅速发展起来。

一、院、系的整顿和调整

"文化大革命"结束后,从1977年开始,全国各体育院、系招生工作开始恢复正常。1978年7月,国家体委下发了《关于认真办好体育学院的意见》,对人才培养规格、专业设置、学制以及教学、教材、科研等做了比较明确的规定和要求,提出了要根据国家体委体育事业发展规划制订体院发展规划,努力实现以下奋斗目标:3年内,整顿提高,逐步恢复一些体育学院。办好重点体育学院,为赶超世界先进水平打好基础。在21世纪前,争取实现每省市都有一个体育学院。

1979年3月国家体委下发了《关于大力提高教学质量,充分发挥体育学院在发展我国体育事业中的作用的通知》。除强调继续贯彻执行国家体委1978年下发的《关于认真办好体育学院的意见》外,对体育学院的任务做了更具体的要求:努力提高教育质量、培训高水平的体育教师;加强训练工作,为攀登世界运动技术高峰做贡献;大力加强研究生的培训工作和科研工作;加强体院师资队伍建设、提高教学质量;学习和引进国外先进技术和经验,迅速提高我国体育教学、训练和科学研究水平;培养教练员、运动员和体育干部,提高他们的科学文化水平;充实、更新教学、科研设备,增加基建投资;加强对体育学院的领导。此后,国家体委于1980年下发了《体育院系教学计划和体育学生的学籍管理》,涉及学制、课程设置、教学内容、课时分配以及学生入学、成绩考核、奖励、处分、毕业等方面作了明确、详尽的规定,并下发了《学生守则》,规范了体育院校的管理、教学、科研、后勤服务等方面的工作。

1981年1月2日,国家体委同时下发了《体育学院的任务、系科设置、专业设置和修业年限的意见》《北京等六所体育学院的任务、规范、专业设置、系科设置、修业年限和培养目标的通知》。对全国体育院、系,意在人才培养规格和专业设置,根据学校的各种条件,分出层次。这样更有利于各体育院、系、科明确任务,突出特色,形成优势,培养出适应体育事业发展的多层次、多规格的优秀人才①。

20世纪80年代期间,体育学院数由1978年的8个增加到1989年的14个,本科招生数由1978年的2 432人增至1989年的2 489人,毕业生数由1978年的1 188人增至1989年的2 501人。

二、体制改革

自1985年5月27日,国务院颁发《中共中央关于教育体制改革的决定》,1986年12月25日,国务院颁发《普通高等学校设置暂行条例》的通知以后,国家教委、国家体委对现行高等体育教育也进行了一系列的改革。

(一) 关于规划与计划

国家体委于1991年4月18日下发了《关于下发直属体育学院"八五"事业发展计划的通知》(下简称《"八五"通知》),《"八五"通知》总结了"七五"计划执行情况,提出了"八五"事业发展的指导思想,目标与任务及将采取的主要措施。"七五"期间,直属体育学院对原有的26个重点学科点进行了评估与整顿,加强了教学研究活动,举办了两届全国体育学院教学研究论文报告会。出现了一批水平较高的科研成果,1985~1989年间共有39项成果获国家体委科技进步奖,1990年共有111篇论文入选亚科会,占全国内录取论文总数的26%。截至1990年6月,直属体育学院全日制在校学生总数达9 175人(其中含竞技体校学生1 040人);函授夜大在籍学生3 430人。本专科毕业总数9 648人;专任教师2 210人;教职工总数4 926人。

1989年直属体育学院工作会议于2月25日至3月3日在北京召开,会议讨论通过了《关于进一步办好竞技体校的几点意见》和《关于加强重点学科建设的意见》,会后印发了《一九八九年直属体院工作会议纪要》。

1991年2月,直属体育学院工作会议上,伍绍祖主任和张彩珍副主任分别作了重要讲话,分别就"抓住机遇,迎接挑战,努力把体院建设成为教学、科研、训练三结合基地"问题及教育与竞技体育相结合是否符合我国体育体制现状问题进行了阐述,为直属体育学院的发展指出了方向,那就是:"坚持以教学为主体,以科研为先导,在训练上有所突破和创新",伍绍祖指出:"直属体院有着较齐全的学科门类,智力密集,在实验室仪器、设备等方面有一定基础,并有实验对象,有利于全面开展科研工作,进行结合研究,同时有一些重点学科和优势项目,应当充分发挥体院在'科技兴体'战略中的生力军作用"。这次会议明确了教学、科研、训练三者的关系,

---

① 伍绍祖.中华人民共和国体育史.北京:中国书籍出版社,1999:285.

为直属体育学院教育体制改革指明了方向,为 90 年代"三结合"基地的建设,三结合良性循环运行机制的建立打下了坚实的思想基础,同时也揭开了体育教育体制改革的新篇章。

1992 年 4 月 24 日至 28 日,国家体委召开了直属体育学院科技工作会议,会议着重讨论了三个问题:即如何进一步解放思想,加快本单位科技改革的步伐;讨论、修改《关于加强直属体育学院科学技术工作的几点意见》;商讨如何发挥体院系统的整体效益,加强成果推广的协作工作。这次会议是体育学院科技工作的转折点,指出了体育学院科技工作的出路是改革,即转变观念,加强领导,加强协作,包括对高、精、尖科技项目的研究以及人才、技术、成果推广应用的协作。

(二) 关于专业结构

1988 年 11 月 14 日,国家教委印发了《全国普通高等学校体育本科专业目录》等文件的通知,该通知印发了最后审定的《全国普通高等学校体育本科专业目录》《全国普通高等学校本专科专业简介》《全国普通高等学校体育本科专业目录修订情况说明》《全国普通高等学校体育本科专业目录实施办法》等,重新全面修订了体育本科专业目录,将全国普通高等学校体育本科的 29 种专业调整为 6 类 9 种专业,其中正式设置 5 种、试办 4 种;进一步完善了高等体育教育结构,促进了体育教育的改革和学科的发展,使我国普通高等学校体育本科专业的设置和体育专门人才的培养,能主动适应社会主义现代化建设和体育事业发展的需要,从而提高中华民族的素质,逐步建立具有中国特色的社会主义高等体育教育体系。1993 年国家教委颁布的《普通高等学校本科专业目录》,将原有 6 类 9 种专业确定为 3 大类 9 种专业。他们分别是:教育学科体育学类的体育教育专业、运动训练专业、体育管理专业、体育生物科学专业、体育保健康复专业、武术专业与应用心理学类的运动心理专业;文学学科新闻学类的体育新闻专业;医学学科中医学的中医骨伤科学专业(表 4-5)。

表 4-5　1988~1998 年体育院、校、系本科专业目录变动情况

类别	1988 年	1993 年	1998 年
教育学科体育学类	体育教育专业 运动训练专业 体育管理专业 体育生物科学专业 体育保健康复专业 武术专业 警察体育专业 运动心理学专业 中医骨伤科学专业	体育教育专业 运动训练专业 体育管理专业 体育生物科学专业 体育保健康复专业* 民族传统体育专业 警察体育专业	体育教育专业 运动训练专业 社会体育专业 运动人体科学专业 民族传统体育专业
心理学科应用心理学类	—	运动心理学专业	运动心理学专业

(续表)

类别	1988 年	1993 年	1998 年
文学学科新闻学类	—	体育新闻专业*	体育新闻专业*
医学学科中医学类	—	中医骨伤科学专业	中医骨伤科学专业
管理学科公共管理学类	—	体育管理专业	公共管理事业管理

资料来源：伍绍祖.中华人民共和国体育史.北京：中国书籍出版社，1999：408。
＊为试办专业。

（三）关于学科建设

国家体委根据国家教委 1987 年颁发的《关于评选高等学校重点学科的暂行规定》内容，在体育院校确立了 26 个重点学科点，为了更好地促进重点学科建设工作，1988 年 4 月 5 日，国家体委又下发了《国家体委重点学科评估方案》及《评估指标细则》，进一步推动了国家体委各重点学科的建设。并于当年 5 月对国家体委直属院校重点学科进行评估与检查，通过复查，确认了 4 个优秀学科点，取消几个重点学科点。1991 年国家体委下发《直属体育学院〈八五〉事业发展计划》中要求，直属体院应在学科等建设方面形成特色，《八五》期间建设 2~3 个具有国际先进水平的优秀重点学科，并有计划地发展和引进新兴学科。截至 1994 年 6 月，体育院校共有部委级重点学科 28 个，其中北京体育大学 12 个，分别为：运动训练学、运动生物力学、运动解剖学、运动生理学、体育保健康复学、运动生物化学、田径、排球、足球、体操、游泳、乒乓球；上海体育学院 5 个，分别是：学校体育学、运动生物力学（含解剖学）、武术、排球、体操；武汉体育学院 3 个，分别是：运动心理学、田径、篮球；西安体育学院 1 个，为田径；成都体育学院 4 个，分别是：运动生理学、武术、体育史、中医骨伤科学；沈阳体育学院 3 个，分别为：学校体育学、体育社会学、足球。

（四）关于招生工作

1989 年 2 月 24 日，国家体委、国家教委联合颁发《普通高等学校体育专业招生工作暂行规定》，该规定是体育专业招生工作的法规性文件，分别对"报名、招生办法、考试、录取、推荐生、对《普通高等学校招生体检标准》的补充规定及其他方面"进行了详细的规定。同年 3 月 9 日国家体委又颁发了《关于体育院系运动训练、武术专业（含推荐生）及运动员专修科统一命题的实施办法》，进一步完善了招生制度。

（五）关于教材建设

1991 年 12 月 17 日至 22 日，国家体委召开了 1991 年全国体育学院教材委员会扩大会议，会议在总结"七五"期间全国体育学院教材工作成绩和经验的基础上，进一步明确了"八五"期间体育学院教材建设的指导思想和任务，会议通过了有关"八五"期间体育学院教材建设的七个文件：《全国体育学院"八五"期间教材建设规划要点《全国体育学院教材委员会工作规定》《体育学院各专业规划教材推荐、评选与出版办法》《关于编写体育学院各专业主要课程教材的基本要点的几点意见》《关于鼓励教师编写高质量教材有关问题的暂行规定》《体育学院优秀教材奖励试行办法》《体育学院各专业规划教材出版要求》，这是一次总结经验，规划未来，明确目标，调整力量，有计划有步骤地进行教材建设的工作会议，对此后的全国体育学院的教材建设工作起到很重要的指导作用，标志着全国体育学院教材建设工作开始步入规范化的轨道。

三、多种层次的体育教育

为了满足社会对各个层次体育人才的需要，体育教育在办学层次上，已形成了以本科生教育为主，同时培养研究生、专科生和中专生的多层次纵向教育结构。另外，还承担了成人教育和培养留学生的任务。

（一）高层次人才教育——研究生教育的大发展

粉碎"四人帮"后，体育专业高层次专门人才奇缺，恢复招收和培养体育专业研究生成为迫切的任务。1978年恢复研究生招生制度后，北京体育大学、上海体育学院、国家体委科研所等高等学校和科研机构恢复招收研究生，1981年《中华人民共和国学位条例》颁布，开始招收学位研究生，1986年北京体育大学运动生理学专业成为体育界第一个可以授予博士学位的专业。至1997年，经过7次授予硕士、博士学位的学科（专业）审核，全国已有41个体育专业硕士培养单位和4个体育专业博士培养单位，83个硕士点和8个博士点，为培养我国体育专业高层次人才提供了有力保障。20年来，我国体育专业研究生培养规模不断扩大，1997年达到招生270人，在学研究生676人的培养规模。

体育专业二级学科原有体育理论、运动生物力学、运动解剖学、运动生理学、运动生物化学、体育保健学、运动训练学、体育教育理论与方法、武术理论与方法、体育史、体育管理学11个二级学科招收研究生，另有运动心理学、运动医学2个二级学科分别在心理学及医学门类招收研究生，主要为高等学校和科研机构培养师资及科学研究人才。20世纪80年代后开始注意培养体育管理、体育教育人才，但当时的学科（专业）设置实质上仍是师资结构的一种反映，培养出来的研究生知识面窄，适应能力差。因此，1997年的学科专业调整，将体育专业二级学科由11种压缩为4种（运动医学、运动心理学仍旧在医学、心理学学科门类下），大大拓宽了专业口径，有利于复合型体育高层次专门人才的成长。调整后的体育专业研究生教育的学科专业分布见表4-6。修订后的我国体育专业研究生教育各二级学科的分布状况如表4-7和表4-8。从表4-8可以看出，我国体育专业研究生培养单位多分布在华东、华北、中南经济较发达地区，而东北、西北、西南经济欠发达地区较少。

在表4-8中还可以看出71个体育学硕士点中,体育教育训练学、运动人体科学、体育人文社会学所占比例较多,分别为28、22、17,而民族传统体育学只有4个,这说明我国体育专业研究生教育的专业结构不平衡。

表4-6 体育专业研究生教育学科专业分布状况

一级学科	二级学科
体育学	体育教育训练学
	运动人体科学
	体育人文社会学
	民族传统体育专业
军队指挥学	军事体育学
临床医学	运动医学
心理学	运动心理学
教育学	课程与教学论
中西医结合	中西医结合临床骨伤

资料来源:国家教育委员会1997年颁布的《授予博士、硕士学位和培训研究生的学科专业目录》。

表4-7 我国体育专业博士学位授予院校及学科

单位	学科
北京体育大学	体育教育训练学、运动人体科学
上海体育学院	体育人文社会学、运动人体科学、民族传统体育学
华东师范大学	运动人体科学

资料来源:国家教育委员会1997年颁布的《授予博士、硕士学位和培养研究生的学科专业目录》。

表4-8 我国体育专业硕士研究生教育结构状况

学科	华北	东北	华东	中南	西南	西北	合计
体育教育训练学	6	2	8	7	3	2	28
运动人体科学	7	1	6	5	1	2	22
体育人文社会学	6	2	4	3	1	1	17
民族传统体育学	1	0	1	1	1	0	4
课程与教学论	1	0	1	1	3	0	6
运动医学	0	0	0	1	1	0	2
运动心理学	0	0	0	1	0	0	1
军事体育学	0	0	0	3	0	0	1
中西医结合临床骨伤	0	0	0	0	1	0	1
合计	21	5	20	22	11	5	82

资料来源:1999年全国各地区研究生招生单位与学科、专业目录。

研究生教育的大发展,为我国培养了一大批高素质的体育科教人员,大大增强了我国体育科研队伍的总体实力,他们都积极参与了各类体育科研项目的研究工作,并在其中起着骨干带头作用,其博士、硕士论文绝大部分入选当年的全国体育科学大会,第五届全国体育科学大会入选论文中,博士、硕士学位论文占 17%,学成毕业的博士们大多被聘为高级专业技术职务,其中有少部分直接被聘为教授或研究员,有的成为博士生、硕士生导师或学术带头人,系(所)领导人。

(二) 发展成人教育,多种形式办学

为适应体育专业发展的需要,体育院校的办学形式由单一的普通高等教育拓展为普通高等教育与成人教育(继续)并存的形式,同时,根据社会需要,大力发展成人教育,多种形式办学,取得了较大的收益。

成人教育的主要形式有:①函授:包括函授三年制运动训练专科,函授三年制体育教育本科,函授三年制体育管理专科,学士学位的函授大专(后本科),函授助教进修班;②优秀运动员、教练员本专科;③体委干部专修班;④青年助教进修班;⑤插班进修;⑥单科进修;⑦教研室代培;⑧夜大生等。另外,还举办短期的教练员岗位培训班、援外人员培训班、体委主任培训班等。

成人教育为培养人才开辟了更广阔的道路,曾在世界体坛叱咤风云的李富荣、梁丽珍、郑凤荣、曹慧英、杨希、周晓兰、许海峰、李孔政、楼云、高敏、徐根宝等都在体育院校成人教育学习过,还使一大批在职体育教师、教练员、体育管理干部得到深造。成人教育为培养各类体育专业人才做出了应有的贡献。

第四节　体育科技激励体系的完善

一、设立体育科技进步奖

受"文化大革命"影响,我国科技奖励工作中断了 10 年,粉碎"四人帮"后,我国在恢复正常的科研工作秩序的同时,也恢复了科技奖励制度,1978 年的全国科学大会上三项体育科技成果受到奖励。1982 年第五届全国人民代表大会第五次会议通过的新宪法第二十条规定"国家发展自然科学和社会科学事业,普及科学和技术知识,奖励科学研究成果和技术发明创造。"1985 年经国务院批准设立了国家科学技术奖励工作办公室,这就使国家科技奖励工作得到了法律上、制度上的保障,紧接着出台了 5 大科技奖为主体的科技奖励体系,它们是:国家发明奖、国家自然科学奖、国家科技进步奖、国家星火奖、合理化建议与技术改进奖,在《国家科技进步奖》出台后不久,国家体委于 1985 年 7 月 28 日公布了《体育科技进步奖条例》(以下简称《条例》),此《条例》为体育科技奖励工作提供了法律、制度上的保障。此条例共十四条,分别就条例的依据,条例奖励的范围,申请体育科技进步奖应具备的条件,获奖等级,申报审批程序等进行了严格的规定。《条例》第三条规定,具备

以下条件之一的,可申请体育科学进步奖:

"(一)新的体育科学技术成果(包括新技术、新产品、新理论)属于:

(1)国内首创的或国内先进水平的;

(2)经过实践证明具有显著社会效益或经济效益的。

(二)在对已有的科学技术成果推广、应用中,做出创造性贡献,并取得社会效益或经济效益的。

(三)在体育科研攻关中,为促进体育事业的发展,特别是促进运动技术水平的提高,做出显著成绩的。

(四)在体育科技管理工作中,做出贡献并取得显著效果的。

(五)在体育科技情报工作中,做出贡献并取得显著效果的。"

《条例》第七条规定:国家体委体育科学技术进步奖的申报审批程序是:

"(一)一个单位完成的体育科学技术进步项目,按照隶属关系逐级上报,由省、自治区、直辖市体委归口组织同行专家进行初审,合格的,报国家体委体育科学技术进步奖评审委员会。两个或两个以上单位共同完成的项目,由主持单位组织联合上报。其审批程序同前款。

(二)国家体委各司、局和直属科研所、体院的体育科学技术进步项目,由各单位负责组织同行专家进行初审,合格的,报国家体委体育科学技术进步奖评审委员会。

(三)国家体委体育科学技术进步奖评审委员会下设若干专业评审小组,负责复审;最后由评审委员会审定奖励项目和奖励等级。"

为配合《条例》的施行,国家体委于1985年7月28日又同时颁发了《国家体委体育科学技术进步奖的奖励范围和评审标准实施细则(试行)》,此细则分别对新的体育科学技术成果,已有的科学技术成果的推广、应用,体育科研攻关的成果,体育科学技术管理和体育科学技术情报等五大类成果的奖励范围、评审标准等方面进行了详细规定,国家体委体育科技进步奖的设立,有力地调动了体育科研工作者的积极性,激发了他们的工作热情,截至1999年来共获得新的体育科技成果几百项,评出特、一、二、三、四等奖共545项。科技进步奖的设立,也是对于体育知识和知识分子的作用和地位的一种肯定,对于完善体育科技奖励体系起到了巨大的作用。

二、体育科技奖励体系的完善

国家体委体育科技进步奖设立后,随着改革的深入,体育科技奖励体系也逐步完善起来。1987年2月11日,国家体委颁发了《国家体委体育科学技术保密规定》,该规定共十三条,其中第二条规定了保密的基本内容为:"1.发明创造及其阶段性的成果。2.我国体育界特有的、具有重大社会效益和经济效益或处于世界领先地位的技术及配方。3.国外没有或国外虽有但系保密的重要科学技术成果。

4.重大科学研究项目的规划、计划、设计等。"

该规定的实施,对发明创造项目国家体委管理的科研课题和科技成果等进行了保密管理,对其知识产权予以法律上的保护。1987年2月25日,国家体委又颁发了《国家体委体育科学技术研究课题管理条例(暂行)》,共七章二十三条,分别就体育科技研究课题管理的范围与原则、申报与审批、执行与检查等方面进行了规定,目的是为加强国家体委体育科学技术研究课题(以下简称委管课题)的管理,使课题管理科学化,从而推动体育科学技术研究的深入发展。1987年2月25日,国家体委还同时颁发了《国家体委体育科学技术研究成果管理条例(暂行)》,共六章二十四条,分别就本条例管理的范围,如何鉴定(评议),如何登记上报,如何推广应用,如何奖励等方面进行了规定,目的是加强体育科学技术研究成果(以下简称体育科技成果)的管理,推动体育科学技术的进步。1989年6月12日,国家体委主任伍绍祖签发第一号中华人民共和国体育运动委员会令,公布《关于国家体委各直属企业事业单位,单项体育协会通过体育广告、社会赞助所得的资金、物品管理暂行规定》。6月28日国家体委又公布了《体育器材设备审定办法》,对体育器材,设备进行了严格的规定。接着又于1989年7月10日,国家体委公布了《国家体委体育科学技术成果鉴定办法》。于1991年10月17日,国家体委下发了《"八五"期间国家体委软科学研究项目指南》。

对于那些对体育科技事业做出贡献的人,国家体育总局还设有"体育科技荣誉奖",并于1999年11月宣布了《关于颁授"体育科技荣誉奖"和表彰体育科技先进工作者的决定》。

以国家体委体育科技进步奖为主体,以上述其他规定为约束,形成了一个上述有中国特色的体育科技奖励体系。国家体委体育科技进步奖在设立的当初,目的是推动体育科学技术的进步,调动广大体育科技人员的积极性,在这十几年的历程中也的确发挥它的重要作用。根据1999年5月国务院颁布的《国家科学技术奖励条例》,对我国现行的科技奖励制度进行了重大改革,国务院各部委除涉及国防和国家安全的部门外,今后不再设立科技进步奖,而是参加各省市或推荐参加国家级科技进步奖的评审。因而继1999年之后,将不再评选。

第五章 体育学科的大发展

第一节 引 言

70多年来,新中国的体育科学学科,作为体育科技事业的一个重要组成部分,其发展历程也是在新中国体育科技事业发展的大背景下,经历了以下主要阶段:起步、探索阶段(1949~1965年)、停滞阶段(1966~1976年)、恢复与逐步发展阶段(1977~1999年)、快速发展阶段(2000年至今)。

一、起步与初创阶段

体育科学是人类认识体育这一社会现象的产物,它随着体育实践的发展和人类认识能力的提高而逐步发展起来的。体育科学的发生发展并非等同于体育的发生发展,体育是实践的历史发展过程,而体育科学是认识的历史发展过程。因此,由于体育实践上以及对体育认识上的局限,体育科学在旧中国基本上是空白。新中国成立以后,随着体育实践和对体育认识的不断深化,我国的体育科学从无到有,逐步发展起来。

1956年,北京体育学院培养出我国第一批体育专业研究生,当时的学科建制有体育理论、运动生理学、运动解剖、体育卫生等;1958年,陈毅副总理在全国体育工作会议上指出"体育是一门科学,体育学家应是科学家,体育活动应根据生理学和医学的原理进行。按体育的操作规程、科学技术进行活动,才能出冠军,打破旧的纪录,创造新的纪录,再打破新的纪录,创造更新的纪录。"同年2月28日,国家体委邀请北京市有关的科学家和体育家、教育部和卫生部的代表、各体育学院的负责人等,座谈我国体育科学研究工作的第一个十年规划,把体育科学研究工作提上了工作日程。1958年,国家体委体育科学研究所成立,以后又相继成立了一些省、市、体院的体育科研机构,其中,以学科为建制的研究室有群众体育、运动训练、运动生理、运动医学、情报资料等五个研究室。总之,50年代后期,体育科学在我国尚处于初创阶段，与世界先进水平差距很大。

1960年3月，国家体委召开了第一届全国体育科学工作会议，开始组织全国力量开展体育理论、体育史、群众体育、少年和优秀运动员训练、运动生理、运动生物化、生物力学、运动解剖学、运动医学、运动心理学、科研仪器、场地器材，情报资料等方面的研究工作。这次会议对我国体育科学研究工作的发展起到了积极的推动作用。

1964年11月，新中国在北京召开了第一届全国体育科学论文报告会，汇报、总结了新中国成立以来的科研成果。大会共收到82个单位的321篇论文，23个省、自治区、直辖市和解放军系统的体育科研人员、教练员、大中学校体育教师以及运动生理、医学工作者120名正式代表、300余名列席代表参加了会议，会上报告和讨论了有关运动训练、体育教育、运动生理学、运动解剖学、运动医学等方面的科学论文109篇。在当时，我国有个别研究课题已接近了国际水平。此次体育科学大会的召开，不仅检阅和交流了新中国成立以来我国体育科学研究的成就，而且还调动了科研人员的积极性，进一步推动了体育科研工作的发展，带动了体育科学各学科的建设。

二、停滞阶段

"文化大革命"开始后，我国基础薄弱且处于起步阶段的体育科学学科建设与世界先进水平的距离被越拉越大了。

三、恢复与发展阶段

粉碎"四人帮"以后，党和政府拨乱反正，落实了知识分子政策，我国体育科技界先后组织科技人员出国考察、学习，邀请外国专家来华讲学，加强了学术交流，使广大体育科技工作者开阔了视野，看到了我国体育科学学科建设与国际间的差距。

70年代末至80年代初，体育科学在整个科学体系中的归属问题曾一度成为体育科技界讨论的热点。其主要原因是：80年代之前，体育科学学科不成体系。长期以来不受人们注重而且十分薄弱的体育科学逐渐受到重视，正成长为一个科学体系。

1978年，在全国科学大会之后，体育科研有了新的发展，机构和人员有了增加，学科建设得到了加强。1979年5月，第二届全国体育科学技术工作会议召开，会议集中讨论了建立、健全体育科研机构，进一步开展体育科研工作的问题，初步总结了体育科研工作正反两方面的经验，研究了国际上体育科研的新动向。此次会议提出了"加强体育基础理论，如运动生理学、人体解剖学、生物化学、人体运动力学、运动心理学等学科的研究"和"要重视体育理论、体育史以及其他有关体育社会科学的研究"等与学科建设相关的任务;会议的重要议题还包括筹建全国体育科学学会和举办全国体育科学论文报告会,这极大地鼓舞了体育科技人员的积极性,促使他们阔步前进,努力加强学科建设,为赶超世界先进水平而勤奋工作。

1980年12月15日,我国最大的体育学术性群众团体——中国体育科学学会成立。根据当时的学科发展和体育事业的需要,设立了运动训练学、运动生物力学、运动心理学、体育信息、体育仪器器材、体育建筑、体育理论、体育史、体育统计等专业的分会,为促进我国体育科学各学科的发展起到了巨大推动作用。

1981年10月,中国体育科学学会学报《体育科学》在北京创刊。它是我国体育科学的综合性刊物,主要刊登体育理论(包括体育史、学校体育)、体质研究、运动训练、运动医学(包括运动解剖、运动生理、运动生化、医疗监督、运动创伤、医疗体育等)、运动生物力学、运动心理学、体育仪器器材等学科的论文。在20年来的发展过程中,《体育科学》杂志这一我国重要的体育科学学术刊物,为我国体育科学各学科的建设与发展,做出了巨大贡献。

为进一步指导20世纪80年代以后的十年体育科技发展,加强体育科学的建设,《1981—1990年体育科技发展计划纲要(草案)》中指出:"发展体育科学技术是关系体育事业高速度发展的一个十分重要的问题。要改善劳动人民的健康状况,有效地增强人民体质,就必须研究不同劳动条件对人体的影响和不同年龄的生理解剖特点,科学的锻炼方法和手段;要迅速提高运动技术水平,就必须研究在不同负荷条件下身体机能变化规律、科学的训练方法、先进的技术、战术,以及现代化的体育器材和场地设备。要解决这些问题,体育科学是关键。"在该计划纲要中,有关体育科学及学科建设的内容主要包括:

(1) 重点科研所和体育学院是培养科技人员的重要基地,加强研究生的培养工作。在近几年内要着重培养力量薄弱而人才需求量较大的学科,如运动生物力学等。

(2) 对在职科技人员的继续培养提高教育,应有计划地积极进行。在不影响工作的情况下,分出轻重缓急,分批分期,通过各种渠道和方式加以培养。

(3) 1990年前,除对现有科技人进行进一步培养提高外,全国科技人员拟增加到2 000人。其中1985年前,请教育部培养体育、医学、外语、理工等专业的大学生500人(含研究生80人),国家体委培养300人(含研究生20人)。1986年到1990年请教育部培养800人(含研究生150人),国家体委培养400人(含研究生50人)。

(4) 培养科技人员的专业及其人数:运动医学800人(医疗、生理、生化、解剖、中医等);运动生物力学、运动心理学、体育理论、细胞生物学等共400人;运动训练400人(田径、游泳、体操等项目);外语200人(英、法、日、俄、西语等);理工200人(机械、无线电、自控、计算机、电视、电子仪器、电机、力学、数学等)。

至20世纪80年代初,我国已初步形成了新中国成立后体育科学研究体系,为后来体育发展战略的制定,为实现各个时期、阶段和指定性科研课题任务的完成,提供了组织和技术力量保证。20世纪80年代,我国体育科学学科建设的发展特

征,主要反映在以下几个方面:①

(1) 体育科研的主要特点呈现综合化。体育社会科学的研究已从论证某些体育的方针、政策、指示的正确性和必要性,发展到从哲学、社会学、经济学、管理学、法学等不同的角度探索体育的政策,用现代科学理论从战略的高度帮助领导机关进行决策,促使体育工作逐步走上科学管理的轨道。在自然科学方面的研究上,研究领域更广,从科学选材、训练过程的控制、技术诊断、机能评定、心理训练、防治创伤、消除疲劳、青少年体质测量与评价、仪器与器材的研制、计算机的应用、体育建筑的设计等不同方面,来为运动训练科学化和增强人民体质提供理论依据和方法手段。20世纪80年代,各个学科不仅自成体系,而且学科之间相互交叉、渗透,开始形成纵横交错的知识网络。80年代,我国体育科研工作者普遍重视了选题的实用性。无论是开发研究还是应用研究,体育科学为运动训练服务的目标更明确了。围绕运动训练中急需解决的带有方向性、综合性的关键问题,组织科技力量,开展运动员选材,运动训练科学化,运动员机能、技术、心理诊断,疲劳与恢复,高原训练,力量训练,体育仪器器材系列化等重点科技项目研究。

(2) 科研理论和方法手段不断更新。在理论研究方面,20世纪80年代开始用新理论来探索问题,如用项群理论研究竞技体育,用耗散结构理论探讨中国体育模式,用美学理论研究运动员选材等。理论研究主要围绕运动训练而展开,运动训练的理论开始由"引进"向"发展"转化。

(3) 体育科研队伍的组织建设得到加强。现代科学技术的飞速发展给体育科学提供了许多新的理论、新的研究方法和手段,体育科学的发展十分迅速。体育科学是一个多学科嫁接延伸的综合型大学科,涉及医学、心理学、生物工程、机械、电子、计算机、仪器仪表,甚至图像处理、语音分析合成等新兴科学领域。80年代建立了一支涵盖多学科领域的科技队伍。该队伍不仅包括处于科研第一线的运动医学、心理、力学、训练、选材诸人员,也包括了必不可少的电子工程、仪器仪表、机械、计算机软硬件等二线工作人员。在我国体育科研人员的数量迅速增加的同时,科研人员的培训受到普遍重视,知识不断更新。

进入20世纪90年代,《1991—2000年体育科学技术发展规划》在总结新中国成立以来我国的体育科技事业成就时指出:"我国体育科技事业经过30余年努力,已经由初创阶段走上了发展阶段。建立了一批专门科研机构,有了一支一定数量和质量的科技队伍。截至1988年,全国省、自治区、直辖市以上的独立体育科研机构共35所,职工总数1 454人,其中科技人员1 145人,占总数的78%;在1 145名科技人员中具有高级职称的178人,中级职称327人,分别占1 145人的15.5%和28.5%。每年由国家科委、省区市科委拨给体育科技事业费910.83万元。全国已有15所体育学院,共有专任教师3 277名,其中教授、副教授785名,是体育科学技

---

① 国家体委.1981~1990年体育科技发展计划纲要(草案).

术研究的一支重要力量。我们还加强了同非体育系统科研、教学等单位的横向联系。中国体育科学学会的会员已发展到 10 251 人。"

1992 年,国家教委组织了部分高校在江苏苏州召开了编写《全国普通高等学校本科体育教育专业十一门课程基本要求》的会议。1993 年 4 月,《全国普通高等学校本科体育教育专业十一门课程基本要求》颁布后,在全国高等学校体育教育指导委员会统一规划下,报请国家教委批准备案,恢复了教材修订工作。"九五"期间,我国针对体育学科教学改革的要求,以适应全国专业目录调整以后的需要,制定了《全国体育院校"九五"期间教材建设规划要求》,国家体育总局也相应制定了《国家体育总局"九五"重点教材立项管理办法》,在尽量吸收国内外体育学科的最新科研成果和理论的基础上,力求使体育学科教材具有较高的思想性、科学性、先进性和适用性,并力图在教材内容和体系编排上有所突破。

随着 21 世纪的到来,我国体育科技工作在社会、经济、政治和科技的快速发展背景下,取得了显著成就。经过半个多世纪的积累,尤其是改革开放以来的 20 多年,我国体育科技领域已初步形成了一支规模可观、素质较高的专业队伍。体育科学学科建设也取得了长足进步,学科体系更加完善,研究领域不断拓展,科研水平显著提升。在运动训练、运动医学、运动生物力学等关键领域,我国体育科学研究已实现重大突破,部分成果达到国际先进水平。面向未来,我国体育科技将继续以创新驱动发展,加强基础与应用研究,为提升国民健康水平、增强竞技体育实力和推动体育产业高质量发展提供强有力的科技支撑。

第二节 体育学科体系的完善

学科一般有两种解释,一是关于某一客观事物或某一事物的某一方面的科学领域,是按照研究对象划分的;一是学术的分类,指一定科学领域或一门科学的分支。学科作为一个专门的科学领域,具有一定的标准。一个学术领域的确定,首先要有自己独特的研究对象,其次有自己领域的专门术语、概念和理论体系,有自己的研究方法。国外学者认为,一门正规的学科应具有如下五项标准:①有自己独特的研究对象;②有自己的理论结构;③有适用于该领域的研究方法;④有具有同样学术兴趣的学者群体及学术组织;⑤有该领域的学术刊物。

一、体育科学学科体系的建立

体育科学是一门新兴的综合性科学,是研究体育的本质特征及其发展规律的知识体系。它是随着现代体育运动的发展和现代科学技术的进步而发展起来的,现已逐步形成了比较完整的学科体系,成为一门相对独立的科学门类。体育科学的研究对象具有自然和社会的两重性,它的知识体系既包含自然科学知识体系,也包含人文社会科学知识体系。

体育科学学科体系的形成,是在伴随着19世纪末工业革命而进入现代体育的新的历史阶段之后,现代科学技术越来越多地应用于体育运动。无论在提高竞技体育的运动技术水平方面,还是对于促进青少年德、智、体全面发展和保持人类健康水平、防治"文明病"等方面,许多学科,诸如医学、解剖学、生理学、生物化学、生物力学、运动学、心理学、社会学、教育学、经济学、数学、哲学、美学、伦理学、法学等,都为了解决体育运动中所面临的问题而与体育相结合,逐步向体育科学渗透,形成了体育科学的各个学科的专门知识体系。现代科学发展的总趋势是各学科门类之间和学科之间相互交叉、相互渗透,既高度分化,又高度综合,一方面学科分工愈来愈细,大量的新学科不断涌现;另一方面,各学科之间又相互依赖,形成系统。这一总趋势必然对体育科学带来很大影响。这就是体育学的科学体系形成的历史条件和背景。

建立完整的体育科学学科体系,有以下几个方面的实际意义和应用价值:[1]

(1) 建立体育科学的整体概念,充分认识体育科学是一门综合性科学,有利于发展体育系统工程,加速发展我国体育事业,促进体育现代化。

(2) 从体育科学的整体出发,制订我国体育科学的长远发展规划和工作部署,统筹安排体育科学研究的选题计划。

(3) 发展我国的体育科学事业,必须从实际出发,同时也要注意到国际发展动向,特别要具有体育科学的整体观念,要用系统论的观点来发展体育科学。例如,在学科设置上不可偏废,有许多已建立的要不断发展,如运动医学、运动生理学、运动心理学、运动生物力学等等;许多新学科有待于引进、创立和设置,特别是体育社会科学部分,是我国的薄弱环节,已经刻不容缓。例如体育哲学、体育社会学、体育经济学、体育伦理学、体育美学、体育管理学、体育情报学、体育法学等学科。

(4) 摆正体育科学各学科之间的关系,明确体育科学的综合性质。要全面发展体育科学,必须摆正各学科之间的关系,确立每一学科在整个体育科学体系中的地位。既要看到体育科学的整体性,又要看到各学科之间的联系,还要考虑到学科之间的有序性和动态性原则。体育科学本身不是静止的、一成不变的,它是不断发展变化的。这种动态变化是有秩序的、有规律的。建立体育科学体系,就是为了更好地认识这一科学研究领域的规律性。

(5) 有利于确定人才培养方向,设计合理的体育科研人员知识结构。体育科研人才的培养问题,是迄今在世界上尚未完全解决的一个问题,比较理想的人才是既懂体育,又有一门或几门其他学科知识。例如,一个从事高水平竞技体育研究的人员,必须具备运动生理学、运动心理学、运动生物力学、训练学、运动学、社会学、教育学等

---

[1] 熊斗寅.熊斗寅体育文选.贵阳:贵州人民出版社,1996:384-389.

几方面并精通其中某一方面的知识,否则无法进行训练研究,充其量只能当一名教练的助手,写训练总结,而没有条件进行探索性研究,起不到一个科研人员应起的作用。

总之,体育科学体系的建立,必将为体育运动实践做出贡献。体育科学体系是客观存在的,只有认识它、掌握它的规律,才能使体育科学更好地发挥作用,加速我国体育事业的发展。

学科体系的建立与科研选题关系极大。根据欧洲理事会对体育科研课题的统计,1976~1979年国外体育科学选题的学科分布如表5-1所示。

表5-1 国外体育科学选题的学科分布(1976~1979年)

学科名称	选题数量/篇	选题比例/%
运动医学	482	14.20
运动心理学	473	13.94
运动生理学	469	13.82
体育社会学	387	11.40
体育教育学	357	10.52
体育管理学	290	8.54
运动人类学	113	6.28
运动生物力学	196	5.78
人体测量学	113	3.33
运动事物化学	108	3.18
运动技能学	107	3.15
体育运动史	86	2.53
理疗学	60	1.77
体育法学	20	0.59
体育比较学	18	0.53
体育哲学	15	0.44
合计	3 394	100

资料来源:熊斗寅.熊斗寅体育文选.贵阳:贵州人民出版社,1996:387.

体育科学各学科之间的交叉渗透是很频繁的,充分体现了它的综合性质,这正是体育科学的显著特点之一。对1976~1979年欧洲理事会体育发展委员会的2 307篇体育科研论文进行统计,发现16个学科间最常见的交叉渗透频率(表5-2)。

表5-2 体育科学各学科之间的交叉渗透频率

学科	频率		
	1	2	3
运动医学	运动生理学	运动心理学	运动人类学
运动心理学	体育社会学	体育教育学	运动医学
运动生理学	运动医学	运动生物化学	运动心理学
体育社会学	运动心理学	体育教育学	体育管理学
体育教育学	运动心理学	体育社会学	运动技能学习
体育管理学	体育社会学	运动心理学	体育教育学
运动人类学	运动医学/运动生理学	—	运动生物力学

(续表)

学科	频率		
	1	2	3
运动生物力学	运动医学	运动人力学	—
人体测量学	运动人类学	运动医学	运动心理学
运动生物化学	运动生理学	运动医学	人类学/理疗学/运动生物力学
运动技能学习	体育教育学	运动心理学	运动人类学
体育运动史	体育社会学	体育管理学	运动心理学
理疗学	运动医学	运动生理学	运动人类学
体育法学	体育管理学	体育社会学	体育运动史
比较体育学	体育社会学	体育管理学	体育史/运动心理学
体育哲学	体育史/体育教育学	—	体育管理学

资料来源:熊斗寅著,熊斗寅体育文选,贵阳:贵州人民出版社,1996:388.

从几届全国体育科学大会的论文征集与入选论文集的论文情况,可以初步了解到我国有关体育学科发展的大致轮廓。例如,1980年,全国体育科学学术报告会共收到全国各省、市、自治区147个单位的论文621篇,其中有关体育科学理论、学校体育、体育史、体质测试、统计学的74篇,有关足球、篮球、排球、乒乓球、田径、体操、游泳、武术等运动训练的135篇,有关运动生物力学的28篇,有关运动创伤、运动生理生化、医务监督、医疗体育的334篇,有关运动心理学的27篇,有关体育仪器、器材的23篇。其征文的分布情况如图5-1所示,收入论文集共280篇论文的学科分布情况见表5-3。

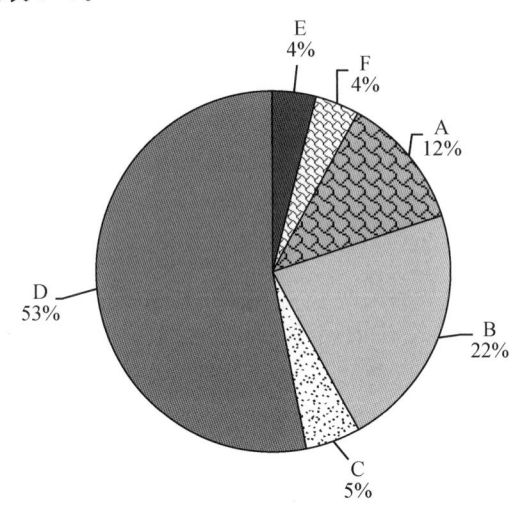

图5-1 1980年第二届全国体育科学学术报告会征文情况分布

注:A——体育科学理论、学校体育、体育史、体质测试、统计学;B——足球、篮球、排球、乒乓球、田径、体操、游泳、武术等;C——运动生物力学;D——运动创伤、运动生理生化、医务监督、医疗体育;E——运动心理学;F——体育仪器、器材

表 5-3 1980 年体育科学大会收入论文集的论文所属学科的分布

学科名称	篇数/篇	百分比/%
运动医学(包括生理、生化和医疗体育)	149	53.21
运动训练(含各运动项目)	62	22.14
生物力学	16	5.71
体质研究、统计学及仪器器材	24	8.57
运动心理学	17	6.07
体育理论、学校体育和体育史	12	4.28
合计	280	100

1987 年,第二届全国体育科学学术报告会共征集论文 1 082 篇。其中入选报告论文 242 篇,书面交流 170 篇,共计 412 篇,其各学科的分布情况见表 5-4。

表 5-4 1987 年全国体育科学大会入选论文所属学科分布情况

学科名称	篇数/篇	百分比/%
体育理论	46	11.16
学校体育	56	13.59
运动训练学	62	15.05
运动医学	104	25.24
运动生物力学	36	8.74
运动心理学	29	7.04
体质研究	30	7.28
体育情报	5	1.21
体育仪器器材	10	2.43
体育建筑	6	1.46
体育统计	12	2.92
电子计算机应用	16	3.88
合计	412	100

1992 年,第四届全国体育科学大会收入论文集论文共计 538 篇,其中体育科学化的研究(6 篇)、体育社会化的研究(6 篇)、增强体质的研究(8 篇)、运动员选材的研究(7 篇)、运动疲劳与恢复的研究(6 篇)、力量训练的研究(7 篇)等专题学术交流论文 40 篇,体育社会科学(68 篇)、运动训练学(68 篇)、运动医学(112 篇)、运动生物力学(48 篇)、运动心理学(30 篇)、体质研究(25 篇)、体育情报(12 篇)、体育仪器器材(12 篇)、体育统计(11 篇)、计算机技术应用(19 篇)、学校体育(67 篇)、武术(6 篇)、体育史(20 篇)等分学科学术交流论文 498 篇,各学科的分布情况见表 5-5。

表 5-5 1992 年全国体育科学大会入选论文所属学科的分布情况

专题学术交流			分学科学术交流		
名称	数量/篇	百分比/%	名称	数量/篇	百分比/%
体育科学化的研究	6	15.00	体育社会科学	68	13.65
体育社会化的研究	6	15.00	运动训练学	68	13.65

(续表)

专题学术交流			分学科学术交流		
名称	数量/篇	百分比/%	名称	数量/篇	百分比/%
增强体质的研究	8	20.00	运动医学	112	22.49
运动员选材的研究	7	17.50	运动生物力学	48	9.64
运动疲劳与恢复的研究	6	15.00	运动心理学	30	6.03
力量训练的研究	7	17.50	体质研究	25	5.02
			体育情报	12	2.41
			体育仪器器材	12	2.41
			体育统计	11	2.21
			计算机技术应用	19	3.82
			学校体育	67	13.45
			武术	6	1.20
			体育史	20	4.02
合计	40	100	合计	498	100

在国际上，日本川村英男在其所著的《体育原理》一书中，将体育科学体系分为三个层次，即：分科体育学、基础学科和相关学科（图5-2）。

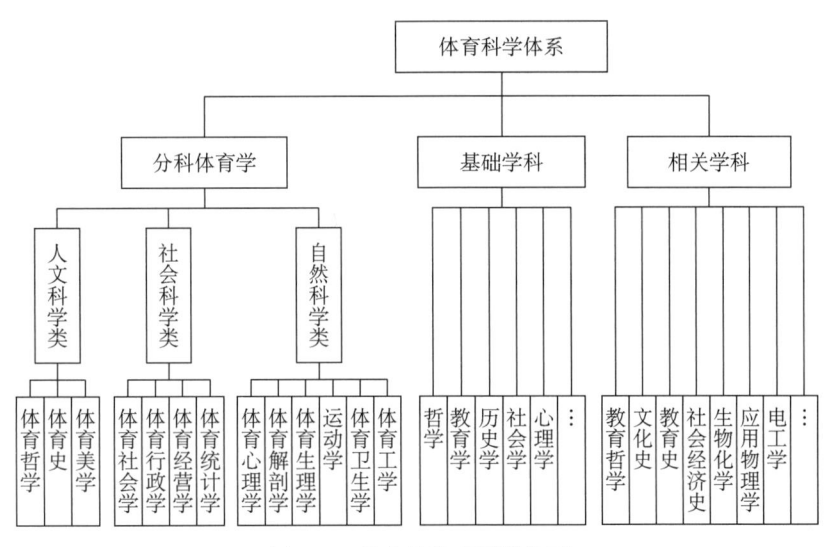

图 5-2 日本的体育科学体系

资料来源：熊斗寅.熊斗寅体育文选.贵阳：贵州人民出版社，1996：390.

中国体育科学学会在1980年成立时，只设立了运动医学、运动生物力学、运动心理学、运动训练学和体育科学理论等五个分科学会。1981年，胡晓风初步构建的体育科学体系如图5-3所示，认为体育科学体系是由体育社会学学科、基础学科和运动学学科三大部类组成，体育哲学是三大部类共同的指导学科，体育情报学是体育科学三大部类共同需要的辅助工具学科。

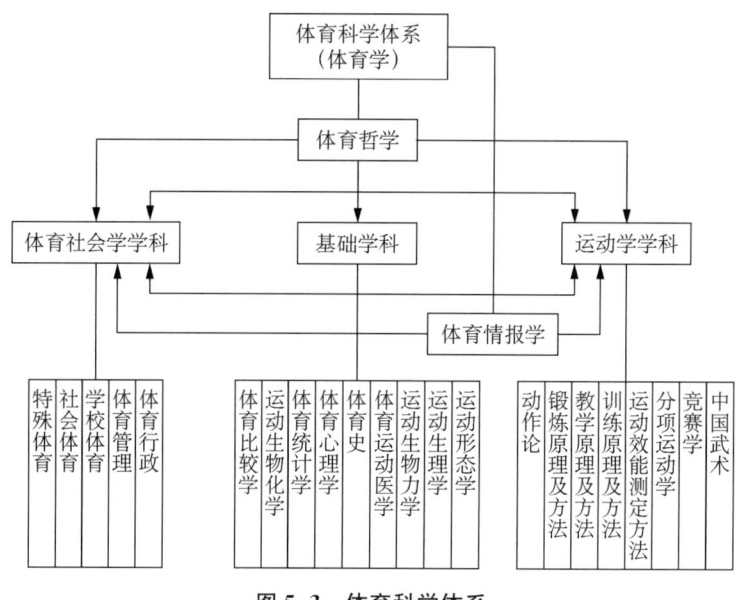

图 5-3　体育科学体系

资料来源:胡晓风.体育的整体观——再谈关于体育科学体系的若干问题.成都体育学院学报,1981(2):1-12.

1982年,田雨普认为,体育科学是介于自然科学和社会科学之间的综合科学,其体系由基础科学(包括社会科学和自然科学两方面)、技术科学(亦包括社会科学和自然科学两方面)、专业技术三部分构成(图5-4A)。1983年,熊斗寅认为,可以把体育科学列入科学体系中的"技术科学",体育科学分为三类:自然科学类、管理科学类、社会科学类(图5-4B)。在1992年11月1日发布的《中华人民共和国国

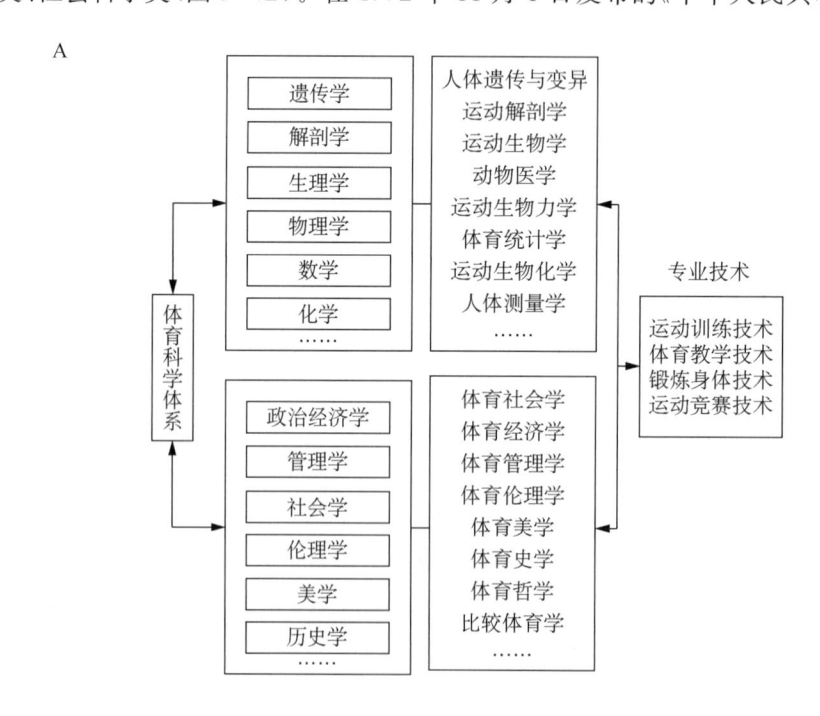

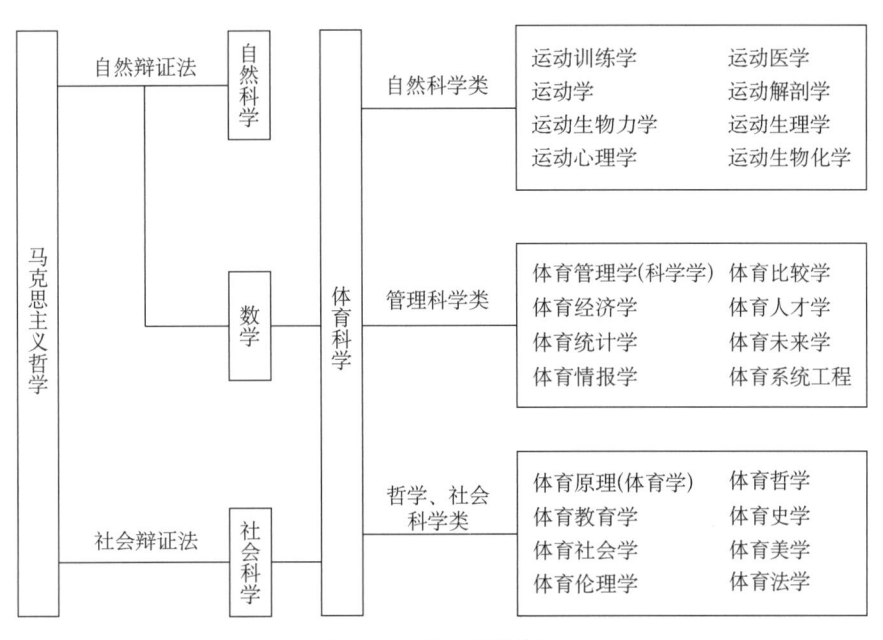

```
B
                          ┌─自然─┐        ┌─自然科学类─┐  运动训练学   运动医学
              ─自然辩证法──┤ 科学 │        │            │  运动学       运动解剖学
              │           └──────┘        │            │  运动生物力学 运动生理学
   马─┐       │                           │            │  运动心理学   运动生物化学
   克 │       │                           │            │
   思 │       │    ┌──数学──┐  ┌─体育─┐  │─管理科学类─│  体育管理学(科学学) 体育比较学
   主 ├───────┤    └────────┘──│ 科学 │──│            │  体育经济学   体育人才学
   义 │       │                 └──────┘  │            │  体育统计学   体育未来学
   哲 │       │                           │            │  体育情报学   体育系统工程
   学─┘       │   ┌──社会──┐              │            │
              │   │ 科学   │              │─哲学、社会─│  体育原理(体育) 体育哲学
              ─社会辩证法──┘              │  科学类    │  体育教育学   体育史学
                                           │            │  体育社会学   体育美学
                                           │            │  体育伦理学   体育法学
```

图 5-4 体育科学体系

A：自然科学的基础科学 自然科学的技术科学；B：社会科学的基础科学 社会科学的技术科学
资料来源：熊斗寅.熊斗寅体育文选.贵阳：贵州人民出版社，1996：390．

家标准学科分类与代码表》(GB/T13745-92)中，体育科学包含以下学科：体育史、体育理论、运动生物力学、运动生理学、运动心理学、运动生物化学、体育保健学、运动训练学、体育教育学、武术理论与方法、体育管理学、体育经济学和体育科学其他学科。随着体育科学技术的迅速发展，目前的中国体育科学学会所属学科、学科群划分的分会，已经发展到14个，它们是：体育理论学会、运动训练学会、运动生物力学学会、运动医学学会、运动心理学学会、体育情报学学会、体质研究会、体育器材研究会、体育建筑研究会、体育统计研究会、计算机应用研究会、学校体育研究会、武术学会和中国体育史学会。这表明，我国的体育科学已经形成了一个在组织上纵向联系，在学科上横向发展的体系。

二、我国体育科学学科发展的主要特征与趋势

我国体育科技人员不断开拓，使我国体育科学学科发展呈现出如下主要特征和趋势。

1. 体育科学学科结构不断优化

我国体育科学已初步形成了独立的学科体系。但目前一些学科尚未完全成熟，学科结构尚未完善。随着体育科学研究的发展，我国体育学科结构将不断优

化,体育科学将从"小科学"不断向"大科学"过渡,体育科学中自然科学类与社会科学类学科将齐头并进,重点学科将更好地发挥其先导的作用。学科结构的优化,将促进体育科学的发展,促进体育科学为体育实践服务。

2. 多学科研究不断加强

随着社会的发展,体育运动实践将越来越复杂,要解决现代体育中的问题,必须依靠多学科的协同研究。因此,人们将更加重视系统科学的思想与方法,加强多学科的综合研究,加强多学科研究单位之间的联合攻关。

3. 高科技不断向体育各学科领域渗透

20世纪末,高科技在我国各个领域普遍得到推广和应用,在体育科技领域的渗透也十分迅猛。随着我国经济建设的持续发展,为高科技进入体育科技领域提供有力的保证。信息科学、激光技术、新材料技术、生物物理学和生物遗传工程和分子生物学科,将在体育科技中得到广泛应用,体育科研的手段与方法将更加先进。

4. 体育自然科学朝综合化与纵深方向发展

体育自然科学领域为了适应人们不断把高新科学技术应用于体育科学研究,适应众多的自然科学学科知识不断移植、渗透、借鉴到体育科学体系中来的现实,体育自然科学学科在向纵深发展的同时,朝着学科综合化的趋势发展。

5. 体育人文社会学科蓬勃发展

新中国成立以来,随着我国社会主义现代化建设的进程和体育事业的蓬勃发展,体育社会科学学科日臻成熟。尤其是党的十一届三中全会之后,体育社会科学在整体科学分化与综合发展的趋势下,逐步由单学科向多学科交叉的知识体系发展,成为具有相对独立性的社会科学领域,并已初步形成近20个二级学科的学科体系。

第三节　体育自然学科的发展

一、我国体育自然科学的学科体系

新中国成立以来,特别是从80年代初被体育科技界所广泛关注的"体育科学体系问题",在体育科学学科的发展过程中,我国体育自然科学的学科体系已基本形成。

在我国,体育自然科学学科主要包括:运动解剖学、运动生理学、运动生物化学、运动生物力学、运动医学、运动训练学,以及体质形态学、运动形态学、运动创伤学、运动卫生学、运动医务监督、运动营养学、体育保健学等。

二、我国主要体育自然学科的发展概况

(一)运动解剖学

运动解剖学是从人体形态结构与体育运动相互关系进行叙述的解剖学,它着重研究体育运动对人体形态结构的影响,研究人体结构机械运动规律及其与体育动作的关系。

我国近代解剖学的建立,约始于19世纪。新中国成立前,在有条件的部分体育系科开设有人体解剖学课程。新中国成立后,体育院系都开设解剖学课程,是新中国体育自然学科中较早发展的学科之一。随着新中国社会经济、政治和科教事业的发展,从事解剖学工作的人越来越多,1959年,北京体育学院培养了首批解剖学研究生,为体育院系的人体解剖学教学、科研做出了贡献。1960年,著名解剖学家张鋆教授明确提出,解剖学亦可用于体育运动,用于分析各种运动所需要的肌肉和关节,可以叫作运动解剖学。

1961年,由国家体委主持在上海召开了第一次全国体育学院《人体解剖学》统编教材会议,编写了体育学院本科讲义,编写小组组长为张汇兰教授,这是我国第一部初具体育特色的《运动解剖学》内部教材。1978年,在1961年统编教材基础上,我国第一部《运动解剖学》本科教材在北京体育学院正式编写完成。1981年,全国体育学院《运动解剖学》第三次统编教材会议在西安体育学院举行,在1978年《运动解剖学》教材的基础上修订了教学大纲,1982年讨论初稿,1983年定稿,1984年9月由人民体育出版社出版。1982年11月,由教育部主持,在安徽召开了第一次全国高等师范院校体育专业《人体解剖学》统编教材会议,讨论了编写细则;1983年在贵阳召开了有37所院校教师参加的初稿讨论会;1986年5月,第一部高等师范院校体育专业《人体解剖学》统编教材由高等教育出版社出版。1984年12月3日至7日,第一届全国运动解剖学学术交流会在成都体育学院举行。参加这次会议的正式代表50人、特邀代表15人、列席代表35人,共计来自全国27个省、自治区、直辖市和部队的教学和科研单位。大会共收到论文102篇,其中47篇在会上交流,论文涉及面较广。1986年,联合国教科文组织对上海体育学院张汇兰教授在我国运动解剖学创立工作中所做出的长时间艰辛准备,授予她"联合国教科文组织荣誉奖";1987年,又授予她"体育教育奖"。

随着新科技革命的出现,现代解剖学的研究方法除了传统的尸体解剖观察法、组织切片观察法和人体测量法外,已有可能对活体进行深入研究,如肌电图、超声断层图、X线电脑层析图、核磁共振层析图等。电子显微镜、组织化学和生物化学等技术的发展和应用,更加扩大了解剖学的研究领域,极大地丰富了人体结构的知识,为现代运动解剖学的发展奠定了理论基础。

（二）运动生理学

运动生理学是人体生理学的一个分支，是专门研究人体的运动能力及对运动反应和适应的过程，是体育科学中一门重要的基础理论学科。运动生理学是科学发展长河中一门十分年轻的学科，它作为发展有三百多年的生理学的一个分支，其创生还是20世纪的事情。运动生理学方面的研究工作始于19世纪末，但真正成为一门独立的学科约在20世纪20年代，其起源和发展主要在欧洲国家，其中尤以英国的A.V.希尔所进行的系统研究贡献最大。美国的P.V.卡波维奇，瑞典的P.O.阿斯特兰德，苏联的A.H.克列斯托夫尼柯大、H.B.洛姆金、B.C.法尔费利、H.H.亚科夫列夫和日本的猪饲道夫等人的研究工作，都为运动生理学的发展做出了重要贡献。

运动生理学的研究研究对象主要是以下两个方面：①运动人体的生理变化现象及其规律；②研究人体运动的机能变化过程及其因果关系。运动生理学的研究方法主要是实验，通过实验观察和分析人体运动的机能变化过程及其因果关系。随着现代科学技术的发展，运动生理学的实验手段有了很大改进。例如：①利用各种遥测、换能、多导记录等技术，可以在不影响人体运动状态的条件下，获得多种生理现象的实验数据，使运动生理学在整体水平的研究上有了新的发展；②肌肉活检、电镜观察、微电极技术的超微分析等技术已经把运动生理学的研究领域带入了细胞分子水平的微观世界。

我国在运动生理学的建设过程中，新中国成立前基本上是空白。运动生理学真正作为一门独立学科发展是在解放以后。中华人民共和国成立后，运动生理学在我国才真正成为一门独立的学科，约比国际上运动生理学的发展晚30年左右。首先，在北京体育学院成立了运动生理教研室，并先后聘请了吉潘莱特尔和伯钦科两位原苏联学者培养了我国第一批运动生理学专业的研究生，为新中国运动生理学的建立和发展奠定了重要的基础；其次，在我国运动生理学的创立和发展过程中，王义润教授为学科的建设与人才的培养、教材的建设与改革以及实验室的创建和科研水平的提高等方面都做出了贡献；第三，自1958年成立了我国第一所体育科学研究所后，至1991年全国共计成立了32所体育科研所，在这些研究所内基本上都建立了运动生理学研究室。

1954年，北京体育学院为我国首次培养了专攻运动生理学研究生，并相继数届为我国的运动生理学学科培养了最早的专门师资和研究人员。其后，各地体育学院中也先后成立了运动生理学教研室。1958年，国家体委体育科学研究所成立，其中设置了运动生理学研究室，这是我国第一个专门研究运动生理的体育科研机构，随后，各地体育科学研究所也都开始创建，并设立运动生理学研究室，在运动生理学的专门研究和培养专业人才方面都取得了很大成绩。1964年，在北京举行的全国第一届体育科学论文报告会上，以及1966年在长沙举行的第一届运动医学专题学术讨论会上,发表了有一定数量和质量的运动生理学研究论文。

20世纪70年代中期,我国运动生理学的教学、科研工作迅速获得蓬勃发展。高等学校分别按体育学院和师范院校体育专业编写了教学大纲和教材,总结了我国自己的教学、科研经验,反映了运动生理学界的科研新成果。不少学校开始培养攻读硕士学位的研究生,不少省市的体育科研所相继设立运动生理研究室,专门从事运动生理的研究。1980年,中国体育科学学会运动生理学专业委员会成立。

20世纪80年代后,随着我国对体育科学研究的重视,科研水平有了较大的提高,运动生理学的研究工作也越来越深入。1984年和1986年分别在天津和成都召开了两次运动生理学及运动生物化学的全国性专业学术会议,成果丰硕、新人辈出。1990年,在我国举办的第11届亚运会科学大会,所收集到的运动生理学论文就有200多篇,在研究深度上,包括:运动时肌肉酶活性的变化;遗传工程在选材中的应用;在特殊环境下人体的工作能力;心肌细胞超微结构的变化等等,都已接近世界先进水平。

我国运动生理学的教材建设。教材是反映学科发展水平的橱窗。新中国成立前,我国仅有生理学前辈蔡翘教授于1940年出版的《运动生理学》专著。新中国成立后,赵敏学编著的《实用运动生理学》于1951年出版,并成为我国当时体育系、科的主要参考书之一。我国正式出版的第一本运动生理学教材是1956年翻译的苏联体育学院教材《人体生理学》(含运动生理学)。1961年,我国出版了自己编写的第一部全国体育院、系通用的、以运动生理学为主体的《人体生理学》教材。此外,一些院、系自己也编写了一些教材。20世纪70年代末期,经过"十年动乱"之后,一度中断的运动生理学研究和学科建设工作开始恢复,体育院、系都恢复了本科学制的运动生理学课程,同时,各地体育科学研究所也相继恢复,部分院、所开始培养攻读运动生理学硕士学位乃至博士学位的研究生。1978年,重新修订编写了全国体育系通用教材《运动生理学》。1985年,体育院校新的统一教材出版试用,运动生理学仍为一门基础课程。1986年,又编写了师范院校体育系通用教材,并将这门课分成了人体生理学和运动生理学两部分。至80年代中期,运动生理学的教材体系、内容基本上延续了苏联教科书的体系,每次修订后均增加了一些反映当时运动生理学发展状况的新材料。从教材内容上来看,我国的教材较为统一,引用的材料有些已较为陈旧,并且主要是面向竞技体育,有关学校体育等方面的问题谈得较少。教材建设应能及时反映国内外本学科发展的最新成果和动态,同时应具有我国自己的体系和特点。新中国成立以来,我国先后出版了一系列运动生理学的译著、教材和专著(表5-6、表5-7)。

表5-6 我国运动生理学的教材和专著

著作名称	编著者	出版年份	出版社
实用运动生理学	赵敏学	1951	中华书局

(续表)

著作名称	编著者	出版年份	出版社
体育运动生理卫生常识讲话	人民体育出版社编辑	1956	人民体育出版社
运动生理常识	张震泽	1956	山东人民出版社
运动生理卫生概要	吴新蔚	1957	人民体育出版社
人体生理学讲义	王义润,等	1958	人民体育出版社
运动生理科学研究的几种实验方法	北京体育学院生理教研组	1959	人民体育出版社
运动生理卫生常识问答	高强	1959	人民体育出版社
运动生理学讲座	体育文丛编辑部	1960	成都体育学院
人体生理学(体育学院本科讲义)(上、下)	体育学院编审委员会	1961	人民体育出版社
运动与生理	郑奇,等	1964	人民体育出版社
运动生理卫生常识问答	北京体育学院体育卫生教研组	1973	人民体育出版社
运动生理学(体育系通用教材)	体育院、系教材编审委员会	1978	人民体育出版社
运动生理学	体育院、系教材编审委员会	1984	人民体育出版社
运动生理学参考资料(上、下)	北京体育学院生理教研室	1985	北京体育学院
实用体育生理	杨锡让	1986	北京体育学院出版社
运动生理学	运动生理学教材编写组	1986	高等教育出版社
运动生理学	邓树勋	1987	北京师范大学出版社
运动生理学	佟启良,等	1990	北京师范大学出版社
人体生理学	体育学院教材编审组	1990	人民体育出版社
运动生理学	全国体育学院教材委员会	1990	人民体育出版社
军事与体育训练的生理生化研究	林建棣	1991	中国人民解放军体育学院
实用运动生理问答	赵家琪,等	1993	人民体育出版社
人体生理学	高等学校教材编写组	1994	高等教育出版社
药物循环生理学	杨则宜,等	1994	人民体育出版社
运动能量代谢	肖国强	1998	人民体育出版社
运动与身体成分	杨让,等	1998	北京体育大学出版社
运动性骨骼肌疲劳机理研究	田野	1998	北京体育大学出版社

表 5-7　我国出版的运动生理学译著

著作名称	原著者	译者	出版年份	出版社
运动生理卫生常识	格·莫·库科烈甫斯基	阎海	1953	中国青年出版社
运动员运动时机体内发生甚么变化	恩·恩·雅科甫列夫	阎海	1955	人民体育出版社

（续表）

著作名称	原著者	译者	出版年份	出版社
人体生理学	A.H.克列斯托甫尼科夫	吴偑,等	1956	人民体育出版社
巴甫洛夫学说是体育教育的自然科学基础	B.C.吉潘莱特尔	张西,等	1956	人民体育出版社
生理学讲义（附实验指导）	伊·彼·柏钦柯	北京体育学院生理教研组	1956	北京体育学院
和运动员谈神经系统	特·普·法纳高尔斯卡娅	韩净	1956	人民体育出版社
力量、速度和耐久力的生理特点	H.B.吉姆金	童新	1959	人民体育出版社
运动训练的生理学和生物化学基础	恩·恩·雅科甫列夫,等	蒋琳,等	1960	人民体育出版社
微型无线电生理机能记录仪	舒瓦托夫	北京体育科学研究所资料研究室,等	1961	人民体育出版社
运动与年龄	P.E.莫特梁斯卡娅	郑金安,等	1962	人民体育出版社
运动生理学	卡尔·罗道尔,等	杨锡让,等	1982	人民体育出版社
运动生理学	佩尔-奥洛夫·奥斯特朗等	杨锡让,等	1984	人民体育出版社
实用运动生理	A.L.福克斯	肖震亨,等	1984	人民体育出版社
实用运动生理学	R.A.伯杰	周石,等	1985	人民卫生出版社
运动生理学	乔奇·A.布茹克司	杨锡让,等	1988	北京体育学院出版社
运动生理学	R.M.科查	王步标,等	1991	湖南师范大学出版社

运动生理学在我国体育院校中的教学情况。从1953年起，全国各体育院校先后成立了运动生理学教研室或教研组，运动生理学成为体育专业学生的一门必修课程。

1958年成立的国家体委科研所和以后各地相继成立的体育科研所，也大都建立了运动生理学研究室。

我国运动生理学的发展趋势。20世纪20年代，运动生理学成为一门独立的学科。随着世界科学技术的不断发展，运动生理学在二战后的半个多世纪的发展亦十分迅速。首先，研究领域更加广泛，层次也更加深入，已从整体、器官水平的研究深入到细胞、亚细胞及分子水平的研究。其次，在研究方法上，随着电子技术的迅猛发展，分析化学的发展及其在生理学上的运用，运动生理学在研究手段、实验方法上也引进了各种新技术、新成果。第三，随着各门学科的相互渗透和移植，运动生理学与运动医学、运动生物化学等学科之间相互渗透和移植，从而使运动生理学的领域日益开阔,研究领域亦更加深入。

运动生理学的发展是随着整个科学技术的发展而发展的,处在世界新的科学技术革命的今天,运动生理学在各个方面的研究呈现出了如下的发展趋势:[①]

(1) 从整体、器官水平的宏观研究深入到细胞、分子水平的研究。

(2) 最大摄氧量、个体乳酸阈、无氧功率的研究是当前国际运动生理学研究的热门课题。

(3) 对研究方法学的探讨。

(4) 关于提高人体机能辅助方法的研究。

(5) 密切联系运动竞赛。

展望未来,我国运动生理学的发展必将伴随着整个科学技术的发展和进步日趋深入,并为体育事业的发展做出更大的贡献。

(三) 运动生物力学

运动生物力学是将力学、人体解剖学、人体生理学和各项运动技术的知识、理论、方法用于研究、探索各项体育运动技术动作中的生物力学规律的一门科学。运动生物力学是生物力学的一个分支,它作为一门正式的学科形成于20世纪50年代前后。

运动生物力学研究的主要内容包括以下六个方面:①研究运动者身体结构和机能的力学特征;②研究、建立各项运动的动作技术原理,确立反映各项技术特征的生物力学参数,塑造出标准技术动作模式;③研究最佳动作技术方案;④研究、探索运动损伤发生、预测和康复手段的力学机制;⑤研究人体基本动作如走、跑、跳投等的生物力学规律;⑥设计、改进运动器械和场地器材,使之更符合人体结构特点和有利于提高运动成绩。

我国的运动生物力学起步较晚,产生于新中国成立后的1958年。1959年,国家体委科研所成立了第一个运动生物力学研究小组。"文化大革命"期间,我国的运动生物力学学科发展缓慢。至70年代末,全国从事运动生物力学教学、科研的专业人员只有二三十人;少数几个体育院、系把它列为讲座课内容,个别院系刚刚定为选修课;课程内容基本上是讲授各自编写的讲义,教学仪器极其缺乏,实验课仅有一两次。这期间,科研机构的专业人员共计只有10余人,缺少最起码的仪器设备,科研的主要仪器是最原始的"秒表+皮尺"。就是在这样的条件下,我国年轻的运动生物力学工作者,克服了重重困难,为某些运动项目提供了一些有用的数据和观点,对我国运动技术水平的提高起到了促进作用。到1980年的20多年中,这

[①] 王瑞元. 运动生理学研究的现状与发展趋势//熊晓正. 体育科学学科发展现状与未来. 北京:北京体育大学出版社,2000:183-198.

门学科从无到有,建立了一支队伍,积累了一些经验。

进入80年代,在我国体育事业高速发展的推动下,运动生物力学得到了迅速发展。1980年,成立了中国体育科学学会运动生物力学学会,截至1984年,会员已达200多人。从1980年开始,原国家体委、教育部先后把运动生物力学确定为体育院系(科)的必修课,有的学校还建立了实验室,配备了一定数量的教学、科研仪器器材。由于全国体育院系(科)陆续开课,全国从事运动生物力学教学、科研的队伍迅速增至200人左右。

1981年,国家体委科研所成立了运动生物力学研究室。与此同时,全国十几个体育科研所建立了运动生物力学研究小组,近百所体育院、系、科开设了运动生物力学课程。不少理工科院校和科研单位也开展了运动生物力学研究工作。运动生物力学出现了前所未有的繁荣景象,研究的领域不断扩大,几乎覆盖了所有的运动项目,为这些项目运动技术水平的提高起到了重要的作用。1981年,在日本名古屋召开的第8届国际生物力学讨论会上,我国运动生物力学专业工作者也被邀请参加,加强了与国际运动生理学界的学术交流。

1982年,我国第一批运动生物力学专业的本科生和研究生毕业,走上了教学、科研岗位,增强了运动生物力学队伍的力量。这期间,全国各体育科研单位也日益重视运动生物力学学科的发展,原国家体委科研所、上海体育科研所、江苏体育科研所先后建立了运动生物力学研究室、研究组,有的省市体科所还把运动生物力学列为研究所的重点优先发展学科。国家体委2000年科技发展规划(草案)也把运动生物力学和运动生理学、运动生物化学、运动心理学列入重点发展学科。

我国运动生物力学的科研仪器设备在80年代有了较为明显的改善。高速摄影机、高速同步摄影机、微型电子计算机、配有微型计算机的影片分析仪、多导遥测肌电仪、三维测力台等先进仪器已经先后引进或初步试制成功,开始在部分科研课题中应用;有些课题还进行了多指标的同步测试。

随着我国经济和科技水平的提高,运动生物力学的研究方法与手段在不断现代化。今天,进行生物力学研究所用的各种测试仪器都是现代高科技产品,如高速摄影机、高速摄像机、红外光点摄像机,影片、录像解析仪;三维测力台、测定单个肢体肌力测力仪、测定单个关节的赛百斯之类的测力系统,还有适用各种专项技术动作的各类测力仪;多道肌电仪和各种计算机处理系统等,都得到普遍运用。研究方法与手段的现代化,大大提高了我国运动生物力学的研究水平。

科研仪器的初步改善,教学、科研专业人员的增加,一批有志于运动生物力学发展的理工科学者以及相关专业的科技工作者也积极参与到运动生物力学的科研工作中来,使得这一学科的研究工作逐步向广度和深度发展。1980年至1998年,中国体育科学学会运动生物力学分会共举办了9届全国运动生物力学学术会议,各届入选论文篇数逐届增加(表5-8)。

表 5-8　1980～1998 年全国运动生物力学学术会议论文数量统计

届次	年度	论文篇数
第一届	1980	28
第二届	1981	51
第三届	1982	70
第四届	1983	158
第五届	1985	78
第六届	1988	57
第七届	1991	50
第八届	1996	53
第九届	1998	67

教材与课程建设。中华人民共和国成立之前,体育工作者曾对运动生物力学这一学科的理论建设进行过工作,有些师范院校体育系科曾经开设过人体机动学(或叫运动学)。例如,20 世纪 20 年代末,我国的吴蕴瑞发表了《人体机动学》,当时虽然也积累了一些资料,但由于旧中国的体育事业和其他科学水平都处于落后状况,运动生物力学这门学科不可能得到很好的发展。

1956 年,曾邀请原苏联的贝柯夫在北京体育学院讲授机能解剖学和动力解剖学,其中包括人体重心的计算和有关体育动作的分析。1960 年,我国引进了苏联顿斯柯依的《运动生物力学》作为教学参考书。从此以后,我国大多数体育院系都把运动生物力学列为必修课或选修课。

1980 年 12 月,在成立中国体育科学学会的同时,成立了中国运动生物力学学会,并举行了学术报告。此后,每年都召开一次学术年会以及地区性的学术报告会。中国运动生物力学学会先于 1984 年和 1985 年加入了国际生物力学学会(ISB)和国际运动生物力学学会(ISBS)。

1980 年,原国家体委所属体育学院院长会议做出决定:运动生物力学作为体育学院本科生的必修课程。

我国在第 6 届全国运动会上,原国家体委组织了大规模的生物力学现场测试队,所得到的快速反馈数据引起了人们的重视。

新中国成立以来,我国运动生物力学学科方面的教材、专著和译著情况,从表 5-9 和表 5-10 中可见一斑。

表 5-9　我国运动生物力学的教材与专著

著作名称	著者	出版年份	出版社
运动生物力学	全国体育学院教材委员会体育系通用教材组	1981	人民体育出版社
运动生物力学	全国高等师范院校体育系教材编写组	1985	高等教育出版社

(续表)

著作名称	著者	出版年份	出版社
运动生物力学	全国师范院校教材委员会体育系教材编写组	1987	高等教育出版社
运动生物力学	全国体育学院教材委员会教材小组	1990	人民体育出版社
影像分析技术及优秀选手的运动学参数	安朝臣	1990	人民体育出版社
人体动态力的实验研究	袁庆成,等	1990	大连理工大学出版社
人体结构力学	郑秀瑗	1990	四川教育出版社
运动生物力学	李良标,等	1991	北京体育学院出版社
人体运动信息检测与处理	丁海曙,等	1992	宇航出版社
运动生物力学	全国体育学院教材委员会体育系通用教材组	1992	人民体育出版社
跳水技术的生物力学研究	吴延禧	1998	人民体育出版社
运动生物力学进展	郑秀瑗,等	1998	国防工业出版社
人体材料力学	赵芳,等	1998	北京体育大学出版社

表5-10 我国运动生物力学的译著

著作名称	原著者	译者	出版年份	出版社
运动技术生物力学	詹者斯·海	孙成敏	1981	北京体育学院出版社
生物力学	顿斯柯依,等	吴中贯,等	1982	人民体育出版社
体育专业理论力学	B.A.彼得罗夫	吴中贯	1984	人民体育出版社
运动生物力学译文集第I集	—	时学黄,等	1985	清华大学出版社
骨骼系统的生物力学基础	V.H.Frankel	戴尅戎,等	1985	学林出版社
身体运动学概论	浅见俊雄,等	王德深,等	1986	成都科技大学出版社
人体运动器官生物力学	BM扎齐奥尔斯基	吴中贯,等	1987	人民体育出版社
人体运动生物力学	戴维·温特	刘志诚,等	1990	人民体育出版社

(四)运动医学

运动医学是我国体育科学中十分重要的一门综合性学科,它包含运动创伤、运动医务监督、运动生理、运动营养和生化、运动解剖和运动康复等6个分支学科。

运动医学作为一门完整的独立学科,是在20世纪30年代建立起来的,以国际运动医学联合会(FIMS)的成立为标志。中国现代运动医学则是从1953年起逐步建立和发展起来的,在经历了初创、停滞、恢复和发展四个阶段后,我国运动医学从小到大,从落后到先进,成为当前具有相当数量专业人员队伍、较大规模的各级医疗和科研机构,形成了涉及体育、医药卫生和高校等系统的具有中国特色的运动医学体系。

1957年,我国各地体育学院与医学院相继成立了运动医学教研室。1958年,原国家体委建立了体育科学研究所,其中设有运动医学研究室。1959年,原北京医学院的运动医学研究所成立,随后,一些地区也相继建立了运动医学研究机构。自50年代以来,北京、成都、上海、沈阳等体育学院相继培养了不同层次的运动医学专业人才,分布全国各地,促进了我国运动医学学科事业的发展。

1960年,国家体委第一次组织编写了全国体育学院本科通用《运动医学》教材(当时的书名为《运动保健学》);1978年第二次编写,以后又于1983年、1990年进行了第三、第四次编写。前三个版本都是由国家体委组织有丰富教学经验的教师集中编写的,后一个版本则是由国家体委聘任的教材小组对各体院上报的教材选优审定。

1978年,我国成立了中国运动医学学会,并于1980年加入了国际运动医学联合会。到目前,除了省市分会的会员外,仅全国性的会员就超出了1 000名。他们分布在运动队、科研机构、医学院校、体育院校及临床医疗机构。20多年来,学会为我国《奥运争光》和《全民健身》计划的实施做出了应有的贡献,取得了一大批的优秀成果,获得了国际的和一大批国家级和省部级奖项。

随着运动医学的发展,我国运动医学不仅进行运动对人体整体影响的研究,而且在基础研究领域中进行了人体细胞,亚细胞及分子水平的研究;采用了计算机图像分析,激光共聚焦显微镜,活细胞分离与培养,免疫细胞化学,受体放射配基结合技术,DNA原位杂交,DNA分子杂交,PCR(基因扩增技术),分子克隆,引物合成等国际最先进的细胞分子生物学的技术和方法,因此研究水平不断提高,已有相当数量的研究论文已经居世界前沿的水平。

机构设置。中国运动医学学会(Chinese Association of Sports Medicine, CASM)是中国体育科学学会的分科学会,于1980年成立,会址设在北京。1982年国际运动医学联合会正式通过接纳本会为会员国。第1、2届主任委员为曲绵域教授;现任主任委员杨天乐研究员。学会专业范围包括运动生理学、运动生物化学、运动营养学、运动创伤学、医务监督、医疗体育与运动解剖学等学科。学会成立以来,已举办16次全国性学术会议及3次国际运动医学学术会议。出版《中国运动医学杂志》。先后与26个国家或地区进行过学术交流。举办过各种运动医学培训班。对本领域的重要科技政策、措施及重点课题进行咨询,普及运动医学知识。

1982年10月,由中国运动医学会主办的学报《中国运动医学杂志》在北京创刊,成为国家一级的学术性刊物和中国中文核心期刊。它主要刊登国内运动医学研究成果,包括运动解剖、运动生理、运动生化、运动创伤、运动员营养、医务监督、医疗体育等学科论文,并刊载国外本学科发展趋势的综述、专题评述及国内学术动态。它的创刊,标志着我国运动医学学科的成熟以及学科建设的完善。

新中国成立以来,中国拥有了一批国内外知名的、有很高学术造诣的专家和学者。更可喜的是近年来涌现出许多年轻有为、有相当高学术水平的中青年的学者，他们代表了中国运动医学的未来和希望。作为一门新兴的边缘性学科及其 40 多年的成就，中国运动医学不仅在体育科学中位居领先水平，并且在国际运动医学界占有重要的一席之地。中国运动医学学会每年均举办综合性或单科性的学术会议，交流科研成果和心得经验。1985 年和 1993 年，中国运动医学学会还成功举办了两届国际运动医学学术会议。各年度的全国学术会议（表 5-11）以及有关《运动医学》的教材、专著和译著（表 5-12 和表 5-13）的出版，象征着我国运动医学的繁荣发展。

表 5-11　中国运动医学学术会议一览表

时间	地点	会议名称	交流论文数/篇
1981 年	杭州	全国运动医学学术会议	85
1982 年	武汉	中国运动医学学术会议	110
1983 年	天津	中国运动生理学学术会议	117
1984 年	成都	中国运动解剖学学术会议	47
1985 年	安徽泾县	全国运动创伤学术会议	207
1986 年	成都	全国运动生理、生化学术会议	195
1987 年	哈尔滨	中国医疗体育学术会议	202
1988 年	武汉	中国运动解剖学学术会议	77
1988 年	广州	中国运动生化营养会议	60
1989 年	郑州	全国运动医学学术会议	146
1991 年	宜昌	全国运动医学学术会议	60
1994 年	黄山	全国运动医学学术会议	93

表 5-12　我国运动医学的教材与专著

著作名称	编著者	出版年份	出版社
和青年朋友谈谈身体健康问题	黄树则	1955	中国青年出版社
体育运动对身体健康的作用	人民体育出版社编辑	1955	人民体育出版社
我的长寿之道	吴铁秋	1957	人民体育出版社
运动按摩	谢拉金	1957	人民体育出版社
实用运动医学	曲绵域，等	1965	人民体育出版社
运动创伤检查法	曲绵域，等	1976	人民体育出版社
医疗体育常识	卓大宏	1976	人民体育出版社
运动医学	体育系通用教材编写组	1979	人民体育出版社
中医按摩疗法	曹锡珍	1979	人民体育出版社
实用运动医学	曲绵域，等	1982	人民体育出版社
运动创伤学	郑怀贤，等	1982	四川人民出版社
医疗体育常识	卓大宏	1982	人民体育出版社
运动医学	体育院、系教材编审委员会	1983	人民体育出版社
康复医学	中国康复医学研究会	1984	人民卫生出版社

(续表)

著作名称	编著者	出版年份	出版社
体疗康复	杨静宜	1986	北京体育学院出版社
运动员保健指导	骆勤方,等	1986	人民体育出版社
中国学生体质与健康研究	体质与健康研究组	1987	人民教育出版社
运动才能遗传学概论	刘献武	1987	广东高等教育出版社
运动营养学初步	张德生	1988	人民体育出版社
优秀运动员机能评定手册	浦钧宗,等	1989	人民体育出版社
运动医学	教材编审组	1990	人民体育出版社
减肥健美食品研制配方与工艺	曾松龄	1990	人民体育出版社
运动医学	范振华,等	1990	上海医科大学出版社
简明医疗体育手册	范振华,等	1990	人民卫生出版社
营养学	高言诚	1991	北京体育学院出版社
运动营养保健饮料配方与制法	曾松龄	1991	人民体育出版社
运动员保健指导	骆勤方	1992	人民体育出版社
运动性疾病——诊断、机制、防治	浦钧宗	1993	人民体育出版社
骨骼肌损伤的病因和治疗	卢鼎厚	1993	北京体育学院出版社
药物与竞技体育	杨则宜	1993	人民体育出版社
实用运动处方	刘纪清,等	1993	黑龙江科学技术出版社
实用运动营养问答	夏伟恩,等	1993	人民体育出版社
实用运动保健问答	高言诚,等	1993	人民体育出版社
实用运动医学	曲绵域,等	1994	人民体育出版社
实用体育健康医学	杨锡让,等	1995	北京体育大学出版社
体育保健学	高等学校教材编写组	1997	高等教育出版社
运动医务监督	王佩云	1997	天津体育学院
儿童少年生长发育12年追踪研究	沈海琴,等	1998	北京体育大学出版社

表5-13 我国运动医学的译著

著作名称	编著者	译者	出版年份	出版社
体育是增进健康的手段	叶·阿·弗列罗夫斯基	陈文浩	1955	人民体育出版社
日本健身运动处方	日本体育科学中心	吕帆	1980	人民体育出版社
运动员健康手册	鹿仓二朗,等	李国发,等	1980	沈阳体育学院
老年人长寿运动之道	小林宽道,等	赵秀忠	1987	北京体育学院出版社
健身秘诀	肯尼思·库珀	胡大一,等	1990	中国广播电视出版社
探索冠军之路的奥秘——训练之外的强力手段	梅尔文·威廉斯	杨则宜,等	1990	人民体育出版社

（五）运动生物化学

在运动人体科学中,运动生物化学是一门主要的学科,其应用性很强,在体育专业各层次教学中被列为专业基础理论课。运动生物化学是生物化学的一个分支,是生物化学在体育中实践中的应用。运动生物化学是从分子水平上研究人体在运动时人体化学组成以及物质和能量代谢的规律。运动生物化学可为运动训练、锻炼以及康复的科学化等提供科学的手段、评定指标及运动处方的依据。因此,运动生物化学在体育专业的课程中属于专业基础理论课,是直接为体育科学化服务的。

20世纪70年代以前,运动生物化学以阐明体育对人体化学组成的变化与适应规律和物质代谢与能量代谢的特点及规律为主要任务。进入20世纪90年代,为适应当前科学技术发展形势的需要,运动生物化学在目前的主要任务是:①认识运动对人体化学组成影响的规律(包括:基本化学组成的适应、功能性物质的适应);②认识运动训练对身体物质代谢和能量代谢的影响规律;③认识提高运动能力、增强体质的规律,研究和改善提高运动能力的手段与方法;④引进生物工程等高科技技术,加速运动生物化学的发展。

我国运动生物化学的教学和研究工作始于20世纪50年代,当时主要是引进苏联的研究成果和理论。比如,运动时物质代谢过程和神经调节、超量恢复的理论与应用、运动素质的生物化学基础等。60年代,北京体育学院最早开设了运动生物化学课程。1980年体育科学学会成立后,在运动医学会中设有运动生化和营养学组。

在1964年、1979年、1981年、1983年、1985年、1989年、1991年、1992年的全国体育科学大会运动医学学术会议及运动生理、生化学术会议中,运动生物化学都作为专门的学科组参加活动。从1980年起,北京体育学院开办了运动生物化学专业,现为体育生物科学系的一个专业方向。

21世纪前,我国出版的运动生物化学教材、专著和译著(表5-14和表5-15)表明了这一学科在我国的逐步发展情况。

表5-14 我国运动生物化学的教材与专著

著作名称	编著者	出版年份	出版社
运动生物化学	体育院、系教材编审委员会	1982	人民体育出版社
运动训练的生物化学	冯炜权,等	1985	北京体育学院
运动生物化学在体育实践中的应用	冯炜权,等	1986	中国人民解放军体育学院
运动员机能状态的生化评定	雷文慧	1988	云南科技出版社
运动生物化学	体育院、系教材编审委员会	1990	人民体育出版社
运动生物化学进展	许豪文	1990	华东师范大学出版社
血乳酸与运动训练	冯炜权,等	1990	人民体育出版社
运动能力的生物化学	林文弢,等	1995	人民体育出版社

(续表)

著作名称	编著者	出版年份	出版社
运动生物化学原理	冯炜权，等	1995	北京体育大学出版社
运动负荷的生化评定	林文弢	1996	广东高等教育出版社
运动生物化学	高等学校教材编写组	1998	高等教育出版社
运动训练生物化学	冯炜权	1998	北京体育大学出版社
运动生物化学	全国体育院校教材委员会	1999	人民体育出版社

表 5-15 我国运动生物化学的译著

著作名称	作者	译者	出版年份	出版社
运动生物化学	恩·恩·雅科甫列夫	杨奎生，等	1982	人民体育出版社
运动训练的生物化学	P. E. Prampero	冯炜权，等	1986	人民体育出版社
从运动生化到运动处方	伊藤朗	宋成忠，等	1989	北京体育学院出版社
激素与运动能力	阿·阿·维鲁，等	骆勤方，等	1990	人民体育出版社

（六）运动训练学

我国运动训练学起步于 20 世纪 50 年代初，在 21 世纪前的发展过程中，经过两个发展时期、六个发展阶段（表 5-16），现已初步形成了我国运动训练学理论体系。

我国对运动训练理论的研究始于 50 年代后期，当时，我国最早从事运动训练研究的一些学者曾对运动实践中的运动负荷、训练周期等问题进行了一些研究。1961 年，全国体育工作会议纪要指出："运动训练工作是一门新的科学，有待认真总结一套切合我国实际，能够充分发挥我们特点的训练方法，需要不断加强体育科学研究工作……"这之后，我国在总结运动训练实践经验的基础上，引进了国外有关运动训练的研究成果，并在体育院系《体育理论》本科教材中对运动训练的原则与方法等进行了较为系统的论述，一些体育科研工作者和教练员，也在运动实践中不断探索训练的基本规律，对训练方法、运动负荷、训练过程的周期等问题进行了研究，促进了我国运动训练理论逐步朝着系统化、科学化的方向发展。

表 5-16 我国运动训练学发展的主要分期

时期	年代	阶段
第一发展期： 训练理论的吸收与发展期 （1953～1980 年）	1953～1957 年	训练理论的吸收阶段
	1958～1962 年	初步形成与发展阶段
	1963～1975 年	停滞阶段
	1976～1980 年	恢复与发展阶段

(续表)

时期	年代	阶段
第二发展期:我国运动训练学的初步形成期(1981~1999年)	1981~1983年	引进与初步形成我国运动训练学阶段
	1984~1999年	我国训练学不断完善发展阶段

资料来源:徐本力.运动训练学.北京:人民体育出版社,1999.

1966年开始,我国的体育运动事业遭受破坏,运动训练无法正常开展,运动训练的理论研究也因此停滞不前,刚刚萌芽的运动训练学学科建设亦就此凋萎。

1976年,我国体育的各项工作逐步走向正轨,运动训练实践也稳步前进,尤其是我国在国际竞技体坛的角逐中不断取得好成绩,这也深化了我国运动训练理论的研究工作,扩大了运动训练的研究范围,如运动员的身体训练、训练负荷、"三从一大"原则、选材及早期训练、心理训练,以及运动员的营养等研究课题,并在这些方面发表了不少研究成果,为我国运动训练学的建立奠定了基础。70年代末期,关于不同运动项目训练规律的研究重新引起体育界的重视,这期间的著作有《运动训练功率潜能和负荷的研究》(安朝臣)等。这一时期,我国在引进了苏联、民主德国、联邦德国、日本、英国等国家训练学理论的基础上,部分体育学院体育理论课的教师开始将有关运动训练的若干内容以相对独立的篇章编入体育院系通用《体育理论》教材,运动训练学正孕育着从《体育理论》中分化出来。与此同时,我国派往前联邦德国、日本、美国的进修学者也直接在国外接触训练学理论,并进行了一定的研究。其中,原北京体育学院的田麦久在前联邦德国科隆体育学院训练学教研室以《论周期性耐力项目的多种竞速能力》(1981年)的研究获得了体育科学博士学位。

1980年,中国体育科学学会运动训练学学会为适应国际训练理论的发展潮流和训练实践的需要,为了进一步加强我国对运动训练基本理论和方法的研究,提高训练的科学性,以适应攀登世界体育运动技术高峰的目标,决定编写我国第一部《运动训练学》专著。这本著作的主要作者有过家兴、董国珍、洪其典、翟国俊、陈安槐,经过两年多的努力,于1983年编写出了我国第一部较有影响的《运动训练学》著作,它主要阐明了运动训练的基本原理与方法,是我国第一部较为全面的运动训练理论专著,受到运动训练界的欢迎,它为我国《运动训练学》的建立、运动训练理论向系统化、科学化方向的发展,迈出了具有重要历史意义的一步。

1982年8月下旬,北京体育学院邀请前联邦德国科隆体育学院葛欧瑟教授来我国进行学术交流,讲授了联邦德国《运动训练学》中的一些专题。其后,成都、上海体育学院结合教学,内部编印了《运动训练学》讲义。这期间,北京、上海、武汉、沈阳、成都、天津等体育学院都在积极准备或已经正式开设《运动训练学》课程,有的还正在筹组运动训练学教研室。1982年以后,国家体委6所直属体育学院和10所地方体育学院以及全国许多师范院校体育系先后开设了运动训练学课程。至此,运动训练学已从体育理论课程中独立出来,成为全国体育院校开设的一门新的专业基础课。1985年,北京体育学院成立了我国第一个运动训练学教研室。

至80年代中前期,比较我国与世界运动训练学发展的状况,我国的运动训练学在以下几个方面还存在明显的差距①:

(1) 没有建立起具有中国特点的完整的理论体系。我国的《运动训练学》专著虽然涉及范围广,但内容较为零散,缺乏必要的层次,更主要的是没有充分反映出我国运动训练界30年来的丰富经验,缺乏中国特色。

(2) 缺乏大批高质量的科学研究成果作为发展我国训练学理论的基础。国外的训练学理论都是以本国训练学家们的大批高质量的科学研究成果为基础的。例如,在关于身体训练、周期学说和训练控制研究的基础上建立起苏联训练学理论;民主德国的训练学理论则很大程度上依靠其对少年运动员早期训练、优秀运动员多年训练体系和健全的比赛制度;联邦德国的训练学理论都依据其对于运动训练过程中生物适应现象、气体代谢以及能量代谢的特点,以及运动员从事竞技运动的动机及社会保障的研究成果,而且这些内容紧密地联系在一起。20世纪80年代,我国在一般训练学领域的研究成果极少,不足以在某些领域内形成自己的特点。

(3) 从事一般训练理论研究的力量还很薄弱。苏联、民主德国、联邦德国等国家体育研究机构及教学研究机构中都有相当数量的学者专门从事一般训练理论的研究。在我国各省市体育科研所中只设有少数从事专项训练理论的研究人员,各体育院系中体育理论教师中承担训练理论教学的人员主要还是在从事资料搜集、汇编等工作,从事研究的较为少见。

(4) 训练学理论与训练实践的结合尚不够紧密。由于我国的训练学理论尚未能很好地反映我国运动训练的实践经验,结合我国具体情况所进行的研究工作也极为缺乏,所以其对于训练实践的指导作用也就还没有得到充分的体现。从事运动训练工作的广大教练员还有相当一部分没有很好地学习和掌握训练学的基本知识;当然更谈不上结合自己的训练工作予以运用。

然而,20世纪80年代中后期,我国运动训练学界对世界运动训练学发展趋向做了较为科学的预测(表5-17)并提出了相应对策(表5-18)。此间,我国《项群训练理论》的建立已初见端倪,科学选材、运动训练科学化等各项专题研究也广泛展开。

表5-17　20世纪80年代中期对运动训练学发展趋势的预测

- 运动训练学理论将在世界范围内进一步得到普及
- 专题研究将进一步深入
- 将更多地开展多学科综合研究
- 将更密切地结合运动训练实践
- 项群训练理论的建立势在必行

资料来源:中国体育科学学会.2000年的中国研究资料(第21集):体育科学国内外水平和差距.中国科协2000年的中国研究办公室,1984.

---

① 中国体育科学学会.2000年的中国研究资料(第21集):体育科学国内外水平和差距.中国科协2000年的中国研究办公室,1984.

表 5-18 我国 20 世纪 80 年代中期提出的运动训练学发展对策

- 努力创造发展运动训练学理论的必要条件
- 国家政治的稳定及经济的发展
- 体育科学体系中各基础理论的建立与发展
- 运动训练实践的不断发展
- 建立和扩大专门从事运动训练理论的研究队伍
- 努力跟上新技术革命的浪潮,大力引进现代科学技术,鼓励训练学理论专门研究人员兼学或进修一门其他学科,尽快普及计算机基本知识
- 加强国际交往及资料收集,及时获取国际训练学界发展的新信息,积极汲取国际上新的研究成果
- 发展具有中国特色的运动训练学理论
- 积极发展项群训练理论(或称分类训练学),力争率先建立这一理论体系
- 在发展运动训练学的理论过程中,注意改变目前运动训练理论受田径专项训练理论影响过深,不能全面反映更多项目,特别是技能类项目训练特点的偏向
- 积极开展运动训练地域学的研究
- 加强运动中能量代谢的研究
- 在竞技体育领域积极引入并大力发展微电脑技术
- 普及并提高全国教练员、体育院校学生运动训练学的理论知识
- 1990 年前把运动训练学列为各体育院系本科生必修课
- 以各种形式在 1990 年前对全国各集训队教练员进行培训,受培训人数占总人数的 20%～30%,1990 年至 2000 年争取达到 100%
- 1990 年前全国业余体校教练员学习训练学人数达到 10%～20%,1996 年达到 50% 以上,2000 年达到 100%
- 培养运动训练学研究生,1990 年前全国达到 30 人左右,1996 年前全国达到 50 人左右,2000 年全国达到 100 人左右

资料来源:中国体育科学学会.2000 年的中国研究资料(第 21 集):体育科学国内外水平和差距.中国科协 2000 年中国研究办公室,1984.

运动训练学的教材建设。自 1981 年 7 月中国体育科学学会组织运动训练学专家并于 1993 年完成了我国影响较大的《运动训练学》内部教材之后,1986 年 2 月北京体育学院过家兴教授主编了我国第一本体系较为完整的综合型《运动训练学》教材,与此同时,沈阳上海等体育学院也陆续编写了《运动训练学》教材,并将其列入体育学院的教学计划之中,成为一门重要的课程。

1987 年 3 月,为了加强和推动运动训练学的学科建设,全国体育学院教材委员会《运动训练》教材小组进行了全日制本科和专科《运动训练学》教材的选优工作,选编出了体育院、系运动训练学的通用教材。1988 年,在国家教育委员会制定的体育专业设置目录中,运动训练学被定为运动训练专业的主干课程。

20 世纪 80 年代以来,过家兴、董国珍、田麦久、徐本力、曾凡辉等人相继出版了一批运动训练学和有关运动训练理论与方法的教材、专著和译著(表 5-19 和表 5-20)。

表 5-19 我国运动训练学教材与专著

著作名称	编著者	出版年份	出版社
控制论与教学训练	吴志超	1981	北京体育学院
运动训练学讲义	徐本力	1982	上海体育学院
人体运动负荷的研究	安朝臣	1983	人民体育出版社
优秀青少年运动员科学选材研究	国家体育委员会科技教育司	1983	国家体育运动委员会科教司
运动训练学	中国体育科学学会运动训练学学会组	1983	中国体育科学学会运动训练学学会
运动训练学选讲	田麦久,等	1983	江苏体育科学研究所
青少年业余训练	过家兴,等	1985	北京体育学院出版社
运动训练学	过家兴,等	1986	北京体育学院出版社
运动训练学	董国珍	1986	沈阳体育学院教务处
"三论"与科学化训练	徐本力	1986	上海市体育科学学会
周期性耐力项目训练科学论文选	田麦久	1987	江苏体育科学学会
运动训练学	刘建和	1987	成都体育学院教务处
论运动训练过程	田麦久	1988	四川教育出版社
体育控制论	徐本力	1988	四川教育出版社
运动训练科学化探索	田麦久,等	1988	人民体育出版社
现代运动训练理论与方法	胡亦海,等	1988	湖北体育运动委员会
身体训练手册	宗华敏	1989	南开大学出版社
运动员科学选材	赵斌	1989	河北科技出版社
皮纹与选材	邵紫菀,等	1989	人民体育出版社
运动训练学	体育学院教材编写组	1990	人民体育出版社
运动员选材学	徐本力	1990	山东教育出版社
运动学	谢燕群	1990	四川教育出版社
少年训练向导	周西宽,等	1990	四川教育出版社
运动竞赛学	田麦久,等	1990	科学普及出版社
运动竞赛学	刘建和,等	1990	四川教育出版社
运动竞赛方法学	肖华富	1990	成都科技大学出版社
训练学概论	吴郁周	1990	湖北省运动技术学校
竞技运动训练理论与方法	胡亦海	1991	湖北省训练学专业委员会
运动选材学	刘献武,等	1991	人民体育出版社
运动训练实用手册	苏舫,等	1991	河北科技出版社
运动员科学选材指南	叶国治,等	1991	成都科技大学出版社
运动训练与选材	董国珍	1992	辽宁大学出版社
运动员科学选材	曾凡辉,等	1992	人民体育出版社
教练员训练指南	李诚志,等	1992	人民体育出版社
学校体育运动训练指南	董国珍,等	1992	高等教育出版社
身体训练学	唐思宗,等	1992	成都科技大学出版社
竞技运动新论	李力研	1992	人民体育出版社

（续表）

著作名称	编著者	出版年份	出版社
运动人才学	何方生	1992	福建人民出版社
运动训练科学化手册	张大成,等	1993	人民体育出版社
教练学	周西宽,等	1993	四川体育出版社
运动员选材评价标准	曹福顺,等	1993	山东友谊出版社
现代运动训练	王永盛	1994	北京体育学院出版社
运动员竞技能力模型与选材标准	钟天发,等	1994	人民体育出版社
运动训练新思路	茅鹏	1994	人民体育出版社
运动竞赛学	运动竞赛学编写组	1994	北京体育学院出版社
体育创新学	陈小蓉	1994	同济大学出版社
竞技体育创新原理	马启伟,等	1994	北京体育大学出版社
体育竞赛战术技巧指南	卢锋,等	1994	电子科技大学出版社
论周期性耐力项目的多种竞速能力	田麦久	1996	北京体育大学出版社
项群训练理论	田麦久,等	1998	人民体育出版社
论运动训练计划	田麦久	1999	北京体育大学出版社
身体素质与运动成绩	武维一,等	1999	人民体育出版社

表 5-20　我国运动训练学译著

著作名称	编著者	译者	出版年份	出版社
运动训练问题:运动员的身体训练	卡列金,等		1962	人民体育出版社
控制论与运动	佩特罗夫斯基		1982	人民体育出版社
运动训练学	葛欧瑟	田麦久	1983	北京体育学院教务处
计算训练法	姆斯·加德纳,等	金嘉纳,等	1983	人民体育出版社
少年运动员训练控制原理	纳巴特尼科娃	刘治贤,等	1984	江苏体育科学学会
实用运动训练心理学	T.A.塔特科,等	沈爱如,等	1984	人民体育出版社
运动训练的恢复问题	托夫采夫,等	郭廷栋	1985	江苏体育科学学会
训练学	迪特里希·哈雷	蔡俊五	1985	人民体育出版社
身体训练	霍克		1985	武汉体育学院
运动员的意志训练	查罗夫		1985	人民体育出版社
运动训练理论与方法	弗·纳·普拉托诺夫	陆绍中,等	1986	武汉体育学院
现代力量训练法	马丁·比勒	万德光	1987	北京体育学院出版社
发展身体素质的循环训练	古列维奇		1989	人民体育出版社
运动训练理论与方法	图多·博姆帕	马铁,等	1990	人民体育出版社
竞技运动理论	弗·纳·普拉托诺夫	孙汉超,等	1990	武汉体育学院
教练员教学训练指南	布赖恩·伍兹	楼宏良,等	1991	人民体育出版社
现代运动训练	弗·纳·普拉托诺夫	张人民,等	1991	人民体育出版社

（续表）

著作名称	编著者	译者	出版年份	出版社
体育理论与方法	列·巴·马特维也夫	姚颂平,等	1994	北京体育大学出版社
竞技运动理论	列·巴·马特维也夫	姚颂平	1997	华东理工大学出版社

经过几十年的努力,目前我国的运动训练学已初步形成了具有自己特色的理论体系,运动训练学方面的教材、专著已达到十余种之多,无论在数量上还是在质量上,都处于国际先进地位。改革开放后,我国运动训练学的研究不断深入。进入20世纪80年代后,相继出版了多部《运动训练学》专著,各个专项的运动训练学著作也陆续问世,运动训练学已经逐步形成体系。从80年代中期开始,我国开始着力开展运动训练的科学化探索,先后组织专家完成了较为重要的研究成果,有《运动训练的科学化探索》《我国优势运动项目制胜规律的研究》《项群训练理论》等。这些领域的研究成果,大大丰富了运动训练学的理论体系,提高了体育界对运动训练规律的认识。

第四节 体育社会学科的发展

一、我国体育社会科学研究发展回顾

体育社会科学在我国发端于19世纪末的维新运动时期,它作为一个专门的研究领域,在很长的一段历史时期内,属于教育学理论范畴。进入20世纪中期,随着体育的现代化进程,体育社会科学也从当初的以教育中的体育为对象的研究,向着包括人文、社会、自然等综合性科学的方向发展。新中国成立后,体育社会科学发展很快,特别是党的十一届三中全会以来,在邓小平理论的指引下,我国经济和社会进入一个持续快速发展的时期,体育事业作为社会发展的重要组成部分,也取得了令人瞩目的成就,其中包括体育社会科学事业的迅速发展,体育社会科学在整体科学分化、综合发展趋势的影响下,许多社会科学学科渗透移植到体育领域,使体育社会科学逐步由单学科发展成为多学科的知识体系,成为一门新兴的、由许多边缘交叉学科组成的、具有相对独立性的社会科学学科。

党的十一届三中全会以前,我国体育社会科学发展的总体水平不高。由于体育界长期忽视理论研究的影响及"左"的思想束缚,体育社会科学研究基础十分薄弱,研究范围狭窄,研究队伍量小质弱,研究方法落后,研究内容单薄,长时间处于停滞状态,不但落后于一些经济、文化发达的国家,也落后于我国体育事业发展的

需要。

进入20世纪80年代,在党的十一届三中全会所确立的路线、方针指引下,体育社会科学研究得到全面重视和加强。我国体育社会科学研究坚持党的十一届三中全会提出的"解放思想,实事求是"的思想路线,摆脱了"左"的思想的束缚,贯彻党历来提倡的"百花齐放,百家争鸣"和"理论联系实际"等方针,学术理论研究空前活跃。80年代初期,改革开放使我国体育社会科学的研究逐步打破封闭状态和单一化格局,在当代科学发展和世界理论问题重新认识和拨乱反正的基础上,开展了对体育社会科学若干新领域的理论探索;同时,把一些研究成果运用于学校体育实践,极大地推动了学校体育的改革与发展。80年代中后期以来,随着我国体育改革与发展实际的需要,我国体育社会科学研究一方面在基础研究上向深层次发展,一方面开始承担起体育改革与发展的咨询、决策、预测和战略研究方面的任务。在体育实践需要的推动下,体育社会科学基础研究与应用研究同时并举,相互促进,共同发展,相继提出一些重要理论观点和战略思想,为国家制订体育事业改革与发展的目标、任务、方针、政策和措施提供了依据,对体育宏观决策和体育事业发展产生了重要的影响。

体育社会科学研究的蓬勃兴起,使党的十一届三中全会以来的近20年,成为我国体育社会科学事业发展史上最快最好的时期。

(一)体育理论建设得到体育行政部门的重视

80年代初,国家体委组织力量对一些体育的基本理论问题进行了研究。1984年开始组织力量开展了"2000年中国的体育"的课题及有关理论问题的研究;1985年成立了中国体育发展战略研究会;1987年国家体委下发了《关于加强体育理论建设的决定》,强调指出加强体育理论建设。

(二)群众性科研蓬勃兴起

继1980年中国体育科学学会成立后,中国体育发展战略研究会、中国体育哲学发展研究会、中国体育史学会、中国教育学会体育研究会、中国高等教育学会体育研究会、中国老教授学会体育科学专业委员会等全国性的群众体育学术团体成立,分会遍布全国。此外,许多部委、行业也成立了本系统的体育学术组织。这些组织成立后,积极开展了多种形式的学术研讨会、论文报告会等学术活动,出版了大批学术成果。

(三)科研管理体制初步形成

1985年国家体委成立理论工作处,加强以决策研究为主的软科学研究和体育科学研究工作。1990年交由政策法规司负责。1991年起,法规司先后制定了《国家体委软科学研究管理暂行办法》《国家体委体育社会科学、软科学研究项目管理办法》等文件,并于 1991~1997 年先后发布委管年度研究课题,共立项 143 个,完成率约占 75%。1996 年,体育社会科学被列为国家统一规划管理的社会科学一级学科,1997 年起开始单独受理国家社会科学基金项目的申报和立项工作。

(四)国家、社会对体育社会科学研究的投入不断加大

原国家体委对软科学和社会科学的专项研究经费由 80 年代中期的每年 5 万元增加至 90 年代后期的每年 35 万元,国家社科基金自 1997 年起每年提供一定数额的体育社会科学研究经费,1997 年体育社会科学获国家社科基金项目资助总额为 56.5 万元(20 个项目),1998 年获资助总额为 44.6 万元(14 个项目)。各省、区、市社科规划管理部门对体育社会科学研究也有一定的资助。

(五)研究机构和研究队伍迅速壮大

截至 1999 年,全国省级以上体育科研机构计 35 个,其中不少科研机构设有体育理论研究室;一些省、区、市体委设有政研部门或专职政研部门人员。至此,我国已初步形成一支以体育院校、普通高校、体育科研单位为骨干、专兼职结合的体育社会科学研究队伍。

(六)加强了国际间的交流

改革开放以来,我国体育社科界积极参与各国国际学术会议,如 20 世纪 80 年代以来的历届奥运会科学大会、亚运会科学大会以及体育社会科学各分支学科国际学术组织的会议,扩大了我国体育社会科学在国际上的影响,提高了我国体育社会科学在国际科学论坛中的地位。

二、我国体育社会科学研究的主要进展和成就

(一)研究领域逐步拓宽

90 年代后期,我国体育理论界突破了"体育理论"的原有框架,扩展了视野,注意把体育放在国民经济和社会发展的大背景下,从哲学、社会科学各学科的角度对体育运动进行全方位的研究,开始重视体育与社会、经济、政治、文化等相互关系的研究,重视对体育运动的本质、过程、运作机制的研究,重视对体育运动主体的研究,研究领域从国内扩展到国外,研究对象所处的时间领域从历史到未来,极大地拓宽了研究领域和范围。

(二)研究方法不断更新

20 世纪 80 年代以来,随着体育社会科学的发展,体育理论界十分重视新的研

究方法的学习和应用以及对方法论的探索,在研究方法上出现了与现代社会科学研究相一致的多样化、实证化趋势。在体育社会科学研究中重视应用数学方法的趋势正在加强。

(三)为体育管理决策服务的应用对策研究取得可喜成果

改革开放以来,体育社会科学领域分别开展了关于体育发展战略、体育体制改革体育政策和体育法的研究,为国家制定推动体育改革和体育事业发展的目标、任务、方针、政策和措施提供了依据,对体育工作的宏观决策和体育事业发展产生了全面、深刻、持久的影响。

(四)体育社会科学框架体系基本形成

体育社会科学已经从过去仅仅从生物学、教育学研究体育,迅速发展运用社会学、经济学、政治学、哲学、法学、管理学等社会科学的理论和方法,对体育运动进行多层次、多方位的、立体的、综合的研究,基本形成了拥有近20个二级学科的多学科的知识体系。以下对二级学科进行简单介绍。

1. 体育史学

新中国的体育史研究是从1958年开始的,但曾一度中断。80年代各体育学院(系、科)相继开设了体育史课程;1982年国家体委体育文史工作委员会成立;1984年,中国体育史学会在四川乐山成立。学会每年召开一次学术会议,编辑出版了《体育文史》季刊(后改为双月刊),并组织编写了一批重要的体育史学著作。学会还参加了国际体育史委员会及后来的国际体育史学会。

我国的体育史研究取得了丰硕的成果,据不完全统计,到1995年底,仅在《体育文史》杂志上发表的文章就有1 500余篇,另出版的教材和专著有100余种。这些论著广泛涉及体育历史文化的各个方面,为我国体育发展提供了重要的借鉴。

2. 学校体育学

20世纪80年代以前,学校体育学的主要内容包含在体育理论学科知识体系之中。80年代以来,由于我国体育事业全面发展、学校体育实践经验不断丰富以及学校体育科学研究成果日益增加,学校体育学形成独立体系的条件基本具备,人民体育出版社于1983年出版专著《学校体育学》,为本学科发展奠定了良好的基础。此后,学校体育学科科学研究日益活跃,教材、专著以及杂志陆续出版,已在体育学科体系中占有一席之地,学科发展已取得一定的成就,主要有:

(1)在学校体育本质研究方面,重新论证了学校体育是教育的有机组成部分,是国民体育的战略基础,并且是二者结合部这种独特的社会地位;对国民体育思想、自然体育思想、苏联体育教育思想以及关于体质教育思想等对于我国影响较大的学校体育思想进行了客观的分析与评价,并指出学校体育多功能思想将是今后一个时期我国学校体育的比较主要的指导思想;以往相当一个时期,将体育教学的任务代替了学校体育的目的任务,将两个不同层次的事物混同在一起了,现在经过研究,明确了我国学校体育的目的与任务,对学校体育的改革与发展起到积极的作用;在以上研究成果的基础上,对学校体育的社会功能认识更加全面,过去主要从教育培养人才角度进行论述,现在又从体育增强中华民族体质、培养社会体育骨干和优秀的运动人才方面进行分析,学校体育既为实现教育方针服务,又为实现体育目的任务服务。

(2)在体育教学研究方面,能运用教育学、心理学、社会学以及系统科学理论进行研究,在体育教学思想、特点、目标、系统、过程、模式以及教学原则与评价等方面,都取得较有价值的研究成果。

(3)在学校课余体育训练方面,从中国具体国情出发,研究提出"体教结合、优势互补"的发展模式,又探索了不同学段的训练任务与训练规律,对科学化训练是很有益处的。

(4)关于残障和特殊学生的体育方面,对其的体育教育进行了研究,并取得一定的研究成果,填补了这方面的空白。

在原国家教委提出"素质教育""体育两类课程整体改革"以及原体委颁发的两个"计划"的社会背景下,为学校体育学科的发展提出新的要求,将有力地推动学科的发展。

3. 社会体育学

社会体育学是随着体育运动实践的发展,尤其是以健身和娱乐为目的的群众性体育活动的蓬勃发展兴起而形成的一门新兴学科。我国体育事业在长期的发展中已逐渐形成了一个由社会体育、学校体育和竞技体育等几方面组成的体系。社会体育学的研究对象是社会体育这一特殊对象,区别于学校体育与竞技体育,它主要探讨以身体锻炼为基本途径的各种群众性体育活动及其组织管理过程的规律。我国的社会体育学近年来有了长足的进步,在我国已形成了一支专门的研究队伍,在一些高等体育院校中开设了这方面的课程,出版了这些方面的学术论著,每年有大量论文公开发表,在社会体育研究的深度和广度上已达到较高的水平,在理论上获得了一些积极的成果。

(1)关于身体锻炼的理论

我国学者多年来一直关注群众性体育活动,对社会成员进行身体锻炼必须遵循的基本规律和原则进行了深入的研究,从生物学、心理学、美学等角度阐明了身体锻炼的科学基础,提出了从事身体锻炼应当遵循主动性、针对性、全面性、适量性和持续性原则。我国学者还在中华民族传统健身方法基础上,积极整理和创新发展了一系列锻炼身体的内容与方法。

(2)关于休闲、娱乐与体育的研究

随着我国社会生活水平的提高,社会成员的闲暇时间普遍延长,我国学者研究了城市居民闲暇生活的结构和闲暇时间的分布特点,表明体育活动逐渐进入城市居民休闲和娱乐活动的重要内容。我国学者根据自己的研究成果提出了拓宽休闲和娱乐市场,促进休闲、娱乐与体育的结合,提出了积极和有价值的建议。

(3) 关于社会体育组织与管理的研究

我国学者主张根据社会体育的特点,提出制定社会体育组织的法规,用法律方法保护和监督社会体育组织的活动,广泛建立多项目、多形式的体育中心、协会、俱乐部,形成覆盖面广、包容量大、适应性强的新型组织管理体系,这些研究结果正广泛运用,使得我国社会体育的组织与管理呈现新的面貌。

(4) 关于不同职业年龄和其他特征人群体育活动的研究

我国学者在社会体育领域里的研究已涉及从幼儿到老年人,从健康人到残疾人,研究了不同社会群体的体育价值观、体育活动行为以及体质健康状况,获得了十分宝贵的资料,为制定国民体质健康的政策和措施,提供了充分的依据。

(5) 关于社区体育的研究

我国学者积极关注社会体育的研究,重视研究社区体育的环境、组织及网络化的管理,提倡根据中国目前不同地区社区发展的特点,选择不同的社区体育发展模式。

(6) 关于社会体育干部队伍的培养

我国学者积极协助政府有关部门制定《社会体育指导等级制度》,为促进社会体育干部队伍的建设和整体素质的提高,进行了多方面的研究,提出了许多有价值研究成果的积极建议。

(7) 关于全民健身计划的研究

全民健身计划是政府提出的旨在增强国民身心健康的发展规律,我国学者为这项重要计划的研制提供了充分的理论依据,并通过建立国民健康网络进行观察,为国民体质健康做了大量的研究。

4. 体育管理学

体育管理学是研究体育管理现象及其规律的科学,它既是管理科学的分支学科,又是构成体育科学体系的重要组成部分之一。

体育管理学最早产生于美国,后来加拿大、苏联、日本、西欧等国家相继发展起来。我国 20 世纪 30 年代便有人进行研究,新中国成立前就有部分体育系科开设了体育行政课。新中国成立后,体育部门积累了大量的体育管理实践经验。80 年代初,我国才开始创立具有中国特色的体育管理学。

1984 年出版了我国第一本《体育管理学》教材,1989 年、1996 年,先后编写出版了全国体育院校体育系、运动系本科通用教材《体育管理学》和体育管理专业教材《体育管理学教程》。截至 1999 年,全国已有 16 所体育院校、几十所普通高校开设了这门课程,各院校共编写出版了各类体育管理学教材 20 余种。1995 年国家体委正式将体育管理学列入委管重点学科(挂靠武汉体育学院)。

1985年,武汉体育学院和北京体育学院同时增设体育管理本科专业,几年后又有两所院校增设该专业,共有3所院校具有该学科硕士学位授予权。

1987年,中国体育科学学会体育社会科学分会下设有体育管理学专业委员会。在湖北、吉林、山西、上海、武汉等省市的体育科学学会下设有体育管理学专业委员会。中国体育发展战略研讨会、原国家体委系统科学推广工作领导小组,这些学术组织经常开展该学科的学术交流、理论讲座、应用咨询等活动,先后发表学术论文数百篇。

目前,我国体育管理学科在基础理论、体育管理体制、竞技体育管理、学校体育管理、社会体育管理、体育产业的经营与管理、系统科学与体育、体育发展战略等方面的研究均取得了显著的成绩。广大体育工作者的管理观念发生了根本性的变化,管理水平普遍得到提高。

我们深信,体育管理学科随着体育实践的发展,将不断向深度和广度发展,使学科体系逐步走向成熟和完善,使学科在指导体育实践中做出更大的贡献。

5. 体育经济学

体育经济学是运用经济学理论研究体育领域经济现象、经济活动及其规律的一门应用性、综合性学科。体育经济学研究的主要内容是:经济对体育的基础作用和制约作用;体育在经济增长中的作用;体育部门劳动的生产性质及其在产业体系中的归属;体育消费;体育服务商品;体育资金的来源、管理和使用;体育事业的社会经济效益;体育场馆建设与经营管理;体育事业的发展规划等。进入20世纪90年代以来,随着社会主义市场经济理论的建立和计划经济向市场经济的转变,体育经济学的研究也发生了重大变化,社会主义市场经济条件下体育领域的经济运作已成为体育经济学研究的重点和热点,研究的主要问题有:计划经济向市场经济的转变对体育事业的影响;体育体制和运行机制如何适应社会主义市场经济的要求;体育与市场的关系;体育产业的内涵及其发展途径;体育是否可以产业化以及体育产业化的道路;社会主义市场经济条件下如何实现体育资金来源的多元化;如何培育、建设和管理体育市场等。

6. 体育社会学

就总体看,我国体育社会学起步较晚,除台湾地区20世纪70年代有体育社会学专著问世外,多数学者从80年代才开始这一领域的研究。1994年6月,在福州成立了全国性的体育社会学学术组织。据不完全统计,截至1995年底,我国学者在国内刊物上发表体育社会学论文160余篇,出版教材2部,著作4本;在国际学术会议和刊物上发表体育社会学论文20余篇。我国体育社会学的研究成果,在国际上已有了一定的影响。

体育社会学是在一定哲学思想的指导下,以社会学观点来研究体育这一社会现象,并试图以研究成果推进体育健康发展的一门应用理论学科。通过体育社会学的研究,能客观地反映出体育过程中各种因素互动的真实情况,进而找出它们的运动规律,科学地预测体育今后的发展趋势,提高人类对体育这一社会现象的理性认识和增强参与体育的自觉性;及时指出体育领域中可能出现的社会问题,并探索解决这些社会问题的途径和方法。我国体育社会学研究的主要成就有:关于体育人口的理论,体育人口的标准,体育人口的分类,体育人口的本质;体育人口的社会流动;我国运动员的社会流动。关于体质价值观念的论述;关于体育社会的论述;关于体育的社会学特征的论述;关于球迷骚乱成因的论述;关于体育与儿童早期社会化的论述;关于我国体育团体的论述;关于我国的体育社会问题;关于竞技体育的论述;关于体育文化的论述;关于体育社会化的论述。

随着社会和体育的不断发展,体育社会学的作用和意义也将愈来愈明显,这预示着体育社会学是一门极富生命力和前景十分广阔的学科。

7. 体育法学

体育法学是研究体育法律规范和体育法律现象以及它们的发展规律和运行机制的新兴学科。我国的体育法学研究始于20世纪80年代初期。当时,随着国家民主与法治建设的加强和体育改革的深化,体育立法步伐的加快,日益复杂的体育法制问题越来越需要进行理论层次的把握。于是,体育法学便逐渐发展成为一个专门的研究领域。一批来自部分体育院校和体育政策研究部门的热心学者和实际工作者,在分散研究的基础上开展了各种形式的学术研讨和交流活动。十多年来,体育法学的学科建设不断加强,建立了体育法学的学术组织,从体育法学的基础理论研究到结合体育法制实践的应用研究都取得了一定的成果。截至1999年,已编写出版了6册体育法学的学术专著或体育普法教材与读物,发表了100多篇研究论文,已经完成或正在进行的部委级课题有10余项。部分院校还开设了体育法学课程,我国已培养出体育法学方向的硕士研究生。

我国体育法学研究已经进行并有所成果的方面主要包括:体育法学基本理论和学科建设的研究;体育法产生发展的社会条件与客观规律的研究;体育法调整对象的研究;体育法本质与特征的研究;我国体育法的法律地位与功能的研究;我国体育立法历史进程的研究;我国体育法制建设现状的研究;我国体育法制建设意义与对策的研究;我国体育立法指导思想和原则的研究;我国体育法规体系的研究;《中华人民共和国体育法》及其实施的研究;某些具体体育法规立法与实施的研究;某些体育问题的法学分析与研究;外国体育法、国际体育法和比较体育法的研究等。

在我国确立的依法治国、建设社会主义法治国家的目标指引下,体育法学必然伴随着体育法制建设的进一步加强而获得更大的发展,它在体育科学、法律科学中的地位和体育法制建设的促进作用将越来越显著。

8. 体育哲学

体育哲学作为一门学科,在我国的研究开始于20世纪80年代初期。1981年,举行了首届全国体育院校体育辩证法研讨会。与会学者一致认为,把马克思主义哲学应用于体育领域并作为一门新学科进行研究具有重大意义。为了便于国际交流，该学科定名为体育哲学。1984年，举行了主题为"体育的科学化与体育哲学"研讨会，专题研究了体育科学化的含义、特点和内容以及体育哲学在体育科学化中的作用与任务问题。与会者来自全国33个单位，多种专业，形成了多学科、多角度研究体育哲学问题的学术联盟。1985年，体育哲学被正式纳入中国体育科学学会领导之下，使学科迅速走向全国，国内各体育院校开设了体育哲学课程；同时也开始与国际学术界进行联系。我们先后邀请了美国、加拿大、日本体育哲学学者来华访问，进行了学术交流。1987年，又召开了体育哲学学科理论建设研讨会，与会学者对本学科的性质、任务、内容、方法及发展趋势等基本问题进行了全面的、较为深入的研究，明确了我国体育哲学学科的基本理论框架和主要研究内容。经研究者的共同努力，出版了一批专著、教材，标志了我国体育哲学学科的基本形成。进入90年代，体育哲学一方面进一步探讨有关的理论问题；另一方面则加强紧密联系体育实际的研究，扩大了研究队伍，发表了一批哲学与体育实际相结合的学术论文。

截至1999年，我国体育哲学研究者出版了专著和教材8本、论文集2本，公开发表了学术论文200多篇。这些研究成果包括下列几方面问题：①关于学科主要内容和理论体系的建设问题；②关于人体观、健康观的研究；③关于中国传统哲学与体育关系的探讨；④体育价值论和价值体系的研究；⑤当代社会大体育观的考察；⑥关于体育科学方法论的研究及现代系统论方法与耗散结构观点的引入体育；⑦对体育的难点及热点问题的哲学思考；⑧对社会主义市场经济条件下体育改革中问题的认识、分析和体育教学、训练中的哲学问题的研究等。

9. 体育伦理学

二次世界大战后，体育运动有了巨大的发展，尤其是竞技运动的职业化、商业化和竞争的激烈化，出现了一系列体育道德问题，需要从理论上予以回答，体育伦理学应运而生。

体育伦理学以体育活动中的道德现象作为研究对象，是一门研究体育道德产生、变化、发展规律的应用理论学科。通过体育伦理学的研究，为体育项目的确立、体育活动的开展，为参加体育活动的人们的全面发展提供伦理学的依据，研究的具体方法主要有文献法、观察法、比较法、实验法等等。在我国，体育伦理学的理论基础是马克思主义伦理学；人的全面发展理论；集体主义、爱国主义理论等。

我国体育伦理学作为一门学科加以建设始于80年代中期，虽然时间不长，但研究成果较丰。主要体现在以下几个方面：①关于体育道德的论述；②关于体育道德本质的论述；③关于体育道德的社会作用的论述；④关于体育道德品质的研究；⑤关于体育道德范畴的研究；⑥关于体育道德规范的研究；⑦关于体育道德教育的研究。此外，在体育道德与精神文明建设，体育伦理学的学科体系建设，体育道德评价，体育竞赛观众的体育道德，设置体育项目的伦理学依据，运动员服用兴奋剂的行为选择等诸多方面取得了一定的研究成果。

体育伦理学的研究将随着体育科学的发展而走向世界。各国从事体育伦理学研究的学者们将在不同的社会制度、文化体系、道德观念等背景下,通过对体育道德共性问题的探讨和交流,相互吸取合理因素,逐步完善体育伦理学自身的体系,已成为体育伦理学发展的一大趋势。

10. 体育美学

我国体育美学研究,始于20世纪70年代末,中国体育科学学会体育理论分会于80年代中期成立了体育美学专业组。体育美学经过几十年的发展,已初步建立了学科地位,逐渐形成了一支研究队伍,研究成果产生了广泛的社会效益。

体育美学的研究对象是揭示体育美的本质和规律,包括身体美、运动美、个性品质美、审美意识和审美创造等。体育美学属于边缘学科,具有综合性、应用性的特点。体育美学研究以马克思主义哲学为指导思想,坚持理论与实践的统一。体育美有其特殊本质,体育美根源于人的本质力量的对象化,以人体运动构成创造主体和审美对象,具有客观性、社会性、创造性、感染性、对象性和象征性等特征。体育美的主要内容是运动美、身体美、精神美。基本形式是整齐、对称、均衡、比例、和谐、层次、曲线、节奏,多样化统一。身体美有确定的意义,其标准具有时代性、历史性、民族性。运动美的基本内容丰富,包括意志品质美、技术战术美、智慧美和风格美。体育美的创造有其尺度和规律性,强调按照规律性和合乎目的性的统一进行体育美的创造。体育审美判断有其客观标准,强调心理因素、民族文化、意识形态和时代背景等在体育审美欣赏中的地位和作用。体育美学的使命是按照健康的体育审美目的,遵循科学的体育审美原则,培养和提高人们对体育美的感受力、欣赏力和创造力,实现人的全面发展。

11. 体育科学学

体育科学学是研究体育科学的科学,是在体育科学和科学学迅速发展的基础上出现的一门新学科。近年来,我国体育理论工作者学习与吸收科学学研究成果,运用科学学的理论,开始对体育科学整体现状、趋势以及存在的问题进行探索和研究。体育科学学方面的研究论文不仅在数量上明显增加,而且具有一定的深度和广度。这些研究进一步深化和丰富了人们对体育科学的认识,使体育科学学在我国已初具雏形。

体育科学学的研究对象是体育科学整体,研究的主要内容有:体育科学在科学体系中的归属;体育科学的特征;体育科学分类与结构;体育科学的社会功能;体育科学原理与科学能力;体育科学方法论;体育科学与运动技术;体育科技发展战略;研究人员素质与队伍构成;体育科研的组织管理等。

研究的重点包括:从总体上研究现代体育科学知识体系,以及各门学科发展的阶段性与特征;研究体育科学管理的形成过程,对体育科技活动实行优化管理;加强对体育科技能力的研究,促进科学技术向生产力的转化等。

12. 比较体育

比较体育是一门新兴学科,第二次世界大战以后才在世界范围发展起来。这是由于各国在政治、经济、文化各方面加强了联系,彼此需要交流和借鉴;以高科技为标志的信息时代,使比较研究成为可能;其他相关学科的各种为比较体育提供了理论和方法。

比较体育的研究对象是两个以上国家或地区体育现象的异同及其原因和背景。比较体育的研究目的是在更广阔的视野中去探索人类社会中体育发展的规律并借鉴国外发展体育的经验和教训。

比较体育可界定为对体育进行跨文化研究的一个社会学领域。世界各国的体育现象的异同属于比较体育范畴,而一个国家内不同地区、不同民族的体育现象的异同也同样属于比较体育范畴。

比较体育的研究目的是:通过对世界各国各地区体育的比较研究,开阔眼界,增长知识,了解各国体育发展的共同规律和特殊规律,从而加深对本国体育的认识;吸取外国的成功经验和失败教训;预测世界体育发展的未来。

比较体育的研究方法与一般社会学相似,即采用比较描述法、因素比较分析法、横向比较研究法和历史比较研究法。研究程序多采用叙述、解释、并列与比较。

我国在20世纪80年代初开始引进这一学科,其发展相当迅速。在中国体育社会科学学会社会科学专业委员会设有比较体育学组,历次全国体育科学大会均有比较体育学科,1995年在上海成功举办了亚洲比较体育研讨会。国内已有北京体育大学、华东师范大学和北京师范大学等校开设了比较体育课程并招收硕士研究生。我国学者自1986年以来多次参加国际比较体育学术讨论会。

13. 奥林匹克研究

奥林匹克研究是从社会文化的角度对奥林匹克运动进行研究的体育科学领域。奥林匹克研究有自己独特的研究对象、概念体系、学术组织、机构和相应的学术刊物,实际上已经形成了一门新学科——奥林匹克学。奥林匹克研究对体育科学,特别是对体育社会科学大发展有特殊的重要意义。

国外奥林匹克研究自19世纪中期以来经历了三个发展阶段后,其广度和深度达到前所未有的水平,但同时也存在着欧美中心论等不足。

中国的奥林匹克研究可大致分为:奥林匹克资料介绍(1949~1978年)、研究的初步开展(1979~1988年)和迅速发展(1989年至今)三个阶段。目前,这一领域已成为我国体育科学中发展最为迅速的领域之一。这主要是因为有相当自由活跃的思想背景以及日益普及奥林匹克教育因素的促进。中国奥林匹克研究目前面临的主要困难是奥林匹克实践经验的不足、资料的缺乏及研究力量不足。中国学者对奥林匹克进行认真的研究,并在下列方面有所贡献:奥林匹克的基本概念、奥林匹克运动的结构及其发展阶段、古代和现代奥运会的异同、奥林匹克问题辩证研究以及中国与奥林匹克运动的相互作用等。

奥林匹克研究未来的发展趋势：随着世界性通讯网络的形成，各国学者的合作将不断加强；在处理奥林匹克的诸多问题，如奥运会的超大规模、商业化、职业化、男女平等、组织民主化及奥运会对环境的影响等研究课题中，奥林匹克改革将成为研究热点。此外，东西方体育文化的相互关系也是引人注意的一个论题，中国学会对中国体育与奥林匹克运动的双向驱动及奥林匹克文化的中国化等问题将有特殊的兴趣。

14. 运动心理学

运动心理学，作为一门体育科学同时也作为一种职业，正在世界范围内迅速发展，其作用和影响正在为越来越多的人所认识。

自20世纪70年代中国恢复运动心理学以来，运动心理学的科学研究和实际应用方面都取得了显著的成果。截至1995年底，中国学者出版的运动心理学专著、译著和教材20余部，在各种刊物上共发表运动心理学学术论文1000余篇。研究涉及的内容有：运动心理学基本理论、认知心理、情感、个性、体育教学心理、运动训练心理、运动竞赛心理、心理训练、心理选材、心理咨询、教练员和体育教师的心理特征、不同运动项目的心理、体育运动社会心理学、锻炼与健康心理学、运动心理学的职业道德、使用兴奋剂的心理学问题及其他有关问题。

1980～1995年，我国运动心理学工作者承担了大量国家科委和国家体委下达的运动心理学（含综合研究）科研课题，在科学研究方面取得了丰硕的成果。其中20项获国家科委和国家体委科技进步奖。我国运动心理学的研究成就主要集中在以下几个方面：①运动员的心理选材；②运动员的心理咨询和心理治疗；③运动员的心理训练；④运动员的心理诊断和测量。

我国从20世纪80年代开始曾多次邀请国际知名的运动员心理学专家、学者来我国讲学。中国学者也多次出席国际运动心理学的学术会议，在国际性的运动心理学组织中也担任了重要职务，1999年，中国还承办了第三届亚洲及南太平洋国际心理学大会，通过这些活动，极大地促进了我国运动心理学与国际间的学术交流，同时也表明中国的运动心理学在国际运动心理学的大家庭中已是重要的成员之一。

可以预见，随着我国社会、经济以及体育事业的迅速发展，我国运动心理学的研究也将更好地适应社会的需要，为促进我国运动技术水平的提高、为促进人民的身心健康发挥其应有的作用。

15. 体育概论

我国古代和近代关于体育原理的研究成果颇丰。毛泽东于1917年发表的《体育之研究》是一篇系统论述体育原理的代表作。20世纪30年代我国出版了《体育概论》《体育原理》等著作，论述了当时中国体育实践中"土洋"体育关系、体育的军事化道路、民众体育等一些重大的理论问题。

新中国成立后，我国着手建设新时期的体育理论，20世纪50年代引进了苏联的《体育教育理论》,60年代初出版了我国学者自己编著的《体育理论》。十一届三中全会以后,随着体育改革的深入发展和世界性体育分支学科的大量繁衍,80年代初体育理论分化成体育概论学、学校体育学、运动训练学、群众体育学四门学科。从此,体育概论走上了独立发展的道路,成为从宏观、整体上研究体育本质特征、发展规律、预测未来,为体育改革提供战略决策服务的专门学科。

  在体育概论研究的领域中,我国学者的研究工作取得了丰硕的成果。关于体育的本质,体育理论工作者运用马克思主义的观点,从人的生物和社会两重属性分析,认为体育是通过人体运动,运用体力与智力相结合的运动手段,作用于人类个体和社会,取得物质与精神文明相统一的综合效果的社会活动。关于体育的概念,根据世界体育发展的趋势和我国文化传统及词语习惯,确定以"体育"一词为上位概念,"体育教育""竞技体育""身体锻炼"为下位概念,"体育"与"体育运动"是同一概念的词汇,不赞成用"身体文化"或"身体教育"这样的词汇。在对外交往中,现在多用"sport"表述体育。关于体育功能的研究,认为体育的对象是人,体育的本质功能是增强人民体质,然而,作为社会现象的体育,要从个体和社会两个方面去挖掘体育的功能,为经济和社会发展服务。关于体育发展的一般规律,特别是体育与政治、经济的关系,体育社会化,社会主义初级阶段体育的特征和市场经济条件下体育的性质,建设有中国特色的体育理论以及体育与现代社会等领域的研究,也取得了丰硕的成果。

第六章 系统科学的应用与体育软科学的发展

第一节 引进系统科学,提高体育科技整体水平

一、系统科学进入体育科技领域的必然性

系统科学是20世纪40年代以后相继产生的新兴学科群,它主要包括系统论、控制论、信息论、协同论、耗散结构理论、突变论、运筹学和系统工程等。系统科学为人类提供了一套全新的科学思维方法,从而增强了人类认识自然和改造自然的能力,使人们对世界上复杂系统的控制成为可能。

党的十一届三中全会后,我国体育事业得到了迅速的恢复和发展,特别是竞技体育水平迅速提高,我国竞技体育开始全面走向世界。近几十年来,国际运动技术水平突飞猛进,达到了相当高的水平,赛场上竞争日益激烈,使得运动成绩的提高和获得优异的成绩越来越困难,使得原来看来很简单的问题变得越来越复杂了。在这种情况下,人们逐渐发现,要取得竞争的胜利,已不再仅仅是运动技术的问题,体育中绝大多数现象都是生物、心理、和社会三大因素交叉在一起综合作用所产生的结果。人们开始认识到,传统的单学科的深入研究,已经难以解决当前运动训练和竞赛中普遍存在的复杂问题。因此,我国体育界中的有识之士,开始将目光转向系统科学。改革开放,为我国体育界带来同外部交流的大好时机,各种新理论和新方法在体育界的推广和普及,客观上为系统科学在体育领域中的应用提供了十分有利的条件。20世纪60年代,原苏联和民主德国等体育强国就已开始将系统科学运用到体育领域,1965年在苏联莫斯科体育学院召开了"控制论与体育"国际学术会议。系统科学的应用,使这些国家在体育科学技术方面,体育事业的管理、体育教学训练和国际竞赛方面都取得了长足的进步。

20世纪80年代初,我国体育界的一批学者开始认识到,必须及时引进系统科学,尽快地使广大体育工作者了解和掌握系统科学的新概念、新思想和新方法,采用多学科综合研究的方法去解决复杂的体育问题,彻底改变我国体育科学研究的

面貌,使系统科学无论在宏观研究,还是在微观研究中都能发挥作用,提高我国体育科技的整体水平,为振兴中华体育发挥更大的作用。

二、系统科学在体育科技领域扎根和发展的历程

我国体育界学习、运用系统科学是比较早的。20世纪80年代初就有不少人开始学习系统论、控制论、信息论等新的科学理论,并开始将这些理论应用到体育实践,进行初步的尝试。到了20世纪80年代末、90年代初,其运用水平产生了质的突破,已经能在较高的层次上较好地运用系统科学。根据系统科学在体育中应用水平不断提高的过程,可将系统科学在体育中的发展划分为三个阶段:第一阶段为十一届三中全会以后至1989年,可称为学习引进阶段;第二阶段为1990年至1993年,可称为飞跃发展阶段;第三阶段为1994年至1999年,可称为深入推广阶段。

(一) 学习引进阶段

20世纪80年代初,系统科学成为我国科技界高度重视的新兴学科。以钱学森为首的一批科学家为全世界系统科学的发展做出了巨大的贡献,同时钱学森等人还极力进行系统科学的推广工作,提倡各行各业都要学习系统科学,用系统科学的基本思想、基本方法去思考和解决现代社会中许多复杂的问题。在这一背景下,由于体育事业自身发展的需要,促使体育界重视这一问题。体育界的一部分学者,开始致力于学习和引进系统科学的工作。不久,"体育控制论"等一批介绍国外体育界应用系统科学的译著相继出版。体育报和国内一些体育学术刊物也相继发表了关于系统科学与体育的论文。1984年,北京体育学院的袁旦同志在《体育科学》上发表了"论系统论、信息论、控制论进入体育科学技术领域的必然性——体育技术日趋复杂引起体育科学方法的一场革命"该文通过对几十年来体育技术复杂性迅速增长的分析,指出为适应这种形势,目前在体育科学技术研究中,正在兴起一场科学方法上的变革,系统论、信息论、控制论进入体育科技领域正是这场变革的需要。1985年,上海体育学院徐本立以连载的方式,在《中国体育报》上发表了十一篇《"三论"在现代体育中的作用》,从理论上对三论在体育实践中应用的一些问题进行探讨。徐本立还出版了《三论与现代体育》《体育控制论》等著作。同时,体育界不少行政领导干部和实际工作者,也开始自觉地学习和应用系统科学。比如,原福建省委副主任何方生,在学习了一般系统论、协同论和钱学森的论系统工程后,联系自己的工作实际,写出《运用系统原理探讨运动训练改革》一文,发表在《体育科学》1985年第一期。他以系统科学的基本原理和方法,分析了当时我国训练体制存在着"分散展开"和草木皆兵的问题,指出存在着"1"+"1"<2的严重问题,并提出改革的方向。

系统科学在体育界的兴起,引起了体育院系的关注。为了普及系统科学的基础知识,北京体育学院、上海体育学院、武汉体育学院等一批体育院校从1985年开始,在本科生和硕士研究生的课程中增设了一部分关于系统科学的课程加强体育与系统科学教学"。① 如武汉体育学院,为了普及系统科学的基础知识和一般理论,完善学生的知识结构,在教学安排上,他们系统地配置了有关课程,分不同学制、不同系科予以开课。在本科生中,他们开设了高等数学、计算机原理、线性规划、运筹学、"三论"(即信息论、控制论、系统论)基础与应用等课程;在研究生中,试设系统科学与体育、体育比赛管理计算机应用等专修方向,并开设了体育控制论等相关课程。在专科生中也针对其特点开设了相应课程(表6-1)。

表6-1 当时武汉体育学院开设有关系统科学的课程情况

课程	学制	学时	开设时间	主要内容	备注
运筹学概论	本科	72	1988年	介绍运筹学的有关方法	管理系学位课
	专科	36	1988年	运筹学基础知识	选修
	研究生	36	1991年	模拟技术、图论、博弈论、排队等运筹学方法	必修
体育控制论	研究生	36	1993年	控制理论及研究方法	选修
"三论"基础与应用	本、专科	36	1985年	"三论"基础知识、基本应用方法	指定选修
大型体育比赛的组织管理	本、专科	36	1991年	组织体育比赛的基础知识	体育管理专业社会体育专业
系统科学与体育	研究生	未定	1991年	系统科学在体育中的应用	管理专业专修研究方向
比赛管理的计算机应用	研究生	未定	1995年	大型体育比赛的计算机应用	专修方向
系统科学讲座	不定	不定期		系统科学知识及其在体育中的应用	教师参加
教学实习	本科	7周	1990年	在实践中学习运动会的筹备与组织	

资料来源:孙汉超,何玺.结合院校特点推广系统科学.福建体育科技,1996(3):26.

为了提高学生的组织管理水平和筹备运动会能力,该院在体育管理专业和社会体育专业中开设了大型体育比赛的组织管理等课程,并将有关专家和学者请进来,讲授有关系统科学及运动会组织筹备的有关知识和方法,同时每届都将一部分学生送出去,参加国内大型竞赛活动的筹备工作,先后在亚运会、全运会、远南残运会、大运会、农运会等大型比赛实践中锻炼能力,增强感性认识,完善学生的知识结构体系。

通过在不同学制、不同专业的学生中广泛开设系统科学的课程,大大提高了学

---

① 孙汉超,何玺.结合院校特点推广系统科.福建体育科技,1996(3):25-27.

生在这方面的知识能力,培养了系统思维的方法,掌握了一些系统科学的基本理论、知识与技术,以适应社会对体育专门人才的需求。

(二) 飞跃发展阶段

经过 10 年左右的学习和引进,到 1989 年,体育界对系统科学的认识和应用水平有了质的飞跃。

这一阶段在质的方面的飞跃,主要体现在北京亚运会和申办 2000 年奥运会工作,以及上海东亚运动会、全国七运会等大型运动会组织管理上成功运用了系统科学的理论与方法。

北京申办十一届亚运会获得成功,引起了党和政府的高度重视,1985 年成立了北京亚运会组委会。开始时是按传统方式组织开展工作,从 1989 年起至 1990 年 7 月底,开始运用系统科学方法进行总体筹备计划。北京亚运会是规模较大的社会活动,设有正式比赛项目包括大项目 27 个、小项目 308 个,表演项目有 2 个大项、5 个小项;还要组织文艺节、文化展览、体育科学大会等共 53 个大型活动。大会邀请 37 个代表团,共 6 546 名运动员、教练员和官员,1 372 名外宾,2 345 名技术代表,还有组委会工作人员 17 645 人、志愿者 9 263 人[①]。其规模之庞大,远远超过历届亚运会。它的组织工作是一个十分庞大的工程,采用传统的组织指挥方法已不能适应了。为了把本届亚运会办好,组委会决定采用 C3I 指挥技术。C3I 产生于 20 世纪 60 年代,它是按照科学的原则和工作程序进行指挥,依靠严密通畅的联系网络控制运转,应用先进的电子计算机、数据通信、传感显示技术集中管理各种信息,进行组织的大型系统。组委会借鉴了这种在现代军事活动中建立的 C3I 系统,结合本次赛会的实际情况,建立了与之相似的指挥系统,称"类 C3I 系统"。这一系统在本届亚运会中发挥了关键的作用,使本次亚运会组织得严密,办得隆重、热烈、精彩、成功,给全国人民交上一份满意的答卷。北京亚运会闭幕后不久,江泽民在接见中国体育代表团和亚运会组委会工作人员时,高度赞扬了亚运会的组织工作。钱学森在北京亚运会闭幕后的第三天给伍绍祖写信说:"你们把周恩来和聂老总开创的组织领导两弹一星的方法移植到亚运会工作,这是件值得大书特书的事!我建议您在总结报告中务必把它讲透,以唤起各级领导重视。"[②]这是对北京亚运会组织工作中系统科学与体育的出巨大成效的准确的评价。

北京亚运会是系统科学与体育结合的一次成功的实践,它极大地促进了体育界运用系统科学的热情,表明了我国体育界应用系统科学达到了一个新的水平。

(三) 深入发展阶段

多次运用系统科学的成功,使我国体育界尝到了甜头,引起领导和广大体育工

---

① 王国琪.近年来我国体育界应用系统科学情况综述.体育科学,1994,14(1):13-21.
② 国家体育委员会办公厅.系统科学及其在我国体育界的运用(体办字〔1996〕167 号).1996.

作者的重视。为了进一步推广系统科学,使系统科学的运用往更高的层次发展,1994年7月,国家体委成立了以袁伟民副主任为组长、张发强副主任为副组长的系统科学推广领导小组。领导小组除两位副主任外,其余均为国家体委司局级领导和各地方体委负责同志。1994年8月,领导小组召开了第一次会议,研究了工作任务、目标和下一步的打算,并以会议纪要的形式明确下来,下发给各地市、各单位贯彻执行。

领导小组的成立,标志着系统科学在我国体育界的应用进入了更高层次,更深的领域和提高质量的深入阶段。1994年以后,系统科学的应用与推广工作,做到了有领导、有计划、有组织地进行。根据领导小组的安排,多次聘请了专家为体委机关处以上干部和直属单位领导同志讲授系统科学知识;举办了司局干部系统科学及办公自动化培训班,41名司局干部参加了培训;举办了两期系统科学及计划网络法培训班,为地方培养系统科学的骨干。学术和经验交流,是体育界推广系统科学的重要一方面。1994年3月,举行了全国首次的"系统科学与体育"学术研讨会,会上交流了26篇论文,虽然数量不多,但论文的质量较高。伍绍祖到会讲话,他指出推广系统科学的重要意义有四条:"第一,可以完成重大任务;第二,可以提高工作水平、工作效率;第三,能把庞杂的队伍组织起来;第四,能提高人的素质,培养干部,解决世界观问题"。1995年秋季,在天津召开了全国体育界系统科学推广工作交流会,来自各方面的14位代表在大会上发言,介绍了本单位的经验,国家体委副主任张发强到会讲话[1]。1995年7月,福建省体育科学学会组织召开了东南地区系统科学与体育学术研讨会,为地区性学术交流开了一个好头。经过十几年的学习、引进和探索,体育界应用系统科学的水平逐步得到提高,取得了不少可喜的成果,出版了一部分著作,发表了一定数量的学术论文。由伍绍祖主编的《系统科学与体育》一书,于1995年10月出版,张爱萍还为该书题写了书名。由国家体委干部撰写的论文《北京亚运会的组织管理与决策》被选入了第二届软科学大会专门编辑的《国内外决策案例》一书;《我国大型国际体育活动决策的特点》被选入全国首届策划理论与应用研讨会,并编入论文集。

1994年后,我国各种大型的体育竞赛活动都能自觉地运用系统科学的方法,使竞赛活动得到顺利地进行,并取得良好的效果。如1994年北京"远南"残疾人运动会,1995年的天津世乒赛、昆明全国少数民族传统体育运动会、南京全国城运会,1996年2月的哈尔滨亚洲冬运会等,都采用了计划网络法等系统科学方法。

从体育界十几年来的实践看,系统科学在我国体育社会实践中的应用,有如下几个特点:[2]

(1)系统的规模大、社会性强。如北京亚运会和申办2000年奥运会,都是涉

---

[1] 伍绍祖. 系统科学与体育. 北京:人民体育出版社,1995:2-5.
[2] 国家体育委员办公厅. 系统科学及其在我国体育界的运用(体办字〔1996〕167号). 1996.

及面非常广、极其复杂的大型社会活动,是巨系统。

(2) 系统的层次性高。体育界应用系统科学能够取得较好的成绩,其中一个重要原因,就是有高层领导同志的直接参与,伍绍祖就是其中一个。

(3) 理论和实践结合得紧,自觉性强。体育工作的特点使系统科学的理论和方法同体育实践的结合非常紧密。系统科学在体育社会实践中的发展过程,就是系统科学理论与体育实践一步一步结合的过程。

(4) 以运用计划网络图技术为突破口,以加强总体协调、进行科学管理为主要内容。

(5) 充分运用现代化技术手段。只有先进的理论,没有先进的现代技术条件基础,是不可能实现现代科学管理的。

(6) 在大型体育活动组织机构中设立总体部门。这是一个核心、关键的特点,使系统科学的运用在组织机构上有了保证。

在深入发展阶段,系统科学在体育界应用的领域越来越广,除了大型运动会外,许多地方体委和国家机关、直属单位,都在直觉地运用系统科学来指导日常工作管理和重大决策,积累了不少好经验。许多科研人员,高校体育教师,教练员逐步把系统科学的基本理论、基本思想和方法运用于科研、教学和训练过程中,取得了不少可喜的成果,并在各种学术刊物上发表了有关的学术论文。系统科学能在短短的十几年时间里,在我国体育界生根、发芽、开花、结果,究其原因主要有两个方面。①客观方面:一是改革开放提供了良好的大环境,使得各种现代科学理论与方法引进我国,并得以应用和发展;二是体育社会性大型活动多,这一工作特点恰好适应系统科学的应用。②主观方面:一是高层领导的重视,因为系统工程研究通常是较大系统,涉及面很广,没有领导的重视与支持是难以运行的;二是体育界有一批熟悉业务,善于学习的人才,就是靠这些热心人矢志不渝地学习和探索,把系统科学的应用从低水平逐步引向高水平。

与其他领域相比,体育界对系统科学的应用还是比较粗浅的。但系统科学在体育界的应用方兴未艾,正日益受到各级领导和广大体育工作者的重视。在系统科学推广领导小组的领导下,体育界正在把系统科学的应用推向进一步深入发展阶段,并把成功的经验推向更广泛的领域。

第二节 加强软科学研究,提高管理决策水平

软科学是指研究社会组织和管理学科的总称。它主要包括科学学、系统科学、战略科学、规划科学、未来学、决策科学、管理科学、政策科学及行为科学等。

进入1980年后,我国体育界开始认识到,体育科研只有"软""硬"科研相结合,

才能发挥出它的整体功能,为推动我国体育事业的发展起到更大的作用。因此,软科学开始得到了重视。

改革开放为我国体育事业的全面发展创造了一个空前大好的机遇,广大体育工作者为之振奋,决心要把我国建设成体育强国。然而,要建成体育强国光靠热情是达不到目的的。广大体育工作者认识到,我们应当抓住机遇,理性思考,明确今后的发展方向和步骤,提高决策、管理的科学化水平,才能使我们随着我国经济、文化、教育、科技的发展,稳步实现体育强国的目标。

改革开放,百废待兴,从20世纪80年代初开始,我国体育界就在全国范围内开展了对体育发展战略的研究。1983年至1984年,国家体委组织部分理论工作者与实际工作者完成了国家"六五"计划期间的哲学社会科学重点科研项目"2000年中国的体育"的研究。1984年8月,在北京第一次召开了全国体育发展战略、体育改革会议。1985年8月13日至23日,在青海省西宁市召开的全国体育发展战略讨论会上,成立了中国体育发展战略研究会。在这次大会上,李梦华同志说:"国家体委召开这样规模盛大的体育发展战略讨论会,还是第一次,会后还要成立全国体育发展战研究会,这个会议的召开和研究会的成立,一定会对我国体育事业的发展产生积极的深远的影响。"

1984年,经国务院批准的《关于进一步开创体育新局面的请示》中,提出了20世纪末要把我国建设成为世界体育强国的战略目标。

发展战略研究,主要解决可以预见得到的未来的发展战略问题,当前战略研究的主要任务是通过对国际和国内、客观和主观的综合分析,预测20世纪末建成体育强国的具体发展前景,探索实现这一战略目标的各种可供选择的可行的方案,寻求最佳的途径、步骤,进行可行性论证,提出有科学依据的对策、建议。各省、市、自治区体委应有专人分管这项工作,组织专门的研究班子。同时,希望体育院校系科和其他行业、社会团体能有更多的人投身到体育战略研究中来。因为,研究中国体育发展战略不仅仅是体委系统的事情,而且关系到各行各业,关系到全社会。希望有志于这项工作的同志努力做出贡献[①]。

这次讨论会理论联系实际,探索领域较广,进一步研讨了体育发展战略的指导思想,对20世纪内把我国建成世界体育强国问题进行了可行性研究,并提出了若干战略性对策建议。这次讨论会是新中国成立以来第一次大规模的体育发展战略学术讨论会,在我国体育发展史上是一次创举。

1986年3月至5月中国体育发展战略研究会分别召开了关于中国体育事业指标体系、我国学校体育发展战略和我国竞技体育发展战略三个课题研讨会。三个研讨会的中心要求是共同研讨该课题的指导思想、主攻方向、课题内容以及协调分

---

① 李梦华.发展战略研究,为在20世纪末把我国建设成世界体育强国而努力——强国在全国体育发展战略研讨会上的讲话提纲.中国人民大学书报资料社复印报刊资料,1985:9-11.

工等问题。研讨会突出强调理论工作者和实际工作者密切配合,从实际需要出发,着眼于未来发展战略,围绕决策部门亟待解决的问题制定课题。1987年8月,在北京市密云县又召开了中国体育发展战略讨论。这次会议的大会报告和讲座,展示了2000年中国竞技体育发展战略等30多个课题中已经完成的部分研究成果。

1990年2月28日至3月3日,在河南省洛阳市召开的全国体育发展战略讨论会上,总结了中国体育发展战略研究会成立以来中国体育发展战略研究的进展情况,讨论了国际、国内的体育形势,进一步研究了中国体育发展战略的指导思想。会议认为体育的发展必然受到国家发展的总战略、体育在社会生活中的地位和国家对体育可能投入水平的制约;体育的发展必须在其外部与经济建设和教育、科技、文艺、卫生等方面的发展相协调,在其内部实现群众体育发展与竞技体育发展相协调。

体育发展战略研究对20世纪80年代的体育改革产生了重要的影响。通过体育发展战略的研究,我国体育战线的战略意识普遍增强,各级领导逐步树立了长远发展的观点,并带动了地区和跨地区的体育发展战略研究。在20世纪80年代中,有20个省区市召开体育发展战略研讨会70余次,撰写和交流论文1100多篇,出版论文集25册;9个省市体委成立了体育发展战略研究会,促进了研究实际问题、注重战略研究风气的形成和发展[①]。

在我国体育战线广泛开展战略研究,使广大体育工作者能站在国家与社会发展的高度上审视体育的发展方向,将我国体育事业的发展同国家的政治、经济、文化、教育、科技联系起来,与全球体育的发展联系起来。经过多次研讨,大家对我国体育发展战略的指导思想取得了共识:应走有中国特色的体育发展道路;应面向现代化、应面向世界、面向未来;应不断满足人们日益增长的物质和精神文化生活的需要。通过战略研究,大家还对体育强国的概念及其评价的指标体系达成了共识,并提出了我国体育发展的步骤应根据党的十三大提出的我国经济发展三步走的战略部署,力争在下世纪中叶建成世界体育强国。

---

① 伍绍祖.中华人民共和国体育史.北京:中国书籍出版社,1999:306.

第七章　体育科技为两大战略服务

第一节　体育科技面向竞技体育主战场

改革开放为我国竞技体育跨出国门,冲出亚洲,走向世界创造了有利的条件。1979年国际奥委会恢复了我国正当的席位,我国竞技体育又回到了阔别了20多年的世界体育大舞台,我国体育健儿又有了与全世界运动员同场竞技的机会。

然而,由于在相当长的时间里,我国未参加多数运动项目的世界大赛,技术水平与一些体育强国相比,差距越来越大。改革开放为振兴中华创造了一个大好的时机,在这种形势下,我国人民希望体育健儿能尽快赶上世界运动技术水平,在国际大赛上拿金牌,升国旗奏国歌,激发国人振兴中华的信心和热情,为国人增添精神力量。面对全国人民的热切期望,我国体育界决心尽最大的努力,在最短的时间里赶上世界先进水平。

但是,就在我国竞技体育与世界隔离的20多年时间里,运动训练的特征发生了很大的变化。中国奥委会原主席钟师统1977年撰文指出:"几十年来,运动场上决定胜负的主要因素发生了几次转移。综合国内外近年来的论点,几次转移表现为:

(1) 约在20世纪30年代前后,即现代奥林匹克运动形成发展阶段,决定胜负的主要条件是运动员的天赋,和在竞赛规则允许的限度内,新的、更合理的运动技术动作的发明创造(当然,在某些运动项目上,动作技术的创新在竞争中一直具有重要地位)。

(2) 到了20世纪中叶,在天赋条件的重要性被确认后,决定因素转移到训练的刻苦程度上。

(3) 近20年来,当上述条件的重要性被普遍确认后,决定条件又转移到训练的科学化程度上。"

今天,世界竞技体育技术已达到了相当高的水平,各国运动员之间的差距越来越小,运动场上的竞争越来越激烈。在这种情况下,光靠天赋和刻苦训练是无法取得好成绩的。面对这种现实,我国体育界深刻认识到,要振兴体育就必须加强体育科技工作。1978年5月,国家体委印发了《国家体委关于加强体育科学技术工作的意见》的文件。文件中指出:"为了尽快把体育搞上去,迅速赶超世界先进水平,在20世纪内成为世界上体育运动最发达的国家之一,希望各级体委切实重视加强体育科学技术工作的领导,把这项工作抓好。"文件还确定了1978年至1985年体育科研的主要任务:提出要建立和充实体育科研机构,做好合理布局;提出要加强党的领导,落实知识分子政策,为体育科学技术工作创造了必要的条件。1979年5月7日,第二届全国体育科学技术工作会议在北京召开。会议对如何全面开展体育科学技术工作做了进一步更为具体的要求与部署,会议纪要指出:"根据1979年全国体工会议纪要提出的'鉴于运动技术水平落后已成为突出薄弱环节,而参加1980年奥运会的任务又迫在眉睫,我国一些项目成绩还达不到奥运会报名标准。因此,今明两年国家体委和省一级体委要在普及与提高相结合的前提下,侧重抓提高'的精神,今后一个时期内体育科技工作也应侧重抓提高。"根据这一精神,我国体育科技工作在为体育的普及与提高服务的同时,将侧重点放在运动技术水平的提高上。

一、中国女排的成功离不开现代科学技术

中国女排是我国改革开放后率先冲出亚洲走上世界的标兵,在改革开放初期为振兴中华体育做出了突出的贡献。中国女排之所以能取得如此骄人的成绩,正是由于科学训练的结果。

中国女排组建于1976年,女排姑娘顽强拼搏,于1981年获得世界杯赛冠军。其后,又获1982年世界锦标赛冠军、1984年奥运会冠军、1985年世界杯冠军、1986年世界锦标赛冠军,创造了世界排球运动史上的"五连冠"的奇迹,震惊了世界排坛,同时也极大地振奋了民族精神。中国女排是改革开放后我国体育界率先走向世界,并登上国际竞技体育顶峰的典范。

中国女排取得如此突出的成绩,原因是多方面的,科学的训练是其中一个重要的因素。现代排球运动的发展建筑在现代科学技术发展与进步的基础上,排球运动的训练、竞赛已成为排球运动与自然科学、社会科学、数学科学、信息科学、技术科学交叉综合的一门新的学科。离开现代科学技术的支持与渗透,排球运动就难以生存和发展。当今世界排坛先进国家,普遍采用录像和计算机系统,统计分析敌我双方技术战术运用的数据,寻找克敌制胜的最佳方案;普遍使用三维测力台、高速摄影机和计算机系统,对运动员的技术动作进行生物力学分析;普遍运用各种先进的仪器对运动员的各种生理指标进行监控等等。

中国女排"五连冠"成绩的取得,离不开科学训练。科学训练就是在科学理论的指导下运用现代科学技术的方法和手段组织、实施、控制运动训练过程,使运动

员个体和运动队整体的竞技能力由低水平的现实状况,向高水平的目标状态过渡、转移,最终实现训练目标。

我国女排"高快结合、全攻全守"的先进的技战术训练指导思想,来源于对我国和世界排球运动技战术长期实践发展经验的科学总结与创新。

将排球技战术按不同的性质划分为:接发球进攻、接扣球进攻、接保护球进攻、接处理球进攻等四个具体的训练体系,是现代系统原理指导技战术训练的具体运用。

中国女排技战术、体能、心理、智能训练目标模式的勾勒,长期集中封闭性训练方式,男子模拟陪练,队伍中运动员渐进式更新等是训练过程中现代管理科学的具体体现。

从难、从严、从实战出发,大运动量训练原则的贯彻实施,反映着中国女排对机体能力刺激—恢复—提高,再刺激—再恢复—再提高的生物链规律和排球运动制胜规律的科学认识。

专家小组对世界女排列强技战术打法特征规律的统计分析,对中国女排技战术的针对性训练发挥了积极的作用;生理生化指标的采集与分析,有效地调整、控制着中国女排姑娘的运动训练负荷;混沌脑像仪的图案,为教练员判定运动员运动的智能水平,提供了科学依据[①]。

二、体育科技为我国竞技体育冲出亚洲做出贡献

改革开放后,我国竞技体育面临的首要任务是冲出亚洲走向世界。为了实现体育强国的目标,我国竞技体育首先应当尽快赶超亚洲水平。要达到这一目的,就必须有体育科技的强有力的支持。

要使体育科技为提高我国运动技术水平发挥更大的作用,其中关键一点是科学技术与运动训练实践紧密结合。在很长一段时间里这二者之间的结合并不十分理想。但是形势逼人,在科学技术日益重要的今天,各级体委领导,科技工作者和广大教练员,观念发生了根本性的转变,科技意识不断加强,为二者的结合打下良好的基础,使结合的水平逐步得到提高。经过多年的实践,我国总结出体育科技与运动训练结合的比较有效的方法:一是训练科研统一领导,共同商讨、决定、检查计划及重要工作安排,以便疏通渠道,统一步调,为结合创造良好的环境、气氛和条件。二是科研人员与教练员结合,通过具体规定明确两者的责、权、利,使双方对训练和比赛承担明确的义务,目标一致,利害一致,形成统一的有机体。三是科研人员下队进行科技攻关和科技服务,尤其是围绕亚运会、奥运会等重大国际比赛,组织科技人员下队,与教练员一起,切实研究解决训练实践中的实际问题。四是举办

---

① 王善胜,王芳.金牌的背后是科技大战.北京:北京体育大学出版社,1997:73-75.

科学训练讲座或培训班,提高教练和运动员的文化素质。五是体科所、体育院校的实验中心、测试中心、实验室面向运动队,为运动队进行各种服务。

20世纪70年代末80年代初,我国许多有志的体育科研工作者深入运动训练第一线,为我国竞技体育冲出亚洲做出了不小的贡献。比如,北京医科大学运动医学研究所浦钧宗教授长期坚持下运动队,不论刮风下雨,严寒酷暑,往返都是骑自行车或挤公共汽车,从未向运动队要过车或索取分文。他兢兢业业为运动员诊治伤病,进行机能评定,举办运动医学讲习班,却从不计报酬。有的教练感激地说:"金牌上有浦教授的汗水呀!"他不仅下运动队进行科技服务,而且坚持把提高运动员的机能能力作为首选课题,进行了"提高运动能力的多项措施""运动员贫血研究"等课题的研究,取得了显著的社会效益和经济效益,先后获得四次体育科技进步奖,多次被评为先进工作者。

上海体育科研所研究员曾凡辉,20多年如一日,勤恳耕耘在体育科研的园地里。他最早开展了运动员科学选材的研究,做了大量的测试和理论研究工作。其中以他为主测定并设计的田径、游泳等项运动员身体形态、机能、素质和发育程序评价表和发育图谱,经全国推广应用,效益显著,受到广大教练员、运动员的欢迎和好评。1984～1986年,他与上海田径集训队密切配合,进行"医务监护,消除疲劳"的研究,为一些项目多次创造全国和亚洲好成绩做出了贡献。1986～1988年,他与上海游泳集训队密切配合,进行了医务监护、运动量控制和疲劳消除的研究,为上海运动员多次创造全国、亚洲和世界水平的好成绩做出了贡献。多年来他一直带病坚持战斗在科研第一线,不讲条件,不计报酬,一心扑在事业上。他不仅多次获国家体育科技进步奖,还被评为上海市先进工作者、全国优秀田径工作者和全国优秀游泳工作者。同行们赞誉他是一支蜡烛,点燃了自己,照亮了别人。

原北京体育学院刘志诚教授,运用运动生物力学方法向教练员、运动员提供了准确的定量诊断,在优秀运动员攻关的研究中成绩显著。1978～1980年,他与刘世华教练承担女子标枪运动员唐国丽的技术攻关任务。在比赛和训练现场,他拍摄了大量高速影片及录像,然后用自制的仪器对唐国丽的速度和加速度等参数进行反馈测试,再针对她的问题进行科学训练,使她的成绩在两年内由49.56米提高到56.24米,1982年打破了亚洲女子标枪纪录。1984～1988年,他承担了女跳高运动员金玲和男110米栏运动员周中的技术诊断任务。经过5年的跟踪指导,金玲从1.80米逐年稳步提高,1988年跳过1.93米,1987年跳过1.97米,打破亚洲纪录;周中从14秒9提高到14秒02,1989年3月平亚洲室内纪录。1984年他与刘泰来教授配合,跟踪研究了体操运动员李敬和肖瑞智的难度动作技术。肖瑞智由于出色完成了单杠卡切夫前空翻再握动作,震动了国际体操界,被国际体联正式命名为"肖空翻"。他帮助李敬攻克了双杠"大回环转体180°成倒立"动作。通过研究,他发现了手换握的特殊规律,以及可产生科里奥利力的加速转体的规律,从而解决了转体速度不够的关键问题。这一成果很快在国内得到推广运用。国家体操队原总教练高健说:"许志强利用论文的研究成果,很快掌握了这个高难动作,大大提高了双杠的技术水平,获得了双杠世界冠军。它对双杠技术的发展起直接的推动作用。"①

众多的事例说明了我国体育科技工作者有着为体育事业献身的精神,不求名不求利,在条件十分困难的情况下,兢兢业业,任劳任怨,充分发挥他们聪明的才智,想方设法做好本职工作,为我国竞技体育运动的发展做出了杰出的贡献。

三、体育科技为我国称雄亚运会做出贡献

1974年我国第一次派团参加了德黑兰第七届亚运会,由于当时竞技体育的水平较低,总体成绩与日本等亚洲强国有一定的差距。1978年我国参加曼谷举行的第八届亚运会,成绩有所上升,获得了51枚金牌。在短短的几年时间里,竞技体育得到了迅速的恢复和发展,1982年在第九届新德里亚运会上,我国金牌总数第一次超过日本而跃居亚洲第一。从此以后,我国竞技体育称雄亚运会,垄断了历届亚运会金牌总数第一的地位。

我国竞技体育之所以能在亚洲彻底翻身,其中一个重要的原因,就是我国竞技体育插上了科学技术的翅膀。历届亚运会,我国体育科技工作人员,都主动下运动队,有针对性地为运动队收集情报,搞预测,进行技术诊断,医务监督,营养指导,疲劳与伤病恢复、技战术分析,以及心理训练等。广大教练员对科研人员长期下队,不辞辛劳、不计待遇,和他们密切配合,取得明显成效感到满意。有的教练真诚地对科研人员说:"我们应当把金牌切一半给您。"有的运动员获奖后甚至要把奖金分给科研人员,但受到婉言谢绝。在第十届亚运会上,中国男子4×100米接力夺得关键的第94块金牌时,田径队总教练黄健说:"可惜科研所同志没来,获得这块金牌他们是有功劳的。"田径队黄巧叔教练说:"我们从内心感谢科研所对我们的支持,他们比教练还要辛苦。队员还没起床他们就去测脉搏,一天训练结束后还要取尿化验,常常忙得吃不上饭,几年来一直如此,我们都很感动。"②

1986年10月20下午,国家体委副主任张彩珍同志,在国家体科所庆祝我国在亚运会取得胜利和科研为亚运会服务座谈会上说:"我代表国家体委向为中国体育代表团参加亚运会做了大量工作、做出贡献的科研人员,表示敬意和祝贺,并致以亲切慰问。不仅国家体委科研所的同志,还有全国各地方科研单位、体育学院和其他有关单位的科研人员,为亚运会进行多形式、多层次、多学科的服务,克服了许多困难,日夜操劳、辛苦备尝,卓有成效,立下功劳。值得尊敬、学习,值得表彰、

---

① 韦九智,谈太玉.主战场上的排头兵——来自全国体育科技工作会议的信息(之三).体育报,1989-12-7(1版).
② 金牌中凝聚着他们的汗水——国家体委科研所为运动队服务的事迹.体育科研情况反映,1986(2):4.

奖励。"①

科学技术为我国竞技体育的腾飞插上翅膀。由于重视了科学技术与运动训练相结合,科研与训练逐步融为一体,使我国竞技体育水平在改革开放后短短的几年时间里得到了迅速的提高,至今一直占据着亚运会金牌总数第一的宝座。

四、奥运金牌闪耀科技之光

1979年11月中国奥林匹克委员会在国际奥委会中的合法席位得到了恢复,从此我国竞技体育开始进军奥运会。奥运会是人类层次最高、影响最大的体育盛会,因此,在奥运会上争金夺银是竞技体育最高的目标。

1984年,全国体育科技工作会议明确提出了"振兴体育必须依靠科学技术,体育科技必须面向体育运动的发展"的体育科技方针,从此揭开了"科技兴体"的序幕。在体育科技方针的指引下,各级领导和运动训练部门及广大科技人员积极探索科训结合的路子,并开展了卓有成效的工作,充分依靠科技进步提高体育运动训练水平。

恢复奥委会合法席位后,我国于1984年开始参加奥运会,在这一届奥运会上实现了金牌零的突破,取得了令人瞩目的成绩。此后,我们在历届奥运会都取得了较好的成绩,在25届和26届奥运会上保持了第二集团领先的地位,并逐步缩小了与第一集团的差距。这些成绩的取得,都离不开体育科技的支持。

为了备战25届巴塞罗那奥运会,国家体委组织了56个科技攻关项目,300多名科研人员在18个项目上帮助运动队解决训练中遇到的实际问题。可以认为,每块奥运会金牌都闪耀着科技之光。以下这些典型事例,足以证明这一点②。

(一) 针对问题攻关,提高训练实效

在竞技体操赛场上的竞争日益剧烈,冠亚军之间得分相差往往仅为零点零几。因此,落地的稳定性常常成了能否拿金牌的决定因素。然而,落地稳定性又是中国体操队长期未能解决好的问题。落地不稳的原因除技术问题外,力量素质差是一个重要原因。国家体委科研所研究员欧文勤等紧紧抓住力量训练这一重点进行攻关,提出了新的力量训练的观点和方法,并针对性地研制出了斜蹬杠铃训练器、30°斜板踝关节训练器、压十字训练器等多种简便实用的力量训练器械,分别对运动员各部分力量进行强化训练,使他们上、下肢力量均有明显增长。李小双腿部力量的提高,为他在本届奥运会上完成自由体操团身后空翻三周这一世界高难动作打下

---

① 国家体委副主任张彩珍同志在座谈会上的讲话.体育科研情况反映,1986(10):4.
② 武福全,马铁.奥运金牌闪耀科技之光——科学技术在我国体育健儿赢得54枚奥运奖牌中的作用.体育报,1992-12-30(3版).

了物质基础;中国男队在自选动作比赛中个个落地成功,稳定性大大提高,获男团第二名;赢得满分(10分)的陆莉高低杠直体二周下落地纹丝不动等等,均得益于足够的下肢力量的支持。

我国女子竞走曾因技术犯规多次在重大国际比赛中功亏一篑。天津市田径科研所宗华敬、天津体院蔡锡元等科研人员紧紧抓住"腾空"这一技术犯规的关键环节进行深层次研究,找出了合理的腾空时限,从而为运动员合理运用技术提供了依据。比如,他们诊断陈跃玲的腾空时间处于肉眼观察不到的模糊时限内技术合理,提出奥运会前陈的训练要点是稳定步长和步频,绝对速度控制在400米1分40秒到1分43秒之间,10公里成绩保持在43分的建议。主教练王魁采纳了这一建议,终于使中国姑娘在巴塞罗那走出了"红牌"的阴影为我国夺得了第一枚奥运会田径金牌,并在技术上真正走向成熟。

我国乒乓球男双的优势不明显,为了力争这块金牌,国家体委科研所乒乓球攻关组吴焕群等对双打的制胜规律进行了深入研究。通过建立检验训练效果和比赛实战的技术综合评价标准以及大量数据统计,发现与单打相仿,双打前四板的制胜率达60%左右。据此,他们提出要重视前四板的成功率,纠正了国内曾经有过的"单打看前三板,双打比相持"的观点,为确定训练重点提供了依据。同时,他们还发现,双打的发球和抢攻是由两人完成的统一过程,为了配合默契,发球者要既考虑自己的发球习惯,又考虑同伴抢攻是否容易"上手",应多发容易为同伴制造抢攻机会的球,以便制胜对方。许多运动员经指点后,取得了良效,以致本届奥运会上中国队夺得了两枚双打金牌。

(二) 科学指导训练,向科学要成绩

在第25届奥运会上,杨文意以24秒79的成绩夺得50米自由泳金牌。而在此的2个月前她的成绩是25秒48。在这样短的时间内她能将50米的成绩提高半秒多不能说不是个奇迹。出现这个奇迹的重要原因,就是"向科技要成绩"。

为了尽快提高我国游泳的成绩,国家体委科研所青年研究人员与教练员一起,从增大划幅和减少周期这一先进理论入手,对50米自由泳途中游进行了数学和生物流体动力学的综合研究,提出了"在尽量不增加周期情况下加长划幅是提高游泳成绩的关键""划水过程均匀加力"等理论及"提高在较长时间里肌肉在较大负荷情况下保持快速收缩用力的能力"的训练主张,进而用数学方法计算出杨文意在25秒48的基础上进一步提高成绩的多种运动学可能性,并提出了指导训练的原则。总教练陈运鹏大胆采用了这些研究成果,将杨文意途中游的划水由47次减为45次,划幅加大4.7厘米,划动周期增加0.013秒,频率降低3%赫兹。结果,2个月后杨文意的成绩提高了0.69秒,不仅夺得了奥运会金牌,而且打破了世界纪录。像这样的例子还很多。这些例子说明了,在奥运会上拿奖牌就必须科学指导训练,向科学要运动成绩。

(三) 心理训练发挥有效作用

射击是对心理控制能力要求很高的运动项目,高水平射击运动员之间的比赛,心理控制能力是决定比赛胜负的关键。因此,心理训练是射击训练的一项重要内容。为了提高运动员的心理素质,以北京体育师范学院运动心理学专家刘淑慧为组长的心理咨询与训练攻关小组,在中国射击运动员的心理训练方面做了艰苦的努力,取得出色的成绩。

刘教授在中国射击队展开心理咨询和训练整整 7 年,她和运动员打成一片,和教练员共同制定心理教育和心理训练方案。她首先对运动员进行生物反馈、运动表象、集中注意力和自我控制能力等基本心理技能的教育和训练,使运动员看到效果;然后她将心理训练与技术训练相结合,在训练中强化心理负荷能力;比赛前针对运动员可能产生的一些心理问题进行个别咨询,直到制定心理参赛方案,教会运动员在何种情况下采用何种心理对策。第 25 届奥运会双向飞碟冠军张山在谈起刘老师时充满了感激之情。她在夺冠军后写道:通过刘老师的引导,我充分地肯定了自己,认识了自己,对自己充满了信心,从而提高了我的比赛能力。

(四) 全方位服务,确保夺牌成功

为了确保奥运夺牌成功,在组织科研人员下队攻关的同时,还组织了多方位的科技服务效果十分显著。

在备战奥运会期间,国家体委信息研究所向国家体委领导提供专题报告和综述近 50 篇,向国家集训队提供训练与比赛信息约 200 万字,还提供了大量的有关音像资料,帮助运动队分析对手技术风格、优势和弱点,使我们的队员对情况了如指掌。蔡振华教练在总结中说:"情报、信息和数据成为我们制订训练计划的眼睛。"

为了保证优秀运动员顺利参赛,成都运动外伤研究所派出 18 名高水平科研医务人员到体操、乒乓球等 7 个国家集训队进行监护、治疗、放松按摩工作。赛前的医疗服务保证了运动员以良好的身体条件和机能状态投入奥运会大赛。

为了杜绝服用兴奋剂,国家体委运动医学研究所的科研人员,赛前在这方面做了大量的宣传工作。他们深入各运动队进行宣传教育,帮助运动员掌握有关知识和法规,并对 18 个项目的 200 人次进行了抽查,实践说明,他们的工作是卓有成效的,除排球运动员误服外,我国在第 25 届奥运会上所有获奖牌的运动员都未查出任何奥运会禁用的药物。

向科技要成绩,还体现在先进运动器材的研制上。研究人员和技术人员还为帆板、射箭等运动员研制一批先进、灵巧、实用的仪器器材,使运动员在比赛中取得更好的成绩。

为备战 1996 年亚特兰大第 26 届奥运会,国家体委从 1995 年 2 月开始就组织

21个单位计466人组成63个课题组直接为运动队服务。这是历年来参加的单位、人数最多,涉及项目最多的一次。在本次组织的研究队伍中出现了一个可喜的现象,那就是有65名教练员、33名行政管理人员直接地参加了科研工作。这种现象说明了训练业务主管部门和教练员的科技意识有了较大的增强,科技工作与训练实践的结合有了很大的改善。科训有机地结合,大大提高了本届奥运会金牌的含量。可以认为,在那一届奥运会上获得奖牌的每一个项目,都包含有科技攻关和科技课题组的艰苦工作和劳动。原国家体委副主任袁伟民在中国体育代表团参加第26届奥运会总结中,对广大科技人员所做的工作给予了充分的肯定,他指出:"科研工作为我国运动员在本届奥运会田径、游泳、举重、射击、女足、女垒等项目上取得好成绩起到了重要的作用。"

五、体育科技的开发与推广

科技工作与训练实践相结合,还促进了其他方面的应用研究和技术的开发、推广。从20世纪80年代初开始,国家体委组织了由国家体委科研所、上海体育科研所等8个单位239名人员进行"优秀运动员科学选材的研究"。该项系列研究共出了21项成果,其中获国家科技进步奖二等奖一项,国家体委体育科技进步奖10项。在这些研究的基础上,又制定出15个重点运动项目中级选材的全国统一标准及数据库软件,全国20多个省市体委举办了软件运用的培训班,大大推动了全国科学选材工作的开展。这项成果的推广收到了很好的社会效益,我国许多优秀运动员都是从选材网中被发现的,如杨文意、庄泳、李小双、李月明等。

反兴奋剂工作,是保证我国竞技体育顺利发展的需要。因此,体育界十分重视反兴奋剂检测技术的研究工作,共取得了重要的研究成果7项,其中《兴奋剂检测方法的研究与实施》获1992年国家科技进步奖一等奖,其他6项获国家体委体育科技进步奖。原国家科委仅用3年时间就建成了世界上为数不多的,取得国际奥委会资格认证的兴奋剂检测中心。20世纪90年代以来该中心准确无误地完成了1990年亚运会,东亚运动会等国内、国际大赛的检测任务。该中心已被国家科委批准为"国家反兴奋剂及运动营养测试研究中心",这是体育系统第一个国家级的重点研究中心。

为了提高运动成绩,我国体育科技界还致力于体育仪器器材的研制工作,据不完全统计,截至1999年,研究成果已达600多项,产生了显著的社会与经济效益。体育科技界在运动营养的研究上也取得可喜的成绩,研制出健力宝、太阳神系列等一大批运动营养补剂、饮料,其中《健力宝运动饮料的研制与运用》获国家科技进步奖二等奖,另有20项获国家体育科技进步奖。这些科技成果不仅为我国运动员消除疲劳增加体力发挥了作用,而且为我国营养品市场的建立做出了贡献。

长期以来,体育科研人员积极探索各种科学训练的方法和各种评定手段和方法,取得不少可喜的成果。为了使这些成果得到推广和应用,体育科技界先后组织专家出版了《优秀运动员机能评定手册》《高原训练指南》《血乳酸与运动手册》《运动员心理咨询手册》《药物与竞技体育》等一批专著。这些成果的推广应用确实为提高教练员的科学训练水平起到了非常积极的作用[①]。

改革开放后,我国竞技运动水平迅速提高,世界冠军数量逐年增加,在奥运会上不断摘金夺银,取得了令世人瞩目的显著成绩。这些成绩的取得与我国体育科技的进步、科技成果不断涌现和科技工作者辛勤劳动是分不开的。科学技术是第一生产力在体育领域同样得到了充分体现。

第二节　体育科技为全民健身战略服务

我国宪法中规定要发展群众体育。毛泽东同志的题词"发展体育运动,增强人民体质"主要讲的也是群众体育运动。发展群众体育,提高国民的身体素质,体现了党为人民服务的宗旨。所以党的三代领导人都十分重视发展群众体育,提高人民的健康水平。

然而,客观地说,20世纪80年代我国体育界的工作过于侧重竞技体育,对群众体育工作的重视是不够的。我国体育科技工作在相当长的一段时间里,主要将力量放在竞技体育上,群众体育的科研工作相对较薄弱。

20世纪80年代,为了适应社会发展的需要,一批学者开始致力于《群众体育学》学科建设工作,发表了《建立群众体育学初探》《身体锻炼原理和方法》《论消遣和娱乐》《2000年的中国群众体育学》《群众体育学论纲》《我国部分城市居民晨间体育锻炼的调查研究》《关于我国知识分子的健康状况与体育锻炼》以及《从国外大众体育的成因和特点探讨我国群众体育的发展条件和趋势》等较有影响的论著。

进入20世纪90年代,随着我国经济和社会的发展,健身活动成了广大群众日益增长的一种需求。党和政府领导也一再强调要重视群众体育。为了顺应社会发展的潮流,满足广大人民渴望体育健身的呼声,1993年我国体育界提出了全民健身计划,1995年6月经国务院批准,正式颁布了《全民健身计划纲要》。该计划凝聚了广大体育工作者、科技工作者和人民群众的集体智慧与创造精神,广大群众称该计划是"共产党为人民服务的一大政德"。

全民健身计划受到党和政府的高度重视,得到人民群众的拥护和响应,人们健

---

① 罗超毅.我国体育科技成果辉煌.中国体育科技信息,1997(9):17-18.

身的热情不断高涨,群众性的健身热潮在中华大地上掀起。我国体育界意识到,要更好地开展全民健身运动,提高全民健身的效果,需要把全民健身运动引入科学化的轨道。为此,群众体育的科研工作也得到了充分的重视,我国体育界组织了几个大课题,投入了大量的人力、物力和财力进行研究。

(1) 制定成年人体质测定标准,筹建国民体质监测系统。国家体委组织大批的人员进行深入调查研究、可行性试验和全国性大样本的体质测定,共取得22个省(区、市)62个单位112 530人的有效数据,制定出《中国成年人体质测定标准》,于1996年3月通过国家体委的课题鉴定,并以国家体委主任22号令的形式颁布了《中国成年人体质测定标准施行办法》。这一制度的建立在我国群众体育发展史上具有重要的意义。

(2) 面向社会征集、推广与普及科学的健身方法。1996年出版了《中华体育健身方法征集第一卷》。国家体委自从同中央10个部委联合开展全国征集体育健身方法活动后,收到了全国各地推荐的健身方法2 000多个,经专家评审鉴定,第一批推出了87个简单易行的健身方法。这本书受到了群众的欢迎。

(3) 重视群众体育信息系统的建设,筹建了群众体育信息中心。该中心设计了信息系统的软件,并编辑出版了4期的《大众体育专集》。

(4) 开展全民健身试点工作,促进全民健身计划的深入贯彻。开展体质监测工作,建立国民体质监测站和监测网点,开展全民健身的科研及科普工作,建立群众体育评估指标,开展评比表彰活动等。

(5) 进行群众体育现状调研,提高决策的科学化水平。1996年在全国进行较大规模的城市社区体育工作调研,先后深入到近10个省(区、市)的近百个街道,获取各类指标近百个。1997年启动较大型的国家级哲学社科课题"中国群众体育工作现状调查研究",这是我国体育系统迄今为止的首次全国性的社会调查[①],也是迄今为止在体育领域内规模最大的一次社会科学的调查研究。此次调查获得了大量的有关数据,摸清了我国群众体育的家底,较完整地回答了有关我国群众体育现状的主要问题。

(6) 在高校设置社会体育专业和学科,培养社会体育人才。如天津体育学院设立了社会体育系,北京体育大学也设立了社会体育专业。同时制定了《社会体育指导员技术等级制度》,编制了社会体育指导员培训大纲和教材,在全国范围内加紧社会体育指导员的培训工作。

(7) 抓产业开发,多渠道筹集经费。群众体育的科研工作和技术开发工作大大地促进了我国群众体育的深入开展和科学化的进程。

---

① 刘吉同志的讲话(节录).体育工作情况,1997(2-3):25-26.

第三节 学校体育科研为学校体育改革服务

学校体育是我国实现体育两大战略的结合部,是国民体育的基础,也是实施全民健身计划的重点。因此我国体育界历来重视学校体育的科研工作,学校体育科研是我国体育科技领域中最活跃的领域之一。

为了加强学校体育研究,从 1980 年开始,我国先后成立了中国体育科学学会学校体育专业委员会、中国高等教育学会体育研究会和中国教育学会体育研究会。这三个群众性学校体育科研团体为开展学校体育科学研究做了大量的工作,推动了我国学校体育改革的发展。

一、开展体质调查与研究为学校体育改革提供科学依据

"健康第一"是党和政府对学校体育的基本要求,因此增强学生体质,促进学生健康全面发展,始终是学校体育最关注的课题。从 20 世纪 70 年代末开始,由国家体委、教育部、卫生部、国家民委、团中央等 5 部委联合组织进行了多次大规模的学生体质、健康调研工作,1983~1986 年调查结果表明,我国学生的体质、健康状况存在的问题较多:学生体型继续向细长型趋势发展,体重不足;身体素质增长不明显,有些指标下降;青春期高血压检出率急剧上升;心脏病、肝炎、结核、沙眼、脊柱侧弯、神经衰弱的问题比较突出;视力不良尤为严重;学生的体质、健康状况在各省市之间发展不平衡,民族之间差别较大。我国学生视力不良率在 20 世纪 80 年代呈不断上升的趋势。7~22 岁汉族大、中、小学生平均视力不良率达 34.26%,视力不良率最高的年龄组达 74.67%;其严重程度已经到了不可忽视的地步。视力不良率随年龄增长而增长,尤其是 13~17 岁年龄段视力不良率增长较快。同时,汉族学生视力不良率高于少数民族,城市学生视力不良率高于乡村,女生视力不良率高于男生。由于视力不良率随年龄的增长而增长,最终我国成年人将有 2/3 为视力不良患者。和日本学生相比,我国学生沙眼、脊柱侧弯的检出率也远远超过日本。

引起我国学生体质下降的因素是多方面的,比如营养的问题、应试教育的问题等等,但突出的一个问题是学生的运动不足和膳食结构不合理。从学校体育的角度看,体育场地少、设施较差是学生运动不足的一个重要原因。关于体育场地设施虽然没有全国统一的调查统计材料,但不少省、市都做过统计,从统计的数据看,大多数学校都达不到有关规定的最低要求,不少学校根本就没有体育场地。学校体育经费匮乏,学生每人每年的体育经费平均不足 1 元,不少教育行政部门用于学

校体育的经费,平均不到总经费的 1%。对体育教育工作的评价标准偏颇也是导致学校体育工作相对滞后的问题。社会上衡量学校工作的好差,往往忽视以培养"四有"人才为标准,而片面地只看升学,导致部分学校只重智育而"缺德少体"。[1]

广泛的调查研究为学校体育改革提供了科学的依据。如何从实际出发,尽快改变上述状况,增强学生体质,为贯彻全面发展教育方针、培养社会主义建设的合格人才服务,是学校体育面临的艰巨任务,也是学校体育改革和科学研究的根本任务。

二、改革学校体育管理体制的探索

为了加强学校体育工作,提高学校体育工作的成效,从 20 世纪 80 年代初开始,我国进行学校体育管理体制改革。我国教育行政部门体育管理机构得到建立、健全和发展,基本上形成了国家和各省、区、市学校体育工作的指挥中心,进一步加强了学校体育工作的领导力量,明确了各行政部门的职责,协调了各个部门的关系。体育教学管理工作得到进一步的重视,加强了体育教学管理机构和管理人员队伍的建设。体育师资培训管理形成网络,除统一规划、分级负责外,还采取多形式、多渠道的办法,提高在职体育教师业务水平。学校卫生保健管理机制进一步完善,使体育卫生相结合,为提高学生健康水平,增强学生体质起到了积极作用。20 世纪 80 年代,全国性及各省、区、市级的各种有关学校体育研究的群众团体相继成立,这些组织有专家学者、有行政管理干部、也有各级各类学校教师的代表,这些组织在教育行政部门和一级学校领导下,围绕学校体育每期都召开论文报告会,进行学术交流。

三、加强学校体育教学研究

20 世纪 80 年代初,为了改变学生体质下降的现状,各级教育主管部门和广大体育教师都把增强学生体质,增进学生身体健康作为学校体育的主要目标,在教学内容、教学方法和手段以及教学评价等方面进行大胆的改革探索。

加强学校体育的课程和教材建设,是 20 世纪 80 年代学校体育改革的一项重要内容。1978 年,教育部重新制定并颁布了全日制中小学体育教学大纲和教材,1987 年进行了修订,使之在体系内容方面都有许多新的发展。如在中小学体育教学目标下,提出了各年级的体育教学目标;在各年级体育教学目标下,根据体育教材性质,又提出了理论知识教学目标和身体锻炼目标,使体育教学的内容不断地得到充实改进。浙江、上海根据地区特点还单独搞教学大纲进行试验,也取得了一定

---

[1] 伍绍祖.中华人民共和国体育史.北京:中国书籍出版社,1999:317-318.

的成绩。在中小学教学大纲的基础上,近 20 个省、区、市编写了体育课本和参考书,这些教材在继承传统经验的基础上有所创新和发展。

为了加强课程、教材的建设,国家教委成立了全国普通高等学校体育教学指导委员会,国家体委也成立了全国体育学院教材委员会及其下属的各门课程教材小组。这些组织统一指导、规划、布置普通高等学校及体育学院教材建设和编审出版工作,并制定和颁布了一系列有关课程、教材建设的文件。如《全国体育学院教材委员会工作规定》《普通高等学校本科体育教育专业学校体育学课程基本要求》《全国体育学院"七五"期间教材建设规划》等。由于政策落实,方法得当,20 世纪 80 年代,我国普通高等学校和体育学院的教材建设逐步走上了有章可循、有法可依的轨道,并取得了显著成绩。

在课程和教材改革的同时,体育教学打破了传统的教学模式,教学的组织结构和教学方法日益多样化,不仅考虑到学生的生理负荷,而且考虑到心理负荷,体育教学不仅考虑教师如何教还考虑到学生如何学。体育教学在改善、传授体育技术方法的基础上,重视和加强了学生身体锻炼的方法;在面向全体学生的基础上,重视了区别对待,发展学生的特长。

在体育教学研究中,人们也注意对体育教学管理进行必要的改革。其中最典型的是开始进行多班合并的方法,按性别、年龄、体质状况、运动技术水平分班再分组的办法进行教学,根据不同对象设计不同的教学方案,有计划地运筹调度,加强教学过程的科学管理,提高体育教学质量。

在教学教具方面,也努力向实用、创新和有利于推动教学改革的趋势发展。体育器材是体育教学的教具,在教学改革浪潮的推动下,体育器材的改革在经济实用、创新等方面取得了一定的成效。如天津市发明的小体操垫子,清华大学等单位研制和生产的按不同年龄级别使用的篮球架,江苏省江宁县在自行车轮胎上面涂上红的或白的油漆,拿来做藤圈操、投掷、拔河等体育活动的教具,都有助于体育教学的改革[①]。

四、社会力量支持学校体育改革研究

学校体育改革不但得到党和政府支持,还得到社会上多方面的支持。1996 年底由"孙晋芳全民健身服务网络"发起,由千方健身企业责任有限公司赞助,以孙晋芳、张耀辉为首的 21 世纪中国学校体育发展研究中心,推出了关于 21 世纪中国学校体育发展研究的"218"课题。

"218"课题一出台,就受到全国教育界和体育界的关注。该课题以实证研究为主,操作性强,成果转化快。因此该课题一出台,就得到全国各级学校的重视,至

---

① 伍绍祖. 中华人民共和国体育史. 北京:中国书籍出版社,1999:321.

1999年已有600多所学校参加该课题的研究,形成了一个声势浩大、人才密集的学校体育科研攻关集团。该课题研究涵盖了大、中、小学和幼儿园,涵盖了学校体育研究的所有领域。

"218"课题不但规模大,而且研究活动的形式多样化。研究中心创办了《21世纪中国学校体育发展研究实验学校通讯》这一刊物,免费向实验学校赠送。该中心利用寒暑假举办多种形式的学习班和讲习班,提高实验学校教师的科研能力和管理能力。该课题通过福建省千方企业发展有限公司研制和生产各种受青少年喜欢的体育器材,并向实验学校推广。1998年初,在福建省石狮市召开了"218"课题实验学校代表大会,交流各实验学校的经验,组织了参观学习。1998年4月21日至23日在南京林学院举行了首届论文报告会。这次论文报告会共收到论文365篇,经评审录用了301篇。论文作者有大、中、小学体育教师;还有一部分行政管理人员。论文的内容包括宏观理论、现状与对策研究,学校体育的目的任务及指导思想研究,学校体育教学改革、课程建设、教材、教法研究、快乐体育研究、师资培养、体育教师品格和能力研究,学校课余运动队训练和竞赛;体育教学评估、体育管理、体育美育以及体质研究等。这次会议还评选出10篇优秀论文。代表们反映,这次会议学术气氛浓,是一次盛况空前的学术活动。从这次会议可以看出,该课题确实已具规模,且成果丰硕。

"218"课题自运作以来,不花国家一分钱,做了大量卓有成效的工作。中国体育科学学会原副秘书长兰燕生说道:"北京、上海、广东等地的教育和体育专家认为,218课题是一个具有十分重要的战略意义和现实意义的课题,是一项庞大的学校体育的系统工程,其计划突破的重点和难点皆是关系到我国学校体育发展前途的关键问题。218课题乃是为民造福,功在于秋,利在国民子孙的壮举。"[①]

五、体育教育专业教改研究

改革开放后,随着我国教育事业的大发展,各级学校需要补充大量的体育教师。为了满足社会的这一要求,除了恢复和创办16所体育学院外,还在100多所师范院校和师专中恢复和创办了体育系、科,培养了一大批中小学体育教师,为我国学校体育的发展打下了良好的基础。社会的不断发展,对体育教师提出了更高的要求。因此,如何培养符合现代社会需要的具有较高素质的体育教师,一直是体育院系所关心的问题。1980年,教育部出台了改革开放后第一个体育教育专业教学计划,对体育教育专业的培养目标、培养规格、教学时数、课程设置和实践环节等,做了明确的规定。为了适应时代的发展,1986年和1991年,在国家教委的领导下,组织了一部分专家两次修订教学计划。1995年国家教委提出制定并实施

[①] 兰燕生.社会体育研究的成功实践.21世纪中国学校体育发展研究实验学校通讯,1998(15):1.

《高等教育面向21世纪教学内容与课程体系改革计划》。为配合国家教委实施该计划,1995年底,在国家教委体卫艺司的关心、支持下,在体育处的直接领导下,组成了以福建师大体育系为牵头单位的"全国普通高校体育教育专业教学内容与课程体系改革研究"课题组,开始对本课题进行研究。1996年,本课题被列入全国教育科学"九五"规划国家教委重点课题。

课题组成立后,决定采用比较规范的科研课题的办法来修订教学计划。这是新中国成立以来,我国首次采用科研课题办法修订体育教育专业教学计划。根据研究计划,本课题分为两个阶段进行研究。第一阶段从1995年12月至1996年12月,主要任务为研究制定新的《全国普通高校体育教育专业课程方案》;第二阶段从1997年2月至1999年7月,主要任务是组织全国24所院校进行该方案的实验研究。

(1) 第一阶段:研究制定新的《全国普通高校体育教育专业课程方案》

课题组成立后,首先着手修订新一轮的教学计划。在提出新的专业课程方案之前,课题组做了以下几项工作:①加强理论与政策学习,明确指导思想;②回顾历史、分析现状、预测发展趋势;③进行调查研究,听取专家意见;④进行国际比较,借鉴国外经验。

在完成了以上几项研究工作后,课题组制定了《全国普通高等学校体育教育专业本科专业课程方案》(审议稿),于1996年8月份提交给全国高校体育教学指导委员会。9月份经教学指导委员会认真审议通过了该方案,并报送国家教委。国家教委于1997年2月向全国高校印发了《全国普通高等学校体育教育专业本科专业课程方案》(试行)。

方案对培养目标进行了一定的拓展,既立足于培养中等学校体育师资,又要求毕业生能从事学校体育管理、业余运动训练和社会体育指导等工作。在培养规格上,根据21世纪对体育教育人才素质的要求和我国国情,分别在思想政治和德育、业务水平及其他方面,作了较具体明确的规定。

(2) 第二阶段:《全国普通高校体育教育专业本科课程方案》实验研究

为了使该课程方案更加科学、更为完善,便于推广,更好地培养跨世纪合格的体育教育人才,保证我们培养的体育教育人才能够适应21世纪激烈的竞争,适应社会发展的需要,1997年3月国家教委体卫艺司根据地区分布,抽取了全国24所院校参加《全国普通高校体育教育专业本科课程方案》实验研究。通过对课程、教材、教法、师资队伍建设、教学管理、教学条件等方面的改革与完善,探索普通高校体育教育专业教学内容和课程体系改革的新路子,对该课程方案以及合格体育教育人才的规格进行实证性研究。

通过两年多的实验,大家统一了思想,提高了认识,共同制定9门主干课程教学指导纲要,加快教材建设,发挥各自优势,拓展研究课题,落实新增课程任务,开足开好选修课,完善教学管理,加强后勤服务意识,并在实验中不断总结经验和教训,不断完善课程方案。从实验结果的情况来看,该课程方案基本上体现了教育的"三个面向"和培养素质较高的跨世纪体育教育人才的精神。该课程方案为各院校提供了较大的自由度,有利于各院校发挥自身的优势办出特色;有利于提高学生的文化素养,并为学生提供了大量的实践机会,使学生在教学能力、组织能力、裁判能力、训练能力、科研能力、社交能力等方面都得到了明显提高,多数毕业生对走上工作岗位充满信心。

通过研究,也发现了该课程方案存在的问题,如教育类课程仍偏少、一些课程的课时与学分分配不尽合理等不足之处。在研究过程中遇到的主要困难有:一部分教师的基本素质和知识结构不能适应方案的实施,因此在实施过程中有一定的阻力;大多数院系的教学硬件不能满足方案的实施,这方面的困难较大;教材建设滞后等。

在教育部和全国高校体育教学指导委员会领导下,在各实验院校领导、老师、学生的积极参与下,经过2年多的实验研究,达到了预期目标,为进一步改革体育教育专业教学内容与课程体系打下基础。

第四节 体育科研机构的重要贡献

改革开放后,为了加强体育科技工作,我国恢复和创建了35所省级以上体育科研所,逐步形成了分工比较明确、各有一定的特色、布局较为合理的体育科学研究、技术开发与推广的整体,为我国体育事业的发展做出了突出的贡献。

一、国家体育总局体育科学研究所

国家体育总局体育科学研究所原称国家体委体育科学研究所,是我国体育界最大的多学科综合科学科研机构。1978~1999年,该所获得的各类科技成果达221项。其中包括全国科学大会科技成果奖7项、国家科技进步奖7项、国家发明奖2项、国家体委科技进步奖152项和国家体委奥运争光与科技服务奖40项。特别是在"九五"期间,该所广大科技人员坚持以邓小平理论和党的基本路线为指导,认真贯彻"科技是第一生产力"的思想和"科技兴体"的战略方针,紧紧围绕"奥运争光计划"和"全民健身计划",积极开展体育科研、科研攻关与科技服务工作,并取得了显著的成绩,获得国家科技进步奖和国家体育总局科技进步奖52项,约占全部获奖总数的四分之一。

这些获奖成果有三个显著特点:第一,紧密围绕我国体育事业发展的需要,坚持面向体育运动实践,为提高我国优秀运动员的运动水平、攀登世界运动技术高峰服务,为增强人民体质、提高人民健康水平服务;第二,大多数获奖成果都是多学科综合研究、多部门协同攻关的结果,充分体现了该所作为综合性体育科研大所的特色优势;第三,获奖面广,获奖层次高,基本上涵盖了体育科学的各个研究领域,部级以上奖励占绝大多数,其中,国家级奖励就有 14 项。这些获奖成果的取得,是全所广大体育科技工作者辛勤劳动与智慧的结晶,集中体现了该所对中国体育事业的热爱和对科学真理的执着追求。

该所的主要任务是为提高我国优秀运动员的运动技术水平,攀登世界运动技术高峰和为增强人民体质,提高人民健康水平进行应用和应用基础研究。支持为国家优秀运动队进行科研攻关和科技服务,为我国运动员在奥运会、亚运会等重大国际比赛中获得金牌起科技保证作用一直是该所科研工作的重点。

21 世纪之前,该所承担的部(委)级以上科研课题 500 余项,除承担原国家体委重点课题外,还有国家自然科学基金课题和国家计委、国家科委课题。截至 1999 年,该所先后承担并完成了 1988 年、1992 年和 1996 年奥运会,1986 年、1990 年、1994 年和 1998 年亚运会以及 1998 年冬季奥运会科研攻关和科技服务课题 121 项,为我国优秀运动员备战奥运会、亚运会、夺取奖牌,创造优异成绩提供了有效的科技保证和科技服务。得到该所科技服务的国家运动队有田径、游泳、体操、举重、摔跤、足球、排球、乒乓球、手球、网球、垒球、曲棍球、羽毛球、射击、自行车、赛艇、帆板、速滑、花样滑冰等近 20 个。为表彰该所在体育科研领域所做出的杰出贡献,1988 年,国家体委特授予该所"中华人民共和国体育运动荣誉奖章",1996 年,授予该所"第 26 届奥运会科研攻关与科技服务工作贡献奖"。在应用基础研究工作中,该所也取得了较丰硕的成果,在运动创伤防治、运动性心脏、运动疲劳机理、肌肉延迟性损伤、高原训练机理和运动训练方法等领域中的研究成果已达到国际水平。

在开展竞技体育研究的同时,该所高度重视群众体育研究工作,体质研究一直是该所的重要研究领域;改革开放 20 年来,由该所牵头,与全国各省(市)广大科技人员合作,完成了"中国青少年身体形态、机能与素质的研究""中国学生体质、健康研究""国家体育锻炼标准"等重大课题。1986 年,该所还与日本体育科研人员合作,完成了"中日合作青少年体质联合调查"大课题。特别是在"九五"期间,该所紧紧围绕"奥运争光计划"和"全民健身计划",在开展竞技体育科研的同时,还积极进行群众体育方面的课题研究工作。经过 2 年多的努力,圆满完成了"中国成年人体质测定标准的研究"重大课题,并以国家体委主任令的形式向社会公布了《中国成年人体质测定标准》。这说明党和国家对人民群众身体健康的高度重视,标志着国家开始把国民体质作为一种资源纳入科学、系统的管理。该所将把国民体质监测研究正式纳入科研所今后的重要工作日程[1]。

---

① 国家体育总局科学研究所.回顾历史,总结经验,展望未来,再创辉煌——国家体育总局科学研究所改革开放 20 年体育科技工作总结.中国体育科技,2000(36):2-9.

二、国家体育总局信息研究所

体育信息研究所的前称为国家体育运动委员会情报研究所,成立于1987年,1993年改为体育信息研究所。建所以来,该所全面贯彻"科学技术是第一生产力"的思想,进一步落实"面向"和"依靠"的体育科技方针,根据我国体育事业的发展目标要求,紧密围绕国家体育总局的中心工作,为"全民健身计划""奥运争光计划"及其科技工程开展体育信息研究与服务,取得了显著的成绩。长期以来,该所围绕国家体育总局重点工作开展信息服务,包括为我国提高竞技体育水平、发展群众体育和开发体育产业、完善体育管理、建立体育法规等提供信息咨询,为宏观决策管理提供研究咨询,为体育科研、教学、训练提供科技文献收集、阅览检索、刊物传播等。在文字信息服务、科研课题研究、文献整理与传播、体育声像作品制作与发行等各项体育信息研究与服务中取得了一定的成绩。

(一)为竞技体育特别是备战奥(亚)运会提供信息咨询

信息是决策的基础,也是备战的依据。为准备奥运会和亚运会等大赛开展信息研究与服务,收到了比较显著的成效,多次受到总局领导和各方面的好评。特别是对几届大型比赛的赛前综合预测分析的准确性较高,为领导的正确决策提供了依据。为各项目国家队提供的大量文字和声像信息,为他们有针对性地备战提供了参考。

(二)为发展群众体育、开发体育产业等提供信息咨询

随着《全民健身计划纲要》的颁布与实施,国家体育总局给予群众体育工作以极大重视,具体措施之一,是在该所建立"群众体育信息中心"。1996年该所积极更新设备,引进人才,以确保此项任务的顺利完成。截至1999年,群众体育信息中心的基础工作《国际大众体育信息库》已达250万字;完成专题研究4项;每年编辑《国际大众体育专辑》12期,约12万字,《题录》4期,约4万字;翻译、编辑《世界群众体育研讨会论文集(汉城)》,约17万字。

紧密围绕国家体育总局其他重点工作,在体育体制改革、体育科技、体育经济等方面开展研究与咨询服务,每年编写《国外体育动态》《体育产业信息》等56期,约56万字;建立《国外体育管理数据库》,约300万字,拟实施网上动态信息发布;完成各项专题研究13项;每年向全国体育工作会议提供参阅材料已形成制度,1999年出版的《市场条件下的各国体育政策》一书,约20万字,受到好评。

(三)积极开展体育发展软科学研究,为宏观管理和决策服务

该所利用拥有大量国内外体育信息的有利条件,积极开展竞技体育发展问题

研究、群众体育发展问题研究、体育产业发展问题研究、体育管理与法规建设问题研究，承担和参与了一批国家社科基金项目、国务院多部委合作课题以及委管课题的研究工作。如完成了国家社科基金项目"中国2010年竞技体育发展战略研究"（1997~1998年度）、"中国社会体育评估制度的研究"（1997~1998年度）、"中国体育信息服务业管理体制及其增长方式的研究"（1997~1999年度）、"市场经济条件下我国基层群众体育管理体制及其运行机制的研究"（1999~2001年度）的研究工作；完成了国务院多部（委）合作研究课题"体育经济政策研究"的工作；完成了"关于加强我国反兴奋剂工作的对策研究""关于全民健身计划实施对策的研究""中西方群众体育现状的比较研究""中日社会体育指导员管理体制的比较研究""我国发展体育经纪人的对策研究""对我国大型体育赛事电视转播权的研究""西方发达国家体育产业统计指标体系的研究""足球彩票管理体制和运行机制的研究""我国单项运动协会实体化的研究""对单项运动协会管理体制的研究""国外体育俱乐部体制与机制研究""国外体育法规制度的研究"等委管软科学课题的研究工作。

（四）为体育科研、教学提供文献服务

为了向广大体育工作者提供信息服务，该所建立了《中文体育文献数据库》，引进加拿大的《国际体育文献数据库》和德文的《体育文献数据库》；建立了学位论文、科研成果、专利等数据库和特种文献阅览室。每年编辑、出版我国唯一的体育检索类公开出版刊物《体育科技文献通报》（月刊），编辑、出版中文体育类核心期刊《中国体育科技》（月刊）。

此外，该所还承担了"国家网络化体育信息系统的研究与建立"国家重点科研项目，积极筹建信息网络系统，促进资源共享；积极开发体育声像制品为训练和科研服务，同时还面向市场开展声像作品的有偿制作与发行业务[①]。

三、国家体育总局运动医学研究所

运动医学研究所成立于1987年7月，经过几十年的艰苦创业，该所已经成长为一个具有较强研究实力和国际检测水平，并且享誉国内外的专业性科研所。尤其是在反兴奋剂的工作上取得了突出的成绩，为我国体育运动健康地发展做出了贡献。

（一）建立具有国际先进水平的兴奋剂检测实验室

该所始终坚持把在世界高科技领域占有一席之地作为自己的神圣使命。兴奋

---

① 国家体育总局信息研究所.深化改革,促进体育信息事业的发展——国家体育总局信息研究所汇报材料,中国体育科技,2000(36):10-14.

剂检测一直作为高科技领域的研究项目，备受国际体育界瞩目。运动医学研究所成立初期的主要任务是建立我国的兴奋剂检测实验室，完成第 11 届亚运会兴奋剂检测任务。

随着反兴奋剂工作的开展，国际奥委会对禁用药物的种类和检测水平不断提出新的要求，这就要求我们的科研和检测水平与国际上发达国家同步发展。根据我国的实际情况要达到这一水平，不仅需要解决技术上的问题，还需要克服条件上的困难。自 1989 年取得资格以来，该所兴奋剂检测中心年年都顺利通过了国际奥委会的资格复试，始终保持着检测资格。

为了规范实验室管理，保证检测结果的准确、科学和公正，根据国家科委的要求，国家级重点实验室必须通过国家技术监督局的计量认证。该所在 1 年多的时间里进一步完善和健全了实验室的各项管理规章、制度及实验条件，并对全体科技人员进行了相关的培训。经过国家技术监督局和国家科委组织的专家组的严格考核、评议和检查，在通过初审后，又一次顺利地通过了正式审核。1997 年 9 月获得国家技术监督局计量认证合格证书。

（二）科学研究成果突出

该所的科研工作始终遵循着一条原则，即科研工作一定要结合实际需要，研究工作的重点放在应用研究为主，基础研究为辅。这是由我国体育事业的需要所决定的，也是我国科技体制改革形势的需要。该所开展的科研工作以委管课题的研究为主，同时承担一些横向科研工作和本所设立的研究项目。该所的科研工作一直得到体委科教司的支持、帮助和指导。1994～1999 年，共完成委管科研课题（其中包括科研成果获国家科技服务科研课题）17 项，自然科学基金课题 1 项，横向课题 10 项，该所科研项目 12 项。有多项科研成果获国家科委和国家体委的奖励。其中获国家科技进步奖一等奖 1 项；国家体委科技进步特等奖 1 项、一等奖 1 项；奥运会科技攻关与服务一等奖 2 项、二等奖 3 项、三等奖 6 项。

（三）出色地完成了兴奋剂检测任务

随着我国反兴奋剂工作的深入开展，一些新情况和新问题不断出现，使反兴奋剂工作显得更加重要，而且情况日益复杂，任务越来越艰巨。

随着形势的发展和反兴奋剂斗争的公开化，对判罪的诉讼和争议的明显增加。为了确保兴奋剂检测的准确性，国际奥委会经常对该所的检测情况进行调查，对我国运动员的检查数量和频率也逐步在增长，这些都对该所的检查和检测工作提出了新的、更高的要求。多年来，该所接受了多次国内外复查 B 瓶的任务，最终我们都是以科学的、准确的数据证明了检测结果的精确性，在国内外树立了较好的形象和信誉。

该所的检查和检测任务从原来的年平均 1 000 份左右，增加到 1999 年的年平均 4 000 份左右,这意味着每天都要检查和检测 11 份左右的任务量。检查和检测人员克服了各种困难,以高度的责任心和一丝不苟的工作态度认真分析和处理每一份样品和每一个数据,确保了检查和检测工作过程和结果准确无误,为反兴奋剂事业做出了应有的贡献[①]。

四、国家体育总局昆明电子设备研究所

国家体育总局昆明电子设备研究所成立于 1979 年 12 月。该所刚成立不久就受到体制改革的挑战。1985 年我国开始进行科技体制改革,应用型研究所事业经费要求逐步自给,并规定 5 年内达到事业经费减拨到位。在这种形势的迫使下,不解放思想进行改革就难以生存。所以,该所做了一些一定范围内的项目承包,项目效益挂钩等局部改革。在当时市场竞争还不很激烈的情况下,1989 年他们提前 1 年达到经费基本自给水平。但是,进入"九五"期间后,我国的社会主义经济市场越来越活跃,体育电子设备行业的竞争也越来越激烈,该所的发展面临着严峻的挑战。

该所为体育事业的发展做出的贡献如下:

（1）建所后至 1999 年,该所已经研究和开发了 50 多个用于体育场、体育馆、游泳池以及体育竞赛各类计时、记分和训练比赛用的电子设备。其中,小批量试生产的 10 多种产品已分布全国各个省、市、部队,为 8 个国外体育设施提供了配套电子设备,也被国内承办的亚运会、东亚运动会选用,出了一些如田径、游泳、射击、彩屏等国家体委的科技进步奖项目。

（2）随着科研工作的开展,该所已拥有一批具有专业技术水平,知识结构层次较合理,又热爱体育事业,既懂体育规则又掌握电子技术、计算机软硬件、机械结构的工程技术人员,技术骨干也逐步地向年轻化发展;同时也拥有了一定数量的仪器和加工设备;还有一支专业技能熟练的技工队伍。总的来说,已初具体育电子设备小批量生产的条件。

（3）通过各种级别的运动会对该所设备的实际使用,以及对国内外多层次的技术服务,该所在国内外已有较好的信誉与形象,也有一定的市场占有率。

（4）大力推广已有的获奖成果,不断更新成果的技术含量,根据已有的成果统计,没有一项停留在原水平,该所用国际先进水平要求自己,用国际先进接轨的标准更新换代,如 1999 年时,田径、游泳、武术、枪靶、显示屏等电子设备进入了第 4 代,并全部进入了计算机控制水平,使整体设备的可靠性上了一个新台阶。

由于受计划经济的影响,该所原在小批量生产过程中求方便,什么都自己配

---

① 国家体育总局运动医学研究所.国家体育总局运动医学研究所科技工作的回顾与展望.中国体育科技,2000(36):15-18.

套,追求小而齐,从车、钳、刨、铣、磨到表面喷涂等等,工序都较齐全。但随市场经济的发展,发现这种做法成本太高,因此他们开始认识到:必须逐渐缩短战线,突出重点,增强高科技的更新速度,提高技术含量,提高产品的竞争能力;作为应用开发型研究所,不要什么环节都去研究,而是要积极引用国际范围的新技术、新工艺、新材料,确立凡是人家好的东西就拿过来用的思想,如他们选用 IC 片,有的是美国刚投放市场的,有的还在试销阶段;又如喷涂也全部采用了喷塑,电路板三防采用我国最新成果等等,这不但加快了成果推广速度,也使他们的电子设备技术含量大大加强;增加了市场竞争能力[①]。

五、国家体育总局成都运动创伤研究所

运动创伤研究所是 1984 年 12 月正式成立的。该所是在中国第一所体育医院基础上建立的社会公益型医学研究所。建所初期,所里的条件十分困难,为了更好地为中国的体育事业和人类健康服务,该所全体干部、职工做好了充分的思想准备,从建所始,就坚持艰苦创业和树立坚韧不拔的精神,在艰难的创业中度过了 10 多个年头,逐步打开了事业发展的新局面。

该所党委成员以身作则,带领全所职工长期坚持改革开放和发扬"艰苦创业、团结奋进"的"八字精神",坚持"以医养科,以科促医""稳住一头、放开一片"的原则和邓小平同志关于"三个有利于""发展才是硬道理"的改革精神,从该所实际出发,调动全所党员干部和群众积极性,永不回头地去创造更大的效益。经过近 5 年的艰苦努力,他们取得了辉煌的业绩,打了一个真正的翻身仗!5 年中,该所经济保持了年递增 15% 的较高水平,1998 年全年总收入 1 210 万元,较建所初期的 1985 年增长了 17.8 倍,人均收入较 1985 年增长了 11.5 倍。该所从当年的平房草屋、铁碾石磨发展到了占地面积 40 亩、工作用楼房 11 954 平方米,固定资产 4 000 多万元,拥有部分世界一流的先进仪器、设备,集科研、医疗、教学为一体,已初具规模的现代化运动创伤防治研究中心和人才培训基地。

10 多年艰苦创业和锐意改革的进程使他们深刻认识到,如果不转变观念、抓住机遇、进一步深化科技体制改革,不坚持艰苦创业、团结奋进的精神,他们就不可能从困境中走出来,也不可能求得现今的发展;如果不坚持面向经济建设主战场,不积极地去创造稳妥、可靠的经济来源,他们就难以适应社会主义市场经济体制改革的形势,就难以在激烈的竞争中求得生存和发展。他们深刻认识到,要进一步深化科技体制改革必须从所里实际情况出发,努力搞好自身建设和结构调整,大力提高各级人员思想和业务素质,加强制度化建设,努力提高各级干部的管理水平,实

---

① 国家体育总局昆明体育电子设备研究所. 国家体育总局昆明电子设备改革开放 20 年来工作总结. 中国体育科技,2000(36):19-21.

行分级管理、职责明确,以理顺关系和健全内部运行机制,提高所里的科研、医疗和教学服务整体水平和效益,更好地适应社会主义市场经济体制和两年根本性转变。他们深刻体会到了小平同志指出的"在一切工作中要真正坚持实事求是"和"发展才是硬道理"这一伟大思想的正确性。

建所以来,该所先后派出大批科研、医务人员为历届全运会、第10届、11届、12届和13届亚运会以及第24届、25届和26届奥运会开展科技攻关和医疗服务工作,受到总局领导和教练员、运动员的高度赞誉和欢迎。该所作为运动医学的教学实习基地,长期以来,还承担了成都体育学院运动医学系及成都中医药大学等院校、基层医院的教学实习或进修任务,为国家培养了大量运动创伤和中医骨伤人才,为中国传统医学和体育事业的发展做出了重要贡献。

该所先后编著了《伤科诊疗》《运动创伤学》《中国骨伤科学》等10余部专著,参与《中国医学百科全书·中医骨伤科学》的编写,共发表论文600余篇,获部(省)级科技成果奖30余项,国家专利2项。

建所以来,该所共接待了美国、德国、苏联、日本、保加利亚、意大利等15个国家和地区的运动医学院代表团来所交流和进修,派出科研、医务人员赴美国、苏联、德国等10多个国家讲学、交流和医疗服务,为弘扬祖国传统医学做出了宝贵的贡献[①]。

[①] 国家体育总局成都运动创伤研究所.抓住机遇,锐意改革,锐意创业,力求发展——国家体育总局成都运动创伤研究所科技工作总结.中国体育科技,2000(36):22-24.

第八章 21世纪的中国体育科技发展创新

第一节 体育科技政策与机构

一、21世纪的体育科技相关政策法规

改革开放以来,我国体育科学技术工作通过深化认识,转变观念,改革体制,增强活力,壮大队伍,改善条件,获得了突飞猛进的发展,在完善体育科技体制体系方面也有了长足进步。进入21世纪,国家进一步推出一系列体育科技政策与法规,不断加大体育科技方面的投入,地方体育机构以及各类体育部门纷纷响应号召,对体育科技的投入也成倍增长。这使得科研基础条件建设、科研机构设置、科研人员待遇等方面均得到体制和机制上的进一步保障。新时期的体育科技政策与法规为推动体育科技事业的发展起到了突出的作用。

1999年11月3日,全国体育科技工作会议在沈阳召开,会议通过《2000—2010年中国体育科技发展规划》(草案),对21世纪的我国体育科技事业提出了新的奋斗目标及实现这些目标所要解决的问题和采取的主要措施。至此,我国的体育科技事业历经20年的改革历程,已逐步建立了适合自身发展、适合我国法律体系的政策保障体系,并不断优化完善。

2001年7月27日,为使科技创新成为"绿色奥运、科技奥运、人文奥运"三大主题的有力保障,科技部和北京市政府联合教育部、国防科工委、国家体育总局、中国科学院、中国工程院、中国科协、国家自然科学基金委等有关部门,成立了北京奥运会科技工作领导小组——"奥运科技(2008)行动计划"领导小组,共同组织实施"奥运科技(2008)行动计划"。它所制定的《奥运科技(2008)体育行动计划》是本届奥运会的一项重要科技建设计划,其中涉及许多奥运会的关键技术性问题。同年12月,国家体育总局先后建立了25个体育社会科学研究基地,搭建了稳定的体育社会科学研究平台,吸引了多学科研究人员的广泛参与,拓展了研究领域,促进了研究水平的提高。

2002年7月,中共中央、国务院颁布了《关于进一步加强和改进新时期体育工作的意见》,对新时期体育事业的发展提出了明确的指导思想、工作方针和总体要求。该意见明确提出,要依靠科技力量,保障体育事业持续、健康发展。要重视体育科学技术研究工作,不断提高体育运动训练的科学化程度和体育决策的科学化水平,全面提升我国在国际体坛的竞争实力,发挥竞技体育的多元功能。同年11月,国家体育总局分别针对全民健身和奥运争光制定了《全民健身科技行动计划》和《奥运争光科技行动计划》。《全民健身科技行动计划》指引各级科研机构采用多种形式,面向社会,为群众开展常年科技服务的同时,以重点研究解决增强国民体质等带有方向性、普遍性、关键性的技术和理论问题为主,开展了大规模的国民体质调查和群众体育调研,建立了我国国民体质数据库和国民体质监测系统。《奥运争光科技行动计划》面向竞技体育主战场,重点针对运动训练中需要解决的关键问题开展攻关研究,主要涉及技战术分析、训练监控、运动心理、运动营养、伤病防治、体能与疲劳恢复等多个领域。同年12月,国家体育总局又制定了《2001—2010年体育科技发展规划》,提出了新世纪我国体育科技发展的指导方针,即"坚持科教兴体;坚持科学技术与体育运动实践紧密结合;坚持体育科技体制改革;坚持科技创新"。

2004年,中国体育科学学会设立了"中国体育科学学会科学技术奖",制定了《中国体育科学学会科学技术奖励章程》及《中国体育科学学会科学技术奖励章程实施细则》。同年10月25日,中国体育科学学会科学技术奖颁奖典礼与第七届全国体育科学大会在北京体育大学隆重开幕,34位我国体育科技界有功之臣相继走上主席台接受表彰,这是中国体育科学学会科学技术奖的首次颁奖典礼,也是继体育科学技术进步奖在1999年停止颁发后我国体育科技的最高综合性奖项。

2006年7月25日,国家体育总局正式颁布了《体育事业"十一五"规划》,包括了引言和9个部分共60条,其内容全面涵盖了体育事业和体育工作的各个方面,从战略和宏观的角度提出了未来五年的阶段性目标与任务,并提出了切实可行的政策措施。在"发展体育科技、教育,加强体育人才队伍建设"部分提出了坚持体育科学研究与体育运动实践相结合;继续深化体育科技体制改革;建立健全训练、科研、医疗三位一体的科技服务体系;重视体育社会科学研究等体育科技相关工作任务。同年7月27日,为进一步做好体育科技、教育和反兴奋剂工作,促进我国体育事业健康、协调和可持续发展,根据国家科学技术和教育事业发展规划的有关精神,按照"十一五"期间我国体育事业发展总体部署,国家体育总局制定了《体育科技、教育和反兴奋剂工作"十一五"规划》。

2007年8月8日,为加强国家队科研团队建设,发挥科研团队整体优势和科研人员集体智慧,进一步做好2008年奥运会备战工作,国家体育总局颁布了《国家队科研团队建设与管理暂行办法》,从而加强对国家队科研团队的建设和管理。

2011年7月13日,国家体育总局办公厅下发了关于印发《体育科技、教育和反兴奋剂工作"十二五"规划》的通知,明确了"十二五"期间的总体目标、任务和措施,其中关于体育科技的主要工作有:确定重点研究领域与优先主题,加强科研攻关和科技创新;进一步完善科技和医疗保障体系建设,提高科技服务水平;加强体育科技条件建设,打牢可持续发展的基础;创新体育科技管理制度,不断完善体育科技管理体制和机制;加强体育科技成果转化,为体育产业的发展增添动力以及加强体育科技、医疗人才培养。

2012年,根据国家体育总局《体育事业发展"十二五"规划》和《科技、教育、反兴奋剂"十二五"规划》的工作部署,研究制定了《国家体育总局中长期体育科学与技术研究指导纲要(2011—2020)》,该纲要明确了未来十年我国体育科学与技术的发展目标、重点研究领域和优先主题。到2020年,我国体育科技研究发展的总体目标是:自主创新能力和解决体育实践关键问题的能力明显提高;取得一批解决体育实践重大问题,并在国内外具有重大影响的创新性科技成果;科技成果卓有成效地应用于体育事业的科学发展中,在改善国民体质状况和科学健身的理论指导、提高优秀运动员竞技水平、促进体育产业发展等方面取得重大突破,达到国际领先水平;涌现出一批具有世界先进水平的优秀科学家和研究团队。该纲要同时明确了未来十年体育科学与技术的重点研究领域和优先主题,重点研究领域是指,我国体育事业发展中亟待科技提供支撑和保障的3个重点研究领域,即增强国民体质研究领域、提高竞技水平研究领域、促进体育产业发展研究领域。

2015年10月,国家体育总局办公厅下发了《关于明确全民健身科学研究和指导相关工作职能部门的通知》,根据国务院46号文和《全民健身计划》的分工要求,经总局研究决定,将群体司目前开展的与全民健身科学研究和指导相关工作明确由科教司牵头,统筹推进。

2016年5月,国家体育总局发布《体育发展"十三五"规划》,提出要建立和完善资源布局合理、配置优化,适应体育领域"大众创业、万众创新"的科技创新体系。以高等院校、体育科研院所和重点实验室为基础,推进竞技体育专项研究平台、群众体育科学健身指导平台、体育产业科研服务平台建设。以运动促进健康、运动处方、科学健身指导与服务为重点,开展全民健身理论与方法的研究与应用。以"三大球"、基础大项、冬季项目取得突破为目标,加强科学选材、运动防护、训练监控、体能恢复、伤病治疗、运动康复、信息分析和应用等领域研究,着力解决重点运动项目关键技术问题。以具有自主知识产权的装备器材、新型体育服务技术、"互联网+"产品为重点,着力推动科技创新和成果转化。进一步理顺国家队购买体育科技与医疗服务的工作机制,鼓励运动项目管理中心与科研单位"结对子",围绕运动项目和学科领域,努力打造具有特色的训科医竞技体育科技服务平台。积极开展科学健身指导平台建设,以群众科学健身需求为导向,充分发挥政府主导作用,引导市场广泛参与和投入,鼓励市场运作,努力推动全民健身科学研究成果普及、推广和转化。充分发挥企业在体育产品研发和创新中的主导作用,鼓励企业承担和参与体育科技研发任务,努力办好体育科技成果展示会,并依托体育科技成果产权交易平台,搭建体育产品研发和成果转化线上线下服务平台。

2016年6月15日,国务院下发了《关于印发全民健身计划(2016—2020年)的通知》(国发〔2016〕37号),要求各地认真贯彻执行《全民健身计划(2016—2020年)》。该计划提出了"强化全民健身科技创新"保障措施,制定并实施运动促进健康科技行动计划,推广"运动是良医"等理念,提高全民健身方法和手段的科技含量。开展国民体质测试,开发应用国民体质健康监测大数据,研究制定并推广普及健身指导方案、运动处方库和中国人体育健身活动指南,开展运动风险评估,大力开展科学健身指导,提高群众的科学健身意识、素养和能力水平。推动移动互联网、云计算、大数据、物联网等现代信息技术手段与全民健身相结合,建设全民健身管理资源库、服务资源库和公共服务信息平台,使全民健身服务更加便捷、高效、精准。《全民健身计划(2016—2020年)》中对科技创新的阐释进一步明确了我国全民健身事业科学化发展的走向。2016年,通过北京冬奥组委协调统筹,科技部会同国家体育总局、北京市等有关部门和地方制定了"科技冬奥(2022)行动计划",主要围绕"零排供能、绿色出行、5G共享、智慧观赛、运动科技、清洁环境、安全办赛、国际合作"等8个方面统筹设计重点任务。北京冬奥会中国体育代表团整体表现出色,多项成绩实现历史突破,这些成就离不开科技对备战的强有力支撑。

2018年4月8日,国家体育总局发布《国家体育总局重点实验室管理办法》。重点实验室是指经国家体育总局命名,组织高水平体育科学研究与科技服务、聚集和培养体育科技人才、开展高层次学术合作与交流的体育科研机构。重点实验室依托大学、科研院所、企业等具有自主创新能力的科研实体,实行"开放、流动、联合、竞争"的建设和运行机制,积极开展国内外科技合作和交流。重点实验室的任务是根据国家体育发展战略和体育事业发展需求,为竞技体育、全民健身和体育产业提供高水平科技创新服务保障。重点实验室应当创新用人机制,在主动培养固定人员的基础上,注重培养和支持青年科技人员,加大流动人员的引进力度。重点实验室应当围绕主要任务和研究方向,重视自主创新研究,重点解决运动项目关键技术、科学健身指导、体育产业科研等核心问题,成为本领域体育科技服务保障平台。重点实验室应当重视对社会公众的科学普及工作,结合自身特点,采取网络、研讨会、专题报告、开放日等多种形式,面向社会传播科学健身知识;积极加强与社会各界的融合与协作,推动科技成果的转化与产业化。同年12月11日,国务院办公厅下发了《关于加快发展体育竞赛表演产业的指导意见》,提出要重视和鼓励新型转播技术、安全监控技术、人工智能等高新技术在体育竞赛表演产业中的应用。鼓励以移动互联网、大数据、云计算技术为支撑,提升赛事报名、赛事转播、媒体报道、交流互动、赛事参与等综合服务水平。

2019年8月,国务院办公厅印发《体育强国建设纲要》,提出了加大体育科技创新力度,对体育科技创新如何进一步为健康中国建设、奥运争光计划、体育产业快速发展提供强力支撑提出了科学规划。一是科技创新推进全民健身智慧化快速发展,加快健康中国建设。二是科技创新助力竞技体育综合实力提升,增强为国争光能力。三是科技创新激活体育产业发展主体活力,创造经济发展新动能。同年9月4日,国务院办公厅发布《关于促进全民健身和体育消费推动体育产业高质量发展的意见》,提出开展全国体育科技创新大赛。引导在京的全国性体育组织落户河北雄安新区,支持京津体育科研院所、体育高科技企业到河北开展技术研发、中试和产业化生产。支持体育用品制造业创新发展,推动智能制造、大数据、人工智能等新兴技术在体育制造领域应用。鼓励体育企业与高校、科研院所联合创建体育用品研发制造中心[①]。

2021年7月,国务院下发了关于印发《全民健身计划(2021—2025年)的通知》,在保障措施里提出要壮大全民健身人才队伍;创新全民健身人才培养模式,发挥互联网等科技手段在人才培训中的作用;加强健身指导、组织管理、科技研发、宣传推广、志愿服务等方面的人才培养供给;提升科学健身指导服务水平;落实国民体质监测、国家体育锻炼标准和全民健身活动状况调查制度;开设线上科学健身大讲堂,鼓励体育明星等体育专业技术人才参加健身科普活动;征集推广体育科普作品,促进科学健身知识、方法的研究和普及。同年9月,国家体育总局办公厅下发了关于印发《国家体育总局体育科普项目管理办法》的通知,提出要深入贯彻落实《"健康中国2030"规划纲要》和《体育强国建设纲要》等文件精神,依据《中华人民共和国体育法》《中华人民共和国科学技术普及法》等相关规定,加快推进体育科技创新和体育科技管理体制改革,规范国家体育总局体育科普项目管理,制定《国家体育总局体育科普项目管理办法》。

2021年10月,国家体育总局下发了关于印发《"十四五"体育发展规划》的通知,提出要提升体育科技研发水平,对"十四五"期间科教兴体进行了部署和谋划,为体育科技教育工作指明了方向。提出要推进体育重大科研选题纳入国家"十四五"重点科技专项,推动国家重点科技专项成果示范与应用。组织开展科技项目清单管理和科研成果入库工作,推动建设体育重点实验室、体育科技创新中心、体育高端智库等科研平台。实施"揭榜挂帅"机制,推动体育院校、科研院所增强体育科研创新活力,增加体育科技成果供给。加强国家队科技助力工作。促进国家队科技助力条件平台建设,进一步完善科技助力工作机制。以国家队需求为导向,建立集科研攻关与科技服务于一体的科技助力保障体系,加强对科技助力投入的效益评估和管理监督。加强国家队复合型科医保障工作和专家团队建设,完善科技助力工作奖励激励机制,构建跨学科、跨地区、跨行业、跨部门的体育科技助力人才保障体系。

---

① 刁云娇. 推动体育成为国民经济支柱性产业. [2019-09-18]. https://caijing.chinadaily.com.cn/a/201909/18/WS5d819750a31099ab995e08a0.html.

2022年3月,中共中央办公厅、国务院办公厅印发了《关于构建更高水平的全民健身公共服务体系的意见》,指出要提高全民健身标准化科学化水平,深化体卫融合,建立体卫融合重点实验室。推进健身设施绿色低碳转型。开展公共体育场馆开放服务提升行动,推广绿色建材和可再生能源使用,实施节能降本改造,加快运用5G等新一代信息技术改进场馆管理和赛事服务。

2022年3月,国家体育总局印发《国家体育总局科技创新项目管理办法》,该办法包括总则、组织管理职责、项目申报、项目立项、项目执行、项目结题、成果管理和附则共计8章28条内容。旨在贯彻落实中共中央、国务院《国家创新驱动发展战略纲要》,进一步发挥国家体育总局在体育行业科技创新需求凝练、任务组织实施、成果推广应用等方面的作用,引导社会科技力量面向体育科技创新需求开展科研攻关,推进体育科技创新,推动体育强国建设。

2022年6月24日,第十三届全国人民代表大会常务委员会第三十五次会议修订通过《中华人民共和国体育法》,其中第十二条规定"国家支持体育科学研究和技术创新,培养体育科技人才,推广应用体育科学技术成果,提高体育科学技术水平。"新修订的《中华人民共和国体育法》为新时期我国体育科技教育和研究工作提供了法律依据和保障[①]。

总体上,进入21世纪,国家加强了体育科技政策和法规的制定与实施,全面推动体育科技的深度融合与创新发展。通过系统的政策投入与体制改革,国家不仅提升了科研条件和基础保障,还确保了体育科技成果的广泛应用。重要的政策文件如《全民健身计划》与《体育法》的修订,为科技提升国民体质和竞技体育水平提供了坚实的支撑与保障。这一时期的政策举措标志着中国体育科技事业的全面升级,为体育事业的全面发展注入了强大动力。

二、21世纪的体育科研机构

2000年之后,我国体育事业发展格局不断转变,随着健康中国和体育强国建设加快推进、全民健身上升为国家战略,以国家国民体质监测中心、国家体育用品工程技术研究中心等为标志的体育科研机构相继成立,助力我国全民健身事业以及竞技体育的科学发展。同时,全国不少体育院系、地方体育部门也相继成立了体育科研院所或研究中心,大大增强了我国体育科学研究的力量。此外,由地方体育部门、高校以及社会组织等多方共建的体育科研机构也在逐渐起步,发展态势良好。新世纪的体育科研机构在机构建设、体制改革、人才培养、科学研究、成果推广应用、科研攻关与科技服务以及开展国际体育科技合作与交流等方面都取得了突

---

① 新时代体育事业发展的法治保障——体育总局政策法规司负责人解读新修订的体育法. 中国体育报,2022-06-25(3版).

出的成绩,为促进体育科技进步和我国体育事业的可持续发展做出了重要的贡献。

(一)国家层面的体育科研机构

1. 国家国民体质监测中心——服务于国民体质健康的国家级研究机构

2000年,国家体育总局会同教育部、科技部、国家民委、民政部、财政部、农业部、卫生部、国家统计局、全国总工会等10个部委为系统掌握我国国民体质状况,定期了解我国国民体质的变化特征,配合完成《全民健身计划》实施效果评估任务,为制定新周期《全民健身计划》提供科学依据,为国家经济建设和社会发展服务,决定在全国开展国民体质监测工作。为保证国民体质监测的技术实施和技术督促,国家体育总局成立国家国民体质监测中心,挂靠在国家体育总局体育科学研究所。

国家国民体质监测中心的主要任务是:拟制定全国国民体质监测工作方案;培训全国国民体质监测工作人员;协助进行国民体质监测器材维护,编制数据登记书、手册和相关软件;指导、监督、检查全国国民体质监测工作;编印监测工作简报,宣传、指导开展监测工作;收集、整理、保存监测工作音像资料;验收、汇总、统计运算和研究分析国民体质监测数据,向国家体育总局报送监测结果;完善和管理国家国民体质监测数据库及相关资料档案。

该中心自成立以来,协助国家体育总局完成了2000年、2005年、2010年、2014年四次全国国民体质监测工作,以及2007年、2014年两次全民健身活动状况的调查;帮助澳门特区开展了2005年、2010年和2015年市民体质监测工作。同时完成了"中国国民体质监测系统的建立与实施""中国国民体质数据库""国民体质测定标准""国民体质监测信息系统""国民体质综合指数""中国城乡居民体育锻炼行为的研究"等一系列重大科研项目。近年来,以《国民体质测定标准》等科研成果为抓手,在全国推广科学健身知识普及工作,协助体育总局在全国各地和实施"体质测定与科学健身指导站"工作,有力地促进了我国全民健身的科学化进程。

2. 国家体育用品工程技术研究中心——我国最高水平的体育用品工程技术研究机构

国家体育用品工程技术研究中心经科技部批准,于2011年开始组建,主管单位为国家体育总局科教司和山东省科学技术厅。作为依托单位的泰山体育产业集团有限公司经过三年建设,圆满完成了国家工程技术研究中心组建任务书的建设要求。

该中心自组建以来,针对当前我国体育用品业发展的需求,着重在体育用品现有技术开发利用、自主知识产权新产品研发、体育用品标准化生产、体育用品生产工艺等关键技术优化集成等方面,进行了工程技术的研发。建成了支撑我国体育用品产业健康、快速、可持续发展,具有世界先进水平的体育用品业关键技术研发、工程化、成果转化和信息与技术交流平台,以及体育用品研发及工程人才培养基地。代表了我国体育用品工程技术领域的最高水平,强有力地推动了我国体育用品工程技术的可持续发展,为我国民众的健康事业发展做出了重要的贡献。

在工程技术研究开发方面,共申请专利182项,其中发明专利64项,获得授权专利86项,其中发明专利4项;拥有软件著作权10项;参与制定(修订)4项国家级行业标准;完成省级科学技术成果鉴定5项,其中达到国际领先水平的4项,获得省部级科技进步奖2项,获得国家重点新产品1项。在技术成果转化方面:中心续建了新型人造草坪产业化基地,新建了网络健身器材产业化基地、碳纤维复合材料体育装备产业化基地、XPE运动垫及护具产业化基地。中心工程化技术通过自我转化与技术转移,新增销售收入30亿元,带动了行业快速发展,经济、社会、生态效益显著[①]。

在人才队伍建设方面,中心培养各类技术骨干56人,引进博士109人,硕士40人。目前总人数306人,其中固定人员218人(享受国务院政府特殊津贴4名、泰山学者特聘教授1名;高级职称65人),流动人员88人,并聘请2名院士作为特聘顾问。已凝练形成了"体育竞技器材、健身器材工程技术科研团队""体育新材料工程技术科研团队""网络健身工程技术科研团队"等支撑行业发展的雄厚科技创新力量,聚集和培养了一大批从事体育用品技术研发的杰出学者和领军人物。

3. 国家运动营养测试研究中心——我国首个国家运动营养测试研究中心

国家体育总局运动营养重点实验室,依托于国家体育总局运动医学研究所,在该所运动营养中心基础上建成,是国家体育总局2002年首批筹建的6个直属重点实验室之一,2010年9月被科技部批准为"国家运动营养测试研究中心"。这是国家体育总局与科技部加强合作,加快体育科技发展的重要举措。

研究中心总体定位为:以开展与竞技体育相关的运动营养领域的基础与应用研究、备战奥运科研攻关与国家队科技服务为主,以服务于社会大众及全民健身为辅,并在这一领域的技术创新和学科建设中发挥支撑和带头作用。研究中心的宗旨为:立足竞技体育,面向全民健身。研究方向包括:①营养监测及评估和干预的研究;②营养生化测试方法及其应用研究;③新型营养物质作用机理的研究及产品研发;④身体机能状况的评估及恢复措施的研究;⑤食品和营养品功效成分检测及功效评价;⑥运动员食品安全监测、食品中违禁物质监测;⑦人才培养、专业培训、教育和促进学科发展。

综上,国家运动营养测试研究中心成为运动营养相关测试技术与方法的研究中心、运动营养及相关产品的分析测试服务中心、运动营养师和运动营养检测专业人员的培训中心。

4. 中国体育经济研究中心——非营利性的学术创新型研究中心

中国体育经济研究中心于2016年11月25日成立。该中心的成立是在《全民健身计划(2016—2020年)》《"健康中国2030"规划纲要》《关于加快发展健身休闲产业的指导意见》等文件的背景下,为贯彻落实党中央国务院的战略部署而做出的

---

① 国家体育用品工程技术研究中心. https://www.taishansports.com/html/scientific/3108.html.

一次积极的尝试,因此具有非常重要的意义。该中心隶属于国家体育总局体育科学研究所,定位是"非营利性的学术创新型研究中心",具体职能为围绕国家体育发展重大规划、政策开展前期研究、专家咨询,结合当前体育改革与发展中的热点、难点、焦点问题开展研讨,组织高水平学术沙龙和高端专业人才培训等。该研究中心由主任、主任助理和外聘行业专家三部分人员构成。主任由鲍明晓教授担任。外聘专家采取首席专家制,各专业、各学科聘请一名首席专家,全部从社会聘用。

5. 体育服务检验中心——我国体育系统唯一双认可的国家级检验机构

体育服务检验中心(以下简称"检验中心")成立于2008年,隶属于国家体育总局体育科学研究所,是我国体育系统唯一具有国家认监委检验机构资质认定和国家认可委检验机构认可的国家级检验机构。其宗旨是:围绕国家对体育服务质量安全监管的需求,为政府监管决策提供体育标准化和检验检测方面的技术支撑;根据市场需求,向社会提供公正的检验检测服务。主要任务包括:开展体育场所和体育设施检验检测;承担体育标准化相关政策法规研制任务;承担体育标准和技术规范的研制任务;研究开发新的检验检测项目、方法和技术;研制检验检测装备;承担相关法规、标准和检验技术培训任务。

检验中心成立以来,密切配合我国体育经营活动监管制度实施,为政府监管提供政策制定、标准研制、检验检测和技术培训等方面的技术支撑。检验中心负责组织制订和修订了游泳、卡丁车、滑雪、滑冰、漂流、蹦极、攀岩等21个体育场所开放条件与技术要求系列强制性国家标准,组织起草了体育场所开放条件与技术要求国家标准的检验方法,研制了一批体育设施检验设备,并率先在全国体育行业开展了体育场所和体育设施检验工作;多次接受国家体育总局和国家安全监管总局、省级体育主管部门等委托的政府监督检验任务,协助政府增强了监管的科学性、针对性和有效性;受各地方体育主管部门和企业委托,开展了大量的高危险性体育项目经营许可证检验工作;编撰出版了《体育场所开放条件与技术要求系列标准释义》,多次承办由国家体育总局和地方体育主管部门组织的国家标准和检验方法培训班,对国家标准进行宣贯,将检验方法及其作用进行广泛普及。

6. 国家冰雪运动训练科研基地——国内训练与科研并举的冬季项目训练科研基地

2018年,为全力备战2022年北京冬奥会和冬残奥会,建设集中统一管理的高科技训练基地,满足北京冬奥会国家冰雪运动训练科研工作的需求,经国家体育总局批准,国家冰雪运动训练科研基地宣告成立。作为目前国内设备设施最全、科技含量最高的冬季项目训练科研基地之一,自成立以来,国家冰雪运动训练科研基地积极投身于科技助训工作,全力保障国家集训队训练及比赛,打造体育科学研究创新高地。国家冰雪运动训练科研基地是由位于北京市丰台区的中车北京二七机车有限公司老旧厂房正式开启改建的,经过改造,这片曾经承载着"铁路梦"的厂房摇身一变,成为集训练与科研为一体的二七国家冰雪运动训练科研基地。通过与北京体育大学体能训练学院、体育工程学院和中国运动与健康研究院密切协作,基地与国家体育总局冬季运动管理中心携手完成训练队伍日常体能训练指导与体能监测分析。2021年3月至7月,32支冰雪项目国家集训队的科技调训测试工作得到保障。此外,基地与清华大学、北京航空航天大学、北京理工大学、北京交通大学和北京服装学院等高校合作,进行弹射装置训练、运动姿态捕捉分析、冰刀减阻测试、冰面减阻测试、冰场环境数字化等多项科技冬奥课题攻关。

(二) 部分高校的体育研究机构

1. 北京体育大学中国运动与健康研究院

北京体育大学体育科学研究中心暨体育科学研究所成立于2007年4月,后改名为中国运动与健康研究院。在学校积极引进各方资源,购进大量高精端科研设备的基础上,整合、共享各方实验资源,充分发挥科技、人才优势,积极开展基础理论与应用研究及体育科技人才培养工作。目前,研究院下设体能训练、身体机能测评、生物化学、低氧训练、动物实验5个实验室群,以及运动控制与纠正训练实验室和体育科技大讲堂,共有24个实验室。研究院不仅为跆拳道、柔道、赛艇、艺术体操、速滑、游泳、竞走等国家队和优秀运动员备战奥运会提供全方位的科技服务,而且为人才培养、基础研究提供实验平台。同时,积极引进国内外最新训练技术与科研方法,促进不同学科间合作与交流,并加强与企业的横向合作,努力将研究院办成具备高水平科研能力的科技服务中心,为学校三结合基地的建设提供一流的科研条件,加快学校迈向世界一流体育大学的步伐。

2. 北京大学中国体育产业研究中心

中国体育产业研究中心(China Institute for Sports Value,CSIV)于2008年1月6日成立,由北京大学文化产业研究院与CCTV中视体育推广有限公司联合成立,是北京大学文化产业研究院和CCTV中视体育推广有限公司所属的非营利性研究机构。

该中心的主要研究队伍由国内外体育产业知名学者、体育营销专家、以中央电视台体育频道为主导的顶级体育传媒、品牌传播专家、著名市场调研机构共同构成。并由知名学者、政府及有关产业部门领导和专家组成顾问委员会和学术委员会,致力于体育产研究、国际体育学术交流、赛事系统评估、体育传媒整合、品牌顾问及高级培训等相关工作。

该中心主要依托北京大学的学术资源及CCTV中视体育有限公司在赛事运营、品牌传播、媒体整合等多方面的专业经验和垄断优势,从事体育产业研究和产业化运作,立足中国,面向世界。为中国体育产业发展提供有力和客观的学术分析,为中国体育产业全球化提供智力支持。

3. 上海体育学院体育产业发展研究院

上海体育学院(现上海体育大学)体育产业发展研究院(Institute of Sport Industry

Development of SUS)于2013年9月成立,是由上海体育学院建立的、致力于服务上海乃至全国体育产业发展的实体性研究机构。研究院是在整合体育赛事研究、体育彩票研究、国际赛车研究等研究力量的基础上,建立的新的应用性研究实体,现成为上海市教委批准筹办的第三批高校知识服务平台。

体育产业发展研究院以上海体育学院为支撑,依托体育人文社会学、体育赛事运作、体育管理、体育休闲等学科优势,以及上海市重点学科、上海高校人文社科重点研究基地、上海体育国家大学科技园、中国体育科学学会体育产业分会等平台的雄厚资源优势,围绕体育产业发展需求,突破高校传统的学科建设的格局,密切校内外的联系,整合政府、社会、企业间的资源,在体制机制等方面进行创新,实现研究院的高效率运转。研究院设立体育赛事研究中心、体育彩票研究中心、体育旅游研究中心、国际体育产业研究中心等部门,致力于建设国内一流的体育产业发展战略和政策服务、体育产业信息与数据公共服务两个专业化平台,旨在打造高水平、高起点、跨学科的知识服务机构。

体育产业发展研究院以"深化体育产业研究、构建学术交流中心、服务国家和地方经济发展"为宗旨,坚持"共有、共建、共享"的理念;紧紧围绕"全国体育产业知识服务品牌"和"体育产业数据资料高地"的建设目标;通过体制机制的创新,凝聚整合校内外研究力量,打造一支"专兼职结合"的研究队伍,培育若干以"项目为导向"的研究团队,积极承担各类纵横向课题。力争用五年左右的时间,在学术研究、决策咨询、社会服务、人才培养、国际交流、平台建设等方面形成一系列标志性成果,使研究院成为国内领先、国际知名的体育产业学科领域的"产学研"结合的示范基地[①]。

4. 清华大学体育产业发展研究中心

2016年5月31日,清华大学体育产业发展研究中心成立大会在清华大学近春园举行。时任国家体育总局副局长冯建中,清华大学副校长杨斌,国际奥委会委员、全国青联副主席杨扬,国家体育总局体育科学研究所体育社会科学研究中心研究员鲍明晓,李宁品牌创立人、集团董事长兼执行主席李宁,英迈传媒集团合伙人史丹丹等出席成立大会。

清华大学体育产业发展研究中心由清华大学与捐赠清华大学体育产业基金的英迈传媒集团联合共建,中心依托经管学院,旨在充分发挥清华大学学科齐全、人才密集、体育传统深厚的优势,创造性地开展紧密合作研究,发挥体育产业一流平台的作用,为落实国家体育产业发展战略、推动体育产业升级及企业发展提供智力支持。清华大学体育产业发展研究中心实行管委会领导下的主任负责制。下设体育产业委员会、学术委员会和体育专业委员会,李宁、鲍明晓和杨扬分别担任上述委员会主任。

---

① 季艺. 上海体育学院成立体育产业发展研究院. 上海文化年鉴,2015.

5. 南京体育学院奥林匹克教育研究中心

南京体育学院奥林匹克教育研究中心于2016年11月26日在南京体育学院成立。国家体育总局原局长、中国奥委会原主席袁伟民,国际奥委会副主席于再清为南京体育学院奥林匹克教育研究中心揭牌。南京体育学院奥林匹克教育研究中心以南京体育学院体育人文学科为依托,充分利用南京高校、科研院所专家云集的优势,围绕奥林匹克文化"研究"与"教育"两大主题,一方面开展"南京近现代奥林匹克历史与文化""奥林匹克竞技体育教育价值"和"学校体育在弘扬奥林匹克文化方面作用"的研究,以丰富国际奥林匹克教育宝库;另一方面定期举办奥林匹克学术论坛、奥林匹克知识讲座、青少年奥林匹克教育培训等活动,建立奥林匹克信息资料中心和网络课程。

(三) 地方体育科研机构举隅

1. 江苏省体育产业研究院

江苏省体育产业研究院是国家体育总局体育产业研究基地,2017年由国家体育总局认证授牌,成为总局在全国体育系统唯一的体育产业研究基地。江苏省体育产业研究院由江苏省体育局发起成立,体育系统首创,是全国唯一的事业性质体育产业研究与合作平台,是体育系统管理体制改革创新的重要举措。该体研院宗旨以探索新型体育产业发展的模式,搭建国际化优质体育资源与市场的对接渠道,推动体育产业的集聚与跨界融合。体研院的市场化运营主体江苏体研院体育产业有限公司,负责产业政策的贯彻落实和研究项目的成果转化,为体育小镇、体育综合体、体育产业园区、体育公园等类型项目提供策划顾问、资源整合、产业孵化、运营管理、产业基金等产业服务。作为国家体育总局的体育产业研究基地,体研院瞄准体育产业前沿发展方向和重大实践课题,提供体育产业政策研究,设计体育产业基地、体育健康特色小镇、体育服务综合体等工作体系。研究制定体育产业项目等级认证标准,推广各类分级认证体系的建设与实施。

2. 河北体育智库

2017年3月31日,由河北省体育局主办、河北省燕赵体育经济研究服务中心承办的河北体育智库成立大会在石家庄举行。河北体育智库的成立,标志着全国第一个体育智库建设迈出了实质性步伐。河北体育智库专家委员会主任由鲍明晓教授担任,55位高校教授、科研人员、企事业高管、部门领导及行业代表受聘成为河北体育智库首批专家。河北体育智库的成立旨在顺应我国体育改革发展的形势需要,凝聚河北省内外体育高校、科研机构、企业实体、专家学者等各方面力量,建设具有河北特色的高质量体育智库组织,通过发挥其"思想库""智囊团"作用,为河北体育的政策研制、决策执行等提供强有力的智力支撑,努力使河北省在新的体育改革发展进程中赢得先机、占有主动。

3. 广东体育智库

2019年6月,竞技嘉·中国·广东体育智库在广州成立。在广东省体育局的指导下,竞技嘉·中国·广东体育智库以探索体育共享新生态为出发点、以构建产业发展新格局为战略目标、以整合体育产业各方资源为抓手,贯彻以"互联网+共享+体育人才"为核心的发展理念,打造完善的体育运动服务共享生态体系。该体育智库的核心理念是"构建城市本地运动生态圈",打造集同城赛事活动资讯、运动社交组织、品质商家优惠于一体的本地运动生活服务平台。此外,体育智库还将致力于为体育产业生态提供系列解决方案,结合平台资源优势打造多元化的体育产业生态圈,实现一站式解决运动人群参赛、社交、消费等多元化需求,让用户轻松尽享竞技乐趣,实现兴趣价值。

4. 贵州体育旅游研究院

2019年2月,全国首家省级体育旅游专家智库——贵州体育旅游研究院在贵阳正式挂牌成立。贵州体育旅游研究院是为整合高校和企业资源,创新体育旅游运行机制,发挥政产学研多方优势,由贵州省体育局、凯里学院、多彩贵州文化产业集团共同组建而成的。贵州体育旅游研究院首批特聘专家20名,全部拥有正高职称或博士学位。贵州体育旅游研究院主要承担贵州省范围内的体育旅游资源梳理、项目策划、产业发展规划、民族体育、人才培养等相关业务,积极响应国家体育总局批复贵州创建全国体育旅游示范区号召,助力全国体育旅游示范区创建。

5. 海南自贸创新体育产业研究院

2020年12月11日,海南自贸创新体育产业研究院(以下简称"研究院")成立大会在海口举行。研究院由海南省文旅厅和上海体育学院共同发起,联合国内外高校、科研机构及企业成立,将致力于体育旅游、体医融合、智慧体育等领域的规划设计、关键技术开发、科技成果转化、体育产业孵化、创新创业投资、高端人才培养及其他服务,促进海南体育、旅游、大健康产业的快速发展。研究院成立后,将紧紧围绕自贸港建设对体育工作的新要求,积极推进智能体育研究院等工作,同时借助上海体育学院的平台和优势,加大海南体育人才培养力度,加快海南体育产业研究和创新[①]。

(四)多方共建的体育科研机构举隅

1. 长三角青少儿运动与健康创新发展研究中心

2022年3月1日,长三角青少儿运动与健康创新发展研究中心正式成立,该研究中心由上海财经大学体育教学部与浙江好习惯科技有限公司联合组建,以提升青少儿体育素养、身体素养和健康素养为宗旨,以"健康第一"为目标,"体教医"融合发展为原则,研究成果转化和人工智能技术呈现为抓手,整合业内产研和投融优势人才资源,

---

① 王文政. 海南自贸创新体育产业研究院揭牌成立. 海南日报. [2020-12-12]. https://www.hainan.gov.cn/hainan/szfldhd/202012/7b54a95a7dd94a13b892eedeb5cf00c2.shtml.

以上海为龙头,带动长三角区域协同研究和产业发展,优秀的成果转化后服务全国。

研究中心通过专项研究和技术应用、产业论坛和科普推广、人才培养和创业支持等开展工作。基于人工智能和大数据的发展,研究中心将会同上海的体育、教育、医疗、心理等专家对"青少儿科学健身运动"的评价体系和个性化解决方案,构建运动轨迹和影像等结构数据为基础的精准体育与健康评估和干预理论框架,建立运动处方库和康复项目库,优化健康教育、生活方式干预的实践范式,在大样本对照研究中进一步证实上述"青少儿运动健康促进方案"的有效性、安全性和科学性,深入挖掘运动、营养、心理等非医疗健康干预手段在疾病预防与康复领域中的积极作用,并进一步研究其机理和机制。为政府决策提供数据支持和科学依据,努力实现便捷安全的 AI 健康服务模式[1]。

2. 华为运动健康科学实验室

华为消费者业务与国家体育总局体育信息中心于 2020 年 9 月 11 日就在东莞市松山湖科技产业园区松山湖园区建立华为运动健康科学实验室达成合作,常务董事、华为消费者业务 CEO 余承东,华为消费者业务首席战略官邵洋,国家体育总局体育信息中心主任书记张剑,广东省体育局党组成员、副局长林瑛等领导共同出席签约仪式。

华为运动健康科学实验室(松山湖)由华为和国家体育总局体育科学研究所、体育信息中心联合成立,并得到松山湖管委会和万科集团的大力支持。实验室占地面积达 4 680 m²,整体投入超过 2 亿元,是目前华为在全球运动健康领域最大的综合实验室。实验室涵盖专业研究区、生态联合检测认证区、运动健康场景孵化区,覆盖 80 余项专业检测能力,构建成一个聚合全球优势研发资源的权威性运动健康综合研究平台。运动健康科学实验室将围绕智能穿戴产品研究、标准研发、检测认证和展示体验等核心功能进行建设。松山湖高新区以产业孵化为引领,将打造一个国际一流的运动健康产业科技创新平台、国家体育产业基地和智慧体育示范区,推动相关科技成果转移转化,力争创建成为国家智慧体育技术创新中心,助为我国智慧体育的后续发展贡献宝贵人力资源。

3. 清华大学无锡应用技术研究院数字体育研究中心

清华大学无锡应用技术研究院数字体育研究中心由清华大学无锡应用技术研究院与北京中体联合数据科技有限公司联合成立,旨在组建致力于全民健身行业赋能升级的专业技术研发团队,推动中国健身行业智能升级,构建全民健身行业渠道以及健身与健康数据平台。数字化是体育行业向前发展的"新基建"。

该数字体育研究中心致力通过居民运动健身数字化、运动场馆数字化、从业人员数字化的建设,建立居民运动习惯长效跟踪机制,实现居民需求与引导分层;对

---

[1] 吕倩雯.探索"体教医"融合新模式,长三角青少儿运动与健康创新发展研究中心成立.新民晚报.[2022-03-02]. https://baijiahao.baidu.com/s?id=1726148579053098514&wfr=spider&for=pc.

场馆运营效果、政策实施效果进行追踪与跟进;归纳数字信息支撑体育部门政策制定;有效与医保数据联动,与社区服务联动,建立居民运动共荣生态,推动数字体育融合发展。清华大学无锡应用技术研究院数字体育研究中心正在与相关省市体育局沟通,旨在通过深度融合数字体育,赋能体育产业高质量发展。

4. 北京市体医深度融合协同创新实验室

2019 年 8 月 26 日,北京市体育局与首都医科大学附属北京天坛医院签订体医融合协同创新战略合作协议,北京市体医深度融合协同创新实验室揭牌成立,这是北京市第一个"体医融合"实验室。

双方具体合作将从三个层面进行:首先,依托国家神经系统疾病临床研究中心、国家神经系统疾病医疗质量控制中心,通过科学选择运动与健康的评价方法和建立标准化流程,构建运动量表、基因和影像等结构数据为基础的精准体育与健康评估和干预理论框架;优化健康教育、生活方式干预的实践范式,在多中心、前瞻性、大样本、群随机对照研究中,进一步证实"国民健康促进方案"的有效性、安全性和获得卫生经济学数据,深入挖掘体育等非医疗健康干预手段在疾病预防与康复领域中的重大作用,并进一步探讨机理和机制。为政府决策提供数据支持和科学依据,努力实现全覆盖的健康服务模式。同时,开展竞技体育选材和训练促进项目,依托天坛医院现有医疗资源优势,北京市体育局以课题形式委托北京天坛医院组织课题研究,对标 2022 北京冬奥会和冬残奥会的冰雪运动选材、训练促进及其他项目运动选材和训练促进课题,应用课题成果,助力北京冬奥会和冬残奥会筹备工作。再有,合作建立科普示范基地,结合体医融合阶段性成果,开发标准课件,培训体医深度融合健康大讲堂教员,在全市开展线上和线下体医融合健康讲座,助力实验室完成有关科研项目,宣传科学健身理念,展示体医融合阶段性成果。

在实验室和示范基地的建设中,还将充分利用"互联网+"、人工智能、可穿戴设备等技术,实现远程课程,远程评估和指导,形成科学完整的体育与健康大数据体系,加速体育促进健康工作的产业升级。

5. 广东省体育产业发展研究中心

广东省体育产业发展研究中心成立于 2005 年,是华南理工大学体育学院与广东省体育局共建的研究基地,依托华南理工大学,以学术研究和项目开发为引擎,以弘扬现代体育文化,促进体育与经济的联姻为宗旨,通过广泛聚集热心体育经济发展的政府官员、专家学者和著名企业家等各种社会力量,组织开展各类学术性、经济性、社会性、联谊性活动,打造体育与经济第一产业平台,推动中国体育文化和体育产业的发展。

广东省体育产业发展研究中心以体育赛事经营与管理、体育经纪与赞助、体育品牌营销、体育与文化产业、体育与传媒为主要研究方向,加强国际合作项目,推动体育产业在学术研究、产业咨询、版权代理、教育培训、品牌论坛等多方面的合作与交流,挖掘研究中心的优秀项目、规划、培训和商演等资源。

6. 苏炳添速度研究与训练中心

苏炳添速度研究与训练中心于 2021 年 12 月 27 日在暨南大学揭牌。苏炳添速度研究与训练中心是由中国田径协会指导，广东省体育局和暨南大学共建的综合性短跑训练基地。该中心由竞技表现分析与训练中心、速度能力与机能评定实验室、现代智能化短跑训练基地三个部分组成。研究中心以田径（短、跨、跳）训练的前沿技术探索为主攻方向，以学科建设和科技创新为动力，服务大湾区建设，参与国家队备战奥运会、亚运会训练监控相关的科技服务和后备人才选拔及培养。以竞技体育促全民健康，以体育精神内涵发展体育教育事业。争取未来实现覆盖运动训练全周期的训、练、测、评、防、治的前沿技术研发和应用。并结合暨南大学在基础研究和多学科融合方面的优势，为粤港澳大湾区短跑人才培养和中国田径队训练水平的提升，提供支持和助力[①]。

7. 北京国际奥林匹克学院

北京市政府于 2018 年 9 月正式向中国奥委会提出：依托首都体育学院建设北京国际奥林匹克学院，并向国际奥委会正式提交申请。2020 年 2 月，国际奥委会正式批复同意依托首都体育学院建设北京国际奥林匹克学院（Beijing Institute for International Olympic Studies，BIIOS），并将其纳入全球奥林匹克研究机构。2021 年 6 月，中编办批复同意首都体育学院加挂北京国际奥林匹克学院牌子，成立北京国际奥林匹克学院的构想变为了现实。北京国际奥林匹克学院成为世界上第三所由国家政府决定成立的国际奥林匹克学院。

北京国际奥林匹克学院是作为"双奥之城"的北京呈现给奥林匹克事业一份重要人文遗产。在北京 2022 冬奥会开幕式倒计时 50 天的重要时间节点，北京国际奥林匹克学院正式挂牌成立，具有了重要的纪念意义。北京市委市政府已将建设北京国际奥林匹克学院列入《北京市国民经济和社会发展第十四个五年规划和二〇三五年远景目标纲要》，并加快推进延庆新校区建设，为北京国际奥林匹克学院未来发展提供保障。北京国际奥林匹克学院将建设成为全球奥林匹克研究和交流合作的重要纽带，全球运动员、教练员、体育管理者学习交流向往的目的地，国际奥林匹克文化与教育传播的平台，全球领先的奥林匹克运动科技创新中心及引领奥林匹克教育事业可持续发展的新高地。

（五）中国反兴奋剂中心

中国反兴奋剂中心是国家级反兴奋剂机构，成立于 2007 年。前身是国家体委运动医学研究所兴奋剂检测中心，始建于 1987 年。中心的主要任务是：参与研究制定国家反兴奋剂的发展规划、规则和相关程序、标准；参与制定反兴奋剂目录；组

---

① 郭军. 苏炳添速度研究与训练中心落户暨南大学. 中国侨网. [2021-12-27]. https://app.gmdaily.cn/as/opened/n/55327a1174c243c7a3430101d0938566.

织实施兴奋剂检查和检测,对检查结果进行管理;组织实施对兴奋剂违规事件的调查及听证;开展食品、药品兴奋剂检测;组织开展反兴奋剂教育、培训、科研、咨询和国际交流等活动;监督各级各类体育组织开展反兴奋剂工作;负责兴奋剂检测实验室的建设和管理,并支持其按照国际国内标准独立开展检测工作[①]。

1. 组织结构

中国反兴奋剂中心具有完整的组织架构,如图 8-1 所示,中心下设办公室、保障处、运行管理处、教育预防处、检查处、法律事务处、情报和调查处、食品药品检测实验室、兴奋剂检测实验室等 9 个处室。另设学术委员会、听证委员会、治疗用药豁免委员会、生物护照评估委员会、伦理审查委员会、教育委员会、运动员委员会等 7 个委员会。

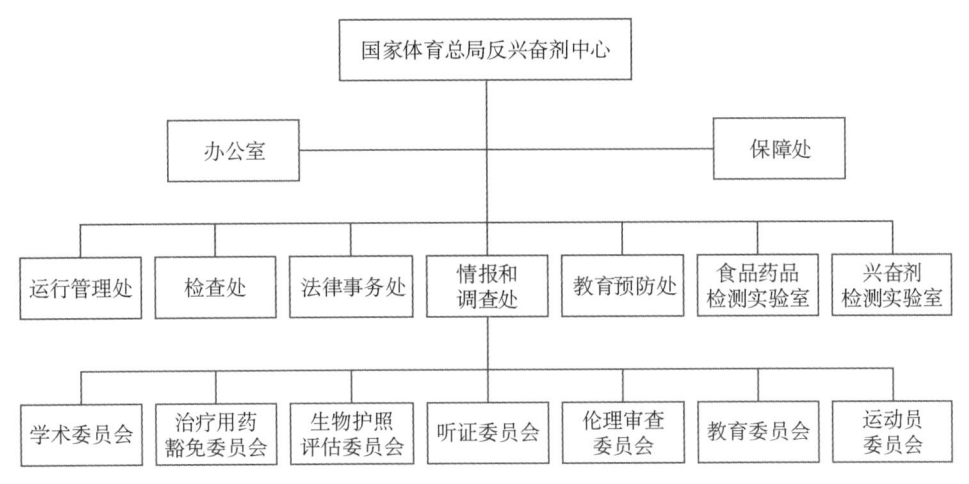

图 8-1 中国反兴奋剂中心组织结构

2. 人员构成

中国反兴奋剂中心团队成员总人数共计 67 人,男女比例为 36∶31,平均任职时间为 11.6 年。从职称分布来看,高级职称占比较多,副高以上占比接近 60%(职称分布仅统计从事专业的团队成员,共计 31 人);从学历分布来看,硕博士占比约 40%;从专业分布来看,体育类、理工类、管理类、医学类约占了总数的 85%(表 8-1)。

表 8-1 中国反兴奋剂中心人员构成

专业职称分布				学历分布				专业分布						
正高级	副高级	中级	初级	博士	硕士	本科	专科	体育类	理工类	管理类	医学类	外语类	法律类	其他类
12	9	5	5	13	19	28	7	17	16	15	9	3	2	5
38.71%	29.03%	16.13%	16.13%	19.40%	28.36%	41.79%	10.45%	25.37%	23.88%	22.39%	13.43%	4.48%	2.99%	7.46%

---

① 中国反兴奋剂中心. 国家体育总局反兴奋剂中心简介. https://www.chinada.cn/channels/office.html.

3. 检测工作

2012年度完成检查12 109例,实际完成检测数量为11 902例,包括国家体育总局计划内检查8 757例,其他委托检查3 262例。全年国内兴奋剂检查共查处阳性14例,涉及运动员12人,阳性率为0.13%。

2013年度完成检查15 323例,包括国家体育总局计划内检查8 157例,其他委托检查7 166例。全年国内兴奋剂检查共查处阳性16例,涉及运动员14人,阳性率为0.10%。

2014年度完成检查15 055例。其中,25个省区市在省(区市)运动会期间共实施4 039例委托兴奋剂检查,查出阳性48例,包括总局计划内检18例,省运会自查18例,其他委托检查4例,阳性率0.32%。

2015年国内实施兴奋剂检查14 351例(不含在华国际比赛和国际委托检查),查出阳性48例,总体阳性率约0.33%,阳性总数和阳性率与2014年基本持平。其中,总局计划内检查(含一青会)阳性27例,阳性率约0.27%;省市、协会和其他社会团体(含残联等)委托检查阳性21例,阳性率约0.47%。

2016年度完成检查11 363例,国家体育总局检查包括年度计划8 131例,第13届冬季运动会353例;其他委托检查2 879例。全年国内兴奋剂检查共查处阳性52例,涉及运动员36人,其中国籍运动员27人,外籍9人,阳性率为0.46%。

2017年度完成检查17 338例。在第13届全运会上,对全部33个大项417个小项实施兴奋剂检查2 933例。全年国内兴奋剂检查共查处阳性140例,阳性率为0.81%。

2018年度完成检查19 469例,阳性116例(总局计划内检查阳性40例,委托检查阳性76例),阳性率为0.60%。其中涉及中国籍运动员97例88人,外籍运动员9例9人。

2019年度完成兴奋剂检查20 314例,包括计划内总局检查10 319例,计划外委托检查9 995例。其中尿检18 055例,血检2 259例;赛内检查8 764例,赛外检查11 550例。全年国内兴奋剂检查共查处阳性47例,阳性率为0.23%。

2020年实施兴奋剂检查14 072例,包括计划内总局检查9 679例,计划外委托检查4 393例。其中尿检12 026例,血检2 046例;赛内检查3 304例,赛外检查10 768例。全年国内兴奋剂检查共查处阳性23例,阳性率为0.16%。

4. 反兴奋剂教育

2015年,组建反兴奋剂教育讲师团,培训31名专业认证讲师,累计开展讲座52场,参加人员超过5 000人;中心组织实施中华人民共和国第一届青年运动会、第13届冬季运动会等反兴奋剂教育参赛资格准入工作共计8场。此外,中心首次与中国残联联合开展针对残疾人运动员和辅助人员的反兴奋剂教育参赛资格准入。

2016年,全国开展反兴奋剂教育准入共计87场。其中,里约奥运中国体育代表团反兴奋剂教育准入开展52场,里约残奥会准入开展20场,亚洲沙滩运动会(越南)开展15场;开展了215场教育讲座,覆盖面19 228人;在11省(市、特别行政区)开展了39场反兴奋剂教育拓展活动,总参与人数达到21 665人次。

2017年,全国共举办反兴奋剂教育活动767场,覆盖139 000人,覆盖面相比2016年有了较大提升。其中,教育拓展包括了中心计划、省市拓展、国际国内委托共计111场。

2018年,全国共举办反兴奋剂教育活动2 485场,覆盖459 746人,活动场次和覆盖人数比2017年增加3.3倍,是2014年教育预防处成立之年的近30倍;其中,教育准入采用线下、线下方式,共计组织481场,覆盖185 373人。

2019年,反兴奋剂教育准入782场,共覆盖40 635人。反兴奋剂教育拓展活动222场,共覆盖21 364人。反兴奋剂教育讲座1 296场,共覆盖159 594人。中心创新性设计了"积分制"反兴奋剂教育准入制度,并设计开发中国反兴奋剂教育平台(CADEP)。

2020年,国家级教育讲师开展的教育准入319场;国家级教育讲师开展线上线下反兴奋剂教育讲座477场;国家级教育讲师开展的教育拓展154场。共有1 933名国家队队员参加了面向东京奥运会开展的线上积分准入[1]。

此外,反兴奋剂中心于2020年底顺利完成中国反兴奋剂智慧管理平台项目建设,并于2021年正式使用。中国反兴奋剂智慧管理平台是一个基于大数据和人工智能的反兴奋剂智慧管理平台,包含3~5个主要模块,平台能够实现对国家队和省市反兴奋剂工作管理,实现调研、数据分析、进展跟进、问题反馈和评估整改的线上一体化,实现兴奋剂管制链条自动化、数据分析智能化和业务工作精准化。

第二节 体育科技支撑系统

一、信息支撑

进入21世纪,随着全球信息技术的迅速发展,中国体育事业进入了发展的新阶段。党的二十大要求"广泛开展全民健身活动,加快推进体育强国建设"。习近平总书记高度概括了体育发展对于国家富强、民族复兴的重要意义[2],强调应将体育事业的发展纳入国家的长远战略,指出体育的繁荣是国家实力的重要体

---

[1] 中国体育博物馆.中国体育年鉴. http://www.olympic.cn/museum/zgtynj/.
[2] 朱虹,张静淇.体育强则中国强 国运兴则体育兴.人民日报,2017-09-05(23).

现。① 为响应这一战略,国家大力推进信息技术在体育领域的应用,通过现代信息技术推进体育事业的全面现代化。当前,随着元宇宙、5G通信、人工智能、大数据等技术的持续赋能,体育科技支撑系统得到了显著强化。信息技术的广泛应用为群众体育、竞技体育和学校体育等各领域提供了创新的解决方案,增强了体育活动的互动性和科技化水平。智能系统的引入不仅提升了体育训练的精准度和效率,也优化了体育赛事的管理与运营。此外,信息平台的发展加强了体育信息的集成与传播,使体育资源共享更为便捷,也提高了公众参与体育活动的动机与频率。总体上,高新信息技术的融合应用,不仅推动了群众体育事业的高质量发展,也为竞技体育及体育产业的创新提供了坚实的技术支撑。

(一) 信息技术支撑

为推进体育事业的发展,各种信息技术被逐渐应用于群众体育、竞技体育、体育产业、学校体育等领域。现代信息技术成为推动体育事业变革,促进体育事业高质量发展的重要因素。

1. 信息技术支撑群众体育的发展

倡导全民健身体育活动的开展及提高社区体育的供给效率,是推进群众体育发展的关键环节。

(1) 人工智能激发群众对体育活动的兴趣

在全民健身领域,智能系统为个人提供了科学的健康管理和体育指导,激发了广大群众对体育运动的兴趣和热情。同时,智能系统还能实现体育场馆设施的高效运转,为全民健身提供高质量、高效率的服务。以"互联网+体育+人工智能"为基础形成的全民健身,通过智能化人机交互设备,空间数字及人工智能等技术手段有效提升了全民健身市场的服务质量,促进了全民健身事业的发展。

(2) 大数据有助于提高社区体育动态管理的精准服务与供给效率

通过大数据的分析,一方面可以了解社区体育场地的使用情况。在此基础上,社区体育部门可以根据使用情况指导居民合理使用社区体育场地,协助居民了解社区的运动高峰时段。另一方面有利于社区体育的动态管理,比如针对社区体育的实际情况,开放专门针对社区体育信息发布的社区体育APP②。为社区居民提供相关的健身常识、健身方法及健身指导等。

2. 信息技术支撑竞技体育的发展

竞技体育是我国体育事业的核心,近年来,各种信息技术被应用至竞技体育,促进了我国竞技体育的发展。

---

① 习近平.开创我国体育事业发展新局面.中国党政干部论坛,2017(9):1.
② 鲁丽.大数据时代社区体育发展研究.体育文化导刊,2019(8):48-53.

(1) 人工智能实现竞技体育的科技化、智能化发展

首先,人工智能技术能深度采集运动员训练的数据,包括运动速度、运动习惯、运动轨迹、疲劳指数等信息,将各种信息实时上传至云端,形成独属于个体的数据库。同时,人工智能技术会将该数据库的信息与标准动作信息进行对比分析,将结果通过可视化的方式呈现给运动员,促使其改进训练方式。其次,人工智能技术能够帮助教练员制订战术。在比赛间隔期间,人工智能能根据比赛情况提出各类战术,通过图像识别和动作捕捉等技术,能提取更深层次和更多维度相关运动或赛事信息,结合机器学习分析本队各套战术效率效益来制定和改变战术打法[1]。

(2) 虚拟现实技术提高运动员竞技表现

1997年,麻省理工学院的研究者开始将虚拟现实技术(virtual reality,VR)应用至运动训练中[2]。经过多年发展,虚拟现实技术被越来越多的运动员、教练及相关人士所使用。虚拟现实技术通过计算机化建模、数据采集和分析、移动计算机和信息技术网络对运动信息进行处理。通过运动捕捉视频系统、红外光束和可穿戴传感器可以将物理动作转化为虚拟运动,使运动员进行虚拟现实训练。同时,虚拟现实训练可使使用者学习到的技能和经验转移到现实世界中[3]。通过虚拟现实技术,可便捷地训练运动员的运动技能,提高运动员的竞技表现及技术稳定性。虚拟现实技术已逐渐在足球、跑步、乒乓球、自行车等运动项目中应用。虚拟现实技术还可用于评估、绩效反馈和练习环境变化,与其他虚拟现实技术相比,HMD的使用使运动训练更具沉浸性,通过位置追踪器、运动控制器、高帧率创造出身临其境的运动虚拟环境,有助于提高运动员的运动表现[4]。

(3) 可穿戴设备能更精准地测试运动指标

可穿戴技术有一系列不同类型的传感器,根据设备的定位系统,可对运动员的比赛轨迹进行分析,为运动训练提供技术支持。结合全球定位系统(GPS)和心率监测设备评估足球运动员的工作负荷,可以分析能量消耗[5]。可穿戴设备还能被应用至橄榄球运动,对运动员进行脑震荡监测。将传感器集成到运动员的头盔、护肘和护嘴器中,能够及时测试其遭受的冲击力。可穿戴设备已被用来监测花样滑冰的重要指标:跳跃计数、跳跃高度和转速。跳跃计数可用于记录、监测和调节训

---

[1] 郑芳,徐伟康.我国智能体育:兴起、发展与对策研究.体育科学,2019(12):14-24.

[2] Todorov, Emanuel, Reza S, et al. Augmented feedback presented in a virtual environment accelerates learning of a difficult motor task. Journal of Motor Behavior,1997(2):147-158.

[3] Rose F, Attree E A, Brooks B, et al. Training in virtual environments: transfer to real world tasks and equivalence to real task training. Ergonomics,2000(4):494-511.

[4] Nor N, Mohd S, Azyan K. A review of gamification in virtual reality(VR) sport. EAI Endorsed Transactions on Creative Technologies,2020(21):163-212.

[5] Keadle, Sarah K, Kate A L, et al. A framework to evaluate devices that assess physical behavior. Exercise and Sport Sciences Reviews,2019(4):206-214.

练量；跳跃高度可用于测量跳跃性能，以及监测疲劳或性能退化；旋转速度可用作测量性能反馈辅助和性能下降①。

3. 信息技术支撑体育产业的发展

信息技术为我国体育产业发展注入新动能，将信息技术与体育产业进行深度融合，有助于提升体育产业的智能化水平。

（1）大数据为体育产业创造出更多价值

相比于物联网储存和云计算，大数据的重点是在互联网中挖掘到有价值的数据，通过应用大数据，能够降低体育产业生产成本，提高体育产业的质量和效率。依托大数据智能化、网络化和数据化的系统管理，提升体育产业的经济效益。体育产业的传播途径更加多元，时效性更强，服务更加精准化②。体育竞赛业是体育产业的重要组成部分之一，将大数据应用至体育竞赛业能使受众更直观地了解赛事情况，为受众提供优质的观赛体验。例如，在2014年索契冬季奥运会上，赛事主办方通过物联网API跟踪运动员的表现，利用IT通过连接设备确保为用户提供优质网页和移动用户体验③。

（2）区块链能提高体育产业相关信息传递的安全性

区块链嵌入体育产业主要是借助现代计算机、通信和区块链等技术平台，促进区块链与传统体育产业领域不断融合，实现传统体育产业的数据化和去中心化等改变④。将区块链嵌入体育产业，有助于保障体育产业信息传递的有效性和私密性，为体育产业主体间的信任构建与体育资产的登记确权等提供网络制度支撑。比如，浙江省举办的首届"先锋少年"线上跆拳道比赛中推出的区块链数字认证的奖牌，该奖牌依托保全网存证上链，其信息与区块链网络节点实现同步化操作，整个流程的数据都进行了加密处理。总体上，区块链技术可为体育产业提供共识认证、价值交易、智能合约、互联共享等可靠的应用空间⑤。

4. 信息技术支撑学校体育的发展

信息技术为学校体育的发展提供了新的契机，各种信息技术被逐渐应用至学校体育工作中。充分利用信息技术能够强化学校体育工作，提升学校体育教学水平。

（1）元宇宙拓展学校体育的教学场域

2022年9月13日，全国科学技术名词审定委员会举行元宇宙及核心术语概念

---

① Bruening D A, Riley E R, et al. A sport-specific wearable jump monitor for figure skating. PloS One, 2018(11): 162.
② 董亚琦,钟建伟,丁飞.大数据时代我国体育产业发展路径研究.体育文化导刊,2018(12):76-81.
③ 谢经良,孙晋海,曹莉.大数据时代我国体育产业发展的机遇、挑战与对策.上海体育学院学报,2015(4):59-63.
④ 丁宝根,杨树旺,赵玉."区块链+高等教育"变革的现实性、问题及建议.现代教育技术,2019(7):45-51.
⑤ 金宗强,王璇,姜卫芳.区块链技术应用于体育产业治理的价值、困境与策略.体育文化导刊,2022(6):70-76,83.

研讨会,与会专家学者经过深入研讨,对"元宇宙"概念的名称、释义形成共识——"元宇宙"英文对照名"Metaverse",释义为"人类运用数字技术构建的,由现实世界映射或超越现实世界,可与现实世界交互的虚拟世界"。元宇宙将虚拟世界与物理世界连接起来,元宇宙背景下,学校体育将成为混合现实技术的受益者之一。在元宇宙中,通过混合现实技术,可将不同时空下的场景通过计算机技术进行结合,实现异时空场景共存,将不同位置学生的虚拟影像耦合连接在同一个虚拟的在线环境当中。学生可通过混合现实技术进入到虚拟的体育场地,数字世界中的老师同学"各就各位",为学生营造真实的体育上课场景。通过元宇宙的技术手段,能将体育教学中较为复杂的知识点通过交互模型动画呈现出来,身临其境的沉浸感可以加深学生对知识点的印象[①]。元宇宙中开放的虚拟系统能将体育课程的课上练习与课下自主学习相结合,实现体育运动从单一的课堂教学延伸到全天自由参与状态。

(2) 虚拟现实技术优化学校体育的教学效果

在学校体育的教学实践中,通过虚拟现实技术能建构虚拟仿真环境,学生可以从立体角度观测某一技术动作,在虚拟空间进行运动技能的学习和训练。此外,虚拟现实技术还能捕捉和记录学生的技术动作,并进行及时评价和指导[②]。以虚拟现实技术为基础的 AR 技术,则可以用 3D、Video 等各种多媒体形式将体育技术动作进行完整立体展示,学生只需借助手机、平板电脑等设备即可获得"动感"的体育知识内容[③]。

(二) 信息平台支撑

高水平的信息服务是体育快速发展的重要保障,如何将具有分散且海量的体育信息资源进行基于平台的整合,以充分发挥体育资源的整体效用[④],是进一步促进体育发展的关键。通过科学便捷的信息平台,能将体育信息资源整合起来,实现资源共享,各种信息平台被逐渐应用至体育的各个领域。

1. 社交媒体平台拓宽体育信息的传播渠道

随着新媒体技术的不断进步与发展,体育信息的传播摆脱了对三大传统媒体的依赖,以新浪微博与微信为代表的社交媒体平台拓宽了体育信息的传播渠道。不但可以满足不同人群对不同体育项目和体育文化的关注,同时带动不同地域、不同文化背景、不同社会背景的人们关注并积极地参与到体育事业中去。

(1) 新浪微博为体育信息提供了新的传播场域

受众可在新浪微博随时接收到有关体育的信息,与其关注的体育明星进行实

---

① 刘宏玉.基于"元宇宙"环境的体育教学模式探究与展望.高教探索,2022(1):75-79.
② 郭帅,冯晓丽.信息技术时代高校体育的教与学:理念与证据.体育学刊,2021(1):108-113.
③ 茅洁.基于 VR、AR、MR 技术融合的大学体育教学应用研究.武汉体育学院学报,2017(9):76-80.
④ 孔军,易勤.面向用户的竞技体育信息集成服务平台建设研究.武汉体育学院学报,2009(8):55-58.

时交流互动。在微博中,个体既可以通过设置个人微博的关注内容标签,搜索与其有共同赛事或体育明星喜好的体育迷,形成基于特定项目或特定体育明星的趣缘群体;也可以发布与体育相关的信息,实现由体育信息的传播受众到传播主体的转变。近年来,体育微博逐渐受到多方关注,体育微博大致可分为体育媒体、组织和个人微博等几大类别。①体育媒体微博:以各大体育媒体为代表,如"新浪体育""腾讯体育"等;②体育组织微博:主要包括体育官方组织微博、俱乐部微博,如"中国篮球协会"等;③体育个人微博:主要有体育明星、体育迷以及相关领域内的意见领袖。体育明星效应能够增强体育微博的影响力,提高体育信息的受关注度。

(2) 微信逐渐成为体育信息传播的重要载体

微信传播兼具大众传播、人际传播和自我传播的功能,利用微信进行体育信息的传播已成为当下最普遍、最受人们欢迎的方式之一,这种便捷的传播方式不断地促进着现代体育的发展。如今,微信中的体育信息主要通过体育微信群与体育微信公众号的方式进行传播:①体育微信群。在微信上以共同体育兴趣组成的微信群,集成员的组织感、仪式感、归属感和参与感为一体,各成员之间易形成具有较高关系强度和信任度的熟人关系,这有利于形成体育社群。这种社群淡化了传统社群中的等级观念,大多社群成员的传播地位是平等的,各成员在体育社群中更易形成良性的信息交流与互动。②体育微信公众号。主要包括媒体微信公众号和自媒体微信大号等,相对于被动地接收信息,体育用户对微信公众号的阅读率较高,体育信息价值能得到充分释放。

2. 短视频平台提高体育信息的影响力

抖音和快手是目前较受欢迎的短视频平台,由此延伸出的体育短视频提高了体育信息的影响力。

(1) 抖音体育短视频能简化专业性较强的体育内容

2018年,抖音的母公司字节跳动与NBA达成短视频版权合作,NBA相关短视频内容便在抖音平台上迅速传播[①]。短视频通过算法推荐机制,形成了一个基于碎片化、即时性传播的自主叙事空间[②]。从内容方面来说,抖音体育短视频的类型较为广泛,主要包括体育赛事视频、明星个人视频、草根健身视频等。从受众的方面来说,抖音体育短视频账户的男性受众较多。

(2) 快手有助于加强体育信息的互动性

在快手上,与奥运会有关的信息较受关注,大量用户会主动参与相关话题互动。根据快手大数据研究院发布的《2021快手体育数据报告》显示,截至2021年8

---

① 窦新颖.字节跳动与NBA达成短视频版权合作.[2018-12-07]. http://ip.people.com.cn/n1/2018/1207/c179663-30449193.html.

② 付晓静,徐千禧,潘陈青.算法推荐机制下北京冬奥会的"可见性"——基于抖音短视频平台的研究.北京体育大学学报,2023,46(4):50-62.

月8日,快手平台内奥运相关作品与话题已经达到730亿总播放量,端内互动总人次高达60.6亿[①]。另外,部分球队或球员会借助快手来传播信息,"中国女排"快手账号于2020年9月22日入驻快手平台,在入驻之初十天,该账号的粉丝量就已超过百万,发布的首条视频也引来大量球迷的围观,获得3 541.4万播放量,53.4万点赞和5 571条评论。

3. 线上体育课程平台实现体育教育资源的开放共享

随着信息技术的发展,能够承载多模态的线上平台成为新的知识载体。部分学校将体育课程在线上共享,中国大学生MOOC、智慧树、学堂在线、爱课程、Coursera等大规模在线开放课程平台汇集许多体育教学视频课程,为学习者提供在线学习、知识讨论、互动交流、疑难解答等服务。在线开放课程实现了传统体育教育资源的数字化共享,学习者可以根据需要选择内容,完成自主学习或合作学习。信息平台的发展,对学校体育的学习方式产生较大影响,慕课(MOOC)的出现,为体育提供了新的发展机遇。华东师范大学等高校已经允许学生自主学习体育慕课(MOOC)相关课程,并将慕课学习成绩与学分挂钩[②]。通过线上体育课程平台,实现了体育教育资源开放共享。

4. 运动健身互联网平台实现运动场景的多元拓展

随着互联网技术及体育事业的发展,催生出许多运动健身互联网应用软件,如Keep、悦跑圈、咕咚运动等。在这些软件上,有许多健身、跑步、骑行及瑜伽等运动项目的知识,平台为用户提供了多项运动训练计划,用户可将个体数据上传至平台中,根据自身训练目标寻求指导与帮助。用户还可在此类平台中与其他有相同运动爱好的用户交流沟通,实时分享训练心得。总的来说,运动健身互联网平台为用户提供视频服务、产品服务及社区服务等,实现运动场景的多元拓展,逐渐形成了运动场景的服务闭环。

5. 体育赛事直播平台促进体育赛事的发展

自2014年《国务院关于加快发展体育产业促进体育消费的若干意见》明确要求放开体育赛事转播权的购买与转让限制后,众多企业纷纷入局体育赛事,希望通过体育赛事转播权进行资本变现。国内参与赛事转播权竞争的机构随之增多,主要包括腾讯体育、咪咕体育、爱奇艺体育和PP体育等,各大顶级赛事的转播权大致集中在腾讯体育、爱奇艺体育和PP体育等赛事直播平台[③]。此外,在信息技术的加持下,群众性、业余性、娱乐性的民间体育赛事直播也得到较快发展。通过各类直播平台,个体可对体育赛事进行直播,并分享到社交媒体上,提高了民间体育赛

[①] 林宏牛,肖焕禹,钟飞.奥运会互联网信息传播模式:演进脉络、传播特征与发展趋势.成都体育学院学报,2018(5):34-40.

[②] 马德浩.新时代我国高校体育发展的使命、挑战与对策.体育学刊,2018(5):5-12.

[③] 康益豪,王相飞,延怡冉,柯嫦女.我国体育赛事的新媒体转播权开发研究——以腾讯体育、爱奇艺体育、PP体育为例.天津体育学院学报,2020(4):474-479.

事的影响力。

6. 智能化体育应用平台提高体质测试的效率

近年来,借助自动化、AI技术、手机应用、大数据分析发展起来的智能化体育应用平台逐渐应用在学生体质健康测试和课外体育锻炼。学生体质测试智能化平台开始在各大高校应用,改变了原本人工测试、统计、分析、上传的低效能、高误差、纯手工的实践格局。大量的智能化设备(身高体重仪、立定跳远测试仪、肺活量测试仪、仰卧起坐测试仪、坐位体前屈测试仪、终点自动计时器等),通过自动化测试平台实现学生体质测试数据自动收集、导出、传输、上传、统计与分析。学生、教师、管理员可以通过手机终端获得测试数据,解决学生测试作弊、教师测试主观误差、数据统计繁杂等问题,提高了学生体质测试的效率。

7. 会议平台优化体育赛事的组织和沟通模式

随着数字经济的发展,加之新冠疫情的影响,大多企业的办公业务转至"云端",出现较多移动办公平台及会议软件,尤以腾讯会议与钉钉(Ding Talk)两大会议平台为代表。2021年,钉钉推出"赛事钉",赛事钉是基于钉钉的云端企业协作平台,通过一站式协同工具,在体育活动举行的各个阶段,连接不同的赛事参与者,帮助大型体育赛事精简其组织和沟通模式。赛事钉包括一朵云、一个中台、N个应用:一朵云即阿里云;一个中台即专属钉钉底座、开放与集成平台、APaaS;N个应用,包括业务协同管理,涉及赛前、赛中、赛后的整体筹办,赛事企业入驻管理等。另外,杭州亚组委依托钉钉平台,打造了全球大型体育赛事首个数字办公一体化平台——亚运钉,集成在线沟通、OA办公、人员管理、赛事培训、礼宾管理、交通组织、赛场管控等服务功能,为近12万名工作人员和志愿者提供线上协同办赛筹办和赛事指挥协同服务[①]。

二、体育装备支撑

体育装备不仅是开展竞技体育的基本保障,也是推动全民健身运动的必要基础。通过科技赋能,体育装备业的快速发展已成为推进国家体育事业和产业进步的重要元素。当前,体育科技创新不断拓宽体育装备应用场景,不仅使公众能够通过智能健身器材和可穿戴设备来实时记录运动数据、制订健身计划,打破了传统健身的时空限制,实现了健身方式的数字化与科学化,还推动了体育关联产业、竞技体育的高速发展。总体上,体育装备主要包括了运动训练器材、健身器材与体育实验仪器设备等类型。

---

① 宁川. 万字长文解读,数字体育进入黄金窗口期. [2021-11-05]. https://new.qq.com/omn/20211105/20211105A07N2I00.html.

(一) 运动训练器材

进入21世纪,世界竞技体育比赛竞争日趋激烈、训练强度不断加大、运动成绩经常刷新,尽快提高运动员的体育成绩和获取奖牌,成为各个国家竞技体育重中之重。因此,世界各国均投入大量人力、物力、财力,多学科联合攻关,不断将先进的电子技术、生物技术、计算机技术、材料技术、仿真技术等高科技运用于竞技体育研究领域,以提高运动员的训练效果和运动成绩。

运动训练器材为运动员完成训练任务、发挥最佳训练效果、夺取比赛胜利提供了巨大的智力和硬件支持。为备战服务奥运战略,国家体育总局加大力度对奥运会进行全面科研攻关,我国的体育科研人员,积极深入训练一线场馆,充分调研、论证,围绕运动员、教练员训练中的难题和困难,与教练员、运动员进行密切合作。

近年来,高新技术不断应用到各种科学训练仪器,例如:乒乓球发球机、游泳接力出发时间测试仪、跳水气泡发生器、低压氧舱、SBA-30血乳酸分析仪、体育运动虚拟仿真训练器、鹰眼系统、游泳比赛量子计时器以及长距离游泳比赛泳池底LED显示屏、射击赛场使用的激光电子靶系统等;帮助运动员进行专项力量训练的仪器有:乒乓球专项力量训练器、摔跤专项力量训练器、下肢力量练习器、下肢蹬伸力量测试系统、振动力量训练器等;为教练员、科研人员进行技术动作分析的仪器有:三维运动影像系统及分析系统、爱捷运动图像图形测量分析仪、三维测力平台系统、肌电仪、六维测力平台等;为解决运动员训练后消除疲劳的仪器有:水力自动按摩装置、"力王"训练治疗仪等;为提高赛事传播质量,应用数字技术、4G/5G技术,不仅核心系统全面上云,而且云上超级商店、云展厅、赛事转播、信息发布、运动员抵离、医疗、食宿、交通等信息系统将提供线上线下一体化赛事分享体验。

总体上,体育装备研发的重点紧密围绕体育科学化训练和比赛,对提高运动员的训练效果和技术成绩,指导运动员进行科学化训练,起到了积极的促进作用。在冬奥会等国际体育舞台,通过科技赋能,各类尖端运动训练器材的研发与应用,有力提升了我国运动员的训练效果和专业成绩。同时,也弥补了我国体育科研测试、分析仪器的不足,缩小了我国体育科研测试仪器设备与国外先进国家科研机构之间的差距,提高了我国体育科研机构和体育院校仪器装备的科学化水平。

(二) 健身器材

随着人民生活水平的提高,审美观念的增强,人们更多地把美的事物同自身的幸福联系起来。健康的体魄、健美的身躯成为人们的共同追求。自《全民健身计划纲要》实施以来,全民健身运动蓬勃发展。健身器材——作为一个新兴的体育器材门类,也呈现出繁荣兴盛的市场形势。各种各样结构精密、外形美观、功能齐全的健身器材蜂拥市场,成为人们增进健康、增强体质、促进健美的重要手段。在达到强身健体、提高素质的同时,让人获得美感享受和精神愉悦。

健身器材是用于提高身体素质、增加身体机能、进行形体运动锻炼、体育基础训练和一般康复锻炼的专用器材。针对不同群体的不同体育健身需求，体育健身器材主要可以分为健身类、保健类、娱乐类、经济类和综合类等。为保证健身器材市场健康、有序、规范发展，由国家体育总局牵头，会同体育器材装备中心、北京国体世纪体育用品质量认证中心、北京市体育局、天津市体育局、国家质量监督检验检疫总局、国家标准委员会以及多个健身器材生产厂家等单位，先后制定和颁布了《健身器材的安全通用要求》《室外健身器材的安全通用要求》《室内固定式健身器材安全通用要求》《健身器材室外健身器材的安全通用要求》《固定式健身器材国家标准》等一系列标准，从生产、销售、安装、安全、产品质量、商标注册等环节层层把关，培育和壮大了健身器材制造业。生产厂家如雨后春笋般遍布全国，涌现出大批优秀企业，形成了"品种繁多、形式各异、变化万千"的局面。出现了一批经济效益好、产品质量高的名牌企业，如山西澳瑞特、山东汇祥、舒华、青岛英吉多、青岛英派斯、南通铁人、上海万年青、厦门康乐佳、厦门奥力龙、乔山、深圳好家庭、迈宝赫等。

（三）体育实验仪器设备

体育实验仪器设备，在高等教育体系中，不仅是开展体育科学研究与教学的核心物质基础，而且是培养具有高素质和创新能力人才的重要工具。具体而言，体育实验教学是体育院校整个教学过程的重要组成部分，是培养学生理论联系实际，提高动手能力和综合实践能力的主要途径，不仅可以帮助学生消化、吸收、巩固所学的理论知识，而且可以培养学生严谨的科学态度和科学实验能力，以及运用综合的学科理论分析问题和解决问题的能力。

21世纪以来，我国的体育科研人员以及相关体育设备生产企业，在消化和吸收国外先进技术的同时，利用自身的优势，并结合我国体育院、校教学的实际需求，先后研发出各种教学实验、测试仪器，弥补了我国体育教学仪器和测试仪器的不足，实现了由传统向现代化、由手动向自动化、由机械向智能化、由立足教学科研向服务社会的重要转变。例如：山东体育学院研制的"三维测力平台系统"，已为数万名学生进行教学测试；北京体育大学研制的"爱捷运动图像图形测量分析仪"已被我国多所体育院校、运动队、科研所购买和应用；山东省科学院研制的"SBA-30血乳酸分析仪"已被我国近百家体育科研所、学校、运动队购买；河北省迁安市职教中心与山东体育学院联合研制的数字化跳远起跳监测系统，可将起跳脚三维方向上的力值变化快速、准确地反馈给教练员和运动员，从而有利于教练员对运动员进行技术分析，制定更科学的训练计划；上海体育学院自主研发的惯性杠铃进腰腹部核心力量训练，验证惯性杠铃对于核心肌肉的训练效果。国内各种测试仪器的研制成功，不断地充实了我国体育院校和科研机构的技术设备，大大缩短了我国体育科研机构仪器设备与国外先进国家科研机构之间的差距。

总体上,科技发展为体育实验仪器设备带来了革命性的变革,使得这些设备更加智能化、精准化,并且能够提供更为广泛的数据支持。科学技术赋能不仅优化了实验教学过程,增强了实验教学互动性和有效性,也为体育科研提供了更为丰富的实验条件和精确的数据分析能力。

三、科技交流系统

科技创新是推动人类社会发展的重要引擎。在当前信息技术革命和产业变革迅猛发展的背景下,创新要素更具流动性、开放性,体育事业高质量发展必须主动融入全球科技创新网络。体育科技交流,无论是科学研究与技术交流共享,还是学术交流,均对促进体育技术创新、深化国际合作和推动全球体育协同发展发挥着重要作用。通过建立更为开放的交流平台,促进国际间的科技合作,不仅有利于推动体育科技进步,也有助于实现跨国界、跨文化的技术转移与知识共享。进入21世纪,我国国内外体育科技交流正不断展现出新活力。

(一)体育科技交流的形成及领域

在体育科技领域,科技交流有着深厚的历史基础和丰富的内容范畴。广义的体育科技交流,是以体育领域内开展的科学研究、技术交换、科技专家交流为主要对象和内容以及与此有关的科学技术活动。狭义的体育科技交流,也可理解为体育学术交流活动,是指针对规定的课题,由相关专业的研究者、学习者参加,为了交流知识、经验、成果,共同分析讨论解决问题的办法,而进行的探讨、论证、研究活动。

体育科技交流是体育科技工作的组成部分,是体育科学研究工作者向同行发表研究成果、得到评论和承认的团体活动,是研究者学术生涯的一种生活方式,也是人类知识生产力的一种生产方式,更是体育技术工作者相互交流学习、促进技术更新的重要平台。苏联学者米哈依洛夫对科学交流的定义是:"科学交流是科学传播的一个重要组成部分,是科学赖以存在和发展的基本机制"。中国科协原主席周培源于1978年3月在全国科学大会上作的题为《科学技术协会要为实现四个现代化作出贡献》的讲话中指出:"科学技术交流活动是科学技术工作中个人钻研和集体智慧相结合的一种形式。通过科学家之间的思想接触,学术交流,自由争辩,可以沟通情况,取长补短,相互促进,共同提高,使认识得到发展,从而有可能产生新的科学假说,开辟新的研究途径。这可以说是科学研究工作中的一个特点[①]。"

需要强调的是,我国在体育科技对外交流方面搭建了坚实的框架体系、开创了

---

① 中国科学技术协会组织宣传部. 中国科学技术协会简史. 1988:36.

丰富的合作领域:在平等互利、友好合作的基础上,与各国体育科技界、体育产业界、体育学术界的有关组织和个人建立发展科技合作与交流关系;组织并推动体育运动技术引进、体育技术出口和体育技术咨询服务活动,努力促进中外体育科技经济领域的合作与交流;组织并促进中外体育科技人员及有关单位进行合作研究、合作设计、合作开发、合作经营;邀请外国体育专家教练员来华访问考察、担任教练或举办讲习班、技术座谈,进行技术指导,提供各种形式的咨询服务,并组织国内的体育科技人员出国访问、考察和进修;举办以体育科学技术交流为主的国际会议和展览会。

2021年,国家体育总局颁布了《"十四五"体育发展规划》,提出了坚持合作共赢开放战略,构建体育对外交往新格局的目标。具体而言,要提高体育对外开放水平,扩大体育朋友圈,巩固拓展与各国际体育组织和各国家(地区)务实合作,坚持"请进来""走出去",提升我国体育发展水平。要加强与国际体育组织的交流合作,积极参与国际体育治理,扩大我国的影响力和话语权。要构建两岸体育大交流格局,落实体育惠台措施,推动两岸体育融合发展。要统筹协调各领域、各部门、各地方的体育对外交往工作,构建全方位、多层次、立体化体育对外交往新格局。其中,体育科技对外交流在诸多领域均可以发挥重要作用,拥有巨大发展空间,形成立体发展局面。

(二) 体育科技交流的组织载体

当前我国对外科技交流的主要组织为各级科技主管部门和科学技术协会,在体育科技交流领域,中国体育科学学会及省市体育科学学会发挥了交流的主力军作用。正式的体育科技社团成为科学学术交流的主要场所[①]。各级体育科学学会的主要任务中也包含着体育科技交流的重要任务:团结、组织和带领广大体育科技工作者,紧密围绕体育中心工作,大力开展学术交流、深入开展科技合作、广泛开展科学普及、积极开展决策咨询、公正开展科技评价、竭诚开展科技服务、公平开展科技奖励,为繁荣体育学术、推动体育科技创新、促进体育科技进步、提高体育科学化水平作出积极贡献。

在中国体育科学学会成立和发展初期,学会的主要工作就包括了逐步推进学术交流活动,召开国内外体育学术会议;积极参与国际体育学术交流,加强同国外体育科学技术团体和科学技术工作者的联系,1984年1月1日,国际运动科学和体育理事会正式接纳中国体育科学学会为A类会员,1985年1月1日,中国体育科学学会加入了国际体育科学与教育理事会[②]。

进入21世纪,作为我国体育学术对外交往的重要载体,各级体育科学学会建

[①] 全胜.基于学术交流理论的体育科技社团历史演变及当代趋势研究.福州:福建师范大学,2013.
[②] 杨杰.社会转型期中国体育科学学会改革研究.北京:北京体育大学,2015.

立了畅通有效的国际学术交流通道,搭建了国际科技基础支撑平台,不断推动体育学科发展,推动创新人才脱颖而出,扩大我国体育科技工作者的国际影响,增加我国体育科技界在国际上的影响力;学会与日本、韩国、美国、德国、芬兰、丹麦、瑞士等国家的体育科研机构建立了双边交流与合作关系;学会及各分会举办和承办了90多次国际学术会议,邀请了200多名国外专家、学者来华进行学术交流和讲学,交流成果4 000多项;学会及各分会200多次组团,1 000多人次赴美国、德国、俄罗斯、澳大利亚、芬兰、法国、英国、奥地利、瑞士、日本、韩国等国家进行学术交流和讲学,进一步开展学术交流、科技攻关、教育培训、咨询服务等方面的实质性合作项目等。学会还积极推举我国体育科技工作者加入重要国际体育科技组织,并推动我国体育科技专家、学者在国际体育科技组织担任领导职务,扩大我国体育科技专家、学者的国际影响,在我国体育专家,尤其是年轻专家中建立雄厚的国际体育科技后备队伍。学会现已加入了国际运动医学联合会、国际运动生物力学学会、国际运动心理学会、亚洲运动医学联合会、亚洲南太平洋运动心理学会等国际学术组织,学会及各分会先后有20多人在国际体育科技组织任执委以上职务,为争取我国与国际体育科技组织进行交流的主动权、开拓体育科技交流的国际空间发挥了积极的作用。

2017年,为了加强和发挥科技社团国际交往主渠道的作用,推动中国体育科学学会在国际交往与合作领域的发展,中国体育科学学会第八次全国会员代表大会上成立了国际交往工作委员会等5个工作委员会。2017年10月12日,中国体育科学学会国际交往工作委员会成立大会暨第一次会议在首都体育学院举行。国际交往工作委员会将致力于推动学会及各分会与国际体育组织的联系,拟定管理制度、工作手册,调查境外体育科技组织的基本情况,设计具有品牌效应的国际会议,维护英文网站等。国际交往工作委员会的成立将有利于推动中国体育科技的对外交流,为中国体育科学学会的发展贡献力量。

(三) 体育科技交流的活动平台

我国的体育科技交流有着丰富多元的活动平台,如各级各类体育学术会议、各种体育科技博览会、体育技术创新平台、体育学术刊物特别是近年来新办的国际体育学术杂志(英文版)等。其中,由体育科学学会主办的体育科学大会是最重要的活动平台。全国体育科学大会是国内规模最大、规格最高、内容最丰富,最具广泛性、综合性和权威性的体育科学盛会,也是汇集和转化优秀体育科技创新成果,展示体育科技工作者智慧和才华,为体育运动实践提供智力和科技支撑的最高和最大的平台,一直为国内外体育科技界所关注和重视。

1964年国家体委科学委员会第一次会议决定成立中国体育科学学会,后因客观原因暂搁下来。同年11月份在北京召开了第一届体育科学报告会。此后,由于"文化大革命"的干扰,我国体育科学研究处于停滞状态。改革开放后,我国重现了科学的春天,1980年被搁置了16年之久的中国体育科学学会宣告成立。同年,在北京召开了1980年全国体育科学学术报告会。在本届大会上,应征论文621篇,录取论文280篇。1987年中国体育科学学会在河北石家庄召开了第二届全国体育科学学术报告会(实际上是第三次全国体育科学大会)。应征论文1082篇,录取论文412篇。

改革开放以后,全国体育科学大会的规格和影响力不断提升。1992年中国体育科学学会在山东潍坊召开了第三届全国体育科学学术报告会,会议的名称从本届开始改为"全国体育科学大会",因此本届大会被确定为"第四届全国体育科学大会"。应征论文1830篇,录取论文530篇。1997年在北京召开了第五届全国体育科学大会。会议将以"回顾展望,服务创新,迎接新世纪"为主题,采用论文宣读、论文张贴和书面交流三种形式进行交流。应征论文2068篇,录取论文1044篇。

进入21世纪之后,全国体育科学大会的规模和影响力达到了前所未有的程度(表8-2)。2000年在武汉召开了第六届全国体育科学大会,大会以"创新、协作、服务实践"为宗旨,汇集了来自全国各地的千余名体育科技工作者,本届共征集3030篇,录取论文为1971篇,被大会录用为大会专题报告的有519篇,墙报交流的有601篇,书面交流的有851篇。2004年在北京召开第七届全国体育科学大会。第七届全国体育科学大会是在我国体育事业快速发展,不断取得新的历史性成就的大好形势下召开的,是进入新世纪以来我国体育科学领域规模最大的一次盛会。围绕着"奥运·科技·健身"的主题,来自全国各省、市、自治区以及香港、澳门特别行政区和台湾地区的有关单位和个人共报送论文4600余篇。经过严格评审,共有14个学科门类的2253篇论文入选本次大会。

表8-2 全国体育科学大会信息统计表(2000～2022年)

届次	时间	地点	主题	参加人数	专题报告	墙报交流	书面交流
六	2000.12.2～12.7	武汉	创新·协作·服务·实践	1400余人	549篇	517篇	905篇
七	2004.10.22～10.28	北京	奥运·科技·健身	2000余人	235篇	233篇	1523篇
八	2007.10.24～10.26	北京	体育科技与和谐社会	1600余人	392篇	865篇	119篇
九	2011.12.5～12.7	上海	发展体育科技·建设体育强国	1500余人	437篇	1182篇	1532篇
十	2015.11.5～11.9	杭州	科学引领·创新发展	2000余人	3523篇(其中墙报交流985篇)		
十一	2019.12.6～12.12	南京	体育发展的科技力量	4000余人	1926篇	2260篇	未设置
十二	2022.3.25～2.27	日照	科技赋能体育·创新驱动融合	7000余人	3238篇	4489篇	未设置

2007年，由中国体育科学学会主办、北京体育大学承办的第八届全国体育科学大会，是北京奥运会前在国内举办的规模最大、规格最高、内容最丰富，最具广泛性、综合性和权威性的体育科技盛会，也是体育科技界向全社会彰显体育科研发展动态和自主创新的最高和最大的平台。其主题是"体育科技与和谐社会"，来自全国各地以及美国、日本、德国、芬兰等国的1 500名专家学者到会进行学术交流。2011年，第九届全国体育科学大会在上海开幕。来自全国各体育科研单位和高等院校的1 500多名体育科技工作者围绕"发展体育科技、建设体育强国"的大会主题，就体育发展中的热点、难点和重大问题进行广泛而深入的研讨。

2015年，第十届全国体育科学大会在浙江杭州召开。大会以"科学引领、创新发展"为主题，来自全国各体育科研单位和高等院校的近2 000名体育科技工作者齐聚一堂，共同围绕10个体育发展中的热点专题和50个体育各领域发展中具有基础性、前瞻性、针对性、实践性的重点专题，开展广泛而深入的研讨。与此同时，大会还面向国际体育前沿举办"国际体育学术交流会暨首届中北欧体育学术论坛"，针对体育科技工作者和企业的需求，举办"体育科技产品展""体育科技图书展"等交流活动。大会产生了一批高水平、创新性的理论和实践研究成果，为今后我国体育运动实践提供科学指导和科技支撑，并将对我国体育事业和体育科技发展产生积极而深远的影响。

2019年，第十一届全国体育科学大会在南京举行。本届大会的主题为"体育发展的科技力量"。共有4 000多名中外专家学者和体育企业代表参加了大会。本届大会设立了2020东京奥运会全面参赛与成绩提升研究、体医融合的健康促进研究、现代化体育治理体系构建等119个专题论坛以及包括运动处方应用与推广、运动戒毒理论与方法在内的15个热点专题会场和2个位于国际体育科技前沿的国际论坛。大会同期还举办了"体育科技产品展"和"体育人才交流会"。大会发布了《体育科学学科发展报告（2016—2019）》，颁发了第十一届全国体育科学大会"青年优秀论文奖"。此后，全国体育科学大会由4年一届调整为2年一届。

原计划于2021年在山东日照召开的第十二届全国体育科学大会受到新冠疫情影响，被迫推迟举行。2022年3月25日至27日，由中国体育科学学会主办，山东省体育局、山东省日照市人民政府、山东体育学院和山东体育科学学会共同承办的第十二届全国体育科学大会在山东日照举行。本届大会以"科技赋能体育·创新驱动融合"为主题，采取"小线下，大线上"方式，设有日照主会场和北京分会场。来自体育部门、教育部门各有关单位、各省市体育科学学会、体育科研单位、高等院校、参展企业的近7 000名领导、专家和参会代表参加会议。本届大会共收到来自全国各有关单位和个人报送的论文16 776篇，经过资格审查、重复率筛查和专家评审，录用论文7 727篇，其中专题口头报告3 238篇，墙报交流4 489篇。本届大会创下论文报送量和录取量之最。

(四) 体育科技交流的互动模式

从我国体育对外交流的历史进程和体育活动的全球化特征来看，我国体育科技交流，尤其是人才交流领域呈现出两种趋向，一方面是我国向发展中国家提供科技援助活动；另一方面，我国不断引进国外高水平的教练和科学训练手段与方法，从而呈现出体育科技交流领域独具特色的互动模式。

我国主要通过硬件(资金、体育器材、体育设施)和软件(教练员、体育专家、裁判员、医生、竞赛组织管理人员、体育科研信息)向发展中国家提供体育援助。体育对外援助是我国和平外交的重要组成部分，是国际体育交流中丰富多彩和充满活力的一环，也是我国对外体育科技交流的重要输出模式。1957年，原国家体委为了配合新中国的整体外交工作，向越南派出了我国历史上的第一支体育援外教练队伍，从此拉开了新中国体育对外援助工作的序幕。1962年向与我国第一个建交的非洲国家加纳派出了援外教练组，为促进和提高该国的运动技术水平，提供科学技术支持。我国共向世界上124个国家和地区派遣了38个体育项目的体育教练人员，共计2 600多人次。共为50多个发展中国家援建了70多个体育场馆设施，这些体育设施都建在发展中国家，主要分布在亚非拉地区，最多的是非洲[1]。2017年非洲杯足球赛在加蓬举行，共计16支球队在4座体育场进行比赛，其中有3座是中国政府援建的。2019至2020年，乌拉圭，先后派出10个运动队来华受训，每次接受援助时间3个月左右。在项目分布上，我国的传统优势项目等向其他国家输出了大量优秀选手和教练，就乒乓球来说，里约奥运会上有140个国家或地区参与的男子单打和女子单打比赛中，就有多达30名中国出生或有中国血统的运动员代表他国参赛，这种"海外兵团"的交流模式推动了体育科技人才在全球范围内的合理流动，也促进了项目的普及与提高程度。中国政府采取体育教练的对外派出、体育场馆设施的对外援建、体育器材装备的对外捐赠等形式，对受援国提供无私的帮助与支持，表达了中华民族"万里尚为邻"的真诚与友爱[2]。

与对外援助呈现互动关系的是我国对国外高水平教练等体育科技人才的引入与招纳。自2000年悉尼奥运会至今，随着越来越多的外籍教练的引进，中国体育军团正变得愈发"国际化"。2004年奥运会之后，中国体育在21个项目上先后聘请了67位外籍教练。2006年多哈亚运会上，中国代表团中的"洋教头"有14人，占到教练总数的9%。2008年北京奥运会上，共有来自16个国家和地区的38名外籍教练执教中国体育的各支"国字号"队伍。2010年，在出征广州亚运会的中国代表团名单中，近20位外籍教练引人注目。这些外教执教于花样游泳、曲棍球、击

---

[1] 立大国风范 树中华形象. 中国体育报，2009-8-18.
[2] 俞大伟，王禹苹. 中国特色体育对外援助的传承与弘扬. 沈阳体育学院学报，2020，39(5)：132-137.

剑、篮球和皮划艇等12个项目,占全部教练的7%。外籍教练特别是世界级名师加盟所带来的丰富经验与先进理念,令中国军团在许多项目上取得突破。2021年1月底,北京2022年冬奥会中国体育代表团名单出炉,中国体育代表团总人数达到387人。值得一提的是,78名教练员中外教阵容异常庞大,有包括来自美国、加拿大、俄罗斯、法国、日本等19个国家的51名外教。这在中国体育备战冬奥会的历史上是从未有过的,中国体育代表团将向世界顶尖冰雪运动强国"借力"做到了极致。这些世界级外教有的直接将中国运动员带到国外长期训练;有的则是带来了先进的科学训练方法与技术手段,令中国运动员与教练都受益良多。外教来中国执教,不仅仅是孤身一人,他们身后,都有着国际化的教练团队,以及国际顶尖的技术后勤保障团队,全方位帮助中国选手提升竞技水平。中国体育代表团在整个北京冬奥会备战周期,同挪威、奥地利、瑞士、瑞典、芬兰等十多个冰雪运动强国都有着深入合作,除了聘请高水平外籍教练外,还将运动员长期放在海外训练和比赛,例如:中国男子和女子冰球队以俱乐部的名义参加了2021~2022赛季俄罗斯男、女冰球联赛,教练团队主要由俄罗斯教练组成。

此外,我国体育对外科技交流构成了体育对外交往大战略的重要组成部分。新中国成立70余年来,我国与180余个国家和地区建立了双边体育友好关系,与100余个国家签署了双边体育合作协议,与国际奥委会、亚奥理事会及各国际单项体育组织间的关系日益密切,在国际体育事务中的话语权显著提升。党的十八大以来,体育对外工作不断深化,体育成为"元首外交"的新亮点。通过体育助推国之交、民相亲,向世界展现出中国的开放自信、友善包容,用体育谱写中国与世界文明交流互鉴的新篇章。体育主动配合国家对外交往大局,积极推动"一带一路"体育交流,广泛参与"金砖""上合"等多边国际合作机制和高级别人文交流机制。

第三节　体育学科大发展

一、体育自然科学

科学基金是由国家、团体或个人为促进科学事业的创新发展而设立的专门经费,也是激发调动广大科技工作者创新创造科研活力的重要保障。长期以来,党和国家极其重视发挥科技创新在推进党和国家事业中的促进作用。从"科学技术是第一生产力"到"创新是引领发展的第一动力",再到实施"科教兴国""创新驱动发展战略",多次提出了一系列加快科技自立自强的政策文件和指导意见,其中重点提出"完善科技创新体制机制;强化基础研究和原始创新能力;加快构建具有全球竞争力的科技人才制度体系",旨在不断加快科技自立自强和科技强国建设步伐。

对此，我国政府科技部门坚持中国式科技发展道路，并形成了独具特色的科技事业激励新模式，大力资助多类别科学研究项目。设立各类科学基金项目已经成为促进国家科学技术进步、提升科研软实力不可或缺的重要手段。

（一）体育自然科学基金

国家自然科学基金项目作为国内目前资助力度最大、影响力最高和覆盖面最广的自然科学类资助项目。它的设立显著地推动了国内外自然科学的进展，为提升我国基础研究整体水平发挥了重要作用。

作为国家支持基础研究、应用研究和综合研究的重要渠道之一，国家自然科学基金由国务院于1986年批准设立，它设立的目的即是坚持促进学科均衡协调发展，推动学科交叉研究和新兴学科发展，坚持促进知识创新与技术创新相结合，有效推动科学基金的发展和完善，促进科技人才的健康、均衡发展。虽然它不像国家社科基金一样单独设置"体育学"项目，但从一开始就没间断对体育科研项目的资助。特别是从2000开始，体育机构获得的国家自然科学基金项目出现突飞猛进的增长。国家自然科学基金为我国体育自然科学的学科建设、科研创新以及人才培养等方面做出了积极贡献。

通过国家自然科学基金网络信息系统筛选统计了2000～2021年期间所获得的国家自然科学基金项目，共计23个专业体育院校与各级各类体育科研机构等单位获得过国家自然科学基金立项。借助中国知识资源总库的科研基金论文检索系统以及国家自然科学基金委员会的成果检索平台进行数据收集，检索到基金论文1 229 842篇，同时在"作者单位"检索条件中输入"体育"，得到1 785篇国家自然科学基金资助论文，输入"运动"，得到1 268篇国家自然科学基金资助论文，后经人工逐一统计并筛选其基金信息。截止至2021年12月，最终共计获得489项国家自然科学基金体育类别项目，具体统计项目数量如表8-3所示。

表8-3　2000～2021年体育机构获国家自然科学基金资助项目统计　　单位：项

年份	面上项目	青年科学基金项目	地区科学基金项目	专项基金项目/科学部主任基金	国际(地区)合作与交流项目	重点项目	应急管理项目	总计项目
2000	1	0	0	0	1	0	0	2
2001	7	0	0	3	0	0	0	10
2002	7	0	0	0	0	0	0	7
2003	5	0	0	0	0	0	0	5
2004	6	0	0	0	1	0	0	7
2005	7	1	0	2	0	0	0	10
2006	12	1	0	1	0	1	0	15

(续表)

年份	面上项目	青年科学基金项目	地区科学基金项目	专项基金项目/科学部主任基金	国际(地区)合作与交流项目	重点项目	应急管理项目	总计项目
2007	11	2	0	1	0	0	0	14
2008	15	4	0	1	1	0	0	21
2009	14	3	0	1	0	0	0	18
2010	8	5	2	6	1	0	0	22
2011	13	10	4	1	2	0	0	30
2012	19	3	1	2	1	0	0	26
2013	17	10	3	3	0	1	0	34
2014	17	5	0	1	1	0	1	25
2015	19	8	1	0	0	0	1	29
2016	13	9	1	0	1	1	1	26
2017	17	28	1	0	0	0	1	47
2018	14	8	0	0	1	0	0	23
2019	28	8	0	1	1	1	0	39
2020	19	19	1	2	1	0	0	42
2021	21	14	0	0	1	1	0	37
合计	290	138	14	25	13	5	4	489

为了解体育自然科学研究的发展演变、把握体育自然科学研究现状、促进体育自然科学学科建设,并为今后国家自然科学基金体育科学领域的选题、资助结构的优化等提供参考与借鉴。通过对2000年以来国家自然科学基金资助的体育科研项目进行统计分析,总结出项目资助具有以下特点与变化趋势。

1. 资助项目力度不断增强,资助数量和额度呈现增长趋势

"十四五"规划和2035年远景目标纲要也明确提出要"持之以恒加强基础研究"。国家自然科学基金委员会坚持以支持基础研究为主线,为全面培育我国源头创新能力做出重要贡献,资助的项目成为我国支持基础研究的主渠道之一。自2000年来,我国的体育自然科学研究在国家自然科学基金资助下取得了丰硕的成果,基金资助项数、资助金额以及资助强度呈稳步上升趋势,资助数量最高值出现在2013年,达到34项。资助额度急剧增加,2013年达到资助金额的最顶峰2 027万元,是1986年首次资助体育类项目资金的225倍,体育类自然科学基金资助强度的快速增长源于中央财政对国家自然科学基金投入大幅度增加。从资助项数和资助金额的研究分析中,发现国家自然科学基金在体育自然科学的资金投入有利于体育自然科学研究规模及体育学科建设、学科人才培养等体育科研基础方面产生着重大作用。同时,国家自然科学基金为体育学研究提供了较好的条件,研究取得了诸多成就。譬如,近年来,所立项的"线粒体融合与分裂的动态变化在运

动能量代谢中的作用""击剑专家级选手运动决策的认知优势及神经机制""太极拳运动效果脑神经机制的影像学研究""自由式滑雪空中技巧项目人体调控对出台速度影响的研究"等国家自然科学基金项目,不仅促进了运动人体科学方面的研究,也推动了专业体育院校、综合性院校、体育科研院所在科研互助、学科建设、平台共享等方面的协同发展。在体育科研领域取得了丰硕的研究成果和实践转化成就。

2. 基金资助类别呈现多元化样态,国际之间合作项目逐年增多

目前自然科学基金按照资助类别可分为面上项目、重点项目、重大项目、重大研究计划、国家杰出青年科学基金、海外、港澳青年学者合作研究基金、创新研究群体科学基金、国家基础科学人才培养基金、专项项目、联合资助基金项目以及国际(地区)合作与交流项目等。从2000年以来的项目资助类型上看,面上项目是体育类自然科学基金资助项目的主要渠道,而其中自由申请项目和青年科学基金项目更为突出。2007年以前,体育类自然科学基金项目类型比较单一,而在2007年之后,项目类型逐渐多样化其中,青年项目和地区项目所占比例增长较快,2011年,青年项目已分别占当年立项总数的33.3%(5/30),2016年,青年项目已占当年立项总数的41.2%(7/17),超过了国家自然科学基金提出的青年项目要达到30%资助率预期目标。2006年,体育学术界获得了首个重点项目,这标志着体育自然科学研究水平和科技创新实力不断提高。2010年后,我国取得的国际合作项目不断增多,说明我国自然科学基金资助项目更是打破国内化,开始迈向国际合作项目,标志着我国体育自然科学基金的发展迎来了国际化合作趋势。此外,我国《国家自然科学基金"十四五"发展规划》提出[①],重视激发青年人才的创新活力,完善对各层次优秀人才的发现、培养机制,稳定支持一批在基础研究领域取得突出成绩且具有明显创新潜力的青年科技人才和领军人才。在各类项目中,进一步支持青年人才承担重任,培养和稳定基础研究薄弱地区科技人才。因此,当前阶段自然科学基金资助对象出现了向青年学者和经济欠发达、研究基础薄弱地区倾斜的态势,也表明我国体育自然科学研究逐渐转型,鼓励年轻科研工作者,支持体育科研研究全面发展。

3. 项目主持人和学术机构较为集中,优秀体育自然科学研究群体逐步形成

2000~2021年期间有70%以上的项目主持人只主持过一个自然科学基金项目,其中有55.4%的体育类国家自然科学基金项目集中在少数人当中。张勇、刘承宜等7名学者主持项目超过5项,最高达9项。目前我国的体育自然科学研究领域已形成了一批具有较大影响的主持人,其中,范毅方、池建、王茹、马勇、丁树哲、艾华、赵丽、娄淑杰、刘晓莉、胡扬、潘珊珊、张靓、田振军、傅力则主持过3个自

---

① 国家自然科学基金委员会. 国家自然科学基金"十四五"发展规划. [2022-08-20]. https://www.nsfc.gov.cn/publish/portal0/tab1392/info87781.htm.

然科学基金项目;北京大学第三医院运动医学研究所的余家阔、敖英芳、鞠晓东,上海体育大学的周成林、刘宇,国家体育总局体育科学研究所的冯连世,北京师范大学体育与运动学院的乔德才,复旦大学华山医院运动医学科的吴毅各主持过4项;山东烟台大学体育学院的张安民,北京体育大学的张缨、王瑞元,复旦大学华山医院运动医学科的陈世益,上海体育大学的陈佩杰,华南师范大学体育科学学院的刘承宜各主持5个项目;天津体育学院的张勇主持项目则达到9个。在某种程度上可以说,这些项目主持人是当前我国体育自然科学研究队伍中的重要学者,对体育自然科学的发展和学科领域的科学研究具有重要作用。

4. 资助地区之间差距较大,形成了以"高等院校"为主,"科研机构"为辅的格局

地区体育学术生产力通常和该地区的政治、经济、科技、文化、教育以及体育运动发展有着紧密联系。在自然科学基金资助范围内开展创新性的自然科学研究,不仅可以培养和扶植某一地区的体育科研力量,稳定和凝聚优秀体育科研人才,更可以为形成区域体育自然科学学术生产的"高产区"添砖加瓦。然而,从目前资助地区来看,我国体育自然科学研究力量的地理分布很不均匀,各省市间的竞争力差异较大,且在承担与体育学有关的国家自然科学基金项目方面,基金项目覆盖面的地区性分布差异更加悬殊。现阶段我国国家自然科学基金资助项目多集中在我国经济、社会、文化较为发达,高等院校和科研机构较为集中的地区。这也使得我国地区间经济、科技、文化教育发展状况的不均衡性经过充分放大后已投射到国家自然体育科学学术研究领域。北京、上海、广州等地高校作为我国重要的经济、文化中心,已逐步挑起国家自然体育科学学术生产中心的重任。经济、科技、文化教育较为发达的湖北、四川、浙江、山东、江苏、湖南、河南、天津等省区市也正逐步成为我国国家自然体育科学学术生产的主产区。而经济、科技、文化教育欠发达的"边""少"地区及中西部地区,其承担国家自然体育科学学术生产的软实力和硬件设施依旧落后。这主要是受经济、社会、教育、文化等多重因素的影响。

其次,从单位性质上来看,国家自然科学基金网将单位性质划分为高等院校、科研机构及其他三种类型,在机构分布上,我国体育自然科学研究力量的机构分布不均衡,形成了以"高等院校"为主体,"科研机构"为辅的机构格局。其中北京大学、北京体育大学、上海体育学院、国家体育总局、天津体育学院这5个单位借助各自的体育自然科学学科优势在全国脱颖而出。总体来说,体育专业院校借助其在研究队伍的整体素质、研究能力、学术地位和科研管理水平方面的优势获得了大多数国家自然科学基金资助项目。综合性大学依靠其学科门类齐全、科研实力较强紧随其后。这主要是源于高校机构人才资源丰富,分支研究机构较多,这为自然体育学术生产奠定了殷实基础和学术生产背景。

5. 基金项目资助呈现各学科分布不均衡现象,不同学部间资助边界趋向明显

由于各科学部对应的学科领域不同,研究科学问题的角度不同,有些侧重于理

论、思想、方法和手段的探索,有些则注重研究科学现象、揭示事物内在规律和本质等,这便导致体育类自然科学基金立项项目所在学部是不固定的,分散于各个学部中。2000年以来的498项体育类自然科学基金立项项目涵盖全部国家自然科学基金委员会所设的数理科学部、化学科学部、生命科学部、工程与材料科学部、信息科学部、管理科学部、医学科学部、交叉科学部等10个科学学部。但是,我国体育类国家自然科学基金项目资助呈现各学科分布不均匀,在具体学科和研究领域上,国家自然科学基金主要支持运动疲劳与恢复、运动损伤与康复、运动生理学、运动营养、生物、医学光子学、高原医学等。因而,医学和生命科学领域是申请立项最主要的学科,远远多于其他科学学部的项目立项,属于数理科学部、管理科学部、信息科学部的立项数量列在第二梯队,工程与材料科学部、化学科学部的立项数量很少,上述情况充分表明,体育自然科学研究的学科布局还不均衡,主要集中在医学和生命科学领域。在具体学科和研究领域上,医学主要是从运动系统的研究上申请立项;生命科学部,运动生理学研究是占有绝对的立项优势,化学科学部是立项最少的学科,其余学科之间的立项数比较相近,在国家自然科学基金项目资助中也是比较热门的学科。

(二) 国家科学科技奖

新中国成立后,我国逐步建立了科技奖励制度,以奖励取得重大科技成果的个人和组织。科技奖励制度是"对科技人员的创造性劳动和奉献精神的承认和肯定,是国家对科技工作进行宏观调控的重要措施之一"[1]。为了奖励在科学技术进步活动中做出突出贡献的公民、组织,调动科学技术工作者的积极性和创造性,加速科学技术事业的发展,健全完善科技成果评价体系,更好发挥科技成果评价作用,促进科技与经济社会发展更加紧密结合,加快推动科技成果转化为现实生产力,国务院于1999年颁布并实施了《国家科学技术奖励条例》[2]。从类型来看,截至2023年7月,国家科学技术奖主要包括:国家最高科学技术奖、国家自然科学奖、国家技术发明奖、国家科学技术进步奖、国际科学技术合作奖,奖励介绍如下[3]。

1. 国家最高科学技术奖

国家自然科学奖授予条件包括:①在当代科学技术前沿取得重大突破或者在科学技术发展中有卓越建树的;②在科学技术创新、科学技术成果转化和高技术产业化中,创造巨大经济效益社会效益、生态环境效益或者对维护国家安全做出巨大贡献的。国家最高科学技术奖不分等级,每次授予人数不超过2名。

---

[1] 姚昆仑.中国科学技术奖励制度研究.合肥:中国科学技术大学,2007.
[2] 国家科学技术奖简介.中国人才,2011(15):68-69.
[3] 中华人民共和国科技部.关于国家科技奖励的介绍.[2022-08-20]. https://www.nosta.gov.cn/web/detail.aspx?menuID=160&contentID=1117.

2. 国家自然科学奖

国家自然科学奖授予在基础研究和应用基础研究中阐明自然现象、特征和规律，做出重大科学发现的个人。所称重大科学发现，应当具备的条件：①前人尚未发现或者尚未阐明；②具有重大科学价值；③得到国内外自然科学界公认。国家自然科学奖分为一等奖、二等奖2个等级，对做出特别重大的科学发现的，可以授予特等奖。

3. 国家技术发明奖

国家技术发明奖授予运用科学技术知识做出产品、工艺、材料、器件及其系统等重大技术发明的个人。所称重大技术发明，应当具备的条件：①前人尚未发明或者尚未公开；②具有先进性、创造性、实用性；③经实施，创造显著经济效益、社会效益、生态环境效益或者对维护国家安全做出显著贡献，且具有良好的应用前景。国家技术发明奖分为一等奖、二等奖2个等级，对做出特别重大的技术发明的，可以授予特等奖。

4. 国家科学技术进步奖

国家科学技术进步奖授予完成和应用推广创新性科学技术成果，为推动科学技术进步和经济社会发展做出突出贡献的个人、组织。所称创新性科学技术成果，应当具备的条件：①技术创新性突出，技术经济指标先进；②经应用推广，创造显著经济效益、社会效益、生态环境效益或者对维护国家安全做出显著贡献；③在推动行业科学技术进步等方面有重大贡献。另外，国家科学技术进步奖分为一等奖、二等奖2个等级，对做出特别重大的创新性科学技术成果的，可以授予特等奖。

5. 国际科学技术合作奖

国际科学技术合作奖设立于1994年，是国务院设立的国家级科技奖励，1995年正式授奖。《国家科学技术奖励条例》规定，中华人民共和国国际科学技术合作奖授予对中国科学技术事业做出重要贡献的外国人或者外国组织。中华人民共和国国际科学技术合作奖不分等级。

6. 体育领域内的国家科学技术奖

从2000年开始，体育领域相关的项目共计10项获得国家科学技术奖（表8-4），包含国家科学技术进步奖9项，国家技术发明奖获奖项目1项。国家体育总局科学研究所汇聚了大量的体育科技研究人才，承担着引领和推动中国体育科技事业发展的重任，获得了多项科学技术进步奖立项。2008年北京奥运会，国家游泳中心（水立方）、国家体育场（鸟巢）等凝聚现代科技的大型体育场馆举世瞩目，充分展示了新时代我国体育科技实力。其中，"国家游泳中心（水立方）工程建造技术创新与实践""国家体育场（鸟巢）工程建造技术创新与应用""现代化体育场施工技术的研究"等项目获得了国家科学技术进步奖，主要完成单位为建筑行业等相关单位。

唯一的一项国家技术发明奖获奖项目二等奖"基于力传感的人体运动信息在线获取方法与现场训练指导系统"由中国科学院合肥物质科学研究院获得。中国科学院合肥物质科学研究院合肥智能机械研究所长期关注运动健康相关领域的研究,并专门成立了运动与健康信息技术研究中心,致力于先进力敏传感技术、竞技体育和智慧体育科研、运动促进健康信息技术等领域的研究。该中心瞄准全民健康和竞技体育领域的国家重大需求,以人体运动规律、人群体质检测、身体素质评估、亚健康预警以及运动干预方法为研究对象,以信息获取、力学、生物工程、仿生学、控制论等理论为指导,运用传感技术、人机接触交互、模式识别、嵌入式技术、网络控制技术等手段,研究、研制与人体运动规律和健康管理等相关的检测、分析、评估和指导系统,发掘人类运动潜能、改善人体运动能力、提高国民健康素质。

表8-4 21世纪国家科学技术奖体育学领域项目获奖情况

项目名称	奖项
我国优秀运动员竞技能力状态的诊断和监测系统的研究与建立	2005年度国家科学技术进步奖二等奖
现代化体育场施工技术的研究	2006年度国家科学技术进步奖二等奖
国家皮划艇队训练创新和科技服务体系建设	2006年度国家科学技术进步奖二等奖
中国乒乓球竞技制胜规律的科学研究与创新实践	2007年度国家科学技术进步奖二等奖
中国优秀运动员运动 训练的生理生化监控 理论与方法	2009年度国家科学技术进步奖二等奖
提高运动员体能的关键技术研究	2010年度国家科学技术进步奖二等奖
基于力传感的人体运动信息在线获取方法与现场训练指导系统	2011年度国家技术发明奖二等奖
国家游泳中心(水立方)工程建造技术创新与实践	2011年度国家科学技术进步奖一等奖
国家体育场(鸟巢)工程建造技术创新与应用	2012年度国家科学技术进步奖二等奖
中国游泳训练的关键技术突破与创新	2014年度国家科学技术进步奖二等奖

(三) 体育科学学会科学技术奖

中国体育科学学会成立于1980年,是依法登记的全国性、非营利性的学术性群众团体。目前中国体育科学学会设有20个分会、7个工作委员会和3个会刊,在全国27个省(区、市)和3个计划单列市建立了地方体育科学学会,现在已成为我国成立时间长、运作规范、社会影响较大,集学术性、科普性、公益性于一体的最大规模、最高层次的体育科技社会团体[①]。处于新发展阶段,在"科学引领体育、科技

---

① 中国体育科学学会.中国体育科学学会简介. http://www.csss.cn/about/.

支撑体育"的指导方针下,中国体育科学学会为了进一步促进我国体育事业繁荣向上,充分调动、鼓励和肯定广大体育科技工作者科学研究的积极性和创造性。中国体育科学学会先后依次出台了《中国体育科学学会科学技术奖奖励章程》和《中国体育科学学会科学技术奖奖励章程实施细则》等相关文件,并自 2004 年起,开始设立中国体育科学学会科学技术奖(以下简称体育科技奖),主要奖励在体育科学基础理论研究、体育科学技术创新、推广、应用和科学普及领域做出重要贡献、取得杰出成就的学会个人会员或单位会员[①]。体育科技奖评审的项目成果类型主要包括理论研究类、成果应用类和科学普及类。体育科技奖设一等奖、二等奖、三等奖。评奖方式采用每 2 年评选 1 次,授奖 1 次。目前已经评选了 9 届科学技术奖。如图 8-2 所示,截至 2023 年 1 月,中国体育科学学科体育科技奖共计颁发了 242 项。

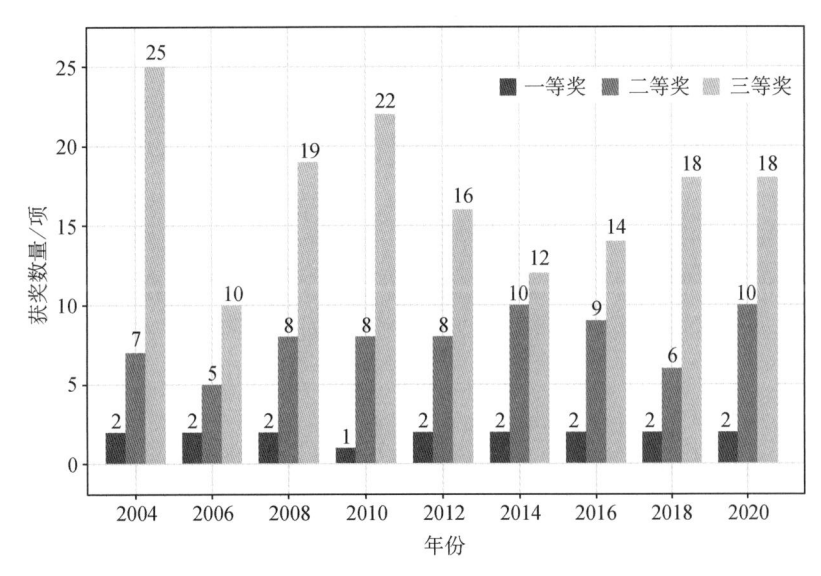

图 8-2 2004～2020 年体育科学学会科学技术奖获奖数量

通过对 2004 年以来中国体育科学学会科学技术奖获奖项目进行统计分析,总结出项目奖励具有以下特点与变化趋势。

1. 奖励项目、数量规模不断扩大,重视基础理论和科普应用研究

从 2004 年中国体育科学学会首次奖励 25 项中国体育科学学会科学技术奖,到 2020 年奖励项目数量增加到 30 项,可以明显看出其奖励类型不断丰富、奖励数量逐步增多。2021 年公布的中国体育科学学会科学技术奖,共评选出获奖项目 30 项,其中一等奖 2 项,二等奖 10 项,三等奖 18 项。从历届中国体育科学学科体育科技奖数量总量上来看,应用类和综合类研究获奖项目数量明显大于基础研究类获奖项目数量,这在一定程度上可以反映出体育学科的应用性较强,综合性创新成

---

① 中国体育科学学会. 关于中国体育科学学会科技奖奖励. https://www.csss.cn/c207.

果较多，但是高质量的体育理论基础研究较少。

中国体育科学学科体育科技奖一等奖主要瞄准国际体育发展研究的前沿热点和我国社会发展的需要。主要奖励国民体质研究、国民运动健身科学指导技术的开发、运动损伤临床与基础系列研究、体育强国制度、运动技术成果推广应用等项目；而中国体育科学学科体育科技奖二等奖主要聚焦于运动人体医学、青少年体质健康、运动训练防护能力提升、新的兴奋剂检测原理与全新的兴奋剂检测技术等研究主题；中国体育科学学科体育科技奖三等奖主要围绕体育服务产业、有氧运动、运动生物力学技术应用、老年人科学健身素养、体育运动促进身体健康的机制、提高优秀运动员竞技水平等方面。

这也表明，体育科学学科获奖项目的水平持续提升，体育运动医学项目日益增多。此外，虽然一等奖获奖项目数及所占比重在总获奖比重中不足10%，但是从整体看来，中国体育科学学会体育科技主要奖励工作仍是以运动实践需求为着力点，坚持以解决运动训练的关键问题为工作的着力点，紧密围绕国家体育需要的中心工作，进而解决体育改革与发展进程中的重大理论问题、战略问题、困扰我国国民体育发展的难点问题，并为我国体育强国建设提供理论和科技支撑。

2. 秉承以科技创新赋能体育学术进步，侧重体育研究内容创新发展

现代科学技术的发展大大地促进体育科技的进步，主要表现在高科技手段广泛运用于运动训练，提高了训练的科学化水平，促进了运动技术水平和比赛成绩的不断提高。现阶段，科学把握新形势下体育工作在全面建成小康社会中的地位和使命，深入思考和分析体育科技奖励内容将有利于引导广大体育科技工作者以宽广的视野和改革创新的精神研究去破解体育发展中的重点、难点和瓶颈问题，以此可以为促进我国体育事业高质量发展提供优化策略。

例如，2004年由国家体育总局体育科学研究所于道中等人完成的"中国国民体质监测系统的建立与实施"，该项目根据之前我国国民体质监测系统做出了适当调整并需进一步研制，以适应目前人们的体质特点和社会发展的需要，为政府部门在新世纪推行国民体质监测制度提供了必要的科学依据。2016年由北京体育大学杨烨等人完成的"迈向体育强国的制度框架和思想基础"研究项目依靠习近平对建设体育强国做出的战略部署，提出了建设体育强国的理论制度与实践指导方略，这为实施体育强国战略促进群众体育、竞技体育、学校体育发展，促进青少年体育发展给予了理论回应和实践指导策略。2020年由国家体育总局反兴奋剂中心王占良等人完成的"液相色谱质谱检测尿样中兴奋剂-高通量的初筛方法和专属性的确证方法"，对液相色谱质谱检测尿样中兴奋剂-高通量的初筛和确证进行了总结和分析，这进一步丰富了兴奋剂检测方法。从整体可以看出，这些项目皆是面向国民社会体育建设的实际需求，通过体育科研院所自身科技创新或者高校研究机构独立自主攻关，解决我国体育发展中的难点和重点问题，为国民体育事业发展和体育强国建设提供了重要的理论支撑和实践指导。

3. 获奖项目体现出研究的基础性、综合性与科普性、创新性特征,注重宣传推广

上述历年中国体育科学学会体育科技奖的获奖情况,既体现出了多元化学科之间交叉融合是未来中国体育学科学术研究发展的必然趋势,也体现出了优秀体育学术研究成果需体现出基础性、综合性与科普性、创新性特点。从总体看来,历年的体育科技奖获奖项目具有如下特征:其一,在理论研究和基础研究中,阐明体育发展特征和规律,做出重要贡献的团队或个人,比如陈佩杰等"青少年运动技能评价方法的创新与实践"、田麦久等"竞技参赛学理论的系统构建"等项目;其二,在体育科技创新中有所突破,取得重要成绩,或在推广和应用先进科技成果完成体育科技工程、计划、项目中取得显著效益的团队和个人,比如,陈佩杰等"青少年运动技能评价方法的创新与实践"、余家阔等"运动员膝关节半月板损伤的微创手术治疗和再生修复研究的及其应用推广"等项目;其三,在体育科普工作中通过弘扬体育科学精神、传播体育科学思想、宣传体育科学知识方面取得显著成绩的团队和个人。比如李良等"全国青少年科学健身指导普及"、孙飙等"健身走的科普推广和研究"、赵杰修等"备战2012年伦敦奥运会气候服务与训练指导计划"等普及推广项目。这进一步发挥了体育科技奖励制度服务社会和走向社会科普的功能,在宣传体育知识,引领社会风气方面发挥出了一定作用,同时也有利于社会群体关注体育社会现象。

4. 获奖所在单位、地区和项目主持人呈现出空间和人员的集聚型态势

第一,根据中国体育科学学会获奖项目统计,体育科学学会科学技术奖项目(第一完成单位)分布在15个省和直辖市。项目数超过10个的地区分别是北京市、上海市、江苏省、湖北省,这4个地区都是我国经济相对发达的直辖市,北京地区的科研机构承担项目数量更是达到139个,占所有项目总数的57.44%。其次,天津市、山东省和四川省的立项数均超过5个,表明这些地区在体育科学学会科学技术奖的研究上也具有一定的优势。另外,广东省获4项,陕西省、河北省和云南省各获3项,浙江省、辽宁省和深圳市各获1项(图8-3)。但须辩证地看待获奖单位空间结构的"集聚性",既要发挥集体攻关的优势,还需重视中国体育科研事业的整体均衡发展。

第二,根据中国体育科学学会获奖项目统计,242个体育科学学会科学技术奖项目共由184人承担,其中,143人只主持1项体育科学学会科学技术奖项目,其余的41位主持人虽只占总人数的16.9%,但却占总立项数的40.9%。这41位主持人是在学术上有所建树且在国内体育学领域具有影响的学者,其中,王清、田野、李元伟、张勇、鲍明晓、刘丹、吴昊、张林、谢敏豪、张立、严波涛、张忠秋、陆一帆、河春姬、刘建国、胡扬、江崇民、钱竞光、王子朴、伊木清、苑廷刚、马云、肖林鹏、薛文婷、王茹、周成林、王向东、孙飙、张彦峰等29人获得2项体育科学学会科学技术奖项;杨桦、敖英芳、冯连世、郑伟涛、张力为、洪玉明、郑斌、宋雅伟、石丽君获得3项

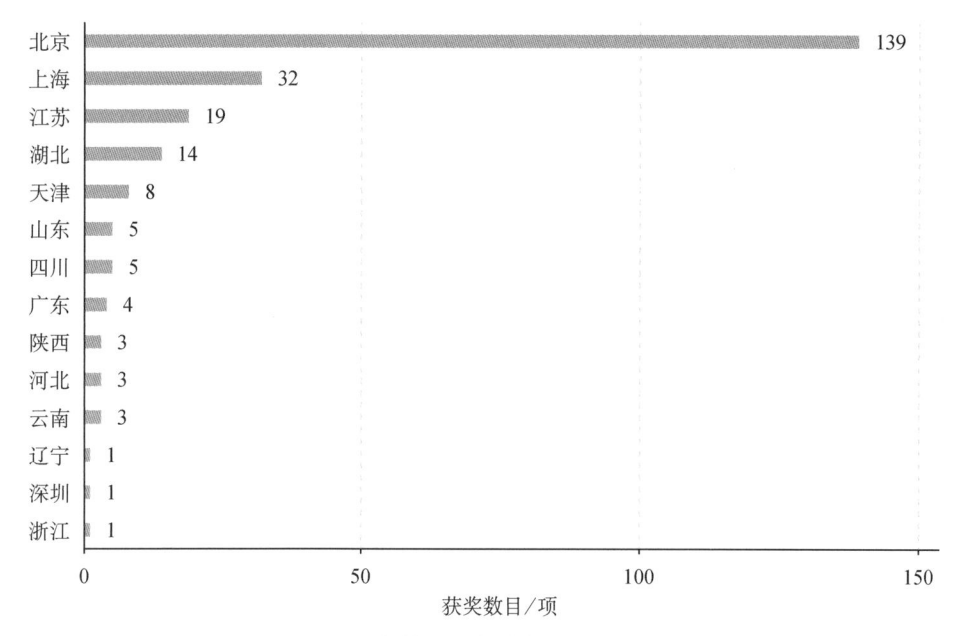

图 8-3 2004～2022 年体育科学学会科学技术奖地区分布情况

体育科学学会科学技术奖项,国家体育总局的常芸和北京体育大学的张缨各获得 4 项,首都体育学院的钟秉枢则获得 6 项。

第三,根据中国体育科学学会获奖项目统计,体育科学学会科学技术奖项目将单位(第一完成单位)可以划分为高等院校、科研机构及其他 3 种类型。经统计,242 个体育科学学会科学技术奖项目中,高等院校获得 145 项,是获得体育科学学会科学技术奖的主要机构,科研机构获得 91 项,其他单位获得 6 项。这 242 个项目共由 37 个单位承担,本研究仅对获项目数超过 3 项的 13 所单位进行分析。这 13 所单位分布在 9 所体育专业院校、3 所地方性研究所和国家体育总局。总的说来,国家体育总局、科研院所、体育专业院校主要承担着反映创新能力的科研任务。但是,也从侧面反映出我国社会民间力量获得体育科学技术奖的规模较小。因此,各级部门机构应积极引导社会力量,在确保质量及加强规范管理的前提下,对政府科技奖励尚未奖励的领域可以适当扩大规模,进而有效推动全社会对体育科学领域发展的关注和支持。

二、体育社会科学

21 世纪以来,体育社会科学进入了一个蓬勃发展的新阶段。自 1997 年国家社科基金将体育学列为独立申报学科起,体育社会科学课题获得立项支持逐步增加。与此同时,全国教育规划、教育部和国家体育总局也设立了多种类型的体育相关课题,为进一步推动体育社会科学的繁荣发展提供坚实保障。在这一背景下,体育领域的哲学社会科学工作者积极响应国家和政府对重大体育问题的关注,通过应用新思想、新理念和新方法,发现问题、研究问题、积极解决问题,从而不断推动体育社会科学理论的创新和发展。

(一) 国家社科基金

从国家社科基金课题选题折射出体育学研究的主要特点,通过对新世纪以来其立项内容的分析,可全面把握体育社会科学研究进展情况,主要归纳以下特点。

1. 紧扣社会主题,关注体育与经济、社会发展关系的研究

体育与经济、社会发展关系是"十五"期间体育社会科学主要研究领域,主要涉及的研究范围有体育对促进国民经济和社会发展的作用、意义,在国家实施可持续发展和科教兴国战略中的地位的作用,在社会主义精神文明建设中的作用等问题[1]。

随着社会主义市场经济体制的建立,体育领域进行了相应的体制改革,具有良好群众基础的足球、篮球和排球等竞技项目首先推向市场,进行市场化的运作。转型时期的体育体制改革过程中遇到了许多的新问题,这给体育社会科学的发展带来了机遇和挑战,市场经济体制下的体育经济领域问题成为社会的热点和难点问题,在历年国家社科课题指南(体育学)中明确提出了体育经济研究的重点。例如2004年课题指南中列出了体育产业政策研究和职业体育与体育产业发展研究,对现有体育产业政策实施步骤进行分析,对新政策的制定和现有政策的修改完善进行全面考察,总结国外职业体育发展的经验教训,探索我国职业体育的现状和未来。当年的体育经济领域的立项数12项,占当年总立项数的40.0%。2001年我国取得2008年北京奥运会的主办权后,促进了奥林匹克与经济、社会发展关系的研究成为热点课题。2001～2008年该类课题立项30项,如2002年清华大学陈希教授的"举办2008年奥运会与我国经济社会发展关系研究"项目、2003年北京体育大学杨桦教授的"2008年奥运会对提升中国国际地位和声望的研究"项目、2021年张瑞林教授的"滑雪产业高质量发展的多重循环驱动机制及路径创新研究"列为当年的重点课题立项。在2008年以后的国家社会基金项目各类课题指南均有涉及体育经济领域项目,如2009年重大招标项目设置了"我国体育产业政策研究"、2022年重大招标项目设置了新时代我国体育消费高质量发展研究。

2. 加强学科交叉,形成体育社会科学多元学科研究格局

哲学社会科学与体育社会科学是一般与特殊的关系。体育社会科学作为一个较新的研究领域,其发展必须要遵循或贯彻哲学社会科学的学术规范和文化传统,

---

[1] 张天白. 我国体育社会科学规划工作回顾与展望. 体育科学,2001,21(4):15-17.

必然要吸收或借鉴哲学社会科学的基本方法和优秀成果[1]。根据统计发现,国家社科基金立项课题主要涉及16门体育学分支学科。首先是社会体育学和体育经济学,在市场经济体制下,探索体育的产业化运作过程中出现了许多新的课题,这些课题是转型期体育发展过程中的热点问题,这些问题的深入研究和探索促进了体育经济学学科的发展,形成了新的研究方法,不断完善其学科体系。随着体育经济学的成熟,2004年中国体育科学学会成立了体育产业分会,与体育社会学并列作为体育科学学会下属分会之一。随着我国全民健身计划的推进,社会体育学科也在不断发展,研究的范围从宏观的全国群众体育调查到微观的具体健身方法的研究,特别是全面建设小康社会的社会体育问题成为这一领域的主要课题,例如2004年的立项课题中的"全面小康社会多元化体育服务体系"目标任务、实现进程及对策研究、建设小康社会与体育休闲娱乐理论的研究、全面建设小康社会进程中大众体育服务体系的研究和苏南地区全面建设小康社会目标中的全民健身体系构建。其次是体育管理学和体育社会学,体育社会学是一门把体育这种社会文化现象作为一个不断变化发展的整体,在外部研究体育与其他社会现象之间的相互关系,在内部研究体育与人的社会行为、社会观念的关系,以及体育运动的结构、功能、发展动力和制约因素,用以推动体育和社会合理发展的综合性的社会科学[2]。体育社会学方面的课题涉及文化学、教育学、民族学、历史学、法学等学科,如体育文化学、学校体育学、民族体育学、奥林匹克学、体育史、体育科学学、体育法学、体育竞赛学、育体人才学等,形成了以体育经济学和社会体育学为主要学科的多元化学科格局,积极吸收其他学科的成果,借鉴其他学科的研究方法。

3. 结合文化繁荣,探讨体育文化建设领域根本性、战略性问题

当代中国进入了全面建设小康社会的关键时期和深化改革开放、加快转变经济发展方式的攻坚时期,文化越来越成为民族凝聚力和创造力的重要源泉、越来越成为综合国力竞争的重要因素、越来越成为经济社会发展的重要支撑,丰富精神文化生活越来越成为我国人民的热切愿望[3]。哲学社会科学肩负着推动体育文化大发展大繁荣的重要使命,迫切需要哲学社会科学发挥思想引领、理论支撑、价值导向和智力支持的重要作用。在体育强国背景下,体育社会科学要深入回答体育文化建设中根本性、战略性的重要问题。

我国体育事业发展"十二五"规划明确提出:"加强体育文化建设。深入挖掘体育的文化内涵,夯实体育发展的社会基础和文化根基,提升中国体育的软实力。"从

---

[1] 陈伟,王广虎,聂啸虎,等. 加强体育社会科学研究繁荣发展哲学社会科学. 成都体育学院学报,2004,30(5):1-5.

[2] 卢元镇. 中国体育社会学学科进展报告. 北京体育大学学报,2003,26(1):1-5.

[3] 新华社. 中共中央关于深化文化体制改革推动社会主义文化大发展大繁荣若干重大问题的决定. 前线,2011(11):4-14.

部分国家社科基金"体育文化研究课题"立项情况看,体育文化类课题研究涉及领域广,具有综合性、多学科性特点。宏观体育文化理论研究,如"体育文化生态系统研究""我国体育文化发展的坐标定位研究""中国武术'文化空间'的秩序调整、重组与跨越研究";民族体育文化研究,如"蒙古族传统体育文化的价值及驱动机制研究""青海藏区民族传统体育文化传承与和谐社会建设研究""达斡尔、鄂温克、鄂伦春族传统体育文化研究""西北走廊民族传统体育文化的传承与嬗变研究""湘鄂渝黔边区民族传统体育文化创意开发研究""新疆民族传统体育文化融合与发展研究";区域体育文化研究,如"武陵山区域文化与民族传统体育发展研究""地域文化视域中传统武术文化多元化及发展对策研究""区域武术文化的地方性知识及其运行机制研究""体育非物质文化遗产的地域活化互动模式与绩效评估研究";"体育文化国际化研究,如"英法德体育文化对世界竞技体育影响力的启示研究""中国—东盟民族体育文化差异与融合发展研究""我国民族体育的文化拓展、国际推广与国际赛事研究""交互主体性视域下的中国武术国际化研究"。

此外,"我国体育文化产业研究""体育文化传播与国家形象的构建研究""现代体育传播体系与文化影响力研究""体育与社会建设、文化建设协同发展研究"等分别列入不同年度的国家社科指南。

4. 立足现实需求,解决体育发展中亟待解决的重难点问题

自从 2001 年以来,国家社会科学体育学课题确立了重点课题,加大了重点课题的资助力度,有效地保证了重点课题研究的完成质量。2001~2022 年国家社科体育学重点课题研究包括我国国民体质现状调查与分析、我国体育产业发展前景及相关产业政策研究、北京市承办奥运会预期效益分析、体育发展水平综合评价标准研究、我国乒乓项目成功规律研究、维护赛场社会安定问题研究、体育的可持续发展研究、体育制度创新研究、体育社会科学体系研究等。就课题的研究学科而言,涉及体育经济学、体育社会学、社会体育学、体育史、体育管理学、学校体育学、体育科学学等学科。重点项目课题的确定是根据社会发展的需求,为了解决体育发展过程中的制度相关问题,确立了"中国体育经济政策研究""完善我国运动员社会保障制度研究""我国体育产业发展与政策研究""我国大型公共体育场馆事业单位改制及配套政策研究""我国体育制度分析与设计研究""建设体育强国的制度框架和思想基础研究"等课题;为了研究北京奥运会与经济、社会发展的相关问题,确立了"举办 2008 年奥运会与我国经济社会发展关系研究""2008 年奥运会对提升中国国际地位和声望的研究""对北京奥运会社会期待及社会心理研究"等课题;为了促进全民健身的发展,确立了"中国群众体育现状调查与研究""全民健身服务体系创新理论与发展战略研究""都市体育圈的理论与实践"等课题;为了推进体育学科的发展,确立了"体育学科体系研究""体育人类学理论与方法研究""国际体育科学研究新进展与我国体育科学理论创新研究"等课题。近年来,随着体育人文社会科学的分化和综合发展,不断丰富其理论体系研究,解决了体育人文社会科学发展

重要理论问题,丰富了体育人文社会科学体系。

总之,重点项目的确定具有重要的现实意义,要充分发挥国家社会科学基金项目课题指南的导向作用,以重点研究基地为载体,以骨干研究力量为主体,以重大研究课题为纽带,整合科研资源,实现了体育社会科学研究的应用价值。

5．确立重大课题,研究体育改革和发展中的重要理论和实践问题

重大项目是国家社科基金中层次最高、资助力度最大、权威性最强的项目,包括应用对策研究和重大基础理论研究两类,以面向全国公开招标方式立项。重大项目不仅支持应用对策性研究,也支持一批弘扬民族精神、传承中华文化、对学科建设和学术发展起关键作用的重大基础研究课题[①]。

从2006年以来,体育学重大招标立项课题共计40项(表8-5),包括了竞技体育训练与竞赛重大问题、体育产业发展政策问题、体育发展方式改革问题、公共体育服务建设问题、学校体育教育理论与实践重大问题等领域,深入研究体育改革和发展中的重要理论问题和实践问题。如"2008年北京奥林匹克运动会我国备战、参赛若干重大问题研究""2022北京冬奥会冰雪运动普及和发展对策研究"等,分别对2008年北京奥运会、2022年北京冬奥会的备战、参赛等若干重大问题展开全面、系统的理论与实践研究,侧重于实践,对备战、参赛过程中遇到或可能遇到的问题进行有针对性的研究,并积极寻求应对措施;"我国体育产业政策研究",在多学科交叉、多理论融合和多单位合作的范式下,结合体育学、产业经济学、公共政策与管理等学科的理论和方法,综合系统地探讨中国体育产业政策形成的因素、传导机制和绩效评价问题,为体育产业的发展提供政策实验平台,并有力地推动产业经济学和体育学的学科建设,促进社会科学成果的转化;"中国古代体育项目志"通过对于长期流行于中国古代具有大众特点的体育项目的发掘与整理,为当代民众的全民健身活动提供可资借鉴的运动形式。同时向世人全面展示人类历史上辉煌的中国古代体育历史文化,有利于批判地整理和继承悠久的体育文化遗产,更好地推动体育运动在我国的进一步发展;"我国公共体育服务统计体系与综合评价实证研究"以我国公共体育服务体系的构建为核心,紧紧抓住"服务型政府和体育强国建设"这条主线,通过文献研究、规范研究、实证研究和政策研究等方法,揭示和厘清我国公共体育服务的瓶颈、问题和矛盾,构建中国特色公共体育服务体系并提出总体规划;"新时期我国学校体育教育理论与实践重大问题研究"围绕增强青少年学生体质、提高全民族身体素质、建设体育强国的主线,结合国家教育、体育发展规划和当代学校体育需求,从理论分析、实地调查等四条具体路径着手,从政府、学校(教师)、学生三大视域,研究如何解决实现学生体质健康促进、深化体育健康课程改革、提升体育教师专业素质等五个问题。

---

① 全国哲学社会科学规划办公室.国家社科基金重大项目简介.http://www.npopss-cn.gov.cn/GB/219471/219479/220861/14585551.html。

表 8-5　国家社会科学立项课题体育学立项重大招标课题状况

年度	项目名称
2006	2008 年北京奥林匹克运动会我国备战、参赛若干重大问题研究
2007	北京奥运会成功举办的重大意义和基本经验研究
2008	体育大国迈进体育强国的战略研究
2009	我国体育产业政策研究
2010	中国体育发展方式改革研究;中国古代体育项目志
2011	我国公共体育服务统计体系与综合评价实证研究;新时期我国学校体育教育理论与实践重大问题研究
2013	中国体育非物质文化遗产资源数据库建设研究
2014	体育学基本理论与学科体系建构研究;我国体育治理体系和治理能力现代化研究
2015	中国古代体育文物调查与数据资源库建设、中国高等体育教育发展进程与改革
2016	中国体育深化改革重大问题的法律研究;北京 2022 年冬奥会筹办的基本原则、重点领域与关键问题研究;中国儿童青少年体育健身大数据平台建设研究
2017	2022 北京冬奥会冰雪运动普及和发展对策研究;中外学校体育思想史整理与研究;戒断药物依赖人群的健康教育模式及体育运动干预机制研究
2018	《中华人民共和国体育法》修改重大问题的法理学研究
2019	中华人民共和国体育史研究(1949—2019);北京 2022 年冬奥会和冬残奥会遗产重大问题研究;健康中国与体育强国的体医融合协同创新研究;新时代体育产业高质量发展研究
2020	人类命运共同体视域下全球体育治理的中国智慧和中国方案研究;反兴奋剂法治体系及防控机制研究;中华武术通史研究与编纂
2021	体育成为中华民族伟大复兴标志性事业的理论内涵与时代推进研究;新发展阶段中国体育战略转型与发展模式创新研究;新时代体育全媒体传播格局构建研究;中国足球事业发展战略与对策研究
2022	中华体育精神谱系构建研究;新时代我国体育消费高质量发展研究;健康中国视域下基本公共体育服务标准化研究;国外体育法律法规的翻译、研究与数据库建设
2023	数字包容与健康老龄化体系建设研究;全民健身服务创新机制与路径研究;新型举国体制与竞技体育高质量发展研究;中国特色体育赛事体系重构与创新研究;我国青少年体育高质量发展研究

6. 建立青年课题,研究领域与内容涉及面不断扩大

社科队伍建设是高等体育院校繁荣体育社会科学中的基础性工程,同时也是当务之急。队伍建设是一项系统工程,需统筹规划,重点突破。从现实来看,高等体育院校社科队伍建设需优先解决的问题是青年教师从事社会科学研究的积极性不高,社科队伍断层现象明显,所以必须把青年社科人才培养摆在优先地位[①]。从表 8-6 可见,2000~2023 年国家社会科学青年项目体育学立项课题数为 429 项,立项总数为 2 496 项,青年项目占立项总数的 17.18%,尤其在北京奥运会、伦敦奥运会周期(2006~2013 年),青年项目立项的数量快速增长,从 2006 年的 10 项

---

① 陈伟,王广虎,聂啸虎,等. 加强体育社会科学研究繁荣发展哲学社会科学. 成都体育学院学报,2004,30(5):1-5.

(22.22%)逐步增加到2013年41项(32.03%)。不过,由于国家社科基金的项目分类逐渐增加,增设了西部项目、后期资助项目、成果文库、中华学术外译项目等。自2014开始,青年项目的立项比例逐步降低,目前占比基本稳定在10%左右。总体上,符合该阶段国家哲学社科规划"向青年项目及西部项目倾斜"的精神。

表8-6 国家社科基金青年项目、总项目历年立项情况(2000～2023年)

年度	青年项目/项	立项总数/项	占比
2000	2	19	10.53%
2001	6	31	19.35%
2002	9	32	28.13%
2003	3	29	10.34%
2004	6	33	18.18%
2005	7	44	15.91%
2006	10	45	22.22%
2007	13	54	24.07%
2008	14	65	21.54%
2009	18	63	28.57%
2010	25	86	29.07%
2011	29	93	31.18%
2012	35	107	32.71%
2013	41	124	33.06%
2014	30	131	22.90%
2015	25	134	18.66%
2016	22	152	14.47%
2017	25	167	14.97%
2018	17	177	9.60%
2019	18	187	9.63%
2020	19	180	10.56%
2021	18	186	9.68%
2022	18	183	9.84%
2023	19	174	10.92%

注:立项总数统计了重点项目、一般项目、青年项目、西部项目、后期资助项目、成果文库、中华学术外译项目。

从立项领域与内容看,具有研究领域宽、内容涉及面广等特点,青年课题内容包括竞技体育、社会体育、体育产业等各领域的内容,结合体育热点问题,如构建和谐社会中我国城乡群众体育统筹发展研究、中国体育标准化发展战略研究、城乡一体化视域下公共体育服务均等化发展实证研究、民族传统体育文化与市场经济通融性研究、中国竞技体育核心竞争力动态链管理体系研究、国际体育仲裁程序机制专题研究等;结合民族或区域特点,如边疆地区民间体育传承与发展研究、湘鄂渝黔边少数民族聚居区山寨民族体育文化研究、达斡尔、鄂温克、鄂伦春族传统体育文化研究、海峡两岸体育文化交流与合作前景规划的研究、广西红水河流域农村族群体育活动的体育人类学审视等内容；结合不同体育群体特点，如残疾人体育行为特征与干预研究、都市职业女性体育休闲方式及体育休闲产业研究、社会性别与女性休闲体育研究、我国城镇老年人体育消费结构与医疗费支出的变化规律、青少年体育公共服务研究、体育参与对城市移民群体社会融合的影响研究等等内容。此外，青年课题相对较小且具体，有利于研究的深而专发展，如体育非物质文化遗产的地域活化互动模式与绩效评估、体育类电视专业频道在我国体育产业发展中的运作研究、对西方竞技体育中暴力谱系的文化学研究、以学校体育为平台实现应急避险能力训练及生命安全教、体育强国建设背景下中国体育国际话语权研究等内容。

虽然青年课题的研究领域与内容涉及面不断扩大，但是其研究深度及研究水平有待于提高，培养青年体育社科工作者是推动体育社会科学发展的一项刻不容缓工作。特别高等教育机构，作为体育社会科学研究的主体，创造良好培养环境，并采取可行措施提高青年科研工作者积极性，促进体育科学研究后备队伍健康成长。

总之，体育社会科学是体育事业发展和进步的重要推动力量，对体育发展方向具有重要的引导作用，繁荣体育社会科学事关我国体育事业发展的全局。新世纪以来，我国体育社科科学研究在学科体系构建、体育产业经济、农村体育领域研究、体育文化与体育史、体育与社会发展、体育政策法规等领域取得了显著成就。当然，体育社会科学研究成果的表现形态是体育社会科学理论，同自然科学一样，是研究活动的结晶，存在着价值与使用价值，存在着成果转化等问题。

（二）教育部人文社会科学研究项目

教育部社科项目是教育部面向全国普通高等学校设立的各类人文社会科学研究项目的总称。主要包括重大课题攻关项目、基地重大项目和一般项目。其中，一般项目细分如下：规划基金项目、博士点基金项目、青年基金项目，经费由教育部资助；专项任务项目，经费由申请者从校外有关部门和企事业单位自筹等[①]。教育部课题体育类的立项总体情况如下（图 8-4）：2005～2023 年期间，立项总数为 1 179 项。主要为规划基金项目 509 项，占比 43.17%；青年项目 658 项，占比 55.81%。专项任务项目、自筹经费项目等其他项目立项数量极少，立项数仅为 12 项，占比 3.2%。仅有 1 项获得重点选题立项，即北京体育大学李红霞的"体育类学生思想政治理论课有效性提升机制研究"获批教育部高校示范马克思主义学院和优秀教学科研团队建设项目重点课题。总体上看，规划基金项目和青年项目的数量比例变化分为 2 个发展阶段。2005～2012 年期间，教育部规划基金项目立项数量略多

---

① 中华人民共和国教育部.教育部关于印发《教育部人文社会科学研究项目管理办法》的通知.北京：中华人民共和国教育部.[2006-05-29]. http://www.moe.gov.cn/srcsite/A13/moe_2557/s3103/200605/t20060529_80514.html.

于青年项目;从 2013 年开始尤其到了 2018 年,青年项目立项数量大幅上升,立项比例明显超越规划基金项目。

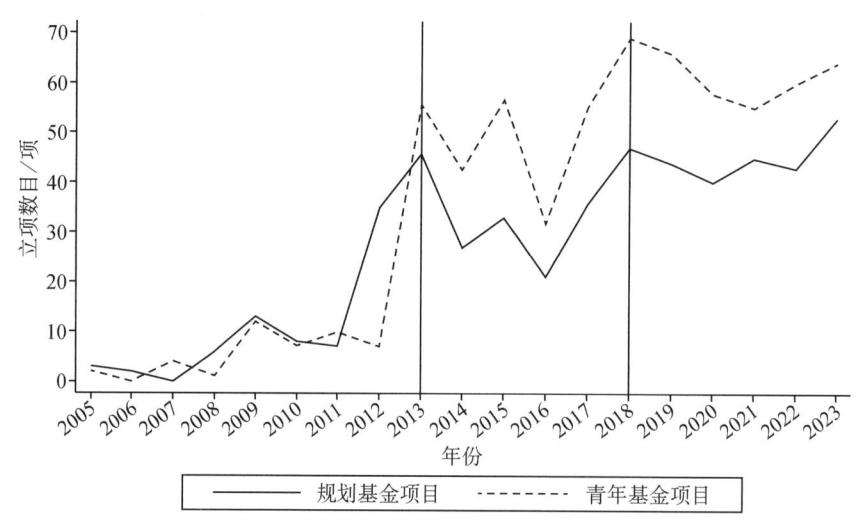

图 8-4　2005～2023 年教育部体育类课题立项情况(规划项目和青年项目)

教育部还设立了哲学社会科学研究重大课题攻关项目,强调有效利用现有哲学社会科学研究机构、研究基地等条件,重视学科交叉与渗透,鼓励跨学科、跨学校、跨部门和跨地区的联合攻关,积极开展实质性的国际学术合作与交流,力争取得具有重大学术价值和社会影响的标志性成果[①]。其主要目的在于支持高校适应国家经济社会发展的实际需求,聚焦学科前沿,开展深入、系统的创新性研究,在我国体育人文社科研究领域具有相当影响力。比如,北京奥运会前后,围绕着国际重大赛事中的体育争议争端问题,学界展开了热烈的讨论。2007 年,武汉大学法学院的肖永平申报的"奥运会与国际体育争端解决机制研究"获得教育部设立哲学社会科学研究重大课题攻关立项。近年来,随着体育产业高质量发展、学校体育融合发展等热点议题的不断涌现,一些项目获得了教育部哲学社会科学研究重大课题攻关项目立项。比如北京大学的张锐主持的"我国体育产业高质量发展研究"、安钰峰作为首席专家领衔申报的"新时代学校体育美育改革发展研究"先后于 2019 年、2020 年获批教育部哲学社会科学研究重大课题攻关项目。

此外,近年来教育部课题还专门设立了教育部社科研究后期资助项目。2021 年体育科学学科共有 2 个项目获得立项:武汉体育学院沈克印"体育产业数字化转型的理论阐释、动力机制与推进路径研究"获得教育部哲学社会科学研究项目后期资助一般项目;江西师范大学戴永冠"人类命运共同体构建中的全球体育治

---

① 中华人民共和国教育部. 教育部关于印发《教育部哲学社会科学研究重大课题攻关项目管理办法(试行)》的通知. 北京:中华人民共和国教育[2003-08-01]. http://www.moe.cn/srcsite/A13/moe_2557/s3103/200308/t20030801_80551.html.

理研究:范式与策略"获重大项目立项。2022年,北京体育大学肖淑红的"体育经纪行业的发展进程及商业模式研究"获重大项目立项,武汉体育学院花楷的"新时代体育产业供给侧结构性改革与财政政策研究"获批一般项目。2023年,上海体育大学任波的"新时代中国体育产业结构的理论与实证研究"获批一般项目。

总之,教育部的哲学社会科学研究项目具有目标明确、层次分明、基础研究与应用研究相互补充、协调发展的特点。一般项目由高校教师自主申报,促进教学科研结合和提升教师科研能力。重点研究基地的重大项目通过招标方式凝聚学科方向、人才和学科高地。重要课题攻关项目关注实践需求,强调理论联系实际。后期资助项目,鼓励高校教师精耕细作,潜心钻研,加强基础研究与理论创新。

(三) 国家体育总局课题

国家体育总局体育哲学社会科学研究项目的设立,旨在为繁荣和发展体育社会科学,为体育事业发展服务,为体育决策和繁荣发展体育社会科学服务,有利于加强体育社会科学研究队伍的建设,促使多出优秀体育社会科学研究成果。2003~2016年,国家体育总局体育哲学社会科学项目主要分为重点项目、委托项目、一般项目和青年项目。其中2003年、2004年和2005年立项项目没有分类,立项总数分别为110项、137项和131项。2006~2016年期间立项总数为1504,如图8-5所示,重点项目和委托项目的立项率较低,分别占1.46%、5.92%;一般项

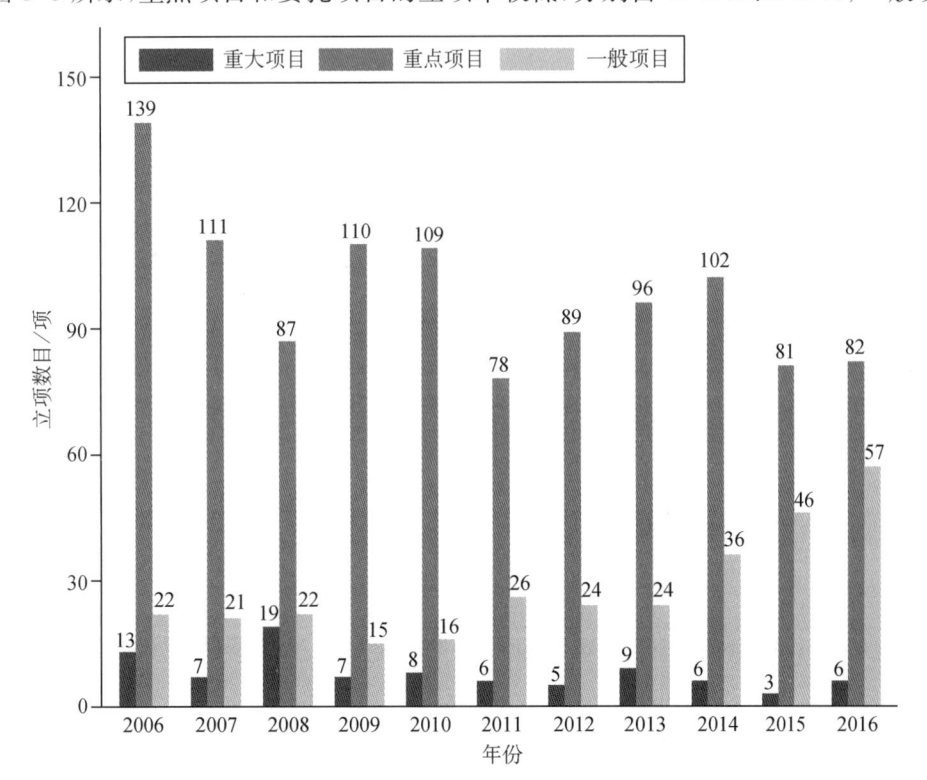

图8-5 2006~2016年国家体育总局不同类型项目立项情况

目立项率最高,达到72.07%;青年项目占比20.55%,不过,从2013年开始,青年项目课题逐年攀升,增长较快。

自2017年开始,国家体育总局对课题立项申请方式及类型设置进行了调整,改为决策咨询研究项目。根据《国家体育总局决策咨询研究项目管理办法》文件,国家体育总局决策咨询研究项目指"围绕体育改革和发展的重点领域和前沿问题,由国家体育总局通过招标、委托等方式,组织符合条件的单位、团队或个人开展研究,为体育部门决策提供咨询服务的研究项目"①。具体而言,项目类型分为重大项目、重点项目和一般项目,不再设置青年项目;项目承接人确定方式分为公开招标、委托及面向体育地方体育部门。2017~2023年总立项数为387。其中重大项目立项70,占比18.08%;重点项目立项169,占比43.67%;一般项目立项148,占比38.24%(图8-6)。相比2016年之前的立项情况,2017~2023年期间增设了重大项目,并且重点项目的立项数大幅上升。

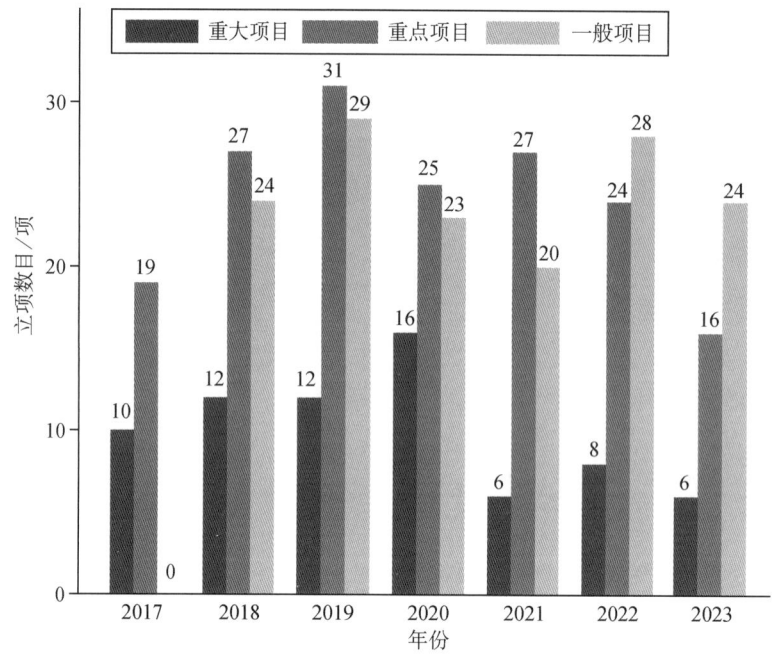

图8-6　2017~2023年国家体育总局决策咨询研究项目各类型立项情况

(四) 全国教育科学规划课题

设立全国教育科学规划课题是为了搭建教育科学研究的平台,引领教育科学研究的发展方向,凝聚科研力量,体现国家和社会的需求。就课题类型而言,全国

---

① 国家体育总局.体育总局关于印发《国家体育总局决策咨询研究项目管理办法》的通知.北京:国家体育总局.[2018-06-29]. https://www.sport.gov.cn/n315/n20001395/c20024364/content.html.

教育科学规划设立国家社会科学基金教育学重大课题、重点课题、一般课题、青年基金课题；设立教育部重点课题、教育部青年专项课题、教育部规划课题，以及国防军事教育学科和其他部委重点课题。此外，在不同年份会设置教育部专项课题等，例如2021年设有港澳教育专项教育部重点课题、港澳教育专项教育部青年课题。体育类的专项课题往往关联同时期的学校体育热点问题，比如阳光体育、校园体育文化建设、适应体育以及体教融合等问题。

从立项数量和比例来看，如表8-7所示，2002年到2023年期间，全国教育科学规划体育类课题总共392项课题立项。立项比例排在前3的分别为教育部重点课题占比38.73%、国家一般课题占比23.47%、国家青年课题占比11.73%。其他类型课题整体上立项率较低，尤其是国家重点仅有5项、西部项目仅有1项。

表8-7 2001～2023年全国教育规划课题(体育类)立项情况　　单位：项

年份	国家重点项目	国家一般项目	国家青年项目	教育部重点项目	教育部青年项目	教育部青年专项	规划课题	自筹经费项目	西部项目	总计
2001	1	5	0	37	0	6	26	0	0	75
2003	0	1	1	21	0	7	0	8	0	38
2004	0	0	0	0	0	0	0	2	0	2
2005	0	2	0	8	0	2	0	0	0	12
2006	0	3	1	5	0	1	0	0	0	10
2007	1	2	1	6	0	3	0	0	0	13
2008	0	3	2	10	0	3	0	0	0	18
2009	0	4	3	14	0	5	0	0	0	26
2010	0	6	3	5	0	3	0	0	0	17
2011	0	2	1	5	2	0	0	0	0	10
2012	0	3	4	7	5	0	0	0	0	19
2013	0	4	12	5	2	0	0	0	0	23
2014	0	4	6	6	3	0	0	0	0	19
2015	1	5	4	5	3	0	0	0	0	18
2016	0	5	2	3	4	0	0	0	0	14
2017	0	6	2	5	2	0	0	0	0	15
2018	0	7	1	2	3	0	0	0	0	13
2019	1	7	0	2	0	2	0	0	1	13
2020	0	5	2	0	1	0	0	0	0	8
2021	0	6	1	1	0	0	0	0	0	9
2022	1	4	0	1	2	0	0	0	0	8
2023	0	8	0	4	0	0	0	0	0	12
总计	5	92	46	152	28	32	26	10	1	392

注：2002年没有进行全国教育规划项目申报与评审，故该年度数据缺失。

尽管全国教育科学规划国家重点项目立项数量较少，不过，由于获得的立项课题具有战略性、基础性、前瞻性等特征,往往容易产生较大影响力。历年来的全国教育科学规划国家重点课题共计4项,包含教育部体育卫生与艺术教育司杨贵仁分别于2001年、2007年负责"《学生体质健康标准》的研究""学校体育与健康教育的质量标准与保障机制研究"2项国家重点项目;华东师范大学汪晓赞的"聚焦深化教育领域综合改革中的青少年体育问题及对策研究"、北京体育大学李红娟的"中国学生体质健康综合干预和评估体系研究"、同济大学游松辉的"校园足球实践与新型足球学校建设研究"也先后于2015年、2019年、2022年获得国家重点项目的立项。总体上,青少年的体质与健康教育是一项系统工程,广受社会关注。这几项国家重点课题既有从宏观政策视角研究青少年体质标准与保障机制;也有从微观层面聚焦于青少年体质健康的问题、对策及具体干预举措。

此外,由于全国教育科学规划对结项具有较高的要求,比如国家一般课题、西部课题结题验收应出版学术专著1部,并在CSSCI来源期刊或SSCI、A&HCI等国际索引期刊发表论文3篇以上。因此,全国教育科学规划体育类课题延期率及撤项率往往相对较高。同时,相比其他学科,全国教育科学规划体育类课题总体立项率较低,尤其是青年项目。建议相关部门加强统筹兼顾,适当增加青年立项基金比例,以激励年轻研究者成长,并推动学校体育领域的基础性和应用性研究。

(五)体育学术期刊

学术期刊是学术传播的一种重要媒介,也是学术成果展示的主要平台。目前,较有影响力的中文期刊来源主要有南京大学的CSSCI来源期刊和北京大学的中文核心期刊。

中文社会科学引文索引(Chinese Social Sciences Citation Index,CSSCI)是由南京大学投资建设、南京大学中国社会科学研究评价中心开发研制的人文社会科学引文数据库,用来检索中文人文社会科学领域的论文收录和被引用情况。CSSCI提供地区、机构、学科、学者等多种类型的统计分析数据,为制定科学研究发展规划、科研政策提供决策参考。从社会科学研究角度来看,CSSCI的来源文献及被引文献为研究者了解掌握相关研究领域的前沿信息和各学科学术研究发展的脉搏提供依据,为科研工作者挖掘本学科领域新的生长点,展示实现知识创新的提供途径[1]。体育学术期刊的研究主体主要来自体育院校的相关科研人员,其作为体育学术期刊的主要受众和使用对象,有相应的发文需求和研究动因[2]。如表8-8所示(期刊排序不分先后),2021~2022年度的CSSCI来源期刊主要集中在北京体育大学、上海体育学院等各大体育院校的学报学刊以及国家体育总局科学研究所科技书刊部的《体育科学》与《中国体育科技》。其中,体育学权威刊物《体育科学》由中国体

---

① 中国社会科学研究评价中心. 中文社会科学引文索引(CSSCI)简介. 南京:中国社会科学研究评价中心. [2016-06-26]. https://cssrac.nju.edu.cn/cpzx/zwshkxywsy/sjkjj/20191231/i63997.html.

② 王相飞,李进. 2006年以来我国体育学术期刊发展研究综述. 体育成人教育学刊,2017,33(4):90-94.

育科学学会主办。台湾地区的《体育学报》于1979年由中国台湾体育学会创刊。在2019年,南京大学中文社会科学引文索引中首次将台湾地区的《体育学报》列入CSSCI来源期刊。综合性院校主办的刊物仅有《体育学刊》一家。此外,天津体育学院学报、体育文化导刊、首都体育学院学报等3家学报列入CSSCI(2021~2022)扩展版来源期刊目录。

表8-8 2021~2022年体育类中文社会科学引文索引(CSSCI)

期刊名称	刊号	简介	影响因子
北京体育大学学报	CN:51-1097/GB ISSN:1001-9154	由国家体育总局主管,北京体育大学主办的中文体育类学术性期刊。《北京体育大学学报》创建于1966年6月,原名《北京体育学院学报》,1993年更名为《北京体育大学学报》,2014年11月荣获"中国高校优秀科技期刊奖,2016年11月入选"2016中国最具国际影响力学术期刊"	(2021)复合影响因子:2.896 (2021)综合影响因子:1.923
成都体育学院学报	ISSN:1001-9154 CN:51-1097/G8	1960年创刊,设有体育人文社会科学、运动竞赛与训练学、学校体育学、运动人体科学等栏目。自1992年以来,该刊一直被评为全国中文核心期刊。2004年,在全国首次人文社会科学核心期刊的评选中,又被评为全国人文社会科学核心期刊。2010年获得"第三届中国高校特色科技期刊奖"	(2021)复合影响因子:2.458 (2021)综合影响因子:1.682
上海体育学院学报	ISSN:1000-5498 CN:31-1005/G8	创刊于1959年,是我国创刊最早的体育专业学术期刊之一。连续4届(2006~2012年)荣获教育部"中国高校'精品'科技期刊奖","全国高校优秀科技期刊一等奖"。2019年首获"全国高校精品社科期刊"称号	(2021)复合影响因子:4.414 (2021)综合影响因子:3.173
沈阳体育学院学报	ISSN:1004-0560 CN:21-1081/G8	创刊于1982年,由沈阳体育学院主办,中国高校优秀科技期刊、全国高校社科精品期刊。注重体育科学基础理论和应用技术的研究,主要栏目有"学校体育""群众体育""竞技体育""体育产业""体育文化"等	(2021)复合影响因子:2.653 (2021)综合影响因子:1.51
体育科学	ISSN:1000-677X CN:11-1295/G8	创刊于1981年,由国家体育总局主管,中国体育科学学会主办,是中国体育科学学会会刊。主要刊登体育各学科领域基础研究和应用基础研究方面具有原创性和重要指导意义的高水平最新研究成果的综合性中文体育类权威期刊	(2021)复合影响因子:6.468 (2021)综合影响因子:4.744

(续表)

期刊名称	刊号	简介	影响因子
体育学刊	ISSN：1006-7116 CN：44-1404/G8	《体育学刊》原名《体育学通讯》，1994年更名《体育学刊》，由教育部主管，中国高教学会体育研究分会主办，1999年起由华南理工大学和华南师范大学联合主办。主要关注学校体育动态，促进学生体质健康，为提高我国体育学研究水平和实现体育强国目标服务。2009年《体育学刊》入选中国学术期刊评价报告（RCCSE）体育科学类"权威期刊"	（2021）复合影响因子：2.94 （2021）综合影响因子：1.808
体育学研究	ISSN：2096-5656 CN：32-1881/G8	《体育学研究》原名南京体育学院学报（社会科学版），1987年创刊，江苏省教育厅主管、南京体育学院主办的公开发行的体育类学术期刊。2018年，更名为《体育学研究》。以促进体育科学研究和服务体育强国建设为办刊宗旨，介绍国内外体育科研成果动态，反映体育学研究的新成果、新理论、新技术、新经验	（2021）复合影响因子：3.405 （2021）综合影响因子：2.618
体育与科学	ISSN：1004-4590 CN：32-1208/G8	于1978年创刊；入选国家社科基金首批资助期刊。杂志开设专访、学术对话录、新探索、特邀论坛、研究报告等特设专题研究栏目，涉及体育文化、奥林匹克文化、体育社会学、体育经济学、体育法学、体育课程论、体育方法论、运动竞赛与训练学等	（2021）复合影响因子：2.774 （2021）综合影响因子：1.747
武汉体育学院学报	ISSN：1000-520X CN：42-1105/G8	创刊于1959年，是我国体育科学学术期刊创刊最早的刊物之一。设有体育人文社会学、武术与民族传统体育学、运动人体科学和体育教育训练学四大栏目。其中体育人文社会学栏目入选2011年教育部高校哲学社会科学学报名栏建设工程。2012~2018年，5次获得"中国国际影响力优秀学术期刊奖"	（2021）复合影响因子：2.917 （2021）综合影响因子：1.903
西安体育学院学报	ISSN：1001-747X CN：61-1198/G8	于1984年创刊出版，所设的主要栏目有：体育人文社会学、西部体育论坛、民族传统体育、运动人体科学、运动技术与训练、体育教学、体育心理学及其他，其中体育人文社会学、西部体育论坛和运动人体科学等为本刊重点栏目。2002年美国《剑桥科学文摘》收录，2003年俄罗斯《文摘杂志》收录	（2021）复合影响因子：2.159 （2021）综合影响因子：1.368

(续表)

期刊名称	刊号	简介	影响因子
中国体育科技	ISSN:1002-9826 CN:11-2284/G8	于1959年创刊,由国家体育总局主管,国家体育总局体育科学研究所主办,全面报道国内外体育科御技最新成果,始终坚持为建设"体育强国"和"健康中国"服务,紧密围绕《体育强国建设纲要》和全民健身国家战略的落实,围绕强化东京奥运会和北京冬奥会备战、推动"三大球"振兴发展、提高体育治理体系和治理能力现代化水平等重点内容,开展科技服务与科技助力工作,为广大体育科技工作者服务,为体育事业发展服务	(2021)复合影响因子:2.923 (2021)综合影响因子:1.983
体育学报		由中国台湾体育学会于1979年创刊。2012年起,《体育学报》成为台湾地区社会科学引文索引(TSSCI)数据库的收录期刊。2019年7月,《体育学报》又被纳入中文社会科学引文索引(CSSCD)数据库来源期刊目录	

根据北京大学图书馆的官网介绍,《中文核心期刊要目总览》是由北京大学图书馆及北京十几所高校图书馆众多期刊工作者及相关单位专家参加的中文核心期刊评价研究项目成果。目前已经出版了1992年、1996年、2000年、2004年、2008年、2011年、2014年、2017年、2020年版共9版。2008年之前,每4年更新一次,2008年之后,改为每3年更新一次。经过定量筛选和专家定性评审,从我国正式出版的中文期刊中评选出核心期刊。如表8-9所示,CSSCI索引的体育类期刊均为入选了北京大学《中文核心期刊要目总览》,加上山东体育学院学报等,共计16家期刊。原《南京体育学院学报(社会科学版)》现已更名为《体育学研究》,并被列为2021～2022年CSSCI来源期刊。

表8-9 体育类北京大学核心期刊

序号	2014年版	2017年版	2020年版
1	体育科学	体育科学	体育科学
2	上海体育学院学报	上海体育学院学报	上海体育学院学报
3	北京体育大学学报	北京体育大学学报	北京体育大学学报
4	天津体育学院学报	体育学刊	体育学刊
5	体育学刊	武汉体育学院学报	武汉体育学院学报
6	武汉体育学院学报	体育与科学	中国体育科技
7	西安体育学院学报	天津体育学院学报	体育与科学
8	中国体育科技	中国体育科技	成都体育学院学报

(续表)

序号	2014年版	2017年版	2020年版
9	体育与科学	西安体育学院学报	西安体育学院学报
10	体育文化导刊	成都体育学院学报	天津体育学院学报
11	成都体育学院学报	体育文化导刊	首都体育学院学报
12	广州体育学院学报	首都体育学院学报	体育学研究
13	山东体育学院学报	山东体育学院学报	沈阳体育学院学报
14	首都体育学院学报	沈阳体育学院学报	体育文化导刊
15	沈阳体育学院学报	体育学研究	广州体育学院学报
16	南京体育学院学报（社会科学版）	广州体育学院学报	山东体育学院学报

注：南京体育学院学报（社会科学版）现已更名为体育学研究。

从发文量来看（图8-7），自2002以来，尽管在不同年份有所波动，不过总体上16家中文体育类核心期刊的发文量呈现出逐步缩减的趋势，尤其是部分CSSCI来源期刊发文总量明显减少。近年来，随着体育学博士点规模的扩大、研究人员队伍的增加和学术竞争的不断加剧，对于高水平学术论文的发表需求随之增大。但是，学术期刊同样存在竞争与生存的压力。因此，目前中文核心期刊社普遍采取了更为严格的筛选标准，控制发文数量，提升期刊质量，扩大期刊影响力，确保期刊学术水平和声誉。

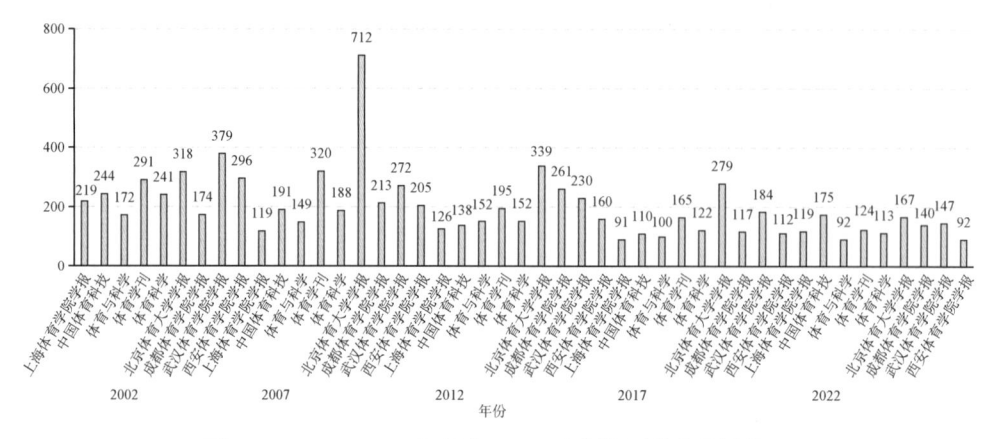

图8-7　2002～2022年部分CSSCI来源期刊发文总量情况

从体育英文期刊创办来看，目前为止，我国共有上海体育大学、北京体育大学、成都体育学院、暨南大学、宁波大学5所高校创办了体育英文学术期刊（表8-10）。其中，《运动与健康科学》（*Journal of Sport and Health Science*，JSHS）是上海体育大学主办的我国第一本英文版体育学术期刊，2012年创刊，2014年被SCI和SSCI同时收录，2020年被国际权威生物医学文献数据库MEDLINE收录。该刊编委会成员由亚洲、北美洲、欧洲、大洋洲等地区国际知名专家组成，其中国际编委占78%。期刊聚焦运动医学、运动损伤预防与临床康复、运动生理学、公共健康促进、身体活动流行病学、运动生物力学、运动生物化学与营养、运动心理学、锻炼与脑健康、体育教育学、中国传统体育与健康等研究领域。根据科睿唯安（Clarivate Analytics）2022年6月28日公布的《期刊引证报告》（JCR）数据，JSHS影响因子跃升至13.077，位于Q1。在87种被SCI收录的体育类期刊中排名第2，在57种被SSCI收录的酒店、休闲、体育与旅游类期刊中排名第1。

表8-10 国内高等院校主办的体育英文期刊

英文期刊	概况	主办单位	收录情况
Journal of Sport and Health Science（运动与健康科学）	创刊于2012年5月。由上海市教委主管，上海体育学院主办的英文版体育学术期刊，这是中国大陆创办的第一本英文版体育学术期刊，其办刊宗旨为：全方位、深层次报道国内外运动与健康科学领域前沿性研究成果，搭建国际学术交流平台，促进学科建设与发展	上海体育大学	SSCI\SCI
Journal of Science in Sport and Exercise（体育运动科学）	创刊于2019年5月，是由国家体育总局主管，北京体育大学主办的学术类英文期刊。创刊于2019年5月，主要报道国内外体育运动科学领域最新研究成果、最新研究进展及发展趋势等原创性论文，侧重于分子、细胞、组织、系统及人体对体育活动的反应及相关研究	北京体育大学	SCOPUS CSCD
Sports Medicine and Health Science（运动医学与健康科学）	创刊于2019年12月。期刊主要刊登运动医学与健康科学领域的新成果、新理论和新技术，包括原创研究、综述、病例分析及述评等类型论文	成都体育学院	SCOPUS
Asian Journal of Sport History & Culture（亚洲体育历史与文化期刊）	《亚洲体育历史与文化期刊》创刊于2021年，以季刊形式发行，主办方为暨南大学，合作伙伴为上海体育学院	暨南大学	
Physical Activity and Health（体力活动与健康）	创刊于2017年1月，主办单位为宁波大学，研究成果涵盖运动医学，运动训练学、体育工程、体育人文和社会科学等领域	宁波大学	SCOPUS

北京体育大学主办的学术类英文期刊《体育运动科学（英文）》，创刊于2019年5月。办刊宗旨主要反映我国和国际体育运动科学研究的新理论、新技术和新方法，促进体育运动科学成果转化。2021年被SCOPUS数据库收录，《体育运动科学（英文）》，2022年5月入选CSCD。

总体上看，我国体育英文学术期刊研究成果数量较少且尚未形成规模，被SSCI、SCI和A&HCI文献收录总量中，体育科学类论文数量偏低。

第四节　体育科技队伍

一、体育科研人员

党的二十大报告提出，创新是引领发展的第一动力。1984年我国组团参加第23届洛杉矶奥运会，实现了中国在奥运会历史上金牌数"零"的突破。2000年至今，中国始终保持在奥运会奖牌榜的前3位，这一发展历程标志着我国已大踏步迈入世界体育大国行列。在此过程中，科技创新成为推动国家体育事业发展的重要驱动力。在体育科技的进步与发展过程中，体育科研队伍是起决定性作用的因素。

21世纪以来，国家体育总局和各相关单位愈加重视体育科研队伍的建设工作，实施与发布了一系列旨在提升体育科研人员综合能力的重要培训和人才计划。比如：2000年7月，国家体育总局人事司和国家体育总局干部培训中心在北京举办了全国首届体育专业技术学术带头人高级研讨班[1]；2007年国家体育总局下发了《关于在部分国家队加强科研团队建设的通知》，增强了各运动队的科研人员配备[2]；2011年底，国家体育总局人事司又实施了"优秀中青年专业技术人才百人计划"，旨在加强中青年体育科研人才的培养[3]。在国家体育总局2021年颁布的《"十四五"体育发展规划》中，进一步提出实施体育领军人才培养计划，要在全国体育行业发现和培养一批学术带头人，在运动训练、体育科研、运动医学、体育产业、体育文化等领域支持打造高水平复合型团队，充分发挥高水平人才及其团队的示范引领作用[4]。一系列体育科研人才培养工程的实施为我国体育事业的持续发展提供了良好的创新动力。从高等教育领域看，随着国家"双一流"建设的持续深入，高等院校的体育师资中侧重于科学研究的研究生导师数量持续扩大。截至2021年11月，我国指导产出与体育学相关博士、硕士论文的导师有9 282人，包括博士研究生导师599人，硕士研究生导师9 036人[5]，为国家体育科研事业的发展提供了重要人力资源。

目前，我国体育科研队伍可以根据所在行业大致分为4大类。一是各体育科研院所的科研人员；二是各专业运动队的科研人员；三是高校中体育科研人员；四是体育企业中的科研人员。其中，体育科研院所和各专业运动队的科研人员的研

---

[1] 李富荣.建立高素质的体育科技队伍.体育科学，2000(6):7.
[2] 赵阳.中国国家运动队科研团队运行机制研究 太原:山西大学博士学位论文，2012:68.
[3] 张晓琳，王赟.创新人才计划培养 打造科研骨干队伍.体育文化导刊，2014(11):1.
[4] 体育总局关于印发《"十四五"体育发展规划》的通知.[2022-05-10]. http://www.gov.cn/zhengce/zhengceku/2021-10/26/content_5644891.htm.
[5] 王晓微.成就·经验·反思·构建:中国体育学若干重要议题探骊——黄汉升教授学术访谈.北京体育大学学报，2021(12):7.

究领域主要为竞技体育,而高校中体育科研人员的研究领域更为宽泛,涉及学校体育、群众体育和竞技体育等多个方面;体育企业中的科研人员则以体育产品研发与技术创新作为主要任务。受资料限制,在此我们主要针对竞技体育和高等教育领域中体育科研队伍的发展情况进行阐述。

(一) 体育科研院所中的科研人员

体育科研院所中的科研人员是我国体育科研队伍的重要力量。与高校体育教师需要承担的教学、训练和科研等多样化的工作任务不同,他们的工作职责相对单一,是我国体育科研队伍中的专职人员。体育科研院所一般下设于当地体育局,主要为竞技体育和群众体育服务。依据等级,我国体育科研院所分为国家级、省级、市级和县级4类。其中,省级体育科研院所的科研人员的规模最大,是体育系统中开展科学研究的中坚力量。从2022年的数据看,全国共有25家省级体育科研所,包含949名体育科研人员,占到总数的71.6%。在2010~2022年间,全国体育科研院所的数量由58家减少为46家,但科研人员数量保持了总体平稳(表8-11)。

表8-11 体育系统中科研院所及人员信息一览表

年度	合计 机构	合计 人员	国家级 机构	国家级 人员	省级 机构	省级 人员	市级 机构	市级 人员	县级 机构	县级 人员
2000		1 766								
2001		1 866								
2002		1 628								
2003		327								
2004		1 385								
2005		1 186								
2006		1 156								
2007		1 128								
2008		1 258								
2009		1 269								
2010	58	1 285	2	219	27	828	29	238	0	0
2011	57	1 353	2	217	26	894	29	242	0	0
2012	57	1 422	2	218	26	914	29	290	0	0
2013	57	1 514	1	273	29	993	26	248	1	不详
2014	59	1 335	1	111	29	989	28	229	1	6
2015	58	1 277	1	84	28	944	28	243	1	6
2016	60	1 335	1	108	28	955	30	265	1	6
2017	62	1 401	1	173	28	932	31	274	2	22
2018	56	1 267	1	121	27	886	28	260	0	0
2019	54	1 336	1	186	27	901	26	249	0	0
2020	53	1 281	1	129	25	775	27	377	0	0
2021	47	1 290	1	126	25	932	21	232	不详	不详
2022	46	1 326	1	148	25	949	20	229	不详	不详

注:本表数据来源于《中国统计年鉴》(中国国家统计局出版)。其中,2010年之前国家统计局并未对体育科研院所进行分类统计,仅呈现了体育系统中科技人员的总体数量。

在全国体育科研院所中,国家体育总局体育科学研究所是唯一一个国家级体育科研院所,具有很好的代表性。国家体育总局体育科学研究所创建于1958年,是国家体育总局直属、科技部保留和发展的国家级、多学科、综合性的社会公益类体育科研事业单位。2013年,经人社部批准设立博士后科研工作站,开展博士后培养工作。国家体育总局体育科学研究所目前设有国民体质与科学健身研究中心、运动训练研究中心、体能训练研究中心、运动心理与生物力学研究中心、运动生物科学研究中心、运动康复研究中心、体育社会科学研究中心、体育工程研究中心8个研究中心和1个综合实验中心,拥有"运动训练监控重点实验室"和"运动心理重点实验室"2个国家体育总局重点实验室。具体到科研人员看,该所现有在编职工124人,其中高级职称66人,博士学位60人,新世纪百千万人才工程国家级人选2人,体育总局中青年百人计划培养对象15人,拥有较强的体育科研攻关能力。

(二)国家队中的体育科研人员

国家队代表了我国不同项目竞技体育的最高水平。在我国以往重大比赛备战中,主要是以项目的形式在国家队实施科研攻关与科技服务。然而,随着影响运动竞赛活动因素的增加,国家队教练组逐渐由过去"单一知识结构和相似背景的人员构成模式",走向多元化构成,即"教练员、专家与学者结合"的队伍[①]。2005年备战北京奥运会暨冬训动员大会上,国家体育总局首先提出了以"复合型国家队训练团队"的形式,建立国家最高水平的训练和管理体系。2007年,为进一步做好备战年奥运会的科研攻关与科技服务工作,国家体育总局科教司出台了《关于在部分国家队加强科研团队建设的通知》(体科字号)及《国家队科研团队建设与管理暂行办法》,正式确立了国家队科研团队的制度。

在2008年北京奥运科技保障工作中,为了实现为国家队提供"多学科、全方位、全过程"科技备战目标,国家体育总局以"科技奥运"专项为接口,吸引了包括清华大学、北京大学、中国科学院等国家级科技单位参与攻关研究通过引进体育系统外的高水平科技力量,壮大了体育科技队伍。国家体育总局先后组建了36支国家队科研团队,涉及14个项目运动管理中心,合计418人[②]。从年龄上看,中青年科研人才构成了国家队科研队伍的主力,年龄集中在26~45岁之间[③](表8-12)。

表8-12 国家队科研团队成员年龄结构一览表

年龄	25岁以下	26~30岁	31~35岁	36~40岁	41~45岁	46~50岁	51岁以上
人数/人	10	61	57	59	44	28	22
百分比/%	3	22	20	21	16	10	8

---

① 石岩. 我国备战与征战奥运会中有待思考与解决的问题. 天津体育学院学报,2004(3):16-20.
② 赵岱昌. 复合型训练团队的合作研究. 上海:上海体育学院博士学位论文,2009:35.
③ 赵阳. 中国国家运动队科研团队运行机制研究. 太原:山西大学博士学位论文,2012:6.

在国家队科研团队基础之上，国家体育总局成立了由60多位国内知名专家组成的运动训练监控与营养恢复、高原训练、心理调控、伤病防治"奥运科技专家组"。专家组的组建遵循高水准、多学科的原则，成员均为相关领域的顶级专家、学者，聚焦于运动员核心需求开展服务。根据各运动项目国家队的实际需要及时调动和协调国家高水平的专家下队进行科研指导、咨询、巡诊、会诊；逐步形成了科研项目科研人员、科研团队、科技专家组三个层次、老中青相结合"科训医"一体化的国家队科技保障格局，发挥了国家队科技保障与服务的整体效能[1]。以训练监控与恢复专家组为例，该专家组围绕训练理论和方法、生理生化监控、体能康复、膳食和营养恢复、运动技术的生物力学诊断和身体机能恢复6大领域展开服务[2]，在训练方法改进、运动员的体能水平提升、伤病康复、运动技术改进和营养膳食补充等方面做出了突出贡献。

（三）高等院校中的体育科研人员

高等院校兼具人才培养与科学研究两大任务。一般而言，科学研究与学科建设和研究生培养密切联系。自2015年10月国务院印发《统筹推进世界一流大学和一流学科建设总体方案》以后，高等院校更加注重学科建设与科学研究工作，体育学的学位点数量也持续增加。目前，我国共有101个体育学一级学科硕士学位授予单位，覆盖了全国31个省（自治区、直辖市）。从高等院校的体育科学研究工作看，拥有体育学博士点和硕士点的授权单位成为体育科学研究的主要平台。研究生导师队伍成为高等院校中体育科学研究的主要力量。其中，体育学博士生导师是体育科学研究队伍中的精英群体，代表了体育领域最顶端的科研人员。在此，我们通过对我国体育学博士生导师群体的介绍，展现和说明高等院校中体育科研人员的基本情况。

目前，我国共有30个体育学博士学位授予单位和首都体育学院的"国家特殊需求博士人才培养项目"博士点，分布在22个省（自治区、直辖市）。拥有博士生导师资格的人数为562人，在职招生的导师人数为482人。其中，男性博士生导师有417人，女性博士生导师有134人（表8-13）[3]。

表8-13 我国体育学博士招生院校及博士生导师人数分布情况统计表（截至2019年）

单位：人

地区	学校	男性博导	女性博导	合计
华北地区	北京体育大学、天津体育学院、北京师范大学、河北师范大学、清华大学、山西大学、首都体育学院	150	68	218

---

[1] 蒋志学. 总结北京奥运会科技工作经验为建设体育强国做出新的贡献. 体育科学，2009(11):4.
[2] 王清，洪平. 训练监控与恢复专家组的奥运科技服务与保障工作. 中国教练员，2008(4):6.
[3] 陈庆伟，姜波. 关于我国体育学博导队伍发展状况的追踪研究. 高教学刊，2021(9):3.

(续表)

地区	学校	男性博导	女性博导	合计
华东地区	上海体育学院、华东师范大学、浙江大学、福建师范大学、南京师范大学、苏州大学、曲阜师范大学、扬州大学	144	30	174
华中地区	武汉体育学院、华中师范大学、湖南师范大学、河南师范大学、吉首大学	52	11	63
西南地区	成都体育学院、西南大学	40	11	51
华南地区	华南师范大学、广西师范大学	21	9	30
东北地区	东北师范大学、辽宁师范大学、哈尔滨体育学院	20	6	26
合计	27所高校	417	134	562

从年龄上看,1961~1970年出生的导师有240人,占42.7%;1951~1960年出生的导师有182人,占32.4%;1971~1980年出生的导师有98人,占17.4%;1981~1990年出生的导师有4人,占7%;1941~1950年出生的有38人(基本都已退休离职)。总体来看,体育学博士生导师的年龄分布较为均衡,50~60岁年龄段博士生导师数量占比最高。

从二级学科类别看,体育教育训练学导师共190人,占33.8%;运动人体科学导师共171人,占30.4%;体育人文社会学导师共168人,占29.9%;民族传统体育学导师共33人,占5.9%。总体看,体育教育训练学、运动人体科学和体育人文社会学的导师队伍规模较为均衡,民族传统体育学的导师队伍的规模相对较小。

从学历看,拥有博士学位的博士生导师占比为96.2%;拥有教授职称的体育学博士生导师占比为92.4%;拥有海外留学或访学经历的博士生导师占比为40.3%;主持国家级科研项目的博士生导师占比为42.2%。

二、高校体育人才培养

高等教育是我国培养高层次专业人才的主要平台,是国家创新发展的重要战略力量。一个国家的科技发展战略的理念、政策、方针必然最先反映到高等教育上[①]。党的二十大报告明确提出,必须坚持科技是第一生产力、人才是第一资源、创新是第一动力,深入实施科教兴国战略、人才强国战略、创新驱动发展战略。科技创新和高等教育作为推动国家发展的两股重要驱动力量,相互影响、协同促进。21世纪以来,我国体育科技事业不断发展与突破,正在从体育大国向体育强国迈进,高校体育人才培养工作的高质量发展是其中重要的内生动力。高校体育专业

---

① 王文利,林巍.日本科技发展战略的转型及其对研究生教育的影响.外国教育研究,2008,35(4):50-54.

人才,正在不断成为我国体育高新科技领域创新的生力军,实现专利成果转化、技术转移的主力军,推动我国体育科技进步的先锋军。

(一) 培养规模不断扩大

1. 体育学类本科人才培养情况

培养一流本科人才是实现内涵式发展的应有之义,也是适应国家战略发展的新要求、服务区域经济社会发展的必然选择①。进入新时代,国家和社会对体育院校人才培养质量提出了新的要求与期望。体育学本科专业设置结构和人才培养则是实现体育学本科专业教育质量工程的重中之重。新中国体育学本科专业设置60年以来,历经了市场经济和计划经济两种经济体制以及四次专业结构大变革,在专业发展演变规律、专业的人才培养方面都发生了巨大的变化。尤其随着90年代后期本科扩招以及体育专业的快速发展,体育学本科人才培养数量规模迅速增长。如图8-8所示,2000年以前,总体培养规模较小且增加缓慢;2000~2020年期间,我国高等院校体育学本科专业历年招生数从2000年的23 429人迅速增加至2020年的87 816人,增幅为275%;在校生规模从2000年的63 656人增加至2020年的337 316人,增幅为430%。总体上,在高等教育跨越式发展背景下,各高校都争相扩大办学规模,增加专业设置数量,扩大招生人数。在此背景下,我国体育专业本科教育的招生规模逐步扩大,办学条件普遍改善,师资队伍水平提高明显,师资队伍的数量、质量有很大的发展和提高,师资队伍的知识结构、年龄结构、学历结构、职称结构有很大的改善等②。

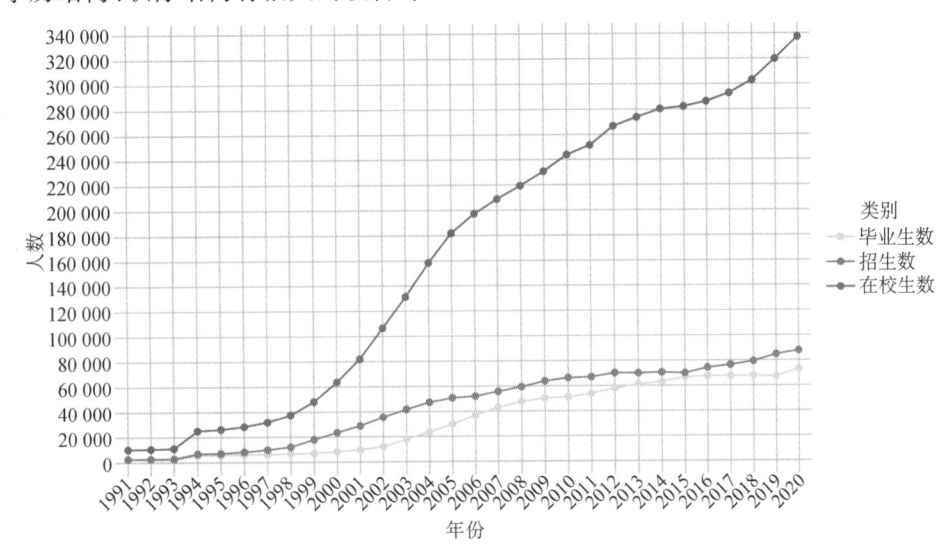

图8-8 我国体育类本科生毕业生数、招生数及在校生数总体情况(单位:人)

---

① 马建中. 地方高校一流本科人才培养的特色探索与实践. 中国高等教育,2020(1):22-23.
② 黄汉升,季克异. 我国普通高校体育教育本科专业课程体系改革的研究. 体育科学,2004(3):51-57.

2. 体育学硕士生人才培养方面

我国的体育学硕士研究生教育总体上经历了初期的建立和逐步发展，然后是高速增长、持续平稳增长等不同的历史发展阶段。

（1）初期增长阶段（1991～2000年）

在这个阶段，招生、在校学生和毕业生数量逐渐增加，总体增长幅度相对较小。从1991年的招生62人，增至2000年的629人，毕业生和在校学生数量也相应增加，体现出专业培养的初步扩张。

（2）高速增长阶段（2001～2010年）

这一阶段，专业规模迅速扩大，尤其在2005年之后进入新的增长高峰期。2001年招生人数为857，到2010年增至4 415人，毕业生和在校学生数也显著增加，体现出专业的快速发展和社会需求的增加。

（3）持续平稳增长阶段（2011～2022年）

在这一阶段，虽然招生和毕业生数量保持持续的增长，但增长速度相对平稳。2011年招生数为4 076人，2022年增至13 846人，毕业生和在校学生数量持续增加，表明专业发展进入了一个更为成熟和稳定的阶段。

值得注意的是，随着我国社会经济转型升级与迅速发展，体育人才的社会需求发生了变化，实践型、应用型的高层次体育人才开始受到重视。基于此背景，国务院学位委员会第二十一次会议审议通过了《体育硕士专业学位设置方案》，决定在我国设置体育硕士专业学位。随之，体育硕士专业学位作为我国38种专业学位之一，2005年成立并正式招生。目前，体育硕士专业学位有四个培养方向：体育教学、运动训练、竞赛组织管理和社会体育指导。为了推动体育硕士专业学位教育的发展，国务院学位委员会和教育部成立了全国体育硕士专业学位教育指导委员会，其任务包括探索培养模式、指导教育活动、加强学校与实际部门的联系，以提高体育硕士教育水平。

3. 体育学博士研究生培养方面

我国体育学博士研究生教育肩负着培养体育最高层次拔尖创新人才的重任，历经30余年发展，在制度建设、规模扩张、学术创新等方面取得了阶段性成果。从招生情况看，1991～2022年期间，我国体育学博士研究生的招生规模变化情况如图8-9所示：2000年以前，总体招生规模较小且变化幅度不大；2000～2003年招生规模略有上升；2004～2012期间招生规模开始突破200人并稳定提升；尤其是2012年之后，随着部分新增博士点单位开始招生，总体招生规模提升较快，到2022年招生人数已经达到了563人，与2000年相比，增幅达到了716%。

如图8-10，从毕业生情况看，体育学博士研究生的毕业生数量从2000年的20人发展到2022年的309人，毕业生规模有了较大幅度的提升，同年全国所有毕业博士生则达到了70 689人。从在校生情况看，从2000年的167发展到了2022年的2 471人，增幅达到了1 380%。从体育学博士研究生毕业生和在校生人数的

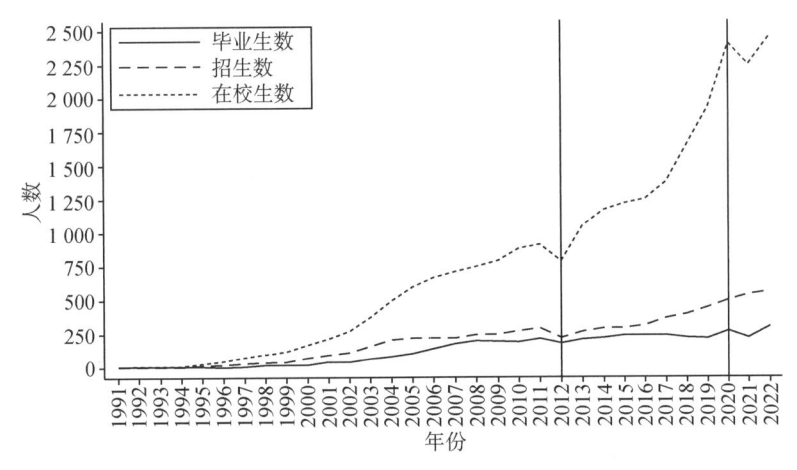

图 8-9 我国体育学博士研究生招生规模(2000～2022 年)

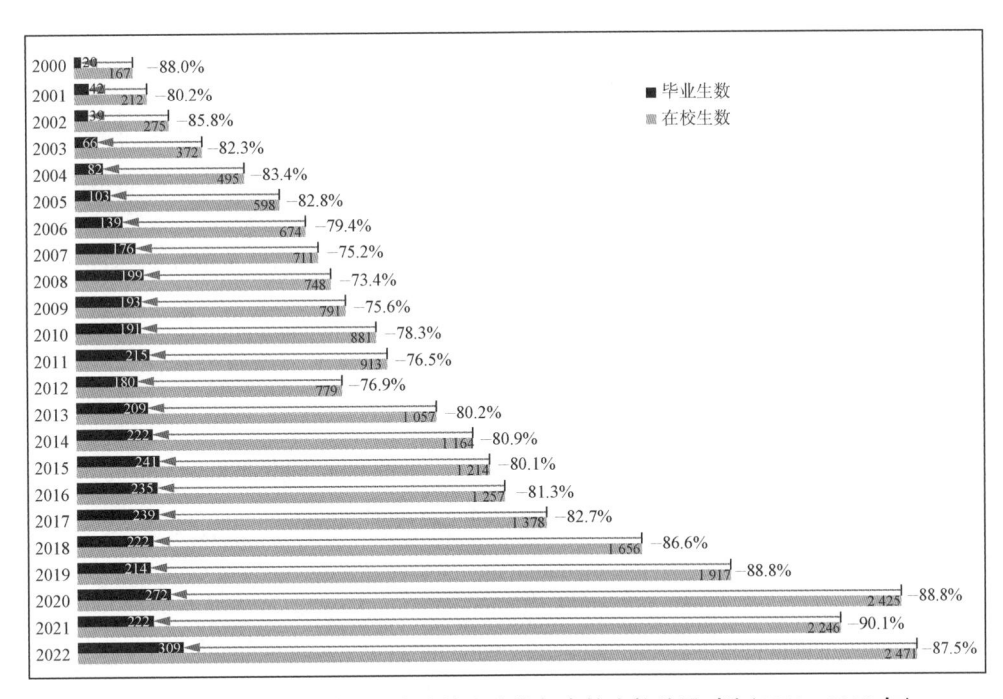

图 8-10 我国体育学博士研究生毕业生数与在校生数差异对比(2000～2022 年)

差异对比来看,2006～2012 年期间差异比例相对较小,均低于 80%。不过,随着国家对博士生培养质量管理力度的不断加强,目前体育学博士研究生毕业难度越来越大,2012 年之后的毕业生与在校生的比例差异开始逐步增大,2021 年达到 90.1%。

因此,从总体培养规模来看,目前我国的体育学博士研究生依旧处于"精英教育"模式,不过,近年来的"规模扩张"对体育学博士研究生人才培养质量管理存在一定的挑战,应注意对招生"严格准入、适度从紧",培养结构"分类推进、国际接轨",培养质量"适当延长学制、收紧毕业出口"①。

纵观新世纪以来我国高等体育教育的发展历程,我国高校体育人才培养走过了不平凡之旅,逐步建立了较为完善的体育学学位授权体系,为国家体育事业发展提供大量高层次体育科研人才,成为推动中国体育科技进步的一股重要力量。

(二) 学科建设成效显著

专业是高等学校人才培养的载体。体育学类本科专业的增设与调整,一方面反映了我国高等体育院校的主动发展意识持续增强,另一方面折射了社会发展与市场需求对体育人才培养规模与质量要求不断提升。高等体育院校在国家深化教育改革的总体背景下,及时捕获国家经济与体育产业政策的发展变化,不少高校主动通过新增或调整专业来改善提升自身的影响力和竞争力,以适应社会需求。

从本科生教育发展来看,如图8-11所示,2005~2022年期间,体育教育专业作为师范院校和体育院系的传统专业,具有较强的就业竞争力,学位点的增长稳中有升,从250个增加至349个;受2012年《高等教育本科专业目录》调整和我国体育产业发展需求,休闲体育专业、运动康复与健康以及体育经济与管理专业成为一些高校竞相申办的热门专业。从2013年开始,休闲体育专业、社会体育指导与管理专业、运动训练专业及运动康复专业的学位点增设数量逐年上升,增幅较大。其中,社会体育指导与管理专业学位点从144个增加至283个、运动训练专业学位点从60个增加至118个、运动康复专业学位点从26个增加至87个、休闲体育专业学位点从35个增加至106个。此外,运动人体科学与武术与民族传统体育专业的

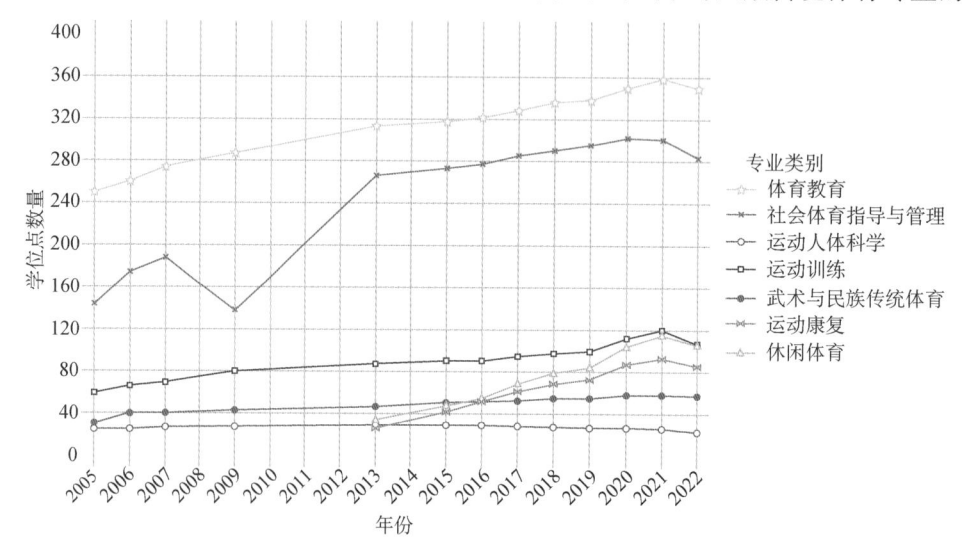

图8-11 体育学本科专业学位点变化情况

---

① 杨献南,方千华,鹿志海.我国体育学博士研究生招生考试现状、问题及改革设想.武汉体育学院学报,2015,49(4):75-81.

学位点增幅较小,尤其是运动人体科学专业,2005年至今基本保持在20多个。此外,自2017年以来,新增了9个体育学类本科专业,包括:体能训练(2017)、冰雪运动(2017)、电子竞技运动与管理(2018)、智能体育工程(2018)、体育旅游(2018)、运动能力开发(2019)、足球运动(2023)、马术运动与管理(2023)、体育康养(2023)。

总体上,我国的体育学新增本科专业布点与我国体育事业快速发展相一致,专业布点与增速符合国家与区域社会经济发展需求[①]。

从体育学研究生教育发展来看,体育学研究生学位点授权单位大多设置于各高等院校,主要分布于体育院校、综合院校和师范类院校,是我国体育学研究生教育的重要站点,承载了培养高层次、创新型体育人才的重要功能。截至2021年11月,全国共建有30个体育学一级学科博士学位授予单位,分布在22个省(自治区、直辖市),101个体育学一级学科硕士学位授予单位覆盖了31个省(自治区、直辖市)[②]。可以说,体育学研究生群体已经成为高等学校开展体育科学研究、从事体育科技事业、进行体育创新创业的主力军和生力军。

从专业设置来看,体育学研究生培养单位逐步重视体育科技工程领域的高层次人才培养。比如,武汉体育学院"水上运动装备工程"博士点,成为国内首个独立体育专业院校进行体育工程相关高层次人才培养的专业。上海体育学院博士生招生专业体育工程学,是一门新兴发展中的以体育为核心的多种工程学加入的边缘交叉学科,其研究范围涉及机械工程、电子工程、计算机技术、材料工程、生物工程与生物力学、检测与控制技术等多学科边缘交叉领域。

从论文选题来看,学位论文作为检验体育学研究生人才培养的重要标准,是授予研究生学位的基本依据,是体育学研究生人才培养的一个重要环节,集中体现了研究生的科研能力、科技能力和创新能力。不少体育学研究生的学位论文也是国家重大研究课题的组成部分,其科研成果直接贡献于国家的科技创新。尤其是博士研究生,更是重要的攻坚力量,有的还做出了带有突破性的成果。目前,负责高水平竞技体育科技攻关的国家队科研队伍往往也由高校导师与研究生团队组成。从近年体育学研究生学位论文选题来看,核心区力量训练、运动医疗康复、体育竞赛管理软件开发、体质健康管理平台的研制、运动装备一体式背包设计等涉及现代体育科技、运动人体科学、体育仿生学等高新技术应用性研究正在逐步增加。

从师资建设来看,从2011年开始,教育部实施的新"长江学者奖励计划"由中央财政专项经费支持,加大了对人文社科、中西部高校的支持力度,取消申报限额,鼓励通过个人自荐、专家推荐、驻外使(领)馆举荐等多种形式应聘。长江学者实行岗位聘任制,高校自主设置岗位,面向海内外公开招聘,择优推荐。体育学学

[①] 宋强."十二五"期间我国体育学类本科新增专业分析与"十三五"发展展望.体育学刊,2018,25(4):99-104.

[②] 王晓微.成就·经验·反思·构建:中国体育学若干重要议题探骊——黄汉升教授学术访谈.北京体育大学学报,2021,44(12):1-23.

科经过多年发展和积累,加之长江学者新的聘任机制,近年来我国高校体育学学科竞聘长江学者的实力不断增强,接连不断获得长江学者奖励。体育学学科未来获得长江学者称号和奖励将会呈现常态化,越来越多的体育学者将会荣列其中。这也将极大地促进体育学学科高层次人才队伍的建设[1]。

(三) 合作交流日益频繁

增进国际国内交流,推进联合培养工作,既是高等教育改革培养模式创新的试点探索,也是国家实施协同创新计划的具体体现。2010年全国教育工作会议和《教育规划纲要》明确提出要着力加强国际教育交流合作。2014年教育部关于印发《国际合作联合实验室计划》的通知提出决定依托高等学校整合提升并建设认定一批国际合作联合实验室。2017年教育部、国务院学位委员会印发的《学位与研究生教育发展"十三五"规划》中提出要在更宽领域、更深层次上开展研究生教育的国际交流与合作,不断扩大研究生教育国际竞争优势。在此背景下,体育学本科生、研究生教育也在逐步部署、有序推进各种形式的国际国内交流与合作。越来越多的西方发达国家的高等教育机构也开始和我国相关体育院校建立联合培养关系,加强国际之间的学术交流及技术合作(表8-14)。比如,北京体育大学与加拿大阿尔伯塔大学联合申报的中外合作办学机构——"北京体育大学阿尔伯塔国际休闲体育与旅游学院"以建设为契机,正在推进国际英才班、"2+1"等多模式、全方位、全覆盖的国际联合培养项目;湖南师范大学与英国中央兰开夏大学合作举办的体育教育本科合作项目在2018年正式启动,这是我国第一个足球方向体育教育合作办学项目;2019年10月,福建师范大学获教育部批准与意大利卡塔尼亚大学联合培养体育教育全日制本科生。该项目采用"3.5+0.5"合作办学模式,通过引进意大利优质教学资源和优秀教师团队参与教学。此外,成都体育学院与美国南印第安纳大学联合组成教学和管理团队,共同制定人才培养方案和实施教学计划,并对符合两校毕业要求的本科生发放学士学位证书。整体而言,全方位、多形式的国际体育学科交流对于拓宽大学生国际化视野具有越来越重要的作用。具体作用体现在:其一,国际交流有利于提升体育学研究生导师队伍、科任教师的综合素质和科学研究能力;其二,国际交流有利于体育专业学生拓宽国际视野、了解体育科技前沿动态并对建立国际学术联系等具有重要意义;其三,国际交流有利于提升我国高等体育教育的国际影响与社会声誉。与此同时,国内高等院校校际之间体育学研究生的联合培养工作也在持续推进与不断深化。例如,福建师范大学和首都体育学院联合培养体育教育学专业博士研究生、北京体育大学和天津体育学院联合培养运动人体科学专业博士研究生等等。此外,高校和体育科研机构的合作也在不断完善,并逐步形成资源共建共享,共同承担了体育科学研究和体育科技人才培养的时代重任。

---

[1] 孙晋海. 我国高校体育学学科发展战略研究. 江苏:苏州大学,2015.

表 8-14　部分体育院校中外合作办学情况

省份	项目名称	层次	年份
福建	福建师范大学与意大利卡塔尼亚大学合作举办体育教育专业本科教育项目	本科	2019
山东	鲁东大学与意大利那不勒斯帕萨诺普大学合作举办社会体育指导与管理专业本科教育项目	本科	2019
四川	成都体育学院与美国南印第安纳大学合作举办体育经济与管理本科专业项目	本科	2022
河南	河南师范大学与白俄罗斯国立体育大学合作举办体育教育专业本科教育项目	本科	2018
山东	临沂大学与韩国水原大学合作举办社会体育专业本科教育项目	本科	2011
黑龙江	黑河学院与俄罗斯布拉格维申斯克国立师范大学合作举办体育教育专业本科教育项目	本科	2010
江苏	南京体育学院与美国罗克福德大学合作举办体育经济与管理专业本科教育项目	本科	2021
广西	广西师范大学与韩国龙仁大学合作举办体育教育专业本科教育项目	本科	2021
湖北	武汉体育学院与澳大利亚格里菲斯大学合作举办运动康复与健康专业本科教育项目	本科	2018
黑龙江	哈尔滨体育学院与澳大利亚南澳大学合作举办体育教育专业本科教育项目（2021年停办）	本科	2018
湖南	湖南师范大学与英国中央兰开夏大学合作举办的体育教育项目	本科	2018
广东	广州体育职业技术学院与芬兰哈格-赫利尔应用科学大学合作举办体育服务与管理专业	专科	2012
北京	清华大学与澳大利亚悉尼科技大学合作举办体育管理硕士学位教育项目（2021年停办）	硕士	2003
北京	北京体育大学与美国俄亥俄大学合作举办体育管理硕士学位教育项目（2019年停办）	硕士	2004
上海	上海体育学院与澳大利亚维多利亚理工大学合作举办体育管理硕士学位教育项目（2019年停办）	硕士	2007
陕西	西安体育学院与西班牙武康大学签署"西安体育学院和西班牙武康大学联合培养体育科学博士项目"（联合培养）	博士	2021
河南	河南大学与俄罗斯国立体育、运动、青年与旅游大学签订协议，联合招收培养高水平博士研究生。	博士	2021
上海	上海体育学院与澳门理工学院联合培养"体育学一级学科博士研究生项目"	博士	2019
广东	广州体育学院与美国西密西根大学联合培养博士合作项目	博士	2018

不过，当前我国中外合作办学已经由规模的扩大、外延的发展转入到了提升质量、内涵建设的新阶段。对于中外合作办学中暴露出来的问题，教育部也不断加强中外合作办学事中事后监管，采取定期评估、年度报告、专项核查等多种措施，规范办学秩序，提升办学水平，推动中外合作办学高质量发展。不少体育院校主动进行优化调整，停办培养质量不高的合作项目，重新整合国际国内优质体育教育资源，建立高质量体育人才培养合作办学项目。

（四）学科交叉特征明显

跨学科的交流和融合，有利于形成优势互补，相互借鉴[1]。许多有影响的科技成果，往往都是在跨学科的研究领域中取得的[2]。体育学是典型的交叉学科，在其发展过程中不仅融合了大量外部学科的知识，体育学作为知识供体也将其知识广泛地输入至其他学科，形成了一个开放的、持续演进的知识体系[3]。进入21世纪，随着人工智能等科学技术的迅速发展及电子竞技等新兴业态的不断出现，产生了许多新兴学科，要求体育学研究生教育开展跨学科合作，培养综合性体育专业人才。目前，我国体育学研究生正在主动调整学科结构，新兴方向和交叉学科不断得以深化拓展。2009年，华东理工大学获得教育部批准设立"体育运动材料"专业博士点，同时推动"体育运动材料"专业学科相关的教学和科研工作。2013年，齐鲁师范学院与山东体育学院达成联合培养体育学硕士研究生协议，共同推动体育学研究生培养的学科交叉发展。2015年，西安文理学院与西安体育学院通过整合学科优势，推动特色专业建设，展开联合培养，形成体育学硕士研究生培养新机制。2017年6月，同济大学整合综合办学资源，成立国际足球学院，确立"文化、专业技能的精准化足球科学研究人才、国际化足球战略决策人才、集约化足球精英管理人才和复合应用型足球专门人才"的人才培养目标。此外，近年来迅速发展的电子竞技运动就是科技产业、文化产业、传统体育产业、传媒产业的综合体[4]。在本科人才培养中，电子竞技专业人才培养实质上就是融合了体育学、传播学、计算机科学等多学科知识体系的协同创新。

体育学作为一门综合性的交叉学科，研究领域横跨了自然科学和人文社会科学领域。基于《中国引文数据库》（Chinese Citation Database，CCD），利用CCD高级检索中的数据分析器功能，以5年为单位，检索2001年1月～2015年12月期间体育学类期刊论文（2016年之后的论文发布周期较短，引用情况更新变化较大，没有纳入检索），下载并统计研究所需数据。依据体育学和外部学科引用和被引用的关系，将体育学亲缘学科分为知识供体学科（被体育学引用的学科）和知识受体学科（引用体育学的学科），从知识流入（表8-15）和知识流出（表8-16）2个视角对体育学的亲缘学科进行分析。考虑到知识更新与迭代较为频繁，主要对2011～2015体育学知识供体学科和受体学科进行分析[5]。

---

[1] 刘献君. 发达国家博士生教育中的创新人才培养. 武汉：华中科技大学出版社，2010.
[2] 高磊. 研究型大学学科交叉研究生培养研究. 上海：上海交通大学，2014.
[3] 王续琨. 交叉科学结构论. 北京：人民出版社，2015：370.
[4] 梁强. 产业融合背景下我国电子竞技产业成长路径分析. 天津体育学院学报，2005，25(4)：304-307.
[5] 李博. 学科交叉视域下我国体育学知识演化的多维研究. 福建：福建师范大学，2018.

表 8-15　被体育学引用的知识供体学科

时间段/年	软-纯学科 学科数/个	软-纯学科 被引量/次	软-纯学科 百分比/%	软-应用学科 学科数/个	软-应用学科 被引量/次	软-应用学科 百分比/%	硬-纯学科 学科数/个	硬-纯学科 被引量/次	硬-纯学科 百分比/%	硬-应用学科 学科数/个	硬-应用学科 被引量/次	硬-应用学科 百分比/%
2001～2005	5	5 271	14	15	19 662	50	2	3 070	8	11	11 045	28
2006～2010	5	16 046	15	20	68 592	64	2	4 734	4	7	18 167	17
2011～2015	5	5 271	11	15	19 662	53	2	3 070	4	11	11 045	32

表 8-16　引用体育学的知识供体学科

时间段/年	软-纯学科 学科数/个	软-纯学科 被引量/次	软-纯学科 百分比/%	软-应用学科 学科数/个	软-应用学科 被引量/次	软-应用学科 百分比/%	硬-纯学科 学科数/个	硬-纯学科 被引量/次	硬-纯学科 百分比/%	硬-应用学科 学科数/个	硬-应用学科 被引量/次	硬-应用学科 百分比/%
2001～2005	1	346	4	15	5 183	57	1	261	3	11	3 263	36
2006～2010	2	2 025	4	20	35 001	69	0	0	0	10	13 475	27
2011～2015	3	20 157	3	13	99 612	60	2	8 179	4	16	61 550	33

从体育学知识供体学科来看，2011～2015 年处于我国"十二五"规划发展周期，在此阶段，知识的供体学科中软-应用学科占比回调，硬-应用学科有所上升，软-纯学科以及硬-纯学科的比例变动相对稳定（表 8-17）。反映了各种类别的学科知识流入体育学知识量的比例相对稳定，体育学和外部学科的交叉关系相对稳固，这是学科日趋成熟的表现。从学科类别的软/硬维度来看，体育学和软学科的关系越来越密切。由于体育学的应用性、实践性特征，更加容易和应用学科产生交叉[①]。

表 8-17　体育学知识供体学科（2011～2015 年）

引用排名	学科名称	引用频次/次	百分比/%	学科分类
1	教育理论与教育管理	18 522	7	软-应用学科
2	高等教育	14 651	5.5	软-应用学科
3	中等教育	14 296	5.4	软-应用学科
4	特种医学	10 881	4.1	硬-应用学科
5	心理学	10 466	3.9	软-纯学科
6	旅游	9 469	3.6	软-应用学科
7	社会学及统计学	6 709	2.5	软-应用学科
8	中药学	6 610	2.5	硬-应用学科
9	文化	5 604	2.1	软-纯学科
10	内分泌腺及全身性疾病	5 550	2.1	硬-应用学科

---

① 李博，阳承胜. 我国体育学学科交叉网络结构演变与学科体系重构. 北京体育大学报，2020，43(8)：120-130.

就体育学知识受体学科而言,体育学和软-应用学科形成了稳固的联系,受体学科的性质趋于稳定。如表 8-18 所示,2011～2015 年期间,从学科分类的软/硬维度来看,硬学科比例有所增加。从增加的学科来看,既有传统的医学、生物学部类的学科,还有建筑科学与工程等新兴学科也被纳入体育学的亲缘学科。

表 8-18 体育学知识受体学科(2011～2015 年)

引用排名	学科名称	引用频次/次	百分比/%	学科分类
1	中等教育	40 922	21.6	软-应用学科
2	特种医学	10 082	5.3	硬-应用学科
3	高等教育	8 661	4.6	软-应用学科
4	初等教育	6 904	3.7	软-应用学科
5	教育理论与教育管理	5 907	3.1	软-应用学科
6	旅游	5 512	2.9	软-应用学科
7	生物学	5 506	2.9	硬-纯学科
8	音乐舞蹈	5 149	2.7	软-应用学科
9	外科学	3 574	1.9	硬-应用学科
10	临床医学	3 524	1.9	硬-应用学科

总体看来,体育学科正迎来重大发展时机,需加强交叉学科前沿研究的顶层设计和战略谋划,深化改革,打破壁垒,协同创新,共赢未来。具体的推进路径包括:强化体育学科建设的顶层规划与战略指导,通过组织跨学科研讨会和合作项目,加强体育学科与其他学科的交流,形成创新性的研究方向;同时,设立专门的学科交叉基金,支持跨学科研究的开展;此外,还应通过建立国际学术合作平台,吸引国际知名学者参与体育学科研究,提高我国体育学科的国际影响力。通过前述措施,有利于整体上推动我国体育学科体系、学术体系以及话语体系的构建与发展。[①]

(五) 平台支撑作用凸显

高校体育人的培养质量对国家整体的体育科技水平可持续发展至关重要。因此,优化培养环境,创造有利条件,搭建服务平台是政府相关部门、社会和高校共同的责任。一般而言,高校体育学人才培养的服务平台,包括"有效吸纳和使用社会资源,密切学校与有关部门的联合,建立学校与社会公共培养基地"[②],通过有机整合体育科学研究资源,为体育专业学生的科技创新搭建优质的研究平台。研究资源分为软件资源和硬件资源,软件资源包括师资队伍共享、优秀课程共享等。硬件资源包括实验室设备、实践基地、图书资料共享等[③]。

---

① 张瑞林.体育产业发展视域中的体育学科建设.北京体育大学学报,2022,45(7):1-7.
② 薛天祥.中国学位与研究生教育的历史、现状和发展趋势.国家教育行政学院学报,2005(9):28-32.
③ 王家宏.以科技创新引领研究生教育创新.中国高校科技与产业化,2011(3):19-21.

1. 服务高等体育教育的科学实验平台

根据体育事业发展的需要,国家体育总局从 2002 年开始,在直属科研单位开展了重点实验室建设。在此基础上,2006 年国家体育总局开展了全国体育系统重点实验室建设工作,建设目标是要逐步在全国形成一批能够为国家和地方优秀运动队提供科研攻关与科技服务,重点突出、结构优化、创新能力强和硬件条件较优秀的重点实验室[①]。新世纪以来,一些重要的国家级体育科学研究实验室开始进入高校。比如,武汉体育学院依托国家体育总局体育工程重点实验室,于 2008 年开始进行"体育装备工程"本科专业人才培养业,并与武汉理工大学交通学院密切合作,在"流体力学""运动人体科学""体育教育训练学"专业开展体育工程相关方向的博士生和硕士生培养。国家体育总局重点实验室是指经国家体育总局命名,组织高水平体育科学研究与科技服务、聚集和培养体育科技人才、开展高层次学术合作与交流的体育科研机构。目前,国家体育总局已经依托多所高校建立了重点实验室(表 8-19),目的在于主动对接国家竞技体育发展战略和运动训练领域的发展需求,组织高水平竞技体育科学研究与科技服务,聚集和培养高层次体育科技人才,充分发挥多学科优势,为我国竞技体育事业提供高水平科技创新服务保障。尤其重要的是,还有华东师范大学的"青少年健康评价与运动干预"、北京体育大学的"运动与体质健康"、上海体育学院的"运动健身科技"等一批教育部重点实验室相继设立。

表 8-19　国家体育总局重点实验室(依托高校及体育科研机构)

依托单位	实验室名称	基本情况	时间
北京体育大学	运动训练重点实验室	对接国家竞技体育发展战略和运动训练领域的发展需求,组织高水平竞技体育科学研究与科技服务,聚集和培养体育科技人才,服务竞技体育事业发展,尤其是为奥运备战、参赛和青少年后备人才培养提供高水平科技创新服务保障	2004
北京体育大学	体能训练与身体机能恢复重点实验室	以体能训练与恢复为主体,以低氧训练为特色,为竞技能力的诊断和监测技术创新提供理论,为有关运动训练的科研攻和科技服务需求培养高水平的体育科技人才	2004
总局运动医学研究所	运动创伤和医务监督重点实验室	对影响我国优秀运动员成绩发挥和身体健康的运动损伤、运动性疾病进行集中攻关,提供医疗保障服务	2004
总局运动医学研究所	运动营养生化重点实验室	推进运动营养领域的技术创新,完善综合营养生化监控恢复系统,建立运动员食物保障系统,服务高水平运动队	2004

---

① 国家体育总局科教司. 体育总局关于发布《国家体育总局重点实验室管理办法》的通知(体规字〔2018〕1 号). 2018.

(续表)

依托单位	实验室名称	基本情况	时间
总局体育信息中心	体育信息中心重点实验室	提供数据资源和信息研究成果,为政府决策部门和国家队提供竞技体育信息服务	2004
总局体育科学研究所	运动训练综合监控重点实验室	开展运动生理生化、运动训练理论与实践研究,为我国优秀运动员更好备战2008年奥运会,提供先进的科研攻关和科技服务	2004
总局体育科学研究所	运动心理重点实验室	为运动员提供包括心理测量、心理诊断、心理训练、潜能开发和心理恢复等多功能的心理科技服务	2004
武汉体育学院	体育工程重点实验室	主要从事流体力学、信息技术、计算机应用技术、机械设计制造及其自动化、运动人体科学、体育教育训练学等多学科边缘交叉领域的科研和教学工作	2006
西安体育学院	运动技术分析与诊断实验室重点实验室	有效提高运动训练和全民健身的科学化水平,积极发挥体育科技保障作用	2007
上海体育学院	运动技战术诊断与分析重点实验室	以竞技体育对抗性项目技战术特征为主要研究内容的专业实验室	2008
吉林体育学院	冬季耐力项目重点实验室	面向国家冰雪、田径耐力项目及吉林省优势竞技项目开展科研攻关与科技服务	2008
哈尔滨体育学院	冰雪运动基础理论与训练方法重点实验室	主要承担科技冬奥、国自然、省自然等各级各类项目、全民健身科技服务、研究生论文及高水平运动队科技服务	2008
沈阳体育学院	冬季运动项目技术诊断与机能评定重点实验室	承担国家冬季运动队科技攻关与科技服务任务,为学科发展提供有效的实验研究平台	2008
广州体育学院	运动技战术诊断与机能评定重点实验室	搭建运动技战术与技能评定的产学研一体科研平台	2008
成都体育学院	运动医学重点实验室	重点发展运动与健康相关理论及其在全民健身和阳光体育工程中的应用,充分体现学院实验室"中西医结合、体医渗透"的科研特色	2008
苏州大学	机能评定与体能训练	主要从事运动员选拔,对运动员的生理状态、体能机能、运动潜能等进行测试,提供科技保障服务(与江苏省体育科研所联合申报)	2008
上海市体育科学研究所	竞技运动能力综合评定实验室重点实验室	重点实验室立足竞技体育训练实践,为上海市优秀运动员和国家队集训队伍备战重大比赛提供全面的科技服务,为上海竞技体育高质量发展提供科学支撑	2008
安徽省体育科学研究所	机能监控与评定重点实验室	集伤病测试评估、理疗、康复训练和体能训练为一体的康复中心,为国家队和省队提供机能监控和康复训练工作	2008

(续表)

依托单位	实验室名称	基本情况	时间
青海省体育科学研究所	高原训练研究重点实验室	高原训练研究重点实验室将通过高原训练科学研究、高原训练科技服务等,为我国运动员在高原训练期间提供高质量的科技保障和科学指导	2008
贵州省体育科学研究所	亚高原重点实验室	提出亚高原训练理论、多梯度训练的理论、环境训练学的理论和生态型基地构成理论,构建现代的、符合科学规律的运动训练保障体系	2008
云南省体育科学研究所	高原训练重点实验室	位于昆明海埂体育训练基地内,设有生化、生理实验室、身体机能监测、力量训练房以及康复理疗中心,实验室配备的一流设备可以为运动员提供更科学的保障和服务	2008
天津体育学院	竞技运动心理与生理调控重点实验室	以学科建设为基础,融合多学科交叉方法和技术,服务于竞技体育运动和大众的心理健康	2009
浙江体育职业技术学院	水上运动科学重点实验室	国家体育总局水上运动科学重点实验室依托浙江体育职业技术学院和浙江体育科学研究所建设,主要围绕游泳和皮划赛艇项目进行生物力学、生理生化、装备研发、运动损伤等应用性和基础性研究,具有全身超低温冷疗系统(WBC)等先进的康复理疗和运动训练设备仪器	2009
新疆维吾尔自治区体育科学研究所	重竞技项目训练监控重点实验室	以重竞技项目为重点,以运动员机能监控、生物力学分析和营养恢复为主的研究方向,形成了产学研一体化的科学研究体系,为我国重竞技项目国家队的科技保障工作做出贡献	2009
首都体育学院	运动能力评价与研究综合实验室	承担奥运公关项目,服务我国射击、赛艇、网球等重点和优势项目	2010
辽宁省体育局	人体技能评定与体能监控实验室	在国民体质监测、运动训练监控和运动员伤病预防治疗等方面开展了一系列的科学研究工作	2011
山东省体育科研中心	模拟训练与训练技术创新	以奥运会重点运动项目科研攻关和科技服务为主要任务,以模拟训练及训练技术创新研究为主攻方向,以影响和制约高水平运动员竞技能力水平提高的关键问题为主攻点	2011
江西省体育科学研究所	水上项目训练监控与干预重点实验室	为国家和江西省水上项目运动队提供科技支撑,为竞技体育和全民健身发展提供科研服务(江西师大体育学院与江西省体育科研所联合申报)	2011
广东省体育科学研究所	体能与训练控制系统重点实验室	研究方向覆盖了从奥运攻关到全面健身的各个领域,其突出特色是运动训练适应状态的分析,为竞走、举重、跳水等多个项目提供科技保障	2012
西南大学体育学院	体质评价与运动机能监控重点实验室	突出全民健身和竞技训练监控研究领域,构建"项目链实验室"合作模式	2015
福建师范大学体育科学学院	运动机能评定重点实验室	聚焦运动员心理疲劳监测与恢复;运动营养评定与膳食调整、运动机能状态与动作技术改进3个研究方向(与福建省体育科研所联合申报)	2015

值得关注的是,依托国家体育总局重点实验室,通过校际联合及地方体育科研机构协同创新,以学科建设带动体育科技创新,近年来产生了一批颇具影响力的体育科技成果。比如,"提高运动员体能的关键技术研究"(谢敏豪等)获得2010年国家科技进步奖二等奖,其综合应用运动生理生化和运动训练学等学科的理论和方法,研制出基于微流控芯片技术的快速、准确、微量检测血睾酮、皮质醇新方法及相应设备,项目成果在2008年北京奥运会备战过程中得到采用。项目由导师带领20多位硕博士参与实验研究,获得多项国家级专利,大大提升了研究生体育科技服务能力。由北京体育大学、国家体育总局游泳运动管理中心、浙江体育科学研究所、上海体育学院、国家体育总局体育科学研究所、国家体育总局运动医学研究所联合完成的"中国游泳运动训练的关键技术突破与创新"(陆一帆等)获得2014年国家科技进步奖二等奖。此外,2021年,清华大学摩擦学国家重点实验室荣获"中国冰雪科技联合攻关单位"称号等荣誉。2022年北京冬奥会,高校科研团队积极助力"科技冬奥"。比如,复旦大学的智能冰上运动训练分析系统及运动目标3D模型可视化、上海交通大学的滑雪机器人、浙江大学的国家速滑馆大跨度索网屋盖结构建造关键技术及模型试验、重庆大学的严寒山区复杂地形下大面积高容量临时设施安全运维监测系统、清华大学的智能加热装备、哈尔滨工业大学的冰壶机器人系统、东北大学的VR滑雪体验系统等等。

2. 服务高等体育教育的教学实践平台

课程是高校体育人才培养的核心要素和主要载体,课程质量直接决定人才培养质量。2019年10月,教育部发布《关于一流本科课程建设的实施意见》,开始启动国家一流本科课程建设工作。课程建设内容包括了"体现多学科思维融合、产业技术与学科理论融合、跨专业能力融合、多学科项目实践融合,建设一批培养创新型、复合型人才的一流本科课程"。体育学类线上一流课程共计9门获得立项,虚拟仿真实验教学共计10门获得立项,线下一流课程共计17门获得立项,线上线下混合式一流课程共计5门获得立项,社会实践一流课程共计3门获得立项(表8-20～表8-24)。

表8-25～表8-29列出了第二批入选国家一流本科课程的项目。

不过,与其他学科相比,体育学类国家一流课程认定数量明显较少,这在一定程度上反映了体育学学科的国家一流课程建设能力亟待提升,体育学学科还应进一步挖掘体育课程精品资源,加强自身资源共享能力与服务社会能力。

表8-20 首批线上一流课程(体育学)

课程名称	课程负责人	课程团队其他主要成员	主要建设单位
体育舞蹈	姜桂萍		北京师范大学
身体运动功能训练	尹军	周志雄、周龙峰、庹铮、王隽	首都体育学院

(续表)

课程名称	课程负责人	课程团队其他主要成员	主要建设单位
走近冬奥会	孙葆丽、孙葆洁	李佳宝	北京体育大学、清华大学
运动心理学	张力为	毛志雄、迟立忠、郭璐、王英春	北京体育大学
运动疗法	王雪强	陈佩杰、王琳、韩甲、朱东	上海体育学院
浪尖上的海洋体育——海岛野外生存	傅纪良	黄永良、王裕桂、茅勇、魏汝领	浙江海洋大学
运动训练学	袁建国	吕品、毛继光、董永利、覃宇德	温州大学
运动训练学	陈亮	姜哲、李荣	福建师范大学
疲劳与断裂	杨新华	王元勋、罗俊、魏俊红	华中科技大学
运动生理学	汤长发	刘霞、郑澜、陈嘉勤、刘铭	湖南师范大学
医学统计学(高级篇)	郝元涛	方积乾、张晋昕、顾菁、凌莉	中山大学
教学研究的数据处理与工具应用	马秀芳	柯清超、李凤霞、蔡午、余梦珊	华南师范大学
教育研究方法	陈时见	周琴、李俐、李姗泽、王正青	西南大学

表8-21 首批虚拟仿真实验教学一流课程(体育学)

课程名称	课程负责人	课程团队其他主要成员	主要建设单位
冰雪运动防护虚拟仿真实验	钱菁华	黄鹏、张恩铭、刘冬森、阮槟	北京体育大学
青少年运动机能评定虚拟仿真实验	季浏	陈彩珍、李康、刘微娜、卢健	华东师范大学
马拉松比赛科学补液虚拟仿真实验	王茹	史仍飞、肖卫华、左群、张蕴琨	上海体育学院
运动改善情绪及其脑可塑性变化虚拟仿真实验	陈爱国	王碧野、郭玮、陈祥和、许克云	扬州大学
足运动康复工程虚拟仿真实验项目	范毅方	方千华、许文鑫、陈海春、韩淑艳	福建师范大学
赛艇运动员专项机能测评虚拟仿真实验项目	黄文英	龚志刚、郭鹏程、孔祥麟、陈栋	江西师范大学
运动竞赛焦虑测评、作用及其干预的虚拟仿真实验	漆昌柱	徐霞、熊明生、祝大鹏、洪晓彬	武汉体育学院
健身运动处方综合设计性虚拟仿真实验	郑澜	汤长发、谭军、郭吟、郭文	湖南师范大学
运动性猝死的风险筛查与现场急救虚拟仿真实验	杨忠伟	段锐、梁健、李焕春、石海旺	华南师范大学
下肢肌力量训练设计与运动生物学监控虚拟仿真实验教学项目	田振军	张婧、孙宇亮、蔡晋昕、樊岫珊	陕西师范大学

表 8-22 首批线下一流课程(体育学)

课程名称	课程负责人	课程团队其他主要成员	主要建设单位
社区体育	汪流	王凯珍、李捷	首都体育学院
体育、运动、竞技与大学生身心健康发展	迟小鹏	于悦、李全生	北京外国语大学
科研方法概论	张凯	姚蕾、高鹏、王雪双、周婵	北京体育大学
运动解剖学	刘晔	罗冬梅、徐刚、李俊平、赵星	北京体育大学
体育专项训练课(田径)	田鑫	刘涛、王咏梅、彭萌、张莹莹	天津师范大学
体育运动心理学	孙延林	姚家新、金亚虹、张连成、王钰	天津体育学院
篮球	崔鲁祥	李成梁、刘排、李杰凯、荣霁	沈阳体育学院
体育管理学	张瑞林	邵桂华、闫静、姚军、满江虹	吉林体育学院
学校体育学	董翠香		华东师范大学
健康体适能评定理论与方法	庄洁	陆大江、全明辉、张春华	上海体育学院
武术	郭玉成	丁丽萍、李守培、席饼嗣	上海体育学院
运动控制系统	沈艳霞	纪志成、潘庭龙、樊启高、朱一昕	江南大学
课堂教学技能Ⅰ	党林秀	施小菊	福建师范大学
田径	董德龙	于军、黄健、贺新武	鲁东大学
体育解说评论	张德胜	王子也、李菁、郝斌、胡佳	武汉体育学院
民族民间体育	白晋湘	万义、陆盛华、彭友、朱晓红	吉首大学
运动生物化学	翁锡全	林文弢、李裕和、徐国琴、孟艳	广州体育学院
运动、科技与智慧人生	宋爱玲	朱志武、张血琴、杜润、蒋玉石	西南交通大学
运动解剖学	袁琼嘉	李雪、王璐、李梦、金毓	成都体育学院
少数民族传统体育	聂真新	刘坚、陈敏、张爱华、熊亚兵	云南师范大学

表 8-23 首批线上线下混合式一流课程(体育学)

课程名称	课程负责人	课程团队其他主要成员	主要建设单位
足球运动与科学	孙葆洁	葛惟昆、徐旸	清华大学
篮球1	李笋南	JOVIC ZORAN、胡惕、宋陆陆、赵雪同	北京师范大学
形势与政策	陈世阳	秦彪生、兰薇、邱珍、郎明朗	北京体育大学
排球专项理论与实践	王彤	闫艾萍、张迎春、傅斌、孟春雷	山西师范大学
健美操	肖宁宁	王韶峰、董大伟、鲁承琨、隋东旭	哈尔滨师范大学
运动解剖学	陶缨	洪长清、陶江、石金毅、李娜	湖北大学
运动解剖学	杨赳赳	肖俊、邹秋英、张劲松、宋卫红	湖南人文科技学院
体育新闻摄影	严峰	李刚、李丹丹	西安体育学院

表 8-24　首批社会实践一流课程（体育学）

课程名称	课程负责人	课程团队其他主要成员	主要建设单位
革命传统教育	李红霞	邱锦、吴国斌、刘玲、杜雅	北京体育大学
国乓荣耀	李崟	张晓龙、马焕、于永超、郭炜	上海体育学院
红色体育赛事的开发与实践	陈晓峰	陈伟、李海、熊百华、张扬	上海体育学院

表 8-25　第二批线上一流课程（体育学）

课程名称	课程负责人	课程团队其他主要成员	主要建设单位
运动健身原理与方法	赫忠慧	袁睿超、车磊、花琳、邢衍安	北京大学
刘伟教你打乒乓	刘伟		北京大学
运动与减脂塑形	陈一冰		北京师范大学
田径	李厚林	吕青、周凯岚、周建梅、李昕	首都体育学院
运动生物力学	李翰君	周兴龙、邓辰	北京体育大学
运动员机能评定与训练监控	于亮	周越、赵杰修、李俊平、张禹	北京体育大学
24 式太极拳	宗维洁	白震民、李艳君、王美玲、牛磊	北京体育大学
冬奥英语	田慧	亓顺红、何依蔓、欧欣蓉、陈泽韬	北京体育大学
体育锻炼的真相——大学生体育	赵培禹	董宇、焉石、庞雪林、冯狄	哈尔滨工程大学
学校体育学	唐炎	张加林、王丽娟、刘峥、罗平	上海体育学院
24 式太极拳习练及实战技法	於世海	刘军、杨新、卢伯春、杨宋华	南通大学
体育心理学	陈爱国	郭玮、王碧野	扬州大学
运动安全与健康	吴叶海	傅旭波、余保玲、潘雯雯	浙江大学
学校体育学	于可红	林楠、潘绍伟	浙江大学
瑜伽与健康	欧阳琴	陆亨伯、童莹娟、赵国华、程馨	宁波大学
运动生物力学	顾耀东	李建设、孙冬、张妍、于佳彬	宁波大学
篮球	徐建华	郭惠杰、张水顺、张盼、王戈	福建师范大学
体操（健美操、啦啦操）	方熙嫦	许文鑫、朱昌义、郑祥荣、陈显松	福建师范大学
武术健身——攻防二十四手	黄晓鹏	贾利、张军军、陈寿云、孔庆梅	福建警察学院
体育与社会	张德胜	李菁、郝斌、王子也、辛梦霞	武汉体育学院
运动损伤预防与康复	王于领	梁崎、邬培慧、林阳阳、方健辉	中山大学
奥运裁判教你学规则（排球、篮球）	刘江	苏华成、冯斌、黄德健、侯磊	西南交通大学
乒乓球	李林	岳海鹏、杨成波、王琥、周弈	成都体育学院
篮球	李明达	田虹、罗勇、万宏、刘永峰	成都体育学院

表 8-26　第二批虚拟仿真实验教学一流课程（体育学）

课程名称	课程负责人	课程团队其他主要成员	主要建设单位
乒乓球裁判虚拟仿真实验（双语）	张瑛秋	屈子圆、肖劲翔、郭南、赵雯婷	北京体育大学
KDAI 流程舞蹈典型技术技巧动作科学训练仿真实验	李小芬	吕行、王超、姜丽娜、彭措索南	北京体育大学

表 8-27　第二批线上线下混合式一流课程(体育学)

课程名称	课程负责人	课程团队其他主要成员	主要建设单位
学校体育学	王慧琳		天津体育学院
体育心理学	全海英	刘丽娜、吕中凡、汪敏、于英	辽宁师范大学
运动解剖学	张海平	程志清、魏国、陈新、赵平	沈阳体育学院
啦啦操	范美艳	赵红、莫丹、徐文峰、王世涛	吉林体育学院
体育—羽毛球	陈金	张成刚、刘松	哈尔滨工业大学
体育保健学	焦臣道		哈尔滨师范大学
运动营养学	王茹	肖卫华、左群、史仍飞、娄淑杰	上海体育学院
健美操	高红艳	查春华、徐真英	浙江师范大学
运动训练学	卢竞荣	徐元洪	杭州师范大学
运动生物力学	范毅方		福建师范大学
运动生理学	曾志刚	刘绍生、朱洪竹、丁孝民、王卉	井冈山大学
传统体育养生学	尹海立	王艳红、刘晓黎、颜芬、李蕾	鲁东大学
体育教学论	张志勇	孟晓平、李海霞、孟然	山东体育学院
体育概论	徐伟	赵建强、万茹、张岩、苏文杰	河南大学
有氧健康舞蹈	刘冬笑	陈丹、丁文	华南理工大学
运动生理学	朱琳	于洋、黄治官、郭艳艳、刘晓光	广州体育学院
排球	舒为平	王世伟、李方姝、石翔宇、李军	成都体育学院
体操运动	潘小非	余乔艳、冯德森、柯为国、刘智丽	成都体育学院
运动训练学	盛建国	赵同庆、姜彦春、袁兴亮、香成福	河西学院
篮球运动	咸云龙	彭飞翔、虎晓东、马绮龙、马志军	宁夏大学

表 8-28　第二批线下一流课程(体育学)

课程名称	课程负责人	课程团队其他主要成员	主要建设单位
专项训练理论与实践（武术套路）	杨静	丁传伟、李艳荣、赵庆建、史龙龙	首都体育学院
体育市场营销	骆秉全	王子朴、王庆伟、邢晓燕、高天	首都体育学院
学校体育学	刘海元	李海燕、程硕、展恩燕、李永辉	首都体育学院
体质测量与评价(双语)	任弘	李然、代晓彤	北京体育大学
运动训练学	米靖	张莉清、李健、徐刚、亓丰学	北京体育大学
学校体育学	王华倬	刘昕、姚蕾、高鹏、郝东方	北京体育大学
武术套路专项技法实践	马敏卿	冯巨涛、姜华北、董慧娟、闫士芳	河北体育学院
篮球	李芃松	宋鸽、陈哲夫、王磊、赵志男	大连理工大学
体育社会学	曹继红	冯欣欣、王桂红、李佳宝、陈祥岩	沈阳体育学院
排球	付哲敏	林森、张麟寰、杜宁、孙旭	沈阳体育学院
野外生存	邹本旭		沈阳体育学院
体育统计学	满江虹	马国东、段樱桃、李在军、吴伊静	吉林体育学院
运动生理学	刘微娜		华东师范大学
体育统计学	汪晓赞	金燕	华东师范大学
体育科研方法（含体育创新创业）	陶玉流	陆阿明、樊炳有、王家宏	苏州大学

(续表)

课程名称	课程负责人	课程团队其他主要成员	主要建设单位
运动训练学	杨国庆	赵琦、周晓军、胡海旭、彭国强	南京体育学院
石锁运动	于翠兰	徐诚堂、邬代玉	南京体育学院
体育社会学	戴俊	刘留、王明旭、陈同童	盐城师范学院
运动生物化学	隋波	董贵俊、李爱云、李珊珊、陈岩	山东体育学院
学校体育学	王健	鲁长芬、郭敏、董国永、舒宗礼	华中师范大学
体育概论	代方梅		湖北大学
体操	吕万刚	王云涛、郑湘平、陈永青、胡磊	武汉体育学院
田径(普修)	雷艳云	刘亚云、陈小虎、阳文胜、陆海英	湖南工业大学
运动生理学	段锐	王松涛、郝选明、朱玲、李焕春	华南师范大学
学校体育学	张细谦	周桂琴、仲亚伟、孙晨晨	广东第二师范学院
健美操	区峻	石千惠、谢翔、金光辉、李丽	广西师范大学
体育市场调研与营销策划	刘英	陈青、郭新艳、张永韬、柳伟	成都体育学院
少数民族传统体育	陈强	刘柳、黄咏、刘韬、龚小泉	贵州民族大学
运动生理学	宋淑华	王斌、王晓琴、何勇	云南师范大学
运动解剖学	田振军	蔡梦昕、席悦、王友华	陕西师范大学
乒乓球	张红玲	王德志、郑兵、赵霞	延安大学

表8-29 第二批社会实践一流课程(体育学)

序号	课程名称	课程负责人	课程团队其他主要成员	主要建设单位
13	体育赛事传播	李岭涛	薛文婷、徐明明、吴垠、郑珊珊	北京体育大学
87	社区健康师创新与实践	高炳宏	王丹、曹银行、王小春、熊亚亚	上海体育学院
282	专业实践与社会调查(体育)	史兵	杨小帆、王超、万炳军、刘芳	陕西师范大学

第五节 体育科技服务

一、全民健身科技服务

全民健身是全体人民增强体魄、健康生活的基础保障。随着人们生活水平不断提高,对健康认知的关注与日俱增,尤其是新冠疫情以来,健身运动逐渐成为一种新的生活方式。当前,人工智能、大数据等前沿科技与体育各领域的融合不断加速,全民健身领域的科技含量越来越高。特别是PC端、移动端和第三方服务平台兴起的运动类APP、健身直播等催生的"互联网+健身"和"物联网+健身"模式,越来越被健身爱好者所关注和接受。通过科技赋能全民健身,不断提升全民健身公共服务智能化、信息化和数字化水平,满足不同人群的健身需求,正在逐步成为落实全民健身国家战略的重要抓手。

(一) 全民健身发展概况

中国首部《体育法》于1995年获得通过,同年国务院颁布了《全民健身计划纲要》;此后相继出台了一系列体育法规和规章;旨在把增强人民体质、提高健康水平作为根本目标,促进群众体育与竞技体育全面发展,不断满足人民群众日益增长的体育需求。进入新世纪,群众体育活动蓬勃发展,开始出现需求多元化,组织社会化、等新的时代特征。一系列政策文件的出台,为全民健身的发展提供了制度保障与方向指引。

2002年,《中共中央国务院关于进一步加强和改进新时期体育工作的意见》提出"把中国特色全民健身体系建设成为一个面向全体国民、重点突出、能够适应不同区域、不同人群的不同需求的多元化的体育服务体系"。由此,系统化的"全民健身体系"和"全民健身服务体系"发展理念初现端倪。2009年8月19日国务院第77次常务会议审议通过《全民健身条例》。这是一项凝聚政府管理部门、广大体育工作者、科技工作者和人民群众的集体智慧与创造精神的文件。发展全民健身运动,提升国民身体素质上升为一项基本国策。2012年7月11日国务院印发了《国家基本公共服务体系"十二五"规划》。2012年科技部会同财政部出台了新的科技惠民计划。这一科技惠民计划中也把指导地方开展科学健身作为一个重要的方向和内容。科技部根据《落实〈全民健身计划(2011—2015年)〉部委职责分工》要求,围绕加强发展民生科技、增强国民健康素质、构建全民健身公共服务体系的目标[①]。2014年10月20日,国务院发布了《关于加快发展体育产业促进体育消费的若干意见》,其中明确提出了"营造重视体育、支持体育、参与体育的社会氛围,将全民健身上升为国家战略"。高科技与群体活动的不断融合,逐步改变了传统的大众体育锻炼形态,转变了体育消费观念,引领了体育生活新方式。

2016年体育发展"十三五"规划中指出"全民健身国家战略深入推进,……,《全民健身计划(2016—2020年)》有效实施,全民健身公共服务体系日趋完善";反映了政府行政机构推动"新公共服务"运动以及打造服务型政府的决心。2016年6月15日,国务院下发了《国务院关于印发全民健身计划(2016—2020年)的通知》(国发〔2016〕37号),要求各地认真贯彻执行《全民健身计划(2016—2020年)》。该计划的提出了"强化全民健身科技创新"保障措施。指出,制定并实施运动促进健康科技行动计划,推广"运动是良医"等理念,提高全民健身方法和手段的科技

---

① 李雪颖. 科技支撑全民健身发展. 中国体育报,2014-2-7.

含量。

2019年8月《体育强国建设纲要》将"大力推动全民健身与全民健康深度融合"作为纲要的指导思想内容,"落实全民健身国家战略,助力健康中国建设。"作为全面建成社会主义现代化体育强国的战略任务。

2019年12月,第十三届全国人民代表大会常务委员会第十五次会议审议通过《中华人民共和国基本医疗卫生与健康促进法》中总则第六条将人民健康放在优先发展的战略地位,将健康理念融入各项政策,推进全民健身。

2020年10月,国务院办公厅下发了《关于加强全民健身场地设施建设 发展群众体育的意见》,国家体育总局下发了《关于加强全民健身公共服务体系建设的指导意见》等,这些政策文件更好地发挥健身器材在构建更高水平的全民健身公共服务体系中的作用,对全民健身高质量发展发挥着重要的价值导向作用。

2021年7月18日国务院关于印发《全民健身计划(2021—2025年)》的通知,坚持以人民为中心,坚持新发展理念,深入实施健康中国战略和全民健身国家战略,加快体育强国建设,构建更高水平的全民健身公共服务体系,充分发挥全民健身在提高人民健康水平、促进人的全面发展、推动经济社会发展、展示国家文化软实力等方面的综合价值与多元功能。

2021年10月25日,国家体育总局颁布了《"十四五"体育发展规划》中指出,"落实全民健身国家战略,推进健康中国建设,构建更高水平的全民健身公共服务体系";与此同时,《规划》还强调,要创新全民健身公共服务模式,推进"互联网+健身""物联网+健身",创建数字化全民健身服务平台;打造全民健身服务"一张网"。2022年3月23日,中共中央办公厅、国务院办公厅印发了《关于构建更高水平的全民健身公共服务体系的意见》中指出,构建更高水平的全民健身公共服务体系,是加快体育强国建设的重要基石,是顺应人民对高品质生活期待的内在要求,是推动全体人民共同富裕取得更为明显的实质性进展的重要内容;要求各地区各部门结合实际认真贯彻落实。由此可见,构建更高水平的全民健身公共服务体系,既是党和国家立足于人的全面发展和社会进步,针对"体育强国"战略做出的重大决策部署;又是新发展阶段人民高品质生活的保障和社会公共服务现代化的重要体现。

国家通过出台一系列政策与文件,从战略层面和顶层设计推进全民健身公共体育服务的制度安排和法律规范(表8-30)。国务院在《全民健身计划纲要》中已明确将"基本建成全民健身体系"确定为全民健身事业的奋斗目标。从《全民健身计划》颁布实施到《全民健身条例》施行,充分体现了全民健身工程从以往的"倡导式"号召转变为国家战略层面对全民健身工作进行专门规范;文件表述也从"全民健身公共体育服务体系"到"公共体育服务体系""基本公共体育服务均等化"的转化。全民健身服务体系主要由五大子系统组成,包括:"为群众健身提供基本物质条件的体育健身场地设施系统;为群众健身提供组织支持的体育健身组织系统;为群众健身提供丰富多彩内容的体育健身活动系统;为群众健身提供技术指导服务的体育健身指导系统;为群众健身提供信息服务的体育健身信息系统"。场地、组织、活动、指导、信息是与体育健身活动密切相关的五大因素,这五大系统紧密联系、互为支撑,高新技术贯穿于服务体系,使得各要素能够充分发挥作用。尤其是在《关于构建更高水平的全民健身公共服务体系的意见》中强调,要不断完善支持社会力量发展全民健身的体制机制、推动全民健身公共服务城乡区域均衡发展、打造绿色便捷的全民健身新载体、构建多层次多样化的赛事活动体系、夯实广泛参与全民健身运动的群众基础、提高全民健身标准化科学化水平和营造人人参与体育锻炼的社会氛围;为了进一步强化各地区各部门结合实际认真贯彻落实,还提出了具体的保障措施。

表8-30 新世纪以来关于"全民健身体系"和"全民健身服务体系"的相关文件表述

文件名称	主要表述内容	颁布时间
《关于构建更高水平的全民健身公共服务体系的意见》	构建更高水平的全民健身公共服务体系,是加快体育强国建设的重要基石,是顺应人民对高品质生活期待的内在要求,是推动全体人民共同富裕取得更为明显的实质性进展的重要内容	2022年3月23日
《体育"十四五"规划》	落实全民健身国家战略,推进健康中国建设,构建更高水平的全民健身公共服务体系	2021年10月25日
《2001—2010年体育改革与发展纲要》	构建起面向大众的多元的体育服务系统	2000年12月15日
全国体育局长会议	努力构建面向大众的体育服务体系	2001年2月5日
《〈全民健身计划纲要〉二期工程(2001—2010年规划)》	基本建成具有中国特色的全民健身体系和面向大众的体育服务体系	2001年8月14日
《中共中央国务院关于进一步加强和改进新时期体育工作的意见》	构建多元化体育服务体系	2002年7月22日
《全面建设小康社会开创中国特色社会主义事业新局面》	形成比较完善的全民健身体系	2002年11月8日
《〈全民健身计划纲要〉二期工程第一阶段(2001—2005年)实施计划》	初步建成面向群众性的多元化的体育服务体系	2002年11月11日
《中共中央关于完善社会主义市场经济体制若干问题的决定》	构建群众体育服务体系	2003年10月14日
《〈全民健身计划纲要〉第二期工程第二阶段(2006—2010年)实施计划》	初步形成了覆盖城乡、形式多样、亲民利民便民的全民健身场地设施服务体系	2006年6月1日
《全民健身计划纲要(2011—2020年)》初稿	建设全民健身公共体育服务体系	2009年6月23日
《体育事业"十二五"规划》	建立符合国情、比较完整、覆盖城乡、可持续的公共体育服务体系	2011年4月1日

(续表)

文件名称	主要表述内容	颁布时间
《全民健身计划（2011—2015年）》	城乡居民体育健身意识进一步增强，参加体育锻炼的人数显著增加，身体素质明显提高，形成覆盖城乡比较健全的全民健身公共服务体系	2011年2月15日
《体育发展"十三五"规划》	全民健身国家战略深入推进，群众体育发展达到新水平，全民健身公共服务体系日趋完善	2016年5月5日
《全民健身计划（2016—2020年）》	强化全民健身发展重点，着力推动基本公共体育服务均等化和重点人群、项目发展；提高全民族的身体素质和健康水平	2016年6月23日
《体育强国建设纲要》	大力推动全民健身与全民健康深度融合，更好发挥举国体制与市场机制相结合的重要作用，不断满足人民对美好生活的需要，努力将体育建设成为中华民族伟大复兴的标志性事业	2019年8月10日
《关于加强全民健身场地设施建设发展群众体育的意见》	加强全民健身场地设施建设，发展群众体育，是各级人民政府的重要公共服务职能，是贯彻全民健身国家战略的必然要求	2020年9月30日
《全民健身计划（2021—2025年）》	深入实施全民健身国家战略，构建更高水平的全民健身公共服务体系，充分发挥全民健身在提高人民健康水平、促进人的全面发展、推动经济社会发展、展示国家文化软实力等方面的综合价值与多元功能	2021年7月18日

（二）科技服务全民健身

习近平提出没有全民健康，就没有全面小康。科技化无疑是实现全民健身过程中不可忽视的关键环节，体育科技战线也将以全面推进"健康中国"建设为新的历史起点，为体育科技工作注入创新活力。

1. 全民健身科技化

当前，全民健身大潮中的科技元素日益凸显。科技创新充分融合了产品、服务、技术的设计与创新。利用大数据技术分析经常参加体育锻炼人数、体育健身项目的偏好、体育场馆设施利用率、运动健身效果综合评价，有效提升了全民健身公共服务能力与科技水平。近年来，在互联网和移动通信设备的结合和发展下，各类运动APP应用不断涌现。跑步相关APP主要有咕咚运动、动动、益动GPS、乐动力、去动、赛乐跑。到2014年，市场上常见的跑步APP已经超过20种。2014年移动互联网数据报告中显示，在iOS与Android两个平台上移动健康管理用户规模达1.2亿,2014年12月份较之于1月份用户规模增长了113.4%。2015年,类似的咕咚、乐动力等跑步APP的用户已经达到上千万,并呈现出较快的增长速度。运动类APP门类齐全,除了跑步APP,还有健身健美APP、骑行APP、羽毛球、网球等各种球类的APP等。这些APP都以数据和轨迹记录为基础功能,并且借助"互联网+体育"和社交功能的模式,使得体育健身更加具有趣味性、互动性。一方面通过高新技术进行运动监测,科学指导,形成即时运动反馈。另一方面,融入社交属性,强化社交关系网络,吸引了众多体育爱好者,促进了人们参与运动健身的积极性、主动性。

  随着全民健身事业的科技化发展,GIS(地理信息系统)作为新兴技术,在推动全民健身高质量发展中发挥着重要作用,成为实现技术创新应用的关键支撑。GIS技术可以对全民健身资源设施进行具体的空间布局分析与规划,一是综合分析区位、人口、交通等因素来实现体育场馆、体育公园、健身路径等全民健身设施的空间动态处理能力;二是针对所在区域的交通便捷程度、土地使用情况、人口辐射数量、场地设施承载力等数据进行分析,确保全民健身资源储备发挥作用最大化;三是GIS科技化的应用,可以使人们通过手机、电脑以及互联网查询附近体育场地设施使用情况,来实现自身健身需求,为全民健身的有效开展提供科技化依据。基于GIS对数据的实时处理与更新,能从经济学角度分析经济生产效益,从社会学角度分析人口与场地设施的社会运行机制,从管理学分析全民健身治理效能的提升,从心理学角度分析群众参与全民健身的意识与参与锻炼的意向。GIS与全民健身的高质量发展密不可分,全民健身科技化的革新使得各群体对数据的调阅与监测更加便捷,更好地提高全民健身工作系统化和科学化程度[1]。

2. 科技成果应用化

  行政部门、体育科研机构、高等院校、体育行业"产学研政"一体化的协同创新,有力推动了科技成果在群众性体育运动中的广泛应用。2000~2013年国科网统计数据显示,我国群众体育科技成果共771项,其中应用技术类成果212项,稳定应用的成果56项。从图8-12可知,我国群众体育科技成果呈波浪式前进态势,分别在2003年、2007年、2013年出现三次波峰,特别是在2009年后,群众体育科技成果发展迅猛,较以往成倍增长。随着社会经济的发展,大众体育消费水平不断升级,各部门纷纷以科技创新为引擎,释放体育科技的社会效益与经济效应,加大体育科技成果的转化,推动了公共体育服务供给侧结构性改革。国家体育用品工程技术研究中心和山东省体育科研中心联合实施的全民健身设施及健身指导项目,通过技术创新,利用人体运动感应技术,突破"人体三维运动捕捉"技术难题。"科学健身专家指导系统和服务平台的关键技术研究"和"运动促进体质健康关键技

---

[1] 王爽,张磊,等.GIS在全民健身中的应用特征研究.自然资源遥感,2021,33(4):265-271.

的研究与应用"则旨在推动科学健身和居民身体健康。该重点项目课题汇聚了国家体育总局体育科学研究所和北京体育大学、上海体育学院、清华大学等多家体育科研及高等院校技术专家,各方力量形成优势互补,合力探索与突破全民健身发展中的技术难题。中国体育科学学会开展了以"全民健身科学大讲堂"和"国民体质检测及咨询"为主要内容的"全民健身科技志愿服务神州行活动"。2013年,为提升活动水平,学会举办了"全国科学健身指导志愿者培训班",遴选各省市科学健身指导志愿者,传授科学健身的新理论与新方法。这批全民健身科技志愿服务的骨干经过培训之后,对于各地科学健身指导活动的开展和基层志愿者的培养大有裨益,也为提升"全民健身科技志愿服务神州行"的广泛性、专业性、持续性奠定了基础[①]。

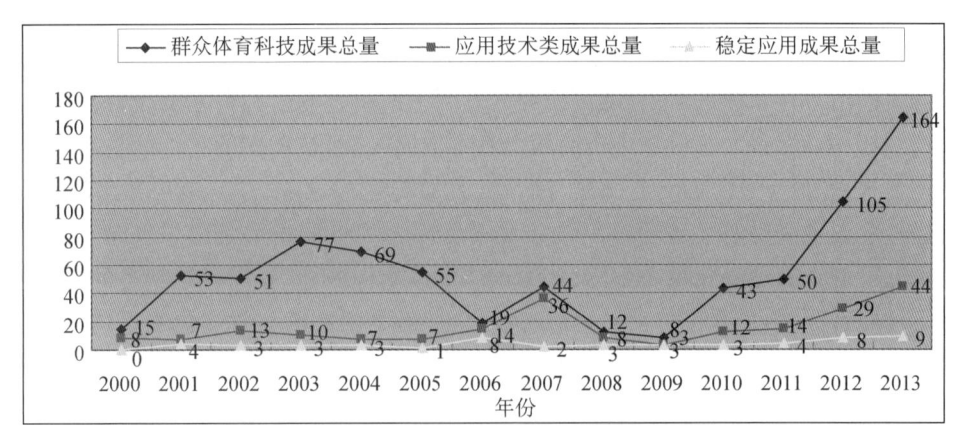

图 8-12 群众体育科技成果、应用技术成果以及稳定应用成果数量时间分布

总之,政府与高校、企业、科研机构协同合作,综合制度体制、资金设备、人才与技术优势,服务地方,面向市场,科研成果逐步转化成了全面服务全民健身事业的生产力。

为推动全民健身可持续发展,健身路径正逐渐进入科技化时代。科学技术助力传统健身路径的创新发展,满足全民健身需求,加速"健康中国"的实现。例如国家实施智慧健身路径的科学创新技术,在不同场地设施上采用大数据和智能化设备,有效利用空间、地面、器械、音响、视觉效果等,来体现科学健身、体质监测、"专家"云指导、科普健身知识等功能,按下了全民健身科技化成果应用的有效键;专业的智能穿戴设备具有 GPS 定位、户外导航、心率监测、运动追踪等功能,能帮助使用者清楚掌握自身运动状态,及时发现并改善问题,使健身更加科学有效;据数据统计,未来十年,我国要建设超过一万个科技化体育公园,利用科技辅助健身,科学实现全民健身,享有科技成果应用化带来的新热潮。例如:由阿里体育发起的互联

---

① 卢苇.全民健身科技志愿服务神州行.中国体育报,2014-5-15.

网体育,通过"AI运动"的技术新解法进一步丰富活动内容和形式,同时确保锻炼达到可计数、可纠正的效果。目前,乐动力收录了15个AI运动动作,如开合跳、跳绳等全身动作,上下肢训练运动、平板支撑、卷腹等核心动作。"AI运动"还搭配阿里体育在全国率先推出运动积分体系"运动银行",运动爱好者通过乐动力APP、淘宝、支付宝、钉钉客户端上的"运动账户",记录并累积自己的运动数据(包括AI运动次数、走路积步数和到线下场馆运动次数),日常运动消耗的卡路里越多,自己账户中的"卡币"也越多;用实物奖励形式激励更多人养成运动习惯。疫情期间,"AI运动"不仅给居家锻炼的运动爱好者带来了便利,也为全民健身的数字化创新带来全新的启发,大大促进了全民健身运动普及与推广。

3. 奥运科技普惠化

北京奥运会之后,将奥运科技成果产业化并惠及民众已经成为有关部门的重点工作目标之一。科技部大力推广应用科技奥运成果,使其普惠全国、惠及民生。徐冠华指出,"在发展部署上,从以研究开发为主向科技创新与科学普及并重转变。科技创新与科学普及是科技进步的两个基本方面,是科技工作的一体两翼,不可或缺"[1]。科技奥运理念惠及全民健身运动,人文奥运理念关注全民健身运动,绿色奥运理念促进全民健身运动。2008年北京奥运会的科技成果及思想理念,对转变广大人民群众的健身观念,提升大众参与体育运动积极性,提高科学健身的知识水平,引导人们从事群众体育活动,以及提升全民健身活动的科学文化水平均有深远的战略性影响[2]。近年来,全民健身活动百花齐放,科学水平节节提升。到2007年底,全国具有技术等级称号的公益社会体育指导员近45万人,使市民们有了自己的"免费教练"。同时,国家体育总局、教育部等十部委联合开展了国民体质监测工作,为指导人们科学健身发挥了积极作用[3]。

奥运会不仅仅是体育的盛会,也是科技的盛会。在党中央关于科技创新工作的方针政策和决策部署引领下,面临2020年东京奥运会、2022年北京冬奥会,国家体育总局党组高度重视体育科技工作,强调要努力打造国家体育科技殿堂,体育科技工作迎来了前所未有的发展机遇。国家全面开展"科技+体育"战略合作,体育科技工作得到高等院校、科研院所、高新技术企业的普遍关注与广泛参与。阿里巴巴防中暑云端解决方案、任意角度看球赛、机器人服务队、5G技术、人脸识别技术、3D运动员追踪技术、3D全息投影转播技术、D材料、深度学习、单细胞组学等在东京奥运会中得到了广泛的应用。这些高科技绝大多数围绕数据发生作用,在一个高度数字化的世界里,体育正在分享数据红利,构建真正的体育科技体系。以风洞、人工智能为代表的高新技术在体育领域得到实质性的应用,国际间的体育科技实现合作相融,大大促进我国体育科研成果转化。体育科技工作始终坚持以人

---

[1] 徐冠华.新时期我国科技发展战略与对策.中国软科学,2005(10):1-7.
[2] 董杰.北京奥运会三大理念作用于全民健身运动意义探析.体育与科学,2007,28(5):40-43.
[3] 甄澄,王斯敏.全民健身与奥运同行——晨练:中国特色群众体育活动.光明日报,2008-7-25.

民为中心的思想,在推动全民健身,实现健康中国战略中发挥着积极作用。

"科技奥运"惠及全民健身。以科技思想来有效满足奥运需求,实现科学技术有效利用,为高水平奥运会的成功举办提供先进的科技化保障。通过将科技化手段运用至奥林匹克运动之中,能更好地助力科学体育知识传播,提高群众体育素养,提升科技与体育创新融合能力,促进全民健身的发展,并普及科技化理念。从奥运科技普惠化的层面分析,大众体育离不开竞技体育的发展,同时竞技体育又是大众体育宣传的"助推器",两者相辅相成。

在"科技奥运"理念的促使下,广大人民群众的健身观念以及对体育运动的参与意识正在潜移默化地发生转变。这对人们提高科学健身水平,树立终身体育意识,提升全民健身活动的科学文化水平,均有深远的战略性影响。依托奥运中基础科技成果的应用,还能够更好地开展中国国民体质监测、全民健身活动状况调研、运动健身科学指导、青少年科学健身普及活动等公益服务,为政府健康工作提供决策依据,将科学健身带到群众身边。

二、竞技体育科技服务

随着竞技体育的不断发展和竞争程度的愈演愈烈,运动员的成绩提高越来越离不开科技的助力。运动训练场所的设计、现代化的运动数据采集分析系统、现代化的训练辅助系统等科技手段正在为运动员"更快、更高、更强"的目标贡献力量。同时借助于现代科技手段来提升竞赛的判罚准确度和组织水平已成为共识。现代科技有力地保障了训练、比赛和管理在有序、规范、安全的环境下运行。我国竞技体育运动的训练与竞赛组织中,生物技术、计算机与信息技术、人工智能、空气动力学等现代科学技术不断得以开发和应用,极大提升了竞技运动水平和竞赛的组织管理水平。

(一) 现代生物技术与竞技体育服务

现代生物技术在竞技体育中的应用,可以科学把握人体运动规律与生理生化指标,有利于科学选材和运动训练过程机能监控,可在保障机体健康的前提下充分挖掘运动员潜力,不断提升运动员的竞技能力。

1. 现代生物技术在训练计划制定的应用

运动训练效果存在着个体差异,大多与基因多态性有关。基因多态性技术有助于了解个体对训练负荷的适应能力,制定个性化运动训练计划,使其具有更好的科学性和针对性[①]。运动员在训练竞赛中,技术形成与运动能力提升都与最佳运

---

① 张词侠,吴纪饶,王志峰. 现代生物技术在竞技体育领域中的应用与展望. 首都体育学院学报,2007,19(3):35-39.

动感应阈有关,通过分子生物学和生物信息学等现代生物技术,可以科学安排监测训练计划与构建运动负荷指标体系,形成预防运动员机体损伤有效机制。

2. 现代生物技术在运动训练过程的应用

现代生物技术在运动训练过程中的应用主要体现在两个方面:一是运动营养方面。利用人类基因组的研究成果,可以设计出更加有效的补剂配方,更好地应用补充的生物活性,提高运动能力,促进运动疲劳的恢复以及保障运动员的身体健康。对蛋白质的研究有助于了解到运动对蛋白质三维结构和功能的影响,采用人工手段干预蛋白质的结构和功能达到提高运动能力的目的。二是生物技术芯片开发运用到身体机能的监控方面。采用先进的基因芯片技术,可以对运动员相关的耐力、速度、酶活性、身体恢复相关的基因进行标记分析,得到的结果可以更好地指导运动员的训练,更加个性化、具体和明确。同时,还可以从不同运动项目运动员的身体素质相关基因表达的检测入手,筛选并确立运动员身体素质功能基因组,探讨不同运动员身体素质功能基因表达谱的特点以及运动能力有关的身体素质基因的遗传与变异规律,还可以对运动进行身体素质功能基因组的多态性分析,建立优秀运动员身体素质功能基因文库房,最终实现优秀运动员身体素质功能基因诊的芯片系统的建立。生物芯片技术能够准确地掌握运动员运动中的技能变化规律,科学地组织和安排运动训练活动,减轻了盲目性,提高了科学性[1]。

3. 现代生物技术在运动选材的应用

选材"是支撑竞技体育国际竞争力的9大支柱之一,也是决定一个国家竞技运动水平优劣不可或缺的重要因素[2]。将生物芯片技术应用到竞技体育之中能够帮助教练员对运动员的人体客观规律加以认识,并且可以对一些潜在的运动能力进行挖掘。例如,游泳项目中具有 II 基因型或 I 等位基因型的运动员,赛艇项目中具有 ID 基因型或 I 等位基因的运动员,可能属于运动训练敏感的高反应群体,具备优秀运动员潜质,ACE 基因 I/D 多态性可作为运动训练和选材中的高敏感的非常重要的遗传标记之一[3]。科学研究发现,参加奥运会爆发力项目的顶级运动员,像短跑,举重项目的运动员中,ACTN3 基因的携带比例高达95%,特别是爆发力项目的女运动员,这个基因携带的比例高达100%。运用基因解码技术,从而能更加科学而准确地评估个体的运动状态及运动潜力,由此不但可以提高选材的成功率,最大限度地挖掘人体运动潜力,创造优异成绩,还能够减少训练经费的投入,提高体育训练的投入产出比[4]。

---

[1] 马飞.生物芯片技术对竞技体育发展的影响.电子测试,2014,4:111-112.
[2] 黎涌明,陈小平,冯连世.运动员跨项选材的国际经验与科学探索.体育科学,2018,38(8):3-13.
[3] 高炳宏,陈佩杰.上海汉族优秀运动员 ACE 基因 I/D 多态性与最大有氧耐力(VO_{2max})的关联研究.体育科学,2006,26(2):342-347.
[4] 基因解码在运动员选材中的应用.https://zhuanlan.zhihu.com/p/33056102?utm_source=wechat_session.

4. 现代生物技术在反兴奋剂领域的应用

随着科学技术的发展,许多生物医学诊断的新仪器、新技术和新方法逐步应用到反兴奋剂领域。其中,20世纪90年代初,"生物护照"普遍应用于反兴奋剂领域,它通过对间接反映禁用物质和方法作用的一组生物指标进行长期不定期检测,收集数据建立数据库,从纵向水平上分析、对比,通过生物指标的变化判断运动员是否违禁,该项技术在世界反兴奋剂斗争的历史中发挥了重要作用。随着生物技术的发展和推进,在北京冬奥会上更是首次全面应用"干血点"(dried blood spot,DBS)技术,该技术具有样本采集更便捷、对运动员损伤更小、运输和储存更方便、违禁物质稳定性更高、采样器材更经济等优势,是对现有检测方法的有力补充[①]。不难看出,生物工程技术的发明应用大大提升了反兴奋剂检测水平,为竞技体育健康发展提供有利环境。

(二) 计算机科学与竞技体育服务

目前,计算机科学技术在竞技体育中的应用并不局限于信息、情报管理,还大量应用于运动技术诊断、辅助训练等。

1. 体育信息管理

近年来,体育相关部门积极利用计算机系统来开发服务于竞技体育发展的各类数据库系统。文献库:收集各种体育论文、会议记录等文献,提供综合信息。基础数据库:收集各类体育活动的原始数据,通过统计分析,为体育发展提供数据支持。科研数据库:提供体育科研的现状、发展水平、重点、研究趋向。健康、竞技诊断数据库:存储了运动员的体检数据,包括训练、比赛数据、运动医学数据、生理、心理、生物力学、人体测量等。训练监督与比赛分析数据库:存储本国运动员训练、比赛、身体素质、技术特点等数据以及国外对手的有关数据。

2. 运动技术诊断

①标枪投掷技术诊断系统:该系统用两台高速录像机从不同角度拍下标枪出手后几秒内的运动状态,测出其加速度、速度、角度、角速度等运动学参数,并和预先算出的最佳数据进行比较,进而改进运动员投掷标枪的姿势、出手动作和角度。②跳远计算机系统:该系统用高速摄影机拍下的跳远动作画面以数字化形式存贮在计算机中,显示在屏幕上,测出运动员起跳的角度和身体在空中的姿势及重心位置数据。③赛艇划桨分析诊断系统:综合分析赛艇运动员的左右手拉桨技术、推桨技术、拉桨效率、拉桨幅度、推拉比、每桨重复率、左右桨力重复对称等数据,这些数据的获得为教练员的决策、指导和训练计划的制定提供了坚实的基础[②]。

---

① 徐畅,王晓晨. 纯洁体育实践:北京冬奥会反兴奋剂行动国际维度观察. 中国体育教练员,2022,30(1):16-18.

② 徐开胜. 中国优秀公开级赛艇双桨运动员划桨技术诊断研究. 上海:上海体育学院,2017.

(三) 信息技术与竞技体育服务

1. 运动技术仿真应用

在高水平的竞技体育训练竞赛中,通过先进的影视技术、多维摄像、解析技术以及虚拟仿真实验等,可以诊断技术动作的缺陷,同时可以模拟复杂多变的比赛情景,提升运动员的比赛决策能力和水平,从而达到不断改善技术动作和战术应用能力水平的目标。例如,2008年,由科技部和国家体育总局牵头,中科院和北京市科委联合开发的三维人体运动计算机仿真技术——VHTrampoline软件已经在中国蹦床队正式投入使用,通过运动编辑技术实现技术动作的修改和成套技术动作的模拟,并用人体运动方程分析和验证模拟结果[①]。该成果实现了两个转变:从传统的以人眼观察为主到基于高精度运动捕捉与分析人体运动测量方法的转变;从基于经验的方法到基于人体运动模拟与仿真的人体运动分析方法的转变。2019年,针对我国足球运动员在基础战术场景的认知、理解与决策能力上的短板,北京体育大学牵头研发出的一套利用虚拟仿真技术提高运动员在足球比赛基础攻防战术场景下,做出更正确决策行为的教学科研项目。利用虚拟仿真技术,通过让受训运动员以第一视角置身于比赛战术场景中进行选择战术决策和行动。通过反复在虚拟场景下进行识别和决策过程,最终达到提高表象训练的效率。通过该项目的虚拟训练与真实训练场景相结合的反复练习,能够使受训学生更快地提高在相关战术场景下做出正确判断的能力。最大限度地减少人力、物力、时间等方面的消耗,提高教学和学习效率[②]。

2. 运动机能监测应用

电子信息技术可以使运动员的机能监测更准确,为科学分析和诊断提供了新方法和手段。目前信息技术在体能实时监测中应用主要有:使用红外线点监测人体空间位置;高速摄影、摄像连机,定量直观地解析运动技术;采用无线电子遥测和超光频数据连接技术研制的心率仪、遥测心电仪、遥测肌电仪、遥测能量消耗仪、血氧仪等,对运动员在运动中的心率、心率变异性、呼吸和能量代谢、心电、运动冲量、疲劳负荷、摄氧量、血氧等指标进行测定,从而对运动员的机能状况进行科学诊断[③]。

3. 竞赛安全管理应用

电子信息技术在奥运会、世锦赛等高水平、大型化的运动会中的安全管理方面应用广泛。电子身份鉴别技术在2008年北京奥运会、2012年伦敦奥运会和2016

---

① 王兆其,夏时洪,邱显杰,等.数字化三维蹦床运动模拟与仿真系统——VHTrampoline[J].计算机学报,2007(3):498-504.
② 虚拟仿真实验教学 邀你身临其境来体验[EB/OL]. https://www.sohu.com/a/354242753_525888.
③ 李海鹏,陈小平,何卫,等.科技助理竞技体育:运动训练中可穿戴设备的应用与发展[J].成都体育学院学报,2020,46(3):19-25.

年里约奥运会观众入场管理中取得良好效果,提高了赛事安全性,降低了安保人力和财力支出。2020年的日本东京奥运会、残奥会更是奥运史上首次引入了人脸识别系统(NEC系统)。主要对参赛主体人员进行管理,包括:官员、运动员、裁判员、教练员、赛场管理者、志愿者、记者等。自动识别匹配入场人员的脸部与其身份识别卡上事前录入的照片信息。该项举措旨在加快身份验证,实现平稳有序入场,并确保安全。北京冬奥会为更好地对赛事进行疫情管控,首次使用了配有"数智公共安全管理系统"的防疫服务机器人,参会者无须摘掉口罩,只需轻刷一下身份证,一秒内即可实现"身份识别、智能测温、健康宝、国家健康码、核酸检测、疫苗接种、公安联网、电子登记"共计8个查验环节,快速判断相关人员的健康状态,最大程度提高信息核验效率,实现安全、便捷、快速通行[①]。

4. 竞赛裁判领域应用

"鹰眼"的正式名称为"即时回放系统",该技术在竞技体育赛事中的应用,大大提升了裁判工作的客观性和准确性,保证了比赛的公平公正,减少了诸多的争议。作为裁判员判罚的得力辅助系统,目前广泛应用于篮球、足球、排球、羽毛球、网球、击剑等运动项目的比赛中。以世界顶级水平的网球四大满贯赛事为例。这套系统由10台摄像机组成,摄像机追踪飞行的网球并将信息反馈到与之相连的计算机,后者则据此计算出模拟的轨迹。当有球员申请回放时,电视和场内的大屏幕上将同时显示这一由计算机模拟出来的轨迹。"鹰眼"从数据采集到结果演示的总耗时不超过10秒,而误差确保在1%以下。同时,挑战鹰眼可以被球员用于提升士气[②]。

5. 大型赛事转播应用

通过网络信息技术对大型赛事或职业赛事的转播、在线直播已成为与电视并驾齐驱的两大重要途径。以巴西里约奥运会为例,为了更好地服务奥运直播,满足新华社2016里约报道的各种业务需求,实现总社至各个报道点的网络连接,锐捷网络不仅提供了专业全面的网络方案设计、前期网络架构测试、基础网络构建风险点评估、网络备份措施,以及网络应急方法,还从设备、技术层面给予奥运报道工作强有力的硬件保障,解除奥运报道的后顾之忧[③]。

(四)人工智能与竞技体育服务

随着人工智能的迅速发展将深刻改变人类社会生活、改变世界。竞技体育作为社会活动的组成部分,人工智能的发展以及广泛的应用将极大影响传统的运动训练、运动选材、竞技体育管理等方面。

---

① 张鹏. 揭秘北京冬奥会有哪些防疫"黑科技"?"智能防疫员"1秒完成8个查验环节[EB/OL]. 北京:北京青年报.[2022-02-04]. https://t.ynet.cn/baijia/32160562.html.
② 鹰眼技术在体育比赛中的应用[EB/OL]. https://tech.hqew.com/news_1250522.
③ 李强. 锐捷保障顺畅观看里约奥运会[N]. 中国计算机报,2016:41.

第一，对运动训练影响方面。比如近来比较流行且应用广泛的 Sport VU 系统(球员追踪分析系统)，这套系统通过一组固定摄像机来完成数据的采集，挖掘出高强度比赛中人工无法获取的数据，然后人工智能对每场比赛的数据及时进行分析和识别各种战术，建立起不同的战术模型，同时不断地自我学习、自我理解、自我完善，教练员可以运用这套系统通过电脑或 iPad 查阅比赛数据，做出更好的战术安排从而为比赛做更充分的准备。第二，在运动选材方面。以一种运动健康分析和管理设备为例。将人工智能算法应用到电子设备中，通过自动采集用户的性别、身高、体重、年龄、运动时间、运动距离、消耗热量、步数等数据，自动分析运动员的运动习惯，提供给运动员个性化的建议，以达到合理训练减轻运动伤病的目的。第三，在竞技体育管理方面。未来的人工智能将解放劳动力，更快、更好地以更低的成本完成很多会耗费管理者大量时间的行政任务，同时，人工智能还能通过深度学习结合本区域的实际情况对竞技体育发展战略和运动训练目标与规划提出合理性建议，对政府投入资金制定合理的使用方案，利用建立的教练员人才数据库选拔符合条件的教练员供决策者参考[①]。

(五) 空气动力学与竞技体育服务

创新不仅包括集新材料和新设计为一身的新型运动器材装备，还包括更符合人体运动规律的新型运动技术和训练方法。例如风洞不仅可对不同运动姿态和装备进行有效的阻力测评，还能提高训练功效。近年来，美国、日本和英国等相继建立了以竞技体育研究为主要用途的风洞，将这一空气动力学领域的科技成果用于提高成绩。以竞速类冰雪运动项目为例，竞赛成绩与运动员姿态、装备及服装的气动性能密切相关。利用风洞进行针对性训练，已经被英国、瑞典、德国、美国、加拿大等欧美冰雪运动强国广泛采用，成为提高运动员竞技成绩的重要科技手段之一[②]。我国在这方面也进行了积极的探索，并取得显著成效。北京交通大学的李波教授率领团队研发了我国第一套冰雪项目风洞辅助训练系统，协助建设了我国第一座体育专业风洞，开展了国家游泳队、赛艇队等 10 余支集训队的风洞测试，其中就包括在东京奥运会夺冠的女子四人双桨赛艇项目(陈云霞、张灵、吕扬、崔晓桐)、中国游泳队张雨菲、杨浚瑄等奥运冠军。

三、体育产业科技服务

高新技术是现代化的动力源、国家综合实力的重要标志、生产力发展的倍增

[①] 寇晓娜. 浅谈人工智能对我国竞技体育发展的影响和启示. 当代体育科技, 2018. 10: 203-204.
[②] 中国青年报. 体育比赛背后的风洞研究 奥运夺金 迎"风"而行. 中国青年报. [2021-08-10]. https://baijiahao.baidu.com/s?id=1707656558329094520&wfr=spider&for=pc.

器,也是当今世界各国竞争的制高点[①]。目前,产业转型升级与科技创新成为影响全球体育经济发展的双核动力和重要引擎。纵观国际,全球体育科技创新正呈现出爆发式的增长态势以及一系列新特点。例如:美国的科技公司谷歌所开发的围棋人工智能程序"AlphaGo",因其战胜李世石、柯洁等世界围棋冠军而引发了广泛的社会关注;以色列成立了全球体育技术创新平台,关注体育领域突破性创新技术,将可穿戴设备、广播技术以及为运动员、教练、观众设计的应用程序视为重点;中国民族品牌安踏体育不断加强研发投入,在2020年东京奥运会上,其研发的一系列高精尖技术的"黑科技"装备,助力体育健儿斩金夺银。当前,随着我国科学技术的迅猛发展,体育产业发展迎来了重要的发展机遇,产业门类逐步健全,发展环境不断优化,体育科技创新日益勃兴。

(一) 行业规模不断扩大

科技创新在体育产业发展中扮演着重要角色,并对产业规模的扩大起到推动作用。2001年7月,我国赢得北京奥运会举办权,体育科技迎来重要发展机遇。随后,科技与体育产业逐步融合,并发挥重要作用。2008年,北京奥运会为体育产业科技发展提供重要契机,提出科技奥运理念:"紧密结合国内外科技进展,集成国内科技创新成果,举办高科技含量的体育盛会,并促进科技创新能力和高新技术产业化"。2022年,体育科技不仅为北京冬奥会赋能,关键技术的转化和推广应用,也将为中国体育产业高质量发展持续赋能。为了精确把握我国体育产业的规模、结构和发展趋势,2008年,国家统计局和国家体育总局联合颁布《体育及相关产业分类(试行)》,建立体育产业统计制度[②]。自2016年起(含2015年数据),国家体育总局在全国范围内进行全面的体育产业调查,数据由国家统计局核算,并由两部门联合发布。2015~2021年的全国体育产业规模与结构变化情况如下:

2015年,国家体育产业总产出为1.7万亿元,增加值为5 494亿元,占国内生产总值的0.8%。其中,体育用品和相关产品制造业的总产出为11 238.2亿元,增加值为2 755.5亿元,分别占总产出和增加值的65.7%和50.2%。体育服务业(除了体育用品和相关产品制造业、体育场地设施建设外的其他9大类)总产出为5 713.6亿元,增加值为2 703.6亿元,占比分别为33.4%和49.2%。

2016年,国家体育产业总规模(总产出)为1.9万亿元,增加值为6 475亿元,占国内生产总值的0.9%。相较于2015年,总产出增长了11.1%,增加值增长了17.8%。在产业内部结构中,体育用品和相关产品制造的总产出为11 962.1亿元(占比62.9%),增加值为2 863.9亿元(占比44.2%)。此外,体育健身休闲活动呈现明显增长,增速超过30%;竞赛表演业总产出增长24.52%。体育产业机构数量

[①] 王自舫,董自励. 科学技术发展简史. 北京:北京大学出版社,2004(第4版):1-3.
[②] 蔡有志. 我国体育科技创新体系构建研究. 上海:上海体育学院,2015.

年增长率达 21.7%,从业人数达到 440 余万人,消费规模接近万亿。

2017 年,全国体育产业总规模(总产出)为 2.2 万亿元,增加值为 7 811 亿元。总产出比 2016 年增长了 15.7%,增加值增长了 20.6%。体育用品及相关产品制造保持较大体量,增长速度较快,分别为 12.9% 和 14.0%。体育服务业继续快速增长,其增加值在体育产业中所占比重由 2016 年的 55% 上升到 2017 年的 57%。由于国家政策扶持和经费投入增加,体育场馆、健身步道、体育公园等基础设施建设增长速度较快,达到了 94.7%。

2018 年,全国体育产业总规模(总产出)为 2.6 万亿元,增加值为 10 078 亿元,增加值占国内生产总值的比重达到 1.1%。从内部结构看,体育服务业的增加值为 6 530 亿元,占比达到 64.8%;其次是体育用品及相关产品制造的增加值为 3 399 亿元,占比为 33.7%。

2019 年,全国体育产业总规模(总产出)为 2.9 万亿元,增加值为 11 248 亿元。相较于 2018 年,总产出增长了 10.9%,增加值增长了 11.6%。从内部结构看,体育服务业发展持续增强,占比达到了 67.7%,同比增长了 2.9%。此外,体育健身休闲活动保持高位增长,增长速度达到了 74.4%。

2020 年,全国体育产业总规模(总产出)为 2.7 万亿元,增加值为 10 735 亿元。与 2019 年相比,总产出下降了 7.2%,增加值下降了 4.6%。从内部构成看,体育服务业增加值的比重为 68.7%,比 2019 年提高了 1%。体育用品及相关产品制造增加值比重为 29.3%,有所回落。受新冠疫情影响,多数体育产业类别的增加值出现下降。然而,以非接触性、聚集性和管理活动为主的体育服务业增加值保持增长,其中,体育传媒与信息服务增长最高,达到 18.9%,其次是体育教育与培训,增长了 5.7%[1]。

2021 年,全国体育产业规模首次超过 3 万亿元,总产值为 31 175 亿元,增加值为 12 245 亿元。相较于 2020 年增长,总产值增长了 13.9%,增加值增长了 14.1%。体育服务业增加值占比为 70.0%,增加了 8 576 亿元,比例上升了 1.3 个百分点。体育用品制造增加值占比为 28.0%,下降了 1.3 个百分点至 3 433 亿元。体育产业快速增长,其中竞赛表演增加值增长了 26.1%,健身休闲增加值增长了 21.1%。非接触性体育传媒与信息服务增速达到 19.9%。

如图 8-13 所示,2015~2021 年间,中国体育产业规模持续增长,产业增加值年均增长率为 19.6%,远高于同期 GDP 增速。预计随着体育产业逐步进入高质量发展阶段,并受到科技力量的推动,产业规模将不断扩大,结构将不断优化升级,科技创新的作用将日益凸显。未来,体育产业的发展将逐渐成为中国经济转型和高质量发展的重要引擎。

---

[1] 国家统计局.国家统计局全国体育产业总规模与增加值数据公告[EB/OL].北京:国家统计局.[2021-12-30]. http://www.stats.gov.cn/xxgk/sjfb/zxfb2020/202112/t20211230_1825764.html.

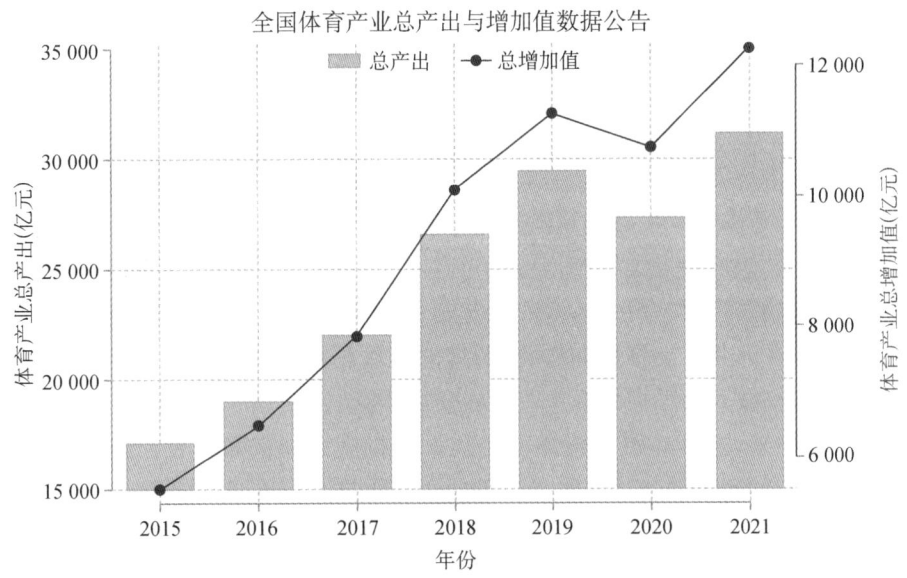

全国体育产业总产出与增加值数据公告

数据来源：http://www.stats.gov.cn/sj/zxfb/202302/t20230203_1900193.html

图 8-13　全国体育产业总产出与增加值数据公告

（二）科技创新日新月异

科技是产业结构调整的基础动力，也是国家软实力的重要表征，同时在体育产业中扮演着重要角色。随着信息化的发展与推进，关键技术的革新对体育科技的发展至关重要，体育科技的创新与信息化建设密不可分。

在运动人体科学领域，微流控芯片实验室已经被应用于运动生物化学技术的各个方面，为基因组学研究提供了强大的平台。在日常生活中，可穿戴运动设备和健康监测产品不断涌现。知名电子制造企业设计生产了各种功能丰富、外观精致的体育产品。随着科技的进步，可穿戴式运动设备市场需求持续增长，产品供给更加多样化。显而易见，可穿戴运动设备的兴起有效推动了体育产业上下游产业链的延伸，为体育产业和互联网＋的互动发展创造了良好条件。

在商业模式创新方面，移动互联网为体育产业带来了更多的发展机会，催生了多种商业模式。信息技术企业开始关注并参与我国体育产业的高速发展，加大科技研发投入和创新力度，开展体育赛事的网络直播和体育用品的在线销售等平台，涌现出共享体育、体育大平台等新型商业模式。这些新模式促进了体育产业的发展，并推动体育与科技的深度融合。同时，在科技创新的推动下，传统的体育用品业和体育健身行业也在不断优化结构和转型升级。首先，传统体育制造业注重实现知识产权价值，助力创新驱动发展。产业逐渐从传统的"制造"模式转向智能化发展，通过加强研发投入和专利申请，实现了从"制造"到"智造"的转变。由此，民族品牌体育用品企业如安踏、李宁等在市场竞争中的竞争力大幅提升。

此外，传统体育服务业开始通过数字技术赋能克服发展局限，突破体育消费市场的刻板形态。尤其是在新冠疫情之后，更多企业借助科技力量，探索跨界合作模式，推出线上健身、体育培训等服务，不断拓展产业发展的应用场景。

（三）专业人才来源多样

专业人才是体育科技高质量发展和体育产业可持续发展的重要支撑和关键因素。国务院《关于加快发展体育产业促进体育消费的若干意见》文件中明确提出："鼓励有条件的高等院校设立体育产业专业，重点培养体育经营管理、创意设计、科研、中介等专业人才。加强创业孵化，研究对创新创业人才的扶持政策"。在各类政策引导下，科技人才助力体育产业发展呈现出以下几个特点。第一，人才效应开始显现。近年来，国家开始重视体育科技人才在支持和保障体育产业中的作用。重点突出培养创新型体育产业科技人才，打造科技领军人才和高水平创新团队。同时依托重大科研项目、重点学科和科研基地，培养了一批创新人才和青年科技人才。在体育材料、体育竞赛、运动训练、赛事管理等领域，不少专利开始逐步转化为生产力。总体上，这一系列举措有效提升了体育科技人才的培养效应，为体育产业创新发展提供重要支持。第二，用人环境不断优化。国家开始完善体育产业人才评估体系和激励机制，采取"引进来"和"送出去"等方式，注重引进领军人才、拔尖人才和创新团队，国家相关的人才计划开始发挥拉动效应；在此背景下，全球体育科技人才交流活动日趋活跃，对我国体育产业产生了深远影响，推动了体育科技创新、数据分析与决策支持、体育科技产业发展以及国际交流与合作的进展；第三，人才培养体系逐步形成。从表8-31可见，2010～2020期间，我国体育本科院校的数量与规模稳中有升；职业、运动技术学院数量与规模则有所波动，从2010年的14所开始，迅速攀升至19所，近年来有所调整，逐步稳定在16所；竞技体校数量从2010年的10所增加至2020年的18所。此外，不少高校开始重视新兴体育产业人才培养，一些新兴产业专业开始纳入招生培养。在教育部职业教育与成人教育司发布的《关于做好2017年高等职业学校拟招生专业申报工作的通知》中，"电子竞技运动与管理"添列其中。比如，锡林郭勒职业学院设立电子竞技专业，中国传媒大学南广学院在2017年开设艺术与科技（电子竞技分析）专业。除了高校和职业技术学校加强开展跨学科体育专业人才培养，同时数字企业与体育机构也在不断加强在人才培养、学术研究和行业咨询等领域的合作。总体上，目前全国体育科技人才资源正在不断整合，复合型体育科技人才保障体系初步形成。

（四）政策规划持续出台

政府战略、政策和体制机制改革在体育产业科技发展中起着领航作用，为科技创新、人才培养和产业升级提供了必要支持。近年来，国务院及相关部委产业科技发展的相关政策文件陆续出台，有力推动了体育科技创新体系的构建、体育科技成

表8-31 我国体育系统人员结构及数量规模

指标	2010 机构	2010 人数	2011 机构	2011 人员	2012 机构	2012 人员	2013 机构	2013 人员	2014 机构	2014 人员	2015 机构	2015 人员
总计	7 159	155 527	6 901	157 333	6 887	159 762	7 089	152 342	7 106	148 247	7 069	149 114
体育行政机关	3 139	35 240	3 130	36 569	3 133	42 474	3 025	27 708	3 004	27 783	3 034	27 412
运动项目管理部门	319	36 157	296	34 868	311	32 618	300	32 358	305	33 815	294	34 184
本科院校	7	4 562	7	5 006	6	3 600	7	3 866	8	4 848	8	5 882
职业、运动技术学院	14	3 480	14	4 671	14	6 126	20	6 859	17	5 223	17	5 532
体育运动学校	230	15 971	222	16 912	224	16 305	268	17 243	250	15 442	236	14 766
竞技体校	10	486	9	323	12	398	16	839	12	501	9	439
少儿体育运动学校（业余体校）	1 683	24 392	1 552	24 169	1 510	21 657	1 460	21 056	1 463	20 697	1 435	20 206
单项运动学校	20	330	17	371	14	316	30	1 610	22	388	19	404
训练基地	56	3 927	55	3 323	63	3 892	80	5 652	70	2 444	74	2 797
体育场馆	741	15 776	699	16 315	688	14 993	676	15 001	683	14 731	669	14 716
科研所	58	1 285	57	1 353	57	1 422	57	1 514	59	1 335	58	1 277
其他事业单位	715	12 053	699	11 577	704	13 358	1 011	15 781	1 068	16 336	1 074	16 558
其他	167	1 868	144	1 876	151	2 603	116	2 475	110	3 178	86	3 375
体育中学	—	—	—	—	—	—	23	380	35	1 516	36	1 566

指标	2016 机构	2016 人员	2017 机构	2017 人员	2018 机构	2018 人员	2019 机构	2019 人员	2020 机构	2020 人员
总计	7 067	147 657	7 081	146 966	6 979	145 334	6 943	148 181	6 863	154 977
体育行政机关	3 027	25 973	2 995	25 088	3 012	24 267	3 050	27 305	3 048	30 892
运动项目管理部门	295	34 451	290	34 601	284	33 558	279	33 482	285	35 392
本科院校	7	5 536	7	5 312	8	6 127	8	6 153	8	6 343
职业、运动技术学院	19	5 800	19	6 308	18	6 124	16	5 895	16	5 572

(续表)

指标	2016 机构	2016 人员	2017 机构	2017 人员	2018 机构	2018 人员	2019 机构	2019 人员	2020 机构	2020 人员
体育运动学校	227	15 002	231	15 300	215	13 928	216	14 499	216	15 491
竞技体校	8	392	14	427	16	568	18	659	18	712
少儿体育运动学校(业余体校)	1 428	20 444	1 435	20 150	1 403	19 974	1 348	19 035	1 313	18 913
单项运动学校	21	423	21	445	20	430	21	440	18	453
训练基地	72	2 516	74	2 611	71	2 323	70	2 818	67	2 738
体育场馆	694	14 195	683	13 857	661	13 126	637	12 337	593	11 790
科研所	60	1 335	62	1 401	56	1 267	54	1 336	53	1 281
其他事业单位	1 104	17 108	1 143	17 010	1 107	19 194	1 126	19 866	1 128	21 071
其他	68	2 942	68	2 887	73	2 864	67	2 915	66	2 716
体育中学	37	1 740	39	1 569	35	1 584	33	1 441	34	1 613

注：整理自国家统计局网站公布的 2010～2020 年度的统计资料。

果的转化、体育科技中介组织的成立、体育科技产业基地的建设(表8-32)。2010年国务院办公厅正式发布《关于加快发展体育产业的指导意见》、2014年国务院办公厅发布《关于加快发展体育产业促进体育消费的若干意见》，文件中涉及的若干政策举措成为体育科技助力体育产业发展的强力助推器。2015年3月，李克强总理在政府工作报告中提出互联网+行动计划，为推动体育产业"联姻"互联网提供有力政策保障，同时催生了物联网、智慧云、大数据、3D打印、虚拟现实AR、人工智能AI等高新技术在体育产业领域的应用。2019年，国务院办公厅发布《关于促进全民健身和体育消费推动体育产业高质量发展的意见》，提出了"开展全国体育科技创新大赛""推动智能制造、大数据、人工智能等新兴技术在体育制造领域应用。鼓励体育企业与高校、科研院所联合创建体育用品研发制造中心"等发展方向。

此外，在国家宏观政策的引领下，近年来我国体育产业高新技术产业园区逐步崛起，成为促进区域科技创新和提升高新技术产业竞争优势的重要组织形式，实现了高新技术产业在体育产业园集聚化发展。目前，全国各地建设了数量众多的体育产业基地和产业园区，例如：北京龙潭湖体育产业园、苏州环太湖体育产业基地、环青海湖民族体育产业园区、深圳观澜湖体育产业园区、陕西七个新兴体育产业园区、河北保定体育产业园区、高新丈八体育产业园区、关中体育用品制造园区、朱雀体育产业园区、杨凌水上体育旅游园区、蒲城航空体育产业园区、长安新型体育产业园区、秦岭山地体育产业经济圈、成都温江体育产业基地、晋江国家体育产业基地股份有限公司。总之，通过政策引导体育产业发展，不仅加强了体育科技人才的培养与交流，推动了产业链条的完善和延伸，也促进了创新技术和商业模式的融合。

表8-32　2007~2023年发布的各级各类体育产业相关政策文件

年份	发文单位	政策名称	有关体育科技方面的内容要点
2007	国务院	《关于进一步推进长江三角洲地区改革开放和社会经济发展的指导意见》	强化教育、卫生、体育等领域的合作与交流；积极发展体育产业，加快构建全面健身服务体系。
2010	国务院	《关于加快发展体育产业的指导意见》	强化知识产权对各类体育企业的导向作用，提升体育产业的知识产权创造、运用、保护和管理水平。加大自主研发和科研成果转化，开发科技含量高、拥有自主知识产权的产品。
2010	国家体育总局	《国家体育总局局长刘鹏在2010年全国体育产业工作会议上的讲话》	要提升体育器材装备制造业的科技水平和品牌影响力，还要推动实现体育中介、体育传媒、体育会展、体育旅游、体育文化创意等体育产业的各个方面全面发展。
2011	国家体育总局	《体育产业"十二五"规划》	引导体育用品生产企业增加科技投入，加大自主研发和科技成果转化，开发科技含量高、拥有自主知识产权的产品，打造体育用品世界品牌。

(续表)

年份	发文单位	政策名称	有关体育科技方面的内容要点
2012	国家体育总局	《2012年全国体育局长会议》	围绕体育工作的中心任务,体育科技、体育教育、体育宣传、体育外事、体育人才以及各项基础保障工作稳步推进。
2013	国务院	《关于促进健康服务业发展的若干意见》	要通过加大科技支撑,打造一批具有国际影响力的知名品牌。支持和引导社会力量参与体育场馆的建设和运营管理。鼓励发展多种形式的体育健身俱乐部和体育健身组织,以及运动健身培训、健身指导咨询等服务。
2014	国务院	《关于加快发展体育产业促进体育消费的若干意见》	分利用现有科技资源,健全体育产业领域科研平台体系,加强企业研发中心、工程技术研究中心等建设;完善体育技术成果转化机制,加强知识产权运用和保护,促进科技成果产业化。
2015	国家统计局	《国家体育产业统计分类》	体育科技与知识产权服务包括:体育科学研究服务,运动医学和实验发展服务,体育装备新材料研发,体育知识产权相关服务。
2016	国务院	《国务院关于印发全民健身计划(2016—2020年)的通知》	鼓励企业参与全民健身科技创新平台和科学健身指导平台建设,加强全民健身科学研究和科学健身指导。发挥互联网等科技手段在人才培训中的作用,加大对社会化体育健身培训机构的扶持力度。
2016	国务院	《国务院办公厅关于加快发展健身休闲产业的指导意见》	鼓励开发以移动互联网、大数据、云计算技术为支撑的健身休闲服务,推动传统健身休闲企业由销售导向向服务导向转变,提升场馆预订、健身指导、运动分析、体质监测、交流互动、赛事参与等综合服务水平。积极推动健身休闲在线平台企业发展壮大,整合上下游企业资源,形成健身休闲产业新生态圈。
2018	国家体育总局联合10部委	《马拉松运动产业发展规划》	鼓励开发马拉松+互联网产业,促进移动互联网技术与马拉松赛事运营管理的紧密结合,打造推动线上、线下马拉松的良性互动和协同有序发展,整合上下游企业资源,形成马拉松运动产业新生态圈。
2018	国家体育总局联合7部委	《击剑运动产业发展规划》	鼓励击剑产业组织进入互联网领域,推进信息技术、大数据和新媒体等在击剑产业生产及服务领域中的广泛应用,充分挖掘用户需求,进行全方位资源整合。引导击剑培训资源与互联网平台对接,发展和支持具有自主知识产权的智能击剑产品供应商。

(续表)

年份	发文单位	政策名称	有关体育科技方面的内容要点
2019	国务院	体育强国建设纲要	统筹国际国内体育科技资源,构建跨学科、跨地域、跨行业、跨部门的体育科技协同创新平台;依托高校、科研院所、高新技术企业,围绕科技攻关,聚焦奥运备战,培育建设5～10个国际化体育科技合作平台。
2019	国家体育总局 国家发改委	《进一步促进体育消费的行动计划(2019—2020年)》	积极支持体育用品制造业创新发展,采用新工艺、新材料、新技术,提升传统体育用品的质量水平,提高产品科技含量。支持符合条件的体育企业牵头承担各类科技计划(专项、基金)等科研项目。完善体育技术成果转化机制,加强知识产权运用和保护,促进科技成果产业化。
2020	国务院	《关于加强全民健身场地设施建设 发展群众体育的意见》	依托现有平台和资源,委托专业机构开发基于PC端、移动端和第三方平台的国家社区体育活动管理服务系统,提高全民健身公共服务智能化、信息化、数字化水平。
2022	国家体育总局	关于印发《国家体育总局科技创新项目管理办法》的通知	推广先进适用的新技术、新材料、新装备、新产品和新方法,促进体育科技成果向生产力转化,提升体育装备质量及行业服务水平。
2022	国家体育总局	国家队科技助力青年项目管理办法	加大财政投入,提供科技研发经费和设备支持,鼓励科技企业和机构参与体育科技助力工作,推动科技成果转化和应用。
2023	国家体育总局	关于印发《国际化体育科技合作平台管理办法》的通知	通过建立合作平台,促进国际间体育科技资源的共享和交流,推动体育科技的创新和应用。

(五)高新企业不断布局

体育产业发展需要激发市场主体活力和创造力,支持优质企业在多层次资本市场扩大规模,通过设立创业投资基金和产业孵化平台,培育"专精特新"的体育企业[①]。随着国家政策的鼓励与引导,产生的政策红利催化、加速了体育产业市场化进程。当前,社会资本大量涌入体育相关产业,各大高新企业纷纷依托自身优势,拓宽业务,布局相关硬件、系统平台等领域。阿里巴巴、小牛在线、腾讯体育、华录百纳、奥拓电等大量高新技术企业逐步关注体育产业相关领域,并源源不断投入巨资,抢占体育产业布局战略高点。近年来,除了安踏、李宁等传统体育用品行业在

---

① 白宇飞.更好推动体育事业和体育产业同步发展、相得益彰(新论).人民日报,2021-8-16(9版).

不断优化整合外,以体育为概念的高新技术体育企业数目正在不断攀升。对新华网报道及东方财富网的资料进行整理后[①],情况如表8-33所示:体育用品行业上市公司依然处在高速发展阶段,同时一大批高新技术体育企业通过资本市场融资运作快速崛起,并逐步发展成为国内知名的高新技术体育企业。可以预见,未来社会资本还将持续不断流向体育产业,体育概念股数量仍将持续增加。总体看来,高新技术企业与体育产业的发展相互依存、相互促进。高新技术企业通过商业模式创新推动体育产业多元化和市场化,通过科技研发提升产业技术水平和数字化转型;体育产业的蓬勃发展则为企业提供了市场需求和科技创新应用平台。

表8-33 中国体育上市公司(截至2021年12月31日)

排名	企业	市值(亿元)	地区
1	安踏体育	2 583.56	福建
2	申洲国际	1 841.75	浙江
3	李宁	1 825.32	北京
4	华利集团	1 039.21	广东
5	东鹏饮料	727.38	广东
6	波司登	436.53	江苏
7	滔搏	399.69	上海
8	特步国际	279.33	福建
9	春风动力	259.63	浙江
10	中体产业	145.08	北京
11	共创草坪	142.3	江苏
12	比音勒芬	139.38	广东
13	非凡中国	121.03	北京
14	久祺股份	92.5	浙江
15	探路者	87.57	北京
16	舒华体育	78.68	福建
17	浙江自然	75.64	浙江
18	361度	67.56	福建
19	大丰实业	55.76	浙江
20	西王食品	54.83	山东
21	莱茵体育	49.64	四川
22	健盛集团	46.29	浙江
23	星辉娱乐	45.16	广东
24	中潜股份	44.65	广东
25	贵人鸟	43.69	福建
26	上海凤凰	40.04	上海
27	当代文体	39.17	湖北

① 丁峰.中国体育上市公司2021年市值首破万亿元,28家收获正增长.北京:新华网.[2022-01-25]. http://www.xinhuanet.com/fortune/2022-01/25/c_1128294927.htm.

(续表)

排名	企业	市值(亿元)	地区
28	信隆健康	36.81	广东
29	金陵体育	35.89	江苏
30	华生科技	35.3	浙江
31	中国动向	32.71	北京
32	三夫户外	31.2	北京
33	长白山	29.23	吉林
34	牧高笛	27.68	浙江
35	罗顿发展	25.77	海南
36	力盛赛车	24.44	上海
37	华米科技	20.2	安徽
38	英派斯	18.47	山东
39	疯狂体育	12.02	北京
40	智美体育	2.02	北京

四、我国体育科技专利、成果应用及转化

"科技是第一生产力",科技对于促进人类的文明与进步具有推动和促进作用。随着体育国际化、社会化和现代化的发展,科学技术在体育领域扮演着愈加重要的角色。体育科技业已成为一个国家或地区体育综合实力的重要体现,体育科技的发展水平能反映出一个国家或地区体育综合实力和社会文明进步的发展程度。"体育事业发展要依靠科学技术进步,科学技术必须发挥先导作用",这是我国竞技体育事业发展的长期指导方针,也是保证我国体育事业全面、健康、可持续发展的必然要求。当前,体育科技对于推动我国群众体育、竞技体育和体育产业的高质量发展,保证我国"全民健身计划"和"奥运争光计划"的深入实施具有重要作用。可以说,体育科技是促进我国体育发展的第一生产力。

(一) 体育科技专利

1. 体育科技专利总体数量

专利文献是技术信息有效的文本载体,涵盖全球 90% 以上技术情报[1]。《中国专利全文数据库(知网版)》源自国家知识产权局知识产权出版社数据库,收录了 1985 年至今的中国专利。主要包括发明公开、发明授权、外观设计和实用新型四个子库,可准确反映中国最新的专利发明。本文在中国知网专利数据库(主题% = '体育' or 专利名称% = '体育' or 主题 = '体育' or 专利名称 = '体育')检索了共计

---

[1] 吴新银,刘平.专利地图研究初探[J].研究与发展管理,2003(05):88-92.

23 698 篇与体育相关的专利文献（数据检索截至 2023 年 6 月 25 日）。

如图 8-14 所示，随着我国体育科技不断发展，体育专利的总体数量大致上呈现着增长的趋势。其中，在 2000 年到 2013 年期间，每年的体育专利数量都低于 500 个，但呈现出缓慢上升的趋势。2014 年至 2018 年间，体育专利数量进入了快速增长阶段，短短四年间，体育专利数量从每年 409 个增长到每年 2 475 个。在 2018 年至 2019 年，体育专利数量略微有所下降。2020 年和 2021 年，体育专利数量迎来了迅速的增长，每年的增长量在 1 000 个左右。根据中国知网专利平台数据预测，预计到 2023 年年底，我国体育专利申请数量将会达到 4 249 个。纵观 2000 年至 2021 年，体育专利数量的发展趋势大致上呈现着先缓慢增长，然后快速增长；尽管受疫情影响，2019 年之后增加趋势有所波动，不过总体上还是呈现出"螺旋式"增长态势。

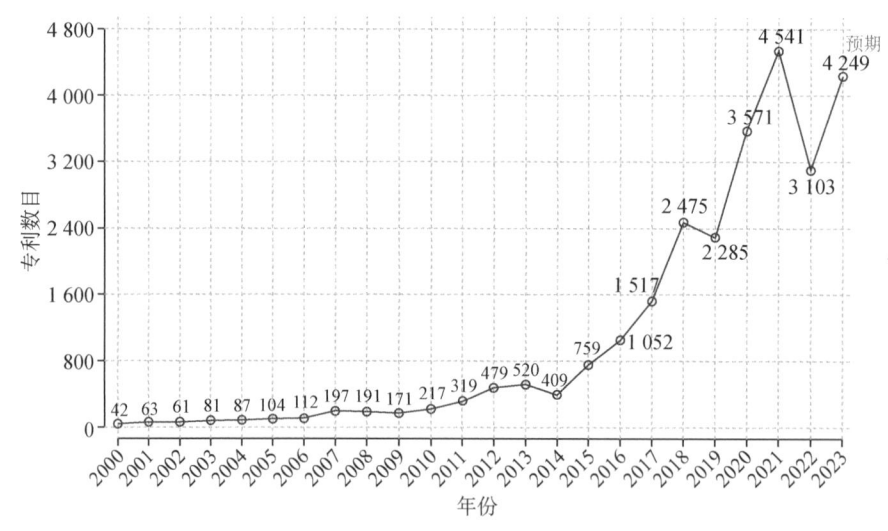

图 8-14　2000～2023 年体育专利数量逐年变化情况

2. 体育科技专利主题分布

随着体育科技的快速发展，体育科技专利主题的数量也日渐繁多，如图 8-15 所示，所展现的是在所有体育科技专利主题中截取的前 30 个主题（数据检索截至 2023 年 6 月 25 日）。这些主题主要分布在体育训练、体育器材、体育教学、外观设计、防滑垫、体育用品、体育锻炼以及体育运动等方面。根据中国知网体育科技专利的检索数据分析，在前 15 个热门体育科技专利主题中占比前 4 的主题分别为：体育训练 2 296 项、体育教学 2 036 项、体育器材 1 600 项、外观设计 1 090 项。总体而言，体育专利的数量不断增加，不过高新科技含量不足。未来的体育科技专利申请方向应转向生物技术、虚拟现实、智能材料、数据分析、可持续性等高新科技领域，以满足不断发展的体育和健康需求。

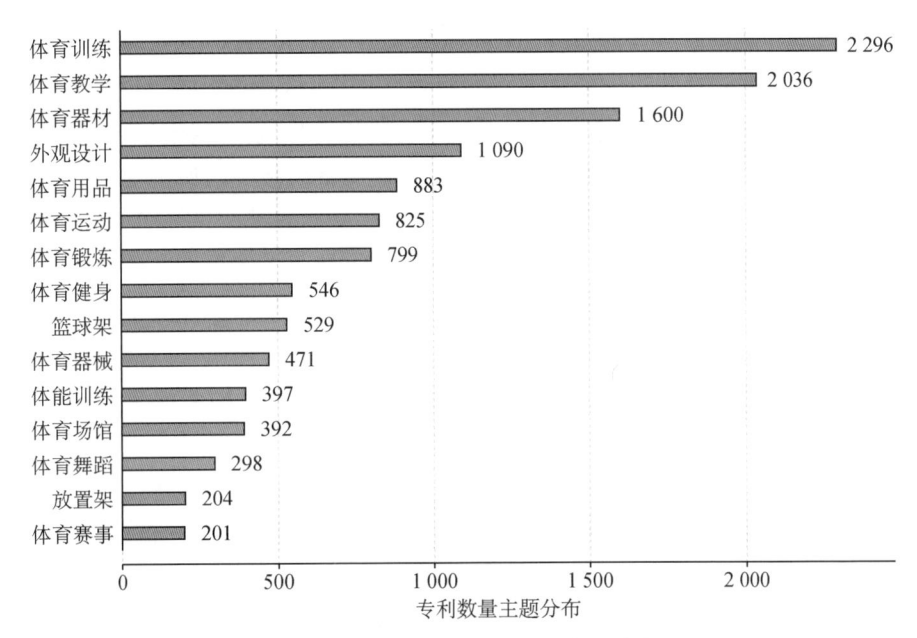

图 8-15 我国体育科技专利主题分布

3. 体育科技专利类别

根据中国知网中中国体育科技专利的数据（数据检索截止 2023 年 6 月 25 日），将体育科技专利的类别分为实用新型、发明公开、外观设计和发明授权这四类。如图 8-16 所示，其中，实用新型类专利 13 097 篇，占比 55.36%；发明公开类

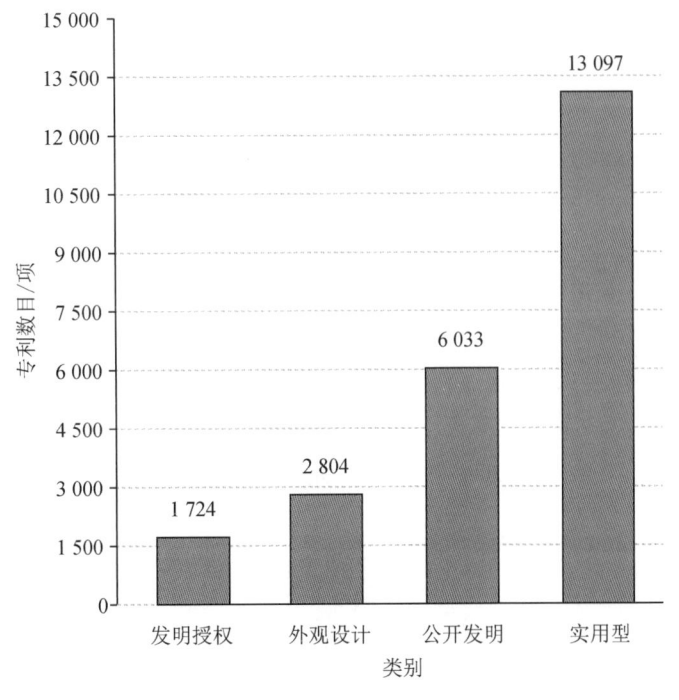

图 8-16 体育科技专利类别

专利 6 033 篇,占比 25.5%;外观设计类专利 2 804 篇,占比 11.85%;发明授权类专利 1 724 篇,占比 7.29%。总体上,体育科技专利主要为实用新型专利,科技含量较高的发明授权专利数量不足。未来应鼓励创新发明、强化基础研究、促进跨界合作、提升专利保护及知识产权教育,以推动中国体育科技的高质量发展。

(二)体育科技成果应用及转化

目前,我国专利申请类型主要包括发明专利、实用新型专利和外观设计专利3 种形式。其中,发明专利是指对产品、方法或者其改进所提出的新的技术方案,或是对现有产品或方法的改进。实用型是指对产品的形状、构造或者其结合所提出的适于实用的新的技术方案。外观设计是指对产品的形状、图案或者其结合以及色彩与形状、图案的结合所做出的富有美感并适于工业应用的新设计。体育专利也是按照上述 3 种形式进行分类。以"体育"为主题词,在国家知识产权局、国家科技成果网收集了 1988~2017 年(目前数据仅公布到 2017 年)的体育科技成果数据并进行整理。由于 2000 年之前的体育成果应用及转化的数量极少,为了清晰直观呈现总体趋势,图 8-17 的体育科技成果数量年度变化趋势主要选取了 2000~2017 年的数据进行分析。

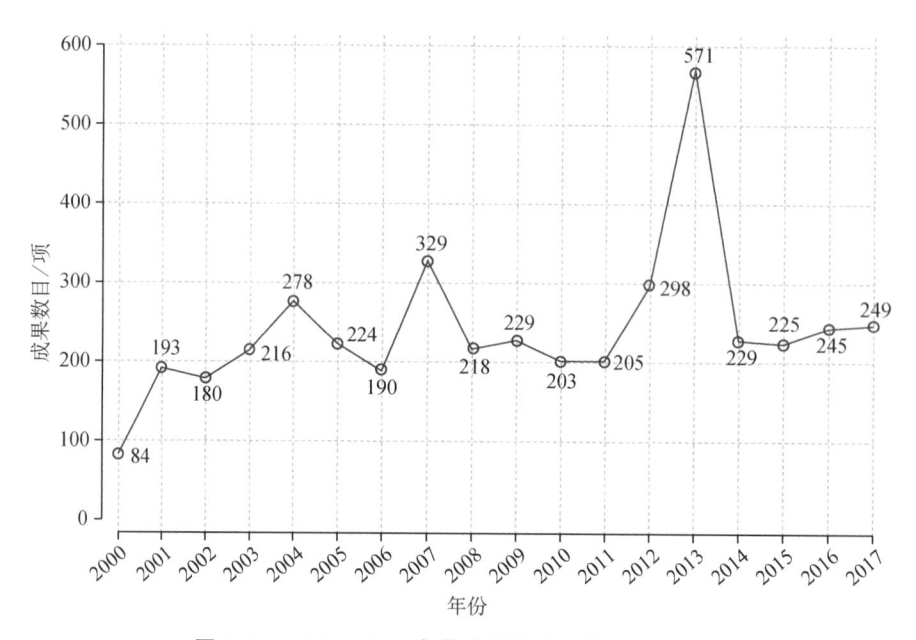

图 8-17　2000~2017 年体育科技成果数量变化情况

从图 8-17 可见,体育科技成果的数量在 2000 年至 2013 年期间,整体呈振荡式上升趋势,2012 年至 2013 年期间,体育科技成果数量大幅上升,在 2013 年时体育科技成果数量达顶峰,体育科技成果的数量达到了 571 项。自 2014 年开始,体育科技成果数量有所回落,增长趋于平缓。

从区域分布来看,我国体育科技成果数量的区域分布差异比较明显。目前,体育科技成果主要分布在北京市、上海市、广东省、浙江省、湖北省、河南省、江苏省以及河北省等地区。根据国家科技成果信息服务平台的数据(港澳台未纳入统计),按照地区分布分类,我国体育科技成果课题来源总量为4 510项。其中北京市717,占比15.9%;上海市333,占比8.27%;广东省359,占比7.96%;浙江省334,占比7.41%;山东省278,占比6.16%。由此可见,我国的体育科技成果产出的主阵地主要集中在"北上广"等一线城市。科技人才分布关乎区域体育科技的创新能力。由于一线城市聚集了大量的科研人才及高等教育资源,比如位于北京市的国家体育总局体育科学研究所、北京体育大学在体育科技成果的产出上占较大比例。这在一定程度上反映了近年来我国体育科技人才加速向东部沿海经济发达城市聚集,体育科技人才的区域分布呈现一些结构性失衡问题。

体育科技成果的类型主要分为应用技术类、软科学类和基础理论类。根据国家科技成果信息服务平台的数据,按照体育科技成果分类,我国体育科技成果课题来源总量为4 510,其中应用技术类3 194项,占比71%;软科学类1 072项,占比24%;基础理论244项,占比5%(图8-18)。总体上说,由于体育学的实践应用性特点,我国体育科技成果类型构成主要以应用技术类为主。

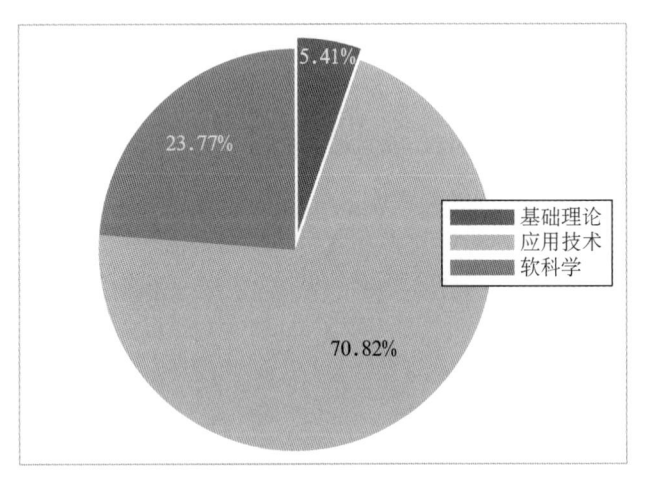

图8-18 体育科技成果类型

体育科技成果的课题来源主要分为国家科技计划、自选课题、民间基金、横向委托、国际合作、地方基金、部门基金、地方计划等类别。根据国家科技成果转化网的数据(图8-19),按照成果课题来源分类,我国体育科技成果课题来源总量为3 617,其中排名前5的分别为部门计划846(23.39%)、地方计划791(21.87%)、自选课题781(21.59%),部门基金430(11.89%)、国家科技计划327(9.04%)。总体上,国家部委及地方计划课题为体育科技成果的应用提供了坚实保障。

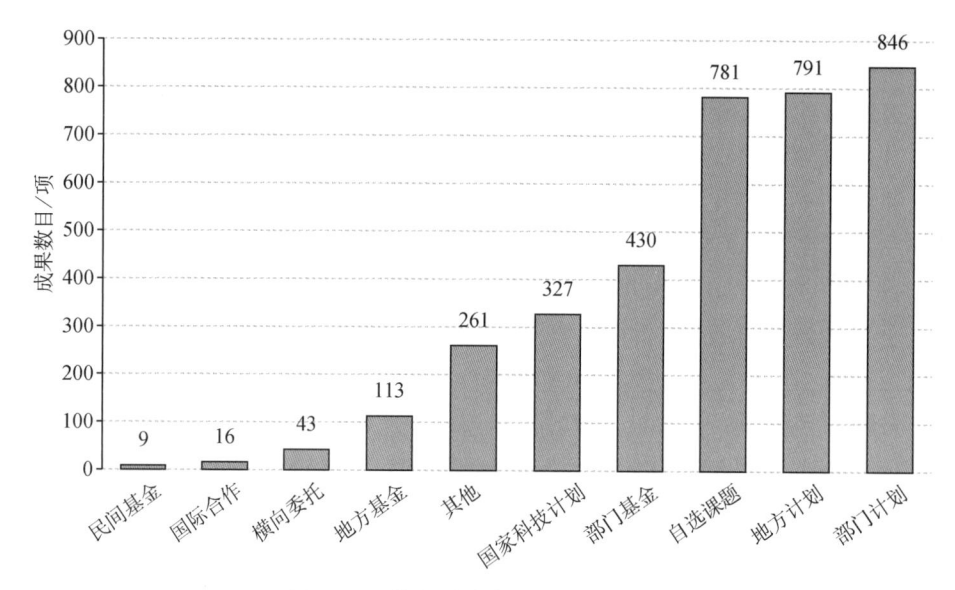

图 8-19 体育科技成果课题来源情况

如表 8-34 所示,截至 2017 年,登记在册的体育科技类项应用技术成果中,产业化应用的成果数达到 1 808 项,占全部应用技术成果的 77.96%;小批量或小范围应用的成果数 284 项,占比 12.25%;试用成果数 114 项,占比 4.92%;未应用的成果数 106 项,占比 4.57%;应用后停用的成果 7 项,占比 0.30%。从应用技术成果的推广形式看,技术服务、合作开发等方式是较为常见的形式。

表 8-34 体育科技成果转化与推广

应用状态	数量	推广形式	数量
产业化应用	1 808	其他	693
未应用	106	技术服务	614
应用后停用	7	合作开发	231
小批量或小范围应用	284	产权转让	96
试用	114	技术入股	59
—	—	资金入股	34

体育科技成果的成熟度,代表着体育科技成果的发展状态。体育科技成果的技术成熟度主要分为成熟应用阶段、中期阶段和初期阶段。根据国家科技成果信息服务平台的数据,按照体育科技成果技术成熟度分类,我国体育科技成果课题来源总量为 2 323,其中成熟应用阶段 1 677 项,占比 72.19%;中期阶段 395 项,占比 17.00%;初期阶段 251 项,占比 10.80%(图 8-20)。总体上说,我国体育科技成果的技术成熟度比较高,大部分都处于成熟应用阶段。

体育科技成果的研究形式主要分为独立研究、与院校合作研究、与企业合作研究、与国(境)外合作研究以及其他方式。如图 8-21 所示,我国体育科技成果课题

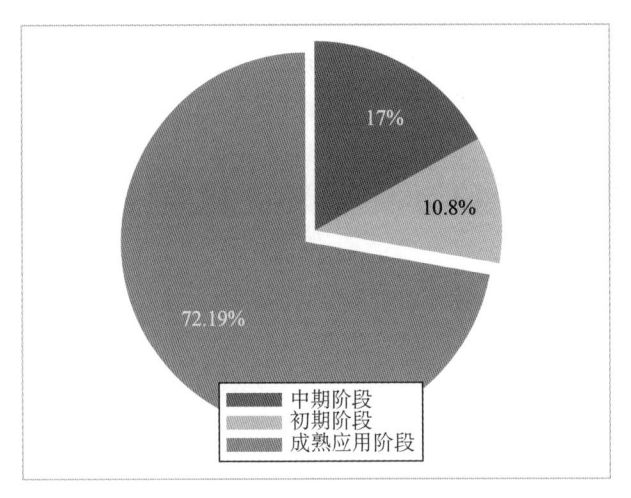

图 8-20 技术成熟度

来源总量为 4 510,其中独立研究为 2 549,占比 56.52%;其他方式的研究 1 103,占比 24.46%;与院校合作的研究 532,占比 11.80%;与企业合作的研究 301,占比 6.67%;与国(境)外合作的研究 25,占比 0.55%。总体上,目前我国的体育科技成果主要以独立研究为主,与院校合作研究也占据一定比例,跨国(境)的研究成果比较薄弱。

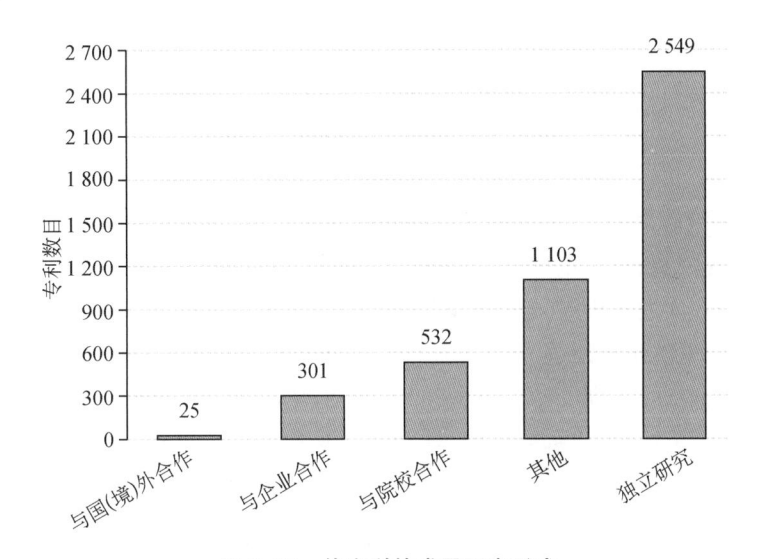

图 8-21 体育科技成果研究形式

(三)安踏集团体育科技发展案例

早在 2004 年,安踏便率先成立了一个国家级的运动科学实验室,之后陆续建立起检测实验室、先进鞋材实验室、专业装备实验室、鞋创新实验室、智能制造实验室,形成六大创新研发平台①。近年来,安踏集团不断地加大研发投入。如图 8-22 所示,从 2005 年开始,安踏逐年增加研发投入,研发活动成本比率逐年上升。截至 2018 年底,安踏集团创新研发的投入占销售成本的 5.2%,并在美国洛杉矶、日本东京、韩国首尔、意大利米兰、中国等地建立了全球设计研发中心,吸纳了近 200 名来自 20 个不同国家和地区的设计研发专家。目前安踏累计申请国家创新专利超 1 200 项②。

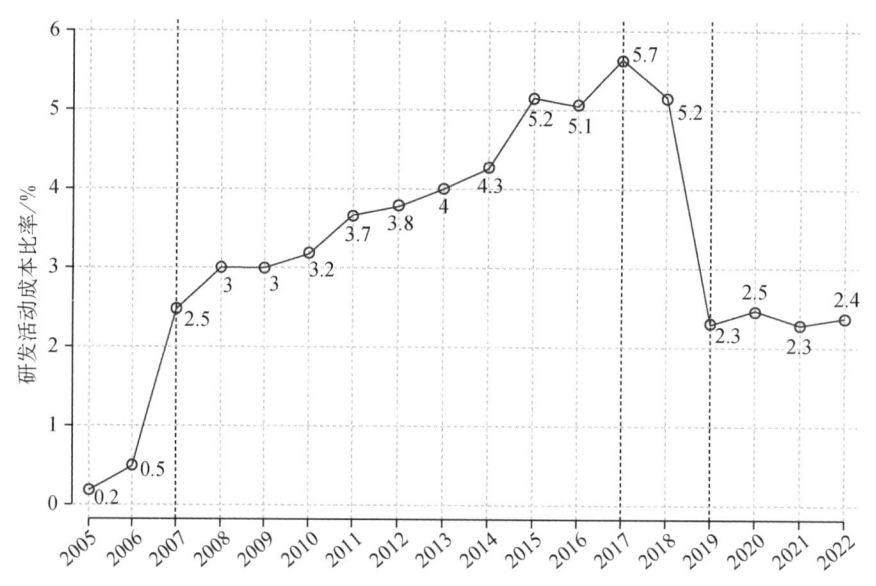

注:根据安踏历年公布的年报数据统计整理。

图 8-22 安踏研发活动成本比率

2021 年,安踏推行 5 年发展战略及快速增长"赢领计划",包括持续为中国国家队打造比赛装备、整合全球顶级运动科技研发力量、聚焦奥运会和跑步、篮球以及女子系列等,计划 5 年投入超 40 亿元完善全球研发体系,通过核心科技提升高阶商品占比。安踏不断增强专业研发核心优势,充分利用清华大学多院系跨学科资源,与清华大学联合创立了"清华大学—安踏(中国)有限公司运动时尚联合研究中心",通过跨学科的协同创新研究,构建产业领域的国际品牌,并通过全球影响力整合全球科技研发力量,打造体育行业全球领先的创新平台。通过高新科技助力,安踏炽热科技入选了德国 ISPOTEXTRENDFIBERS&INSULATION 类别全球精选奖,冰肤科技也获得 ISPO TEXTRENDS 的全球前十大奖。

由于安踏(中国)有限公司旗下还有斐乐体育有限公司、厦门安踏体育用品有限公司、上海安踏体育用品有限公司。设置检索条件为:(((((申请人 ='安踏(中国)

---

① 李曼.为运动搏实力,安踏永不止步.科技创新与品牌,2022(02):38-41.
② KEEP MOVING 安踏集团简介. https://www.anta.com/culture/story.

有限公司') OR (申请人 = '厦门安踏体育用品有限公司')) OR (申请人 = '上海安踏体育用品有限公司')) OR (申请人 = '斐乐体育有限公司'));检索范围:专利。如图 8-23 所示,随着企业研发资金的不断投入,安踏(中国)有限公司的专利申请数量不断提高,尤其从 2021 年开始获得专利数量快速攀升。

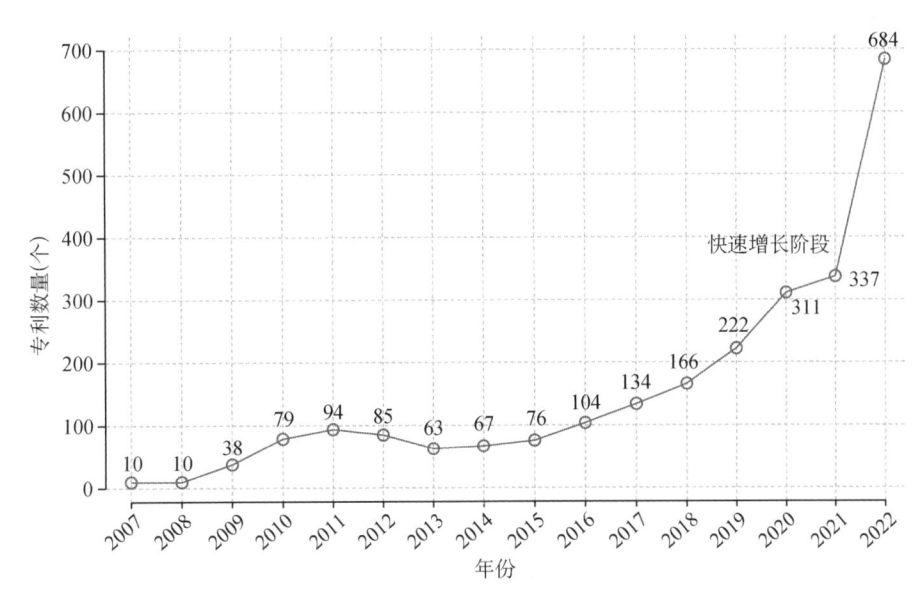

图 8-23 2007～2022 年安踏中国专利申请数量

一般而言,技术领域的专利累计申请量时间变化可以呈现企业的技术生命周期。技术生命周期一般分为以下 4 个阶段:导入期:专利申请量的增长率较低;成长期:专利申请量增长速度不断提高,曲线下凸,曲线函数的二次微分为正;成熟期:专利申请量增长速度开始变小,曲线出现拐点,曲线开始变为上凸,曲衰退期:专利申请量减少,出现负增长。可见,目前安踏(中国)有限公司的技术生命周期处于成长期向成熟期过渡阶段。

总体上,体育科技成果转化是连接智力成果与市场需求的重要环节,也是让科技转变为现实生产力的重要工作[①]。随着我国总体科学技术水平的快速发展,体育相关行业研发投入增大,科技含量不断增加。无论是专利申请数量质量,还是科技成果的转化应用都有了不少提升。不过,与欧美发达国家相比,我国体育科技成果的转化率总体上还不是很高,成果转化模式差异较大,体育科技成果的转化应用与推广机制还不够顺畅。

---

① 赵道静. 我国体育科技成果转化机制研究. 武汉:武汉体育学院,2012.

附录 I 中国体育科技相关主要政策

2001—2010年体育科技发展规划

（2002年12月）

体育科学技术工作是我国社会主义体育事业的重要组成部分，是推动体育事业发展的关键因素。为贯彻落实科学技术是第一生产力的战略思想，加强技术创新，全面推进体育科技进步，使体育科技工作更好地为体育事业发展服务，实现"科教兴体"的战略目标，完成《2001—2010年体育改革与发展纲要》提出的任务，特制定本规划。

一、发展现状和面临的形势

（一）10年来，我国体育科技工作取得了可喜的成绩。各级领导和广大体育工作者对"科教兴体"的认识有很大提高；体育科技体制改革取得初步成效；全民健身运动的科学化程度不断提高，组织进行了国民体质监测与科技服务；竞技体育科技工作重点突出，科技与运动实践有效结合，运动训练科学化水平显著提高，形成了具有中国特色的科研攻关与科技服务体系；体育信息、社会科学、软科学研究方兴未艾，体育决策和管理日趋科学化；形成了一支具有相当规模、有较高研究水平的体育科技队伍；完成了大量体育科技成果，近600项成果获得国家科技进步奖和体育科技进步奖。

（二）体育科技工作虽然取得了可喜的进步，但是，依靠科技进步发展体育事业的体制与运行机制尚不完善，内部活力尚未充分发挥；体育科技与体育运动实践结合不紧的问题还没有从根本上得到解决；体育科技解决实际问题的能力和水平还不高；高水平科技人才缺乏，技术创新意识和能力不够；体育科技管理体制和运行机制与体育事业改革和发展的需求尚不适应；体育科技政策、法规制度建设尚不完善。

（三）新世纪前10年是体育科技改革与发展的重要时期，体育科技工作面临着新的机遇与挑战。

——随着我国实施科教兴国战略,重视科技工作,依靠科技进步促进体育事业发展,已成为体育界的共识。世界科学技术和体育事业迅猛发展对体育科技工作提出了更新、更高的要求,特别是北京将在2008年举办奥运会,体育科技工作面临着前所未有的发展机遇。

——随着知识经济时代的到来,科技进步和创新已成为增强综合国力的决定性因素。如何进一步深化改革,全面推进体育科技进步,为体育事业发展做出新贡献,是体育科技工作面临的新挑战。

——随着社会经济发展和人民生活水平提高,人们对自身健康状况更加关注,经济建设和社会发展对国民素质提出更新、更高的要求,体育科技工作为增强人民体质服务的任务更加艰巨。

——随着国际体坛竞争的日趋激烈,特别是北京将在2008年举办奥运会,为提高运动技术水平、不断增强我国竞技体育整体实力,体育科技还需要做大量的工作。

——随着体育改革的不断深化和体育产业全面发展,进一步提高体育管理科学化水平和体育产业科技含量,促进体育事业发展,还需要体育.科技工作做出更大努力。

二、体育科技发展的总目标和指导方针

(一)新世纪前10年体育科技发展的总目标是:建立适应社会主义市场经济体制和体育事业发展、与体育运动实践密切结合、结构优化、布局合理、精干高效、纵深配置、全面开放的体育科技服务体系和与之相适应的体育科技管理体制和运行机制,全面推进体育科技进步,在增强人民体质和提高运动技术水平中发挥越来越重要的作用,努力完成《2001—2010年体育改革与发展纲要》提出的各项任务,为体育事业发展做出更大贡献。

主要目标是:

——大众科学健身意识明显增强,科学健身方法与手段普遍应用,国民体质监测与全民健身的科研与服务水平显著提高,初步建立全民健身科技服务体系。

——对运动技术、训练方法、训练比赛器材的研究与创新取得明显效果,显著提高运动员、教练员的文化水平和科技素质,运动训练的科学化水平明显提高,初步建立竞技体育科技服务体系。

——各级领导及广大体育工作者的科技意识普遍增强,体育科技管理体制与运行机制逐步完善,体育管理、社会科学的研究进一步深入,体育科技管理政策与法规制度基本完善,体育决策和管理科学化水平明显提高。

——体育科学应用基础性研究进一步得到加强,重点训练基地、国家队及科研机构的科研条件明显改善,体育科技队伍素质和水平明显提高,技术创新和体育科技实力明显增强。

——体育科技资源与结构进一步优化,根据运动训练实践,建成各项目国家队训练、科研、医疗服务紧密结合的科学训练监控服务体系。

(二)为实现体育科技发展的目标,应坚持以下基本方针:

——坚持"科教兴体"。坚持科学技术是第一生产力,发展体育事业必须依靠科学技术,全面推进体育科技进步,提高全民健身和运动训练的科学化水平。

——坚持科学技术与体育运动实践紧密结合。努力探索和实践科学技术与体育运动实践紧密结合的体制和运行机制,为增强全民族体质和提高运动技术水平服务。

——坚持体育科技体制改革。不断解放思想,实事求是,进一步优化体育科技资源和结构,完善体育科技管理体制和运行机制,充分调动广大科技工作者的积极性和创造性。

——坚持科技创新。加强全民健身和运动训练关键问题的科研攻关,全面推进技术创新,不断提高我国体育科技的自主创新能力和创新水平。

三、大力推进全民健身的科技进步

(一)体育科技工作要以提高国民体质和全民族健康水平为主要任务,以社会化为方向,面向社会,依托社会,服务社会,深入开展提高国民体质和全民健身科学化水平的研究与服务,初步建立全民健身科技服务体系,全面推进全民健身的科技进步。重点建设并完善国民体质监测与科学健身指导系统,实施体质监测制度,定期公布国民体质状况,为实施全民健身计划提供科学依据。加强全民健身研究的学科建设和人才培养,在优化结构、合理布局的基础上,在全国范围内选择有条件的单位建立全民健身重点研究基地。加强社会体育指导员队伍建设和培训,不断提高广大社会体育指导员组织和指导全民健身活动的科学化水平。充分发挥各体育科研机构、体育院校、科学学会、行业体协、企业及社会中介组织的作用,推动全民健身科技服务的社会化、产业化。

(二)重视并加强群众体育科学研究及服务工作,努力拓宽群众体育科研领域,加强国民体质监测评价及科学健身指导系统等全民健身科技服务体系的建设与应用。有针对性地深入开展全民健身理论、手段与方法的研究与应用、不同人群健身运动处方的研究与应用、各种健身器材的研制及推广,积极引进、吸收、借鉴竞技体育研究成果为全民健身服务。加强科学健身的科普知识宣传和科学技术普及工作,大力推广科学健身手段和方法,反对伪科学,全面提高大众健身科学化水平。

四、全面推进运动训练科学化

(一)竞技体育科技工作要以运动训练为主战场,以备战亚运会、奥运会为主要任务,紧密结合运动训练实践,深入开展科研攻关与科技服务工作,进一步推进运动训练科学化。通过长期、系统的科研攻关与科技服务,采用多学科、综合性的先进科学理论、方法和手段,深入研究专项训练规律,大力加强运动训练理论与方法的研究与应用,加强技术创新,有针对性地解决运动训练的实际问题。科研攻关与科技服务工作要讲求实效,突出实用价值,充分发挥科技的先导作用,提高我国运动员的运动技术水平和竞争实力。

(二)积极探索和实践训练、科研、医疗服务紧密结合的体制和运行机制,科研攻关与科技服务的目标及内容要以训练单位为主选定,教练员与科研医务人员紧密结合组成科研攻关与科技服务组,管理工作由各有关项目管理中心及国家队全面负责,科研效果由训练实践检验和评价,科研医务人员待遇和奖励由运动队确定和解决,建设并完善各项目科学训练监控服务体系。

(三)紧密联系运动训练实际,统筹部署,选准方向,以科研工作带动科技服务体系的建设。重点支持和深入开展运动员科学选材、运动员机能评定及科学训练监控、运动技术及战术研究、运动员体能恢复及营养补充、中医药防治运动性伤病、运动训练与比赛器械及科研测试仪器研制与应用、运动员心理测试及训练、运动员伤病防治、体育信息服务等领域的研究与建设。

(四)不断提高教练员、运动员的科学文化素质是当前推动运动训练科学化的关键。进一步采取措施加强对教练员、运动员的培训,切实提高教练员、运动员的文化水平和科技素质。积极引导教练员和相关人员学习和掌握先进的运动技术、训练方法、训练比赛器材,鼓励创新,促进科技成果转化与应用,提高运动训练的科学化水平。

(五)进一步加强对运动员、教练员、科研医务人员的反兴奋剂教育,建立责任制,明确责任,齐抓共管,坚决反对兴奋剂。建立并实施反兴奋剂宣传教育系统、反兴奋剂质量控制系统,提高反兴奋剂工作的水平和运动员抵制兴奋剂的自觉性。加强兴奋剂检测技术和方法研究,提高兴奋剂检测水平,圆满完成2008年北京奥运会兴奋剂检测任务。

五、提高体育决策和管理科学化

(一)各级领导要增强科技意识,善于用科学的态度分析问题,用科学的思想和方法解决问题,按照科学的决策程序、运用科学的方法和先进技术手段进行决策,不断提高管理决策的科学化水平。大力开展以体育体制改革、发展战略、法制建设、政策研究等为主要内容的社会科学、软科学研究与应用,为体育管理实践提供理论指导和决策服务。

(二)重视和加强体育管理信息化建设,建立体育管理信息服务系统,充分开发和利用体育信息资源,不断提高管理工作效率和质量。加强系统科学在体育管理工作中的推广应用,优化组织结构,完善运转程序,实施层次管理,努力提高体育工作组织管理水平,努力实现体育管理工作信息化、科学化、现代化。

六、提高科技创新能力和科研水平,增强科技实力

(一)针对体育运动实践中的关键领域和关键问题组织科研攻关,加强技术创新,提高体育科技解决体育运动实践问题的能力和水平。继续加强体育科学应用基础性研究,重点支持与增强人民体质、提高运动技术水平密切相关的研究项目,积极引导科技人员和相关人员加强技术创新,增强体育科技的持续创新能力。结合体育运动实践,大力开发高水平、实用性强的科技成果,使一些重点领域、关键问题的研究成果达到或超过国际先进水平。

(二)加强体育科技的基本建设,改善科研条件,进一步增强体育科技实力。在继续抓好"九五"期间基本形成的重点实验室的基础上,加大重点实验室的建设力度,集中力量建设5至7个具有鲜明特色和国际影响的高水平研究中心(重点实验室)。积极引导地方及有关单位采取措施,加强投入,改善所属科研机构的科研条件,并选择有条件的单位建立体育科学重点研究基地。

(三)加强训练基地及国家队的科技建设,以5至6个训练基地为重点,并在训练基地、重点项目运动队建设专项特征明显的小型流动测试实验室。围绕建立各项目科学训练监控服务体系的目标,为国家队配置相应的科研测试仪器设备,改善科技服务条件。

(四)加强体育科技人才培养,有计划地组织中青年学术带头人研修、考察,主持、承担高水平研究项目,为优秀中青年科技人才脱颖而出营造良好环境和条件。重点培养20位左右具有国际影响的科技带头人,形成一支结构合理、高效精干的体育科技队伍。充分发挥体育科技专家的作用,对体育科技中的重大问题进行咨询指导。逐步改善科研工作条件,提高体育科技人员待遇。加强体育科技工作者的思想道德教育和科研道德制度建设,弘扬科学精神,坚持实事求是,克服浮躁心理,反对急功近利,端正学风,勤奋治学,强化服务意识和团队精神。

(五)加强横向联合,积极开展合作研究、学术交流等多种形式的国内外体育科技交流,吸引社会科研力量开展体育科学研究与服务工作,借鉴和引进其他行业的研究成果,努力提高体育科技工作的社会化程度,增强体育科技实力。积极开展国际体育科技合作与交流,参与国际竞争,吸收国外留学人员回国创业,为体育科技人员出国参加国际学术会议和科学研究创造条件。充分发挥体育科学学会等各种社会中介组织的作用,内引外联,广泛协作。加强开发性研究工作,努力推进体育科技成果转化,促进体育科技成果的商品化、产业化。

七、深化改革,建立并完善体育科技服务体系

(一)根据体育运动发展的要求,紧密围绕新时期体育工作的任务,结合北京将举办2008年奥运会,调整体育科技系统的组织结构,合理布局和调整现有体育科技力量,完善相应的运行机制,提高体育科技的整体素质和科技创新能力,建立

适应社会主义市场经济体制和体育事业发展的、与体育运动实践密切结合、结构优化、布局合理、精干高效、纵深配置的体育科技服务体系，促进体育科技工作的全面发展，完成北京举办 2008 年奥运会提出的各项科技保障任务。

（二）各级体育行政部门要根据国家科技体制改革的精神，结合本地区实际情况，认真做好体育科技体制改革工作，引导和推动科研机构加速结构调整和人员分流工作。采取有效措施，促进科技人员深入运动实践第一线。有条件的可以将科研机构或部分科技资源并入训练单位，充实运动队或训练基地，成为运动队或训练基地的科研测试研究中心，从体制上和机制上解决好训练、科研、医疗服务的紧密结合。

（三）按照国家科技体制改革的精神，对体育科研机构实行分类改革和管理。有面向市场能力的要向企业化转制；主要从事公益性服务和研究、无法得到相应经济回报、确需国家支持的，按非营利性科研机构运行和管理。体育科研机构应继续改革和完善内部管理，调整内部组织结构，合理配置科技资源，逐步建立"开放、流动、竞争、协作"的管理体制和运行机制。在人事、分配制度等方面深化改革，进一步完善所长负责制，逐步建立固定与流动相结合、专职与兼职相结合的用人制度，建立科技人员收入与其工作业绩和创造效益挂钩的分配制度。合理配置并有效利用大型科学仪器资源，统管共用，提高使用效益。

（四）体育总局各直属科研机构按照国家科技体制改革的精神，实行分类改革和管理。保留并加强体育科学研究所作为非营利性科研机构，重点完成国民体质监测、备战亚运会和奥运会科研攻关与科技服务等工作，形成精干、高效的高水平体育科研中心。体育信息中心承担体育信息化建设的开发、管理和服务工作，广泛收集、整理体育信息，为领导决策和体育事业发展提供研究成果和咨询服务。运动医学研究所主要开展运动性伤病防治及运动营养研究和开发应用，为国家队运动员服务，同时面向社会开放；开展兴奋剂检测方法的研究并承担反兴奋剂具体工作。成都运动创伤研究所转制为医疗机构，昆明体育电子研究所转制为企业。

（五）各省、自治区、直辖市体育科研机构应突出重点，形成特色，引进、消化、推广先进体育科技成果，重点抓好国民体质监测和优秀运动队的科研攻关与科技服务工作，积极承担备战 2008 年奥运会科技任务。省级以下的基层科技力量应以多种形式与服务对象溶为一体，紧密结合全民健身和运动训练的需要，积极开展多种形式的全民健身科技服务，不断提高科学选材和运动训练的科技含量，培养和输送更多更好的体育后备人才。积极贯彻落实中央西部大开发战略，采取有效的政策和措施，支持西部地区体育科技工作的发展。

（六）体育院校应制定有关政策，妥善处理好为全民健身、备战亚、奥运会科研攻关服务工作与校内教学工作的关系，充分发挥知识和人才密集的优势，围绕建设教育、训练、科研三结合基地的目标，挖掘潜力，加强学科建设和重点领域的应用基础性研究，为提高全民素质和运动技术水平发挥更大作用。

八、加大体育科技投入,建立多层次、多渠道的体育科技投入体系

(一)继续加大政府对体育科技的经费投入,每年用于体育科技工作的经费应不断增加。通过经济和行政手段,多渠道、多层次筹集体育科技经费。积极争取信贷、匹配性资金、税收等政策性投入,以政策引导、激励政策等吸引社会各界投资体育科技应用开发研究。争取体育彩票公益金中用于体育科技工作经费逐步增加,有条件的单位可建立体育科技专项基金。逐步建立与社会主义市场经济相适应、以国家投入为主、社会和单位多渠道筹集资金、多层次投入的体系。

(二)各级体育行政部门应增强科技经费总量调控能力,统筹计划经费投放,改革投入方式,促进科技与体育运动实践的紧密结合,使体育科研机构提高自我发展的能力和主动为体育事业服务的活力。科技投入应重点资助与全民健身和奥运争光密切相关的科研工作,解决好事关各级体育事业发展的关键问题。加大对应用基础性研究、基础数据库建设和体育科研专著出版的经费支持力度。

(三)各有关单位应严格按照有关经费管理办法,加强对科技经费的管理,提高经费使用效益。科技专项经费不得挪作他用,保证用于与科研活动直接相关的支出。加强对科研项目经费预算的审查和监督,经费支出要经科研管理部门的审核和单位领导的审批,科研项目结束时要进行经费支出决算并通过审查。

九、加强对科技工作的领导,完善体育科技管理法规制度

(一)各级领导要从战略高度充分认识体育科技工作的重要性和紧迫性,加强对体育科技工作的领导,第一把手要抓科技工作,各分管领导也要直接抓好所管范围的科技工作,全面推进体育科技进步。应提高各级领导、业务部门、各级单位的科技意识和科技管理水平,把抓科技工作的成效作为考核各级领导干部业绩的重要指标。各体育行政部门及单位应根据国家科技方针政策,研究制定并全面组织实施本地区(系统、部门、单位)体育科技发展规划和计划,把加强技术创新、全面推进科技进步放在体育事业优先发展的关键地位,切实依靠科技进步促进体育事业的发展。加强领导和统筹规划,理顺关系,调动全国科技力量积极参与体育科学研究,形成体育科技的"举国体制",全面推进体育科技进步。

(二)建立健全体育科技管理法规制度,加强对科研工作的管理,逐步实行课题制管理。改革科研项目立项及评价办法,逐步建立与体育运动实践紧密结合的体育科技评价体系,进一步从体制、机制上解决好科技与体育运动实践紧密结合的问题。完善体育科技奖励制度,重点奖励为提高全民健身和运动训练科学化水平做出突出贡献的科技人员和相关人员。

贯彻落实科教兴体战略,加速体育科技进步,是当前发展体育事业的重要任务。各级体育行政部门和有关单位要结合实际情况,认真研究,做好部署,开好头,起好步,为体育事业的发展做出更大的贡献。

奥运科技(2008)行动计划

(2002 年 3 月 16 日)

为使科技创新成为"绿色奥运、科技奥运、人文奥运"三大主题的有力保障,科技部和北京市政府联合教育部、国防科工委、国家体育总局、中科院、中国工程院、中国科协、国家自然科学基金委等有关部门,共同组织实施"奥运科技(2008)行动计划"。

一、总体目标

实施"奥运科技行动计划",将 2008 年北京奥运会办成一届科技含量最高的体育盛会,使北京奥运会同时成为展示中国高新技术和创新实力的窗口和舞台。创造一个清洁、优美、安全、便捷的奥运会环境;提高我国运动员在 2008 年奥运会上的运动成绩和我国公众特别是广大青少年的科学素养;以科技助奥为契机,提高我国科技创新能力和科技服务于经济、社会发展的水平,促进我国高科技跨越式发展。

二、基本原则

需求导向 以奥运对科技的需求为出发点,围绕 2008 年北京奥运的三大主题,发掘、筛选、优化科技项目,为成功举办奥运提供技术保障和智力支撑。

重点突破 针对奥运成功举办的若干"瓶颈"和焦点问题,重点安排一批重大项目和课题,建设一批科技奥运的标志性工程,并以此带动其它项目发展。

集成创新 调动全国科技资源,应用国内外先进技术,在集成已有科技成果的基础上大胆创新,并将创新成果率先应用于奥运工程。

强化协调 探索建立多个单位参与、分工协作、高效运作的工作机制;加强信息沟通,强化部门间协调,实现资源合理配置。

三、重点任务

依据上述基本原则,并结合未来几年科技发展趋势,本实施方案将在试点示范、数字奥运、运动科技、科普、中关村科技园区等五个方面,优选一批重点项目,分批、滚动实施。

(一)试点示范

重点围绕北京环境、交通等奥运热点问题,集成已有科技成果,加大推广转化力度,并对其中的关键技术进行科技攻关,建设一批示范工程,提升北京城市现代化水平。

——首都圈防沙治沙　在已有工作基础上，重点开展防沙治沙生态建设布局、规划和治理模式研究，北京沙尘天气监控和应急系统研究等，形成可有效遏制首都圈沙化趋势的技术体系，并形成可大面积推广的模式，扩大技术示范范围，到2008年之前，使北京区域内沙化地带的治理率达到100%，周边地区沙化状况得到根本性控制。

——首都大气质量监控与气象保障　通过现有科技成果集成和关键技术的研发应用，重点开展北京市大气污染监控、燃煤污染控制、机动车排放污染控制等技术的研究与示范，全面改善北京的大气质量状况，到2008年，使北京城市"空气质量达到中国和世界卫生组织规定的标准"；加强北京气象检测和人工控制研究，为奥运会的举办提供气象保障。

——污水治理与节水　针对北京水资源现状，重点开展饮用水源保护、水污染控制与治理、官厅水库水质改善等项目的研究与推广示范，到2008年城市污水处理率达到90%以上，污水回用率达到50%，饮用水质达到世界卫生组织的指导值。

——城市固体废弃物综合治理　加强固体废弃物综合治理，重点开展城市生活垃圾、工业固体废弃物无害化、资源化利用处理等技术的研究与推广，到2008年，城市垃圾将全部进行安全处理，垃圾资源化率达到30%，分类收集率达到50%；协同大气污染和水污染治理，从整体上解决北京城市环境污染问题。

——洁净能源技术　通过清洁燃煤、天然气冷热电联供、可再生能源利用技术的推广与示范，调整北京市能源结构，减少环境污染。到2008年，使奥运场馆周围80%～90%的路灯利用太阳能光伏发电技术，奥运村90%的洗浴热水采用太阳能集热技术。

——清洁汽车　围绕清洁汽车在使用推广中的技术瓶颈，加强技术攻关，重点开展电动汽车相关技术研究与推广、新型清洁汽车开发与生产，到2008年，北京90%的公共汽车和70%的出租车使用清洁燃料，为奥运运动员和市民提供舒适、快捷、清洁的服务。

——智能交通　通过全球定位系统、地理信息系统、管理信息系统等技术的集成创新，重点开展城市智能交通系统（ITS）、交通紧急事件处理系统的规划与实施，在奥运村率先进行智能交通系统应用示范，建立北京智能化交通网络系统。

——奥运安全　集成新型安全技术，重点开展各种爆炸物、危险品检测设备研制，公众紧急救助系统实施研究，进行奥运村及周边地区安全评价及应急预案设计，建立有效的安全防范机制，为奥运会提供万无一失的安全保障。

——食品工程　加快制定绿色食品生产技术规程及标准体系，保障食品安全。重点开展绿色食品生产、检测及包装技术，无公害中间投入物应用技术的研究，集中建设若干绿色食品生产基地等，为参赛运动员和公众提供无污染、安全、营养的食品。

（二）数字奥运

将奥运与数字技术结合起来，应用最先进的信息、通讯技术，建设一批标志性示范工程,使数字奥运集中体现中国高新技术的发展水平。

——数字新闻信息系统 通过新一代光纤通讯网、微小卫星、第三代移动通讯等多项技术的集成创新,重点开展海量数据存储和处理技术研究、光纤通讯城域接入网示范工程建设,为奥运会各项新闻信息的搜集、整理、发布和传输提供可靠保障。

——智能化比赛管理系统 通过计算机、通信、光电、传感等多项技术的综合应用,重点开发数字奥运基础服务软件、奥运体育比赛信息管理系统,为奥运提供大容量、高速、安全、稳定的信息管理平台;并与新闻信息系统联接,为运动员、奥运会服务人员及公众提供适时、快速、便捷的信息服务。

——信息安全 创建科学的安全模型,制定适合国情的网络综合安全协议,重点开展信息安全防范体系研究,为国家网络监控管理提供技术和方法,建设北京高等级信息安全系统。

(三)运动科技

从解决运动训练实践中的难点和关键点出发,应用现代科技理念、手段,集成先进、科学的训练方法,全面提高我国运动员的科学训练水平和运动竞技水平。

——科学训练和运动器材 开展科学训练、机能评定、伤病防治、运动营养与恢复等方面的研究,开发研制先进的体育器材和设备,开展科学训练基地建设示范,建立竞技运动的科学训练体系和高水平的医疗康复等配套服务体系。

——兴奋剂检测 通过兴奋剂检测相关技术的研究,研制开发准确、便捷的兴奋剂检测仪器和设备,满足奥运会兴奋剂检测要求。

(四)科普

结合"人文奥运",加强科普宣传教育,提高市民科技意识和人文素养。

——科普宣传教育 建设科普设施,完善城市社区科普组织网络,开展奥运科普群众活动,传播科学思想和科学方法,普及科学知识,提高人民群众的科学文化素质。

(五)中关村高科技园区

以奥运为契机,以奥运科技需求为动力,促进高新技术产业的发展,推进首都产业结构调整和优化升级。通过技术创新和机制创新,重点建设国家863产业孵化基地、中关村软件园和生命科技园、留学生创业园,完善首都孵化器基地体系。

四、保障措施

"奥运科技(2008)行动计划"所提出的重点任务,都是直接关系到成功举办奥运的重大关键技术问题。要采取切实可行的措施,保障行动计划的顺利实施。

第一,加强领导,组织保障 成立由行动计划参与单位主要领导组成的"奥运科技(2008)行动计划"领导小组,负责行动计划的战略规划和宏观协调;成立由参与单位职能司局负责人组成的工作小组,具体负责行动计划的运作。建议在北京奥组委中设立以国家"奥运科技(2008)行动计划"领导小组成员为主体的科技委员会,沟通奥运科技需求与科技资源供给。

第二,探索机制,健全制度　积极探索参与单位分工协作、有效协调、高效运作的工作机制;健全相关制度,包括领导小组联席会议制度、工作小组季度例会制度、联络员信息通报制度和专家咨询制度等,保证参与单位之间的信息有效沟通、工作有效协调和资源有效配置。

第三,计划引导,投入保障　通过863计划、科技攻关计划、973计划、知识创新工程、自然科学基金等国家主要科技计划,保障科技投入;发挥国家投入的引导作用,吸引更多的社会资源投向奥运科技项目和示范工程。

第四,统一规划,分头实施　各参与部门共同制定统一的行动计划、实施方案和项目指南,在现有计划格局和管理体系不变的情况下,分头组织实施。在实施过程中重视与奥运相关的知识产权保护工作。

第五,集思广益,突出创意　成立由科技、体育、艺术和管理等多领域专家组织的"奥运科技创意专家组",对信息化、数字化等快速变化的最新技术应用于奥运会的可能性进行研究和评估;广泛征集如何将高新技术成果应用于奥运会的创意思路,吸引科技界广泛参与奥运科技行动计划的实施。

2011—2020年奥运争光计划纲要

(2011年5月17日)

中国体育代表团在北京奥运会上取得历史性突破,标志着我国竞技体育圆满完成了《2001—2010年奥运争光计划纲要》(以下简称《纲要》)的各项任务,进入新的发展阶段。胡锦涛总书记在北京奥运会、残奥会总结表彰大会上的重要讲话中提出推动我国由体育大国向体育强国迈进的奋斗目标,为新时期我国体育事业发展指明了前进方向。2011到2020年,是我国全面建设小康社会、加快推进社会主义现代化的关键时期,是推动我国由体育大国向体育强国迈进的重要阶段,深刻认识并准确把握我国竞技体育发展面临的机遇与挑战,科学规划未来10年竞技体育工作,对于促进竞技体育全面、协调、可持续发展,适应我国经济、社会和文化发展的新要求,推动我国由体育大国向体育强国迈进,具有十分重要的意义。

一、实施《纲要》的主要成就

改革开放以来,在党和国家的高度重视和坚强领导下,我国竞技体育发展取得了举世瞩目的成就,从体制调整到机制运行,从发展规模到发展效益,从政策制定到法规建设都初步形成了具有中国特色的竞技体育管理体制和运行机制,走出了一条有中国特色的竞技体育发展道路。

《纲要》是指导我国竞技体育稳步发展的战略规划,是在过去十年中指引我国竞技体育发展和实施奥运战略的纲领性文件。在《纲要》的指引下,我国连续在两届夏季奥运会和三届冬季奥运会上实现运动成绩和精神文明双丰收,竞技体育整体水平跃居世界先进行列。其中,夏季项目在2008年北京奥运会上以51枚金牌100枚奖牌名列金牌总数第一,冬季项目在2010年温哥华冬季奥运会上取得历史性突破,实现了奥运争光计划的战略目标。备战奥运会组织体系和管理模式逐步完善,在研究和把握运动项目规律,推动训练和管理工作突破创新,加速备战奥运会管理的科学化、规范化和集约化进程等方面积累了丰富的经验。积极创新后备人才培养模式,深化体教结合,多元化后备人才培养格局开始形成。

《纲要》实施以来,竞技体育工作认真贯彻落实科学发展观,坚持和不断完善举国体制,创新管理机制,初步形成了符合我国国情和实际的,具有中国特色的竞技体育发展模式。举国体制的优越性在竞技体育领域得到充分体现,调动了国家、地方和社会多方面的积极性、主动性和创造性,形成了以在奥运会上取得优异成绩为主要目标的竞技体育管理体系,发挥了竞技体育较快发展的资源优势和人才优势,《纲要》的动员力、号召力和凝聚力成为我国竞技体育发展的主要动力,成为奥运争光战略的重要基石和支撑。

《纲要》实施以来,各级地方政府高度重视竞技体育事业发展,将竞技体育作为展示本地区体育发展成果、群众体质健康、社会文明进步、经济发展水平和科技创新能力的综合平台,成为衡量地区经济社会文化发展和综合竞争力的重要指标;努力发挥竞技体育多元功能和综合社会价值,增强全民体育意识,促进全民健身运动,带动体育产业发展,对我国经济发展、社会进步、国力提升和建设和谐社会做出了积极的贡献。我国体育健儿创造的"为国争光、无私奉献、科学求实、遵纪守法、团结协作、顽强拼搏"的中华体育精神,成为鼓舞和激励全国各族人民的巨大精神力量,成为中华民族精神的宝贵财富。

二、我国竞技体育可持续发展面临的机遇与挑战

2011到2020年,我国全面建设小康社会,构建社会主义和谐社会的目标和任务对体育工作提出了新的更高的要求。当今世界格局深刻变化,科技进步日新月异,综合国力竞争日趋激烈。体育作为社会发展和文明进步的重要标志,是一个国家综合实力和竞争力的重要体现。竞技体育作为体育的重要组成部分,在振奋民族精神,增强民族自豪感和凝聚力方面具有不可替代的特殊作用。以奥运会为代表的重大国际比赛具有很强的国际可比性,是体育强国建设的鲜明指标和表现特征之一。未来10年,是我国全面建设小康社会、构建社会主义和谐社会的关键阶段。在这个进程中,体育承担着重要的历史使命。竞技体育所表现的积极进取、诚实守信、规则至上、团结友爱、健康自然的精神和理念,体现了和谐社会的目标追求与价值导向,是培养人们公平竞争、团结协作和克服困难的精神与观念,促进人的全面发展,形成健康、科学的生活方式,创造文明、和谐的社会环境的有效途径,也是促进全民健身运动,推动体育产业发展的重要手段。未来10年,竞技体育和奥运战略在国家经济和社会文化发展中仍将具有重要的地位和作用,而国家经济和社会文化的持续发展,综合国力的不断提升也仍将为竞技体育发展和实施奥运战略提供强大的支撑和动力,中国竞技体育发展和实施奥运战略面临前所未有的重大发展机遇。

奥运会作为国际竞技体育最高水平的综合性赛事,经过百年的发展,已经成为国家间交流、竞争、合作的重要平台,成为展现国家形象和综合实力的重要窗口。进入新世纪以来,竞技体育越来越受到各个国家和地区的普遍重视,奥运会参赛国家和地区更加广泛,政府对竞技体育的主导作用普遍增强,投入不断加大,世界竞技体育的竞争更加激烈,竞技运动水平更加接近。特别是世界职业体育的快速发展,加快了竞技体育的社会化、市场化和职业化进程,改变了竞技体育传统的体制机制、组织管理、训练理念、训练方法和竞赛方式,形成了与奥林匹克运动密切相关,又有独自特点的竞技体育发展的新形式,扩大了运动项目的发展规模和影响力,对促进运动项目竞技水平的提高起到重要的作用,也对传统训练理论和方法带来巨大的影响和冲击。从2011年到2020年,我国将参加2012年、2016年和2020

年三届夏季奥运会和 2014 年、2018 年两届冬季奥运会。尽管我国在北京奥运会上取得 51 枚金牌 100 枚奖牌,列金牌榜第一,但在项目结构上发展不均衡,优势项目提升空间有限,且保持优势已相当困难;潜优势项目尚未形成项目和人才厚度,整体缺乏后发优势和潜力;田径、游泳等基础项目和群众喜爱、社会影响广泛的三大球以及冬季项目水平仍然较低,与世界先进水平还有较大差距。在发展方式上仍然主要靠扩大投入和规模,依靠政策和保障等要素驱动,创新驱动不足,科学化管理和训练水平不高,复合型训练管理团队建设滞后,训练效益不高,职业体育和职业联赛发展缓慢。部分项目发展基础薄弱,后备人才培养体系面临新的困难和冲击。综合分析,影响和制约我国竞技体育发展的体制性和机制性的矛盾和问题仍然十分突出,我国竞技体育发展在面临重大发展机遇的同时,也面临诸多严峻挑战。

三、指导思想与工作方针

(一) 指导思想

高举中国特色社会主义伟大旗帜,以邓小平理论和"三个代表"重要思想为指导,全面贯彻落实科学发展观,以建设体育强国为目标,以满足人民群众体育需求为出发点,遵循竞技体育发展规律,坚持走中国特色竞技体育发展道路,坚定不移地实施奥运战略;以人才强体为支撑,以创新驱动为关键,以优化结构为重点,以促进人的全面发展为核心,统筹规划,科学布局,突出重点,均衡发展,促进我国竞技体育全面协调可持续发展,为全面建设小康社会和构建社会主义和谐社会做出积极的贡献。

(二) 工作方针

以人为本,突出重点,均衡发展,统筹兼顾,全面提升。

把改革创新作为竞技体育发展的主要动力,把以人为本,优化项目组织结构,转变项目发展方式,提高项目发展效益作为竞技体育改革发展的核心任务,科学布局,合理配置资源,在进一步巩固优势项目和发展潜优势项目的基础上,积极挖掘潜力、优化项目结构,推动基础项目、集体球类项目和部分冬季项目的稳步发展。统筹项目布局与结构调整;统筹训练创新与理论建设;统筹专业队建设与职业体育发展;统筹高水平人才培养与提高竞争力;统筹国内各区域竞技体育协调发展与重点促进部分发达地区的带头示范与快速发展,全面提升我国竞技体育的综合实力和国际竞争力。

四、发展目标与主要任务

(一) 发展目标

到 2020 年,中国特色竞技体育发展模式进一步完善,形成适应我国经济和社会文化发展需要,符合世界竞技体育发展规律和趋势,更加开放、充满活力的现代竞技体育管理体制与运行机制；我国竞技体育的综合实力和国际竞争力显著增强，在奥运会等国际大赛上取得优异成绩，基本实现竞技体育结构更加优化、效益显著提高，各门类均衡发展的新局面，竞技体育综合实力进入世界竞技体育强国行列。

（二）主要任务

1. 继续在奥运会等国际大赛上取得优异成绩，为国争光

2012年夏季奥运会，保持金牌和奖牌总数排名前列，巩固优势项目，拓展潜优势项目金牌增长点，基础项目和集体球类项目争取有所进步；

2014年冬季奥运会，保持水平，努力实现奖牌数有所增加和在奖牌榜排名有所提升。

2016年夏季奥运会，继续保持金牌数和奖牌数排名前列，保持并扩大新的优势项目数量，潜优势项目实现更大突破；基础项目继续提高水平，综合竞争力进一步加强；集体球类项目缩小与世界先进水平的差距，个别项目取得突破。

2018年冬季奥运会，实现运动成绩稳中有升，力争在基础大项上实现突破，进入奖牌榜前列。

2020年夏季奥运会，继续保持金牌和奖牌数领先，金牌和奖牌结构显著改善，潜优势项目、基础项目金牌和奖牌数占金牌奖牌总数的比例大幅度提升；集体球类项目整体水平显著提高，进入先进国家行列。

2. 实现竞技体育重点突出、内部各门类均衡发展

对运动项目进行合理布局与结构调整，突出重点，优化结构，科学配置资源，优势项目保持优势，潜优势项目加快发展，基础项目和集体球类项目水平稳步提高，保持并适度扩大发展规模，提高基础项目和集体球类项目注册运动员和从事业余训练的人数。

努力推动竞技体育发展方式的转变，提高发展的质量和效益，加强竞技体育理论建设，使优势项目在项目发展理论、训练理念、技战术创新、组织管理等方面走在世界前列，使创新成为竞技体育发展的主要驱动力。

统筹国内区域间竞技体育协调发展，鼓励和引导各省区市重点发展符合本地区实际，具有区域特点的竞技运动项目。

进一步改善训练竞赛基础设施条件，合理布局，优化资源配置，提高全国运动训练基地的训练、科研、医疗、教育和保障水平，逐步形成并完善8到10个具有世界一流水平，具有地域特色和国际影响力的综合和专项训练基地；充分利用好现有的高水平体育场馆和综合设施。

完善国内综合性运动会和单项比赛竞赛组织与管理办法，发挥竞赛的杠杆作用和多元功能，提高组织承办重大比赛的能力和水平，形成与训练紧密结合，相互促进的赛事体制，并为丰富人民群众精神文化生活，促进社会和谐发展服务。

3. 提高竞技体育人才队伍综合素质

充分发挥人才在竞技体育发展和实施奥运战略中的基础性、战略性、决定性作

用,培养和造就一支数量充足、结构合理、素质优良的竞技体育人才队伍。竞技体育人才资源总量稳步增长,人才队伍规模不断壮大,人才结构更加优化,人才素质显著提高。

4. 推进竞技体育体制改革

以竞技体育结构调整和组织完善为重点,健全管理体制和运行机制,提高依法行政、依法治体的水平,建立目标明确、责任到位、措施具体、管理规范、竞争有序、评价有据、奖罚分明的,更加开放和充满活力的竞技体育管理体制和运行机制。

5. 探索中国特色的职业体育发展道路

积极探索社会主义市场经济条件下职业体育的发展方式,稳步推进竞技体育职业化发展,初步形成政府主导、规划科学、依托市场、管理规范、产权清晰、运转高效的具有中国特色的职业体育管理体制和运行机制。

五、对策与措施

(一) 立足于建设体育强国奋斗目标,坚持和完善举国体制,继续实施奥运战略

以建设体育强国为奋斗目标,坚持以奥运战略为最高层次的竞技体育发展战略,改革和完善举国体制,发展与创新管理机制,调整与健全政策法规。认真借鉴改革开放以来竞技体育管理和实施奥运争光计划的成功经验,准确把握世界竞技体育的发展趋势,不断转变发展观念、创新发展模式、提高发展效益。在巩固优势项目的基础上,积极挖掘项目发展潜力,合理优化项目布局与结构、促进奥运项目重点突出与协调发展,着力提高项目发展的质量和效益,不断增强我国竞技体育的综合实力和国际竞争力。

加强对奥运会备战工作的组织领导,全面规划、统一部署,继续实施奥运会备战领导小组与备战办公室的常态化备战体制与机制。加强对备战工作的综合协调与组织管理,建立层次分明、职责清晰、任务明确、计划周密、措施完善、保障有力、奖惩严明、运转有效的奥运备战组织管理体系和工作制度,确保备战奥运会工作的有序进行。

争取国家加大对实施奥运战略的投入,进一步改善训练、竞赛、科研等基础设施和人才条件,保障各项目训练、科研、外事、器材、聘用外教和训练基地建设经费的需求;充分开发竞技体育的有形和无形资产,多渠道、多形式调动社会各方面力量共同参与发展竞技体育事业。

注重整体发展与局部发展的有机结合,调整和完善奥运会奖励政策、全运会竞赛政策、运动员和教练员人才交流管理政策、国际大赛参赛运动员选拔政策、训练基地建设管理政策、支持西部少数民族地区培养高水平运动员政策、运动员就学就业和保障体系等相关政策和法规,巩固全国一盘棋的备战奥运会大协作机制与合作平台,鼓励和引导各地方根据自身特点和实际情况,突出重点,打造高精尖项目和优秀运动员;引导和鼓励有能力的地方和单位承担国家队训练参赛任务;统筹全国体育系统的力量,发挥各地的优势,在重点领域开展联合攻关;进一步完善由重点省区市体育局和解放军体育部门领导组成的项目备战领导小组工作机制,整合全国竞技体育资源,发挥各地方在人才、科研、资金、政策、保障和管理经验方面的优势,调动全国备战奥运会的积极性。

(二)稳定发展规模,优化项目布局结构,促进协调发展

完善适合我国竞技体育发展需要的国家队管理体制,保持并适度扩大国家队集训规模,建立健全国家队竞争机制和激励机制,确保高水平竞技人才的数量和质量。调动地方积极性,加大对竞技体育和奥运战略的投入,稳定各级优秀运动队规模,利用区域优势为国家培养人才。

巩固优势项目,加大项目核心竞争力的培育,加强优势项目群的开发,扩大优势项目的数量;优势项目在保持优异成绩的基础上,加强理论建设,系统总结成功经验,在技战术创新、训练理论、训练观念、训练方法、组织管理、团队建设、人才培养模式等方面力争保持国际领先地位并注重将优势项目发展的成功经验大力推广,为其他项目的发展提供借鉴。

潜优势项目借鉴优势项目成功经验,系统总结本项目局部成功经验,以点带面,扩大优势小项的数量,努力在一些小项上形成人才集团优势,力争使更多的潜优势项目转化为优势项目;组织专家团队,加强对训练竞赛规律的研究,加强专项训练的理论建设,进一步集中力量,整合资源,打造一支能够深刻把握项目训练竞赛规律,具有科学、领先训练理念和方法的复合型训练管理团队。

重点扶持三大球、基础项目和部分冬季项目的发展,深化对发展规律的认识,更新观念、创新方法、完善组织;研究制定国内竞赛、人才交流、体教结合、奖励机制、后备人才基地建设等方面对三大球、基础项目和部分冬季项目的倾斜政策,引导社会和全国体育系统在政策、资金、人才等各方面进一步加大投入,加强与教育等部门的合作,开展三大球进学校、进社区、进企业等活动,吸引广大青少年从事业余训练,扩大三大球、基础项目和部分冬季项目的规模;加大"走出去,请进来"的力度,学习国外先进经验,提高教练员执教水平,促进竞技水平的快速提高。群众基础较好的三大球项目以赛制改革为龙头,积极开发和培育本项目竞赛市场,提高本项目的市场化、社会化水平,提高项目的市场价值创造能力;群众基础薄弱的基础项目和部分冬季项目,积极利用媒体进行宣传,普及项目运动知识,扩大项目的影响力。

落后项目要缩短战线,突出重点,进一步完善训练竞赛管理体制,优化人财物等资源配置,加强复合型训练管理团队建设,学习借鉴优势项目成功经验和本项目国际先进经验,探索项目训练竞赛规律,力争实现优势小项上的突破。

(三)把握规律、突破创新,推动竞技体育发展从要素驱动向创新驱动转变

进一步深化对竞技体育发展规律、运动项目训练竞赛规律的认识,转变发展观念,完善发展方式,提高发展质量和效益,推动竞技体育发展从要素驱动向创新驱动转变。

加强运动队复合型训练管理团队建设,完善复合型训练管理团队建设的体制机制和操作办法,将复合型训练管理团队作为日常训练参赛的常态化体制机制建立并稳固下来,构建符合现代运动训练发展要求的训练组织形式,制定鼓励各项目理论创新和技术创新的办法,创造有利于理论创新和技术创新的环境和条件,实现以创新带动训练水平的提高。

系统引进国际前沿训练理论和训练方法,加强学习和交流,丰富知识、更新观念、结合各项目实际创造性的吸收与运用;研究世界范围内本项目发展潮流和趋势,深化对项目训练竞赛规律的认识和把握,在训练方法、手段以及技战术方面勇于创新,敢于突破,不断提高训练效益与质量。认真总结我国优势项目的形成和发展规律,加强交流,相互借鉴,使优势项目的形成和发展规律为备战奥运会整体工作指导示范。

加强对运动训练过程的控制,借鉴现代质量管理理念,制定与实施运动队训练质量管理评估办法,针对训练参赛的全过程,从组织管理、规划计划、训练组织、目标实现、训练创新、参赛指挥、科训结合、反兴奋剂、团队文化、梯队建设等方面进行定性和定量化评价,提高训练的质量和效益。

进一步完善体育科技工作的体制机制,吸引社会各方力量参与竞技体育科技工作,提高体育科技创新能力、突破制约竞技体育发展和备战奥运会组织工作的关键环节与因素,提升体育科技在竞技体育发展和实施奥运战略中的贡献率;进一步加强科研攻关、科技服务和医疗保障工作,提高运动训练科学化水平。

加强对训练基地科研、医疗、文化教育的投入和支持,探索建立"科、训、医、教"一体化的训练基地的模式,进一步优化资源配置,提高全国运动训练基地的训练、科研、医疗、教育和保障水平,改善训练条件。

(四) 加强竞技体育人才队伍建设,提高各类人才素质

围绕进一步增强我国竞技体育的综合实力和国际竞争力,不断提高竞技体育人才队伍的文化素质和职业道德素质,全面提升竞技体育人才队伍的综合素质和业务能力。利用政策杠杆,完善各类竞技体育人才的选拔、培养、使用、激励和保障制度,充分发挥各类竞技体育人才的积极性和创造性。

加强学习和培训,不断提高运动员文化素质和职业道德素质,促进运动技术水平的提高;修订和完善运动员注册交流管理制度,促进高水平运动员合理有序流动。贯彻落实《关于进一步加强运动员文化教育和运动员保障工作的指导意见》,各级各类体育运动学校义务教育阶段文化教育工作普遍纳入国民义务教育序列,加强运动员在役期间文化教育工作,保证运动员接受同龄人相同的文化教育和学历教育,国家队运动员 100% 参加相应等级的学历教育。继续落实和完善退役优秀运动员免试进入高等院校学习的各项政策。完善并落实各项激励和保障政策,确保运动员享受相应的社会保险待遇。加强对退役运动员职业辅导、就业指导和职业培训的支持和指导,构建和完善运动员职业转换社会扶持体系,引导支持运动员提高综合素质和就业能力。

加强教练员管理,制定并实施教练员注册交流管理办法,规范教练员任职资格、选拔任用、学习培训、述职考核,促进教练人才有序交流。高度重视教练员业务培训和教练员职务审定工作,到2020年,国家队教练员本科学历达到90%以上,硕士、博士研究生学历达到40%以上;具备高级职称的教练员数量大幅度提高。充分发挥国家体育总局教练员学院的作用和功能,加快我国教练员继续教育和培训工作的制度化、规范化和常态化,中级教练员每年要保证30个学时的学习培训,高级教练员和国家级教练员要保证40个学时的学习培训,每五年要对全国教练员轮训一遍;加快优秀中青年教练员培养力度,推行精英教练员"双百"培养计划;加快引进国外教练员人才资源,规范管理,提高外籍教练员人才使用效益。

实施"竞技体育后备人才培养工程",制定重点项目后备人才培养规划,改善各级各类体校办学条件,统筹布局、完善政策,建立规模、布局和结构合理的后备人才培养体系,使在训青少年规模保持平稳增长,每个奥运周期认定国家高水平后备人才基地300个。

完善裁判员注册、管理、培训、考核、选派、奖惩制度,努力建设一支思想品德过硬、业务水平高、人员相对稳定的专兼职高水平裁判队伍。完善加强竞赛管理人员的培训与培养的措施,打造一支具有国际水平的竞赛组织人才队伍。

加大国际体育组织任职人员和体育外事人才的培养力度,支持和鼓励合适人员竞选国际体育组织的相应职务,争取更多地参与国际体育组织活动、参与国际单项体育联合会的决策,增强我国在国际体育事务中的影响力和话语权。

(五) 深化改革,创新竞技体育发展机制

坚持制度创新,深化竞技体育体制机制改革,重点研究与解决影响和制约我国竞技体育平稳较快发展的体制性机制性因素和障碍,加强宏观管理,进一步转变职能,管办分离,强化监管和公共服务,完善科学、民主和依法决策机制;充分调动社会各方面积极性,完善竞技体育的综合评价和奖励机制,逐步建立起专家评价、社会评价和自我评价等多方结合的综合评价监督机制,形成以政府为主导,充分发挥社会各方面积极性,充满活力的竞技体育管理体制。

进一步深化运动项目管理体制改革,逐步建立与国际接轨、适应社会主义市场经济要求的运动项目管理体制,加强全国单项体育协会社团组织发展和管理制度建设,提高行业自律、依法治理水平。统筹规划、政策引导、组织协调、提供服务、检查监督,提高全国单项体育协会的综合管理效能和科学管理水平。

围绕实施奥运战略,用政策手段调整区域间竞技体育发展格局,使东部发达地区和中、西部及少数民族地区在管理、科研、保障、人才、区位等方面的特色和优势有机结合与互补,以东部竞技体育发达地区的加快发展和水平提高,示范并促进中、西部地区竞技体育的稳步发展和水平提高。提高全国竞技体育资源配置的整体效益,促进全国竞技体育的协调发展。

(六) 改革完善竞赛制度,充分发挥竞赛杠杆作用

进一步改革和完善全运会、城运会赛制,充分发挥奥运战略导向作用,协调国家奥运战略与各地方全运战略的关系。进一步改革完善全运会、城运会申办办法、竞赛规模、项目设置、竞赛编排、运动员注册交流、计分办法、管理手段和监督措施,真正发挥全国综合性运动会在推进赛制改革、促进竞技体育发展等方面的引领作用,将国家和地方利益有机结合,建立科学合理的竞争与协作机制,引导地方和解放军调整项目布局,充分调动地方和解放军为国家培养和输送高水平运动人才的积极性,使全国综合性运动会更好地为奥运战略服务。

全国单项比赛要以检验和提高竞技水平为目标,充分调动各地区培养高水平人才的积极性。通过形式多样的系列赛、大奖赛、分站赛等,增加运动员参赛机会和实战练习,将国内比赛和国际比赛有机紧密结合,逐步建立起适应社会主义市场经济、符合现代体育运动规律、与国际接轨的现代单项竞赛制度。

进一步调整完善全国城市运动会、各省区市运动会赛制,加强对青少年体育竞赛的管理,坚持以培养竞技体育后备人才为主的宗旨,广泛选拔发现各类后备人才。建立健全符合青少年运动员成长规律和文化教育要求的体育竞赛制度,探索符合青少年各个年龄阶段的专门竞赛方法和鼓励办法。建立体育和教育部门青少年体育竞赛协作机制,协调年度竞赛计划和竞赛规程,合理安排竞赛周期,利用学校资源承办青少年体育竞赛,扩大赛事规模,降低办赛成本。

加大政策引导,促进体育竞赛社会化,调动地方体育部门和社会力量办赛的积极性,扩大赛事数量,逐步建成具有中国特色的、适应社会主义市场经济要求的政府主导、形式多样的竞赛管理体系。继续改革、推进全运会等大型综合性运动会和主要单项赛事的市场开发工作,提高综合效益与作用。

(七) 探索建设有中国特色的职业体育道路,积极推进职业体育发展

按照管理有序、发展可控、服务奥运的原则,处理好运动项目职业化与提高竞技水平为国争光的关系,处理好职业联赛与国家队备战的关系,积极为奥运战略服务。

鼓励有条件的项目积极探索符合中国国情和项目发展实际的职业化发展模式,积极探索专业训练和职业体育有机结合的发展方式,借鉴国际职业体育训练理念和管理方法,研究专业训练发展的新思路和新方法,通过职业化改革提高实力。

健全职业体育法律、法规,优化和规范我国职业体育发展环境,依法明确和理顺职业体育发展中各利益主体间关系,切实维护各方合法权益,形成政府主导、规划科学、依托市场、管理规范、产权清晰、运转高效的中国特色的职业体育管理体制和运行机制,促进我国职业体育有序发展。

根据不同项目的特点,学习和借鉴国外经验,结合中国国情,依据锻炼队伍、提高水平、推动项目发展、服务社会的宗旨,开发竞赛市场,设计和推出精品赛事,培育具有品牌优势的中国职业体育赛事、职业体育俱乐部,将国内比赛、世界大赛与市场开拓紧密结合起来,重视职业体育赛事的品牌运营,不断改革和完善我国现有职业体育的发展方式,探索和建立有中国特色的职业体育发展模式。

(八) 发挥思想政治工作优势,大力加强竞技体育行业作风建设

充分发挥思想政治工作优势,在全国体育系统"创先争优"活动中,扎实抓好"反腐倡廉、奋发敬业"专题教育,坚定理想信念;加强运动员职业道德教育和文明礼仪教育,把思想政治工作作为与技战术训练同样重要的环节,将对运动员精神、意志、心理和作风的锤炼融入平时的训练和生活中。大力弘扬中华体育精神,培养和造就一支思想过硬、作风顽强、纪律严明、能打硬仗的竞技体育队伍。

大力加强以赛风赛纪和反兴奋剂为重点的竞技体育行业作风建设,不断完善体育竞赛制度,促进公平竞争。在全国体育系统深入开展赛风赛纪和反兴奋剂专项治理,不断完善赛风赛纪和反兴奋剂教育监督和检查惩处的长效机制,加大对弄虚作假、徇私舞弊、执裁不公、扰乱赛场秩序等违规违纪行为的检查处罚力度。认真贯彻落实《反兴奋剂条例》,坚决执行"严令禁止、严格检查、严肃处理"的方针;通过与有关责任部门签订《反兴奋剂工作责任书》,建立反兴奋剂责任制;进一步加大反兴奋剂宣传教育工作力度,完善运动队反兴奋剂准入制度,强化教练员、运动员及其辅助人员自觉抵制兴奋剂的意识和能力;加强与国家有关部门合作,完善国家反兴奋剂综合治理协调机制;加大兴奋剂的检查力度,加强反兴奋剂的国际合作,提高反兴奋剂工作水平。推进"标本兼治、综合治理、惩防并举、注重预防"的预防与惩治相结合的国家反兴奋剂综合治理体系的建设。

充分发挥体育在构建和谐社会中的特殊作用,通过体育运动的开展和体育精神的培育,通过开展奥运冠军、世界冠军志愿服务等一系列活动,鼓舞和激励人民群众,促进全社会形成奋发进取、团结友爱、共同进步、公平正义的氛围,为构建社会主义和谐社会做出贡献。

全民健身计划(2021—2025 年)

(2021 年 8 月 3 日)

"十三五"时期,在党中央、国务院坚强领导下,全民健身国家战略深入实施,全民健身公共服务水平显著提升,全民健身场地设施逐步增多,人民群众通过健身促进健康的热情日益高涨,经常参加体育锻炼人数比例达到 37.2%,健康中国和体育强国建设迈出新步伐。同时,全民健身区域发展不平衡、公共服务供给不充分等问题仍然存在。为促进全民健身更高水平发展,更好满足人民群众的健身和健康需求,依据《全民健身条例》,制定本计划。

一、总体要求

(一)指导思想。以习近平新时代中国特色社会主义思想为指导,贯彻落实党的十九大和十九届二中、三中、四中、五中全会精神,坚持以人民为中心,坚持新发展理念,深入实施健康中国战略和全民健身国家战略,加快体育强国建设,构建更高水平的全民健身公共服务体系,充分发挥全民健身在提高人民健康水平、促进人的全面发展、推动经济社会发展、展示国家文化软实力等方面的综合价值与多元功能。

(二)发展目标。到 2025 年,全民健身公共服务体系更加完善,人民群众体育健身更加便利,健身热情进一步提高,各运动项目参与人数持续提升,经常参加体育锻炼人数比例达到 38.5%,县(市、区)、乡镇(街道)、行政村(社区)三级公共健身设施和社区 15 分钟健身圈实现全覆盖,每千人拥有社会体育指导员 2.16 名,带动全国体育产业总规模达到 5 万亿元。

二、主要任务

(三)加大全民健身场地设施供给。制定国家步道体系建设总体方案和体育公园建设指导意见,督导各地制定健身设施建设补短板五年行动计划,实施全民健身设施补短板工程。盘活城市空闲土地,用好公益性建设用地,支持以租赁方式供地,倡导土地复合利用,充分挖掘存量建设用地潜力,规划建设贴近社区、方便可达的场地设施。新建或改扩建 2 000 个以上体育公园、全民健身中心、公共体育场馆等健身场地设施,补齐 5 000 个以上乡镇(街道)全民健身场地器材,配建一批群众滑冰场,数字化升级改造 1 000 个以上公共体育场馆。

开展公共体育场馆开放服务提升行动,控制大型场馆数量,建立健全场馆运营管理机制,改造完善场馆硬件设施,做好场馆应急避难(险)功能转换预案,提升场馆使用效益。加强对公共体育场馆开放使用的评估督导,优化场馆免费或低收费开放绩效管理方式,加大场馆向青少年、老年人、残疾人开放的绩效考核力度。做好在新冠肺炎疫情防控常态化条件下学校体育场馆向社会开放工作。

(四)广泛开展全民健身赛事活动。 开展全国运动会群众赛事活动,举办全民健身大会、全国社区运动会。持续开展全国新年登高、纪念毛泽东同志"发展体育运动,增强人民体质"题词、全民健身日、"行走大运河"全民健身健步走、中国农民丰收节、群众冬季运动推广普及等主题活动。巩固拓展"三亿人参与冰雪运动"成果,大力发展"三大球"运动,推动县域足球推广普及。制定运动项目办赛指南和参赛指引,举办运动项目业余联赛,普及运动项目文化,发展运动项目人口。支持举办各类残疾人体育赛事,开展残健融合体育健身活动。支持各地利用自身资源优势培育全民健身赛事活动品牌,鼓励京津冀、长三角、粤港澳大湾区、成渝地区双城经济圈等区域联合打造全民健身赛事活动品牌,促进区域间全民健身协同发展。

(五)提升科学健身指导服务水平。 落实国民体质监测、国家体育锻炼标准和全民健身活动状况调查制度。开设线上科学健身大讲堂。鼓励体育明星等体育专业技术人才参加健身科普活动。征集推广体育科普作品,促进科学健身知识、方法的研究和普及。制定面向大众的体育运动水平等级标准及评定体系。深化社会体育指导员管理制度改革,适当降低准入门槛,扩大队伍规模,提高指导服务率和科学健身指导服务水平。弘扬全民健身志愿服务精神,开展线上线下志愿服务,推出具有地方特色的全民健身志愿服务项目,打造全民健身志愿服务品牌。

(六)激发体育社会组织活力。 完善以各级体育总会为枢纽,各级各类单项、行业和人群体育协会为支撑,基层体育组织为主体的全民健身组织网络。重点加强基层体育组织建设,鼓励体育总会向乡镇(街道)延伸、各类体育社会组织下沉行政村(社区)。加大政府购买体育社会组织服务力度,引导体育社会组织参与承接政府购买全民健身公共服务。对队伍稳定、组织活跃、专业素养高的"三大球"、乒乓球、羽毛球、骑行、跑步等自发性全民健身社会组织给予场地、教练、培训、等级评定等支持。将运动项目推广普及作为单项体育协会的主要评价指标。

(七)促进重点人群健身活动开展。 实施青少年体育活动促进计划,推进青少年体育"健康包"工程,开展针对青少年近视、肥胖等问题的体育干预,合理调整适合未成年人使用的设施器材标准,在配备公共体育设施的社区、公园、绿地等公共场所,配备适合学龄前儿童大动作发展和身体锻炼的设备设施。提高健身设施适老化程度,研究推广适合老年人的体育健身休闲项目,组织开展适合老年人的赛事活动。完善公共健身设施无障碍环境,开展残疾人康复健身活动。推动农民、妇女等人群健身活动开展。

(八)推动体育产业高质量发展。 优化产业结构,加快形成以健身休闲和竞赛表演为龙头、高端制造业与现代服务业融合发展的现代体育产业体系。推进体育产业数字化转型,鼓励体育企业"上云用数赋智",推动数据赋能全产业链协同转型。促进体育资源向优质企业集中,在健身设施供给、赛事活动组织、健身器材研发制造等领域培育一批"专精特新"中小企业、"瞪羚"企业和"隐形冠军"企业,鼓励有条件企业以单项冠军企业为目标做强做优做大。大力发展运动项目产业,积极培育户外运动、智能体育等体育产业,催生更多新产品、新业态、新模式。在国家体育消费试点城市基础上,择优确定一批国家体育消费示范城市,充分发挥试点城市、示范城市作用,鼓励各地创新体育消费政策、机制、模式、产品,加大优质体育产品和服务供给,促进高端体育消费回流。

(九)推进全民健身融合发展。深化体教融合。完善学校体育教学模式,保障学生每天校内、校外各1个小时体育活动时间。整合各级各类青少年体育赛事,健全分学段、跨区域的青少年体育赛事体系。加大体育传统特色学校、各级各类体校和高校高水平运动队建设力度,大力培养体育教师和教练员队伍。规范青少年体育社会组织建设,鼓励支持青少年体育俱乐部发展。

推动体卫融合。探索建立体育和卫生健康等部门协同、全社会共同参与的运动促进健康模式。推动体卫融合服务机构向基层覆盖延伸,支持在社区医疗卫生机构中设立科学健身门诊。推进体卫融合理论、科技和实践创新,推广常见慢性病运动干预项目和方法。推广体卫融合发展典型经验。

促进体旅融合。通过普及推广冰雪、山地户外、航空、水上、马拉松、自行车、汽车摩托车等户外运动项目,建设完善相关设施,拓展体育旅游产品和服务供给。打造一批有影响力的体育旅游精品线路、精品赛事和示范基地,引导国家体育旅游示范区建设,助力乡村振兴。

(十)营造全民健身社会氛围。普及全民健身文化,加大公益广告创作和投放力度,大力弘扬体育精神,讲好群众健身故事。强化全民健身激励,探索建立全国统一的"运动银行"制度和个人运动码,开发标准统一的科学运动积分体系,向国家体育锻炼标准和体育运动水平等级标准达标者颁发证书,鼓励向群众发放体育消费券。开展全民运动健身模范市和模范县(市、区)创建。加强全民健身国际交流,与共建"一带一路"国家共同举办全民健身赛事活动,推动武术、龙舟、围棋、健身气功等中华传统体育项目"走出去",鼓励支持各地与国外友好城市进行全民健身交流。

三、保障措施

(十一)加强组织领导。加强党对全民健身工作的全面领导,发挥各级人民政府全民健身工作联席会议作用,推动完善政府主导、社会协同、公众参与、法治保障的全民健身工作机制。县级以上地方人民政府应将全民健身事业纳入本级经济社会发展规划,制定出台本地区全民健身实施计划,完善多元投入机制,鼓励社会力量参与全民健身公共服务体系建设。体育总局要会同有关部门对各省(自治区、直辖市)人民政府贯彻落实情况进行跟踪评估和督促指导。

(十二)壮大全民健身人才队伍。创新全民健身人才培养模式,发挥互联网等科技手段在人才培训中的作用。加强健身指导、组织管理、科技研发、宣传推广、志愿服务等方面的人才培养供给。畅通各类培养渠道,引导扶持社会力量参与全民健身人才培养,形成多元化的全民健身人才培养体系和科学评价机制。积极稳妥推进指导群众健身的教练员职称评定工作。

(十三)加强全民健身安全保障。对各类健身设施的安全运行加强监管,鼓励在公共体育场馆配置急救设备,确保各类公共体育设施开放服务达到防疫、应急、疏散、产品质量和消防安全标准。建立全民健身赛事活动安全防范、应急保障机制。建立户外运动安全分级管控体系。落实网络安全等级保护制度,加强全民健身相关信息系统安全保护和个人信息保护。坚持防控为先,坚持动态调整,统筹赛事活动举办和新冠肺炎疫情防控。

(十四)提供全民健身智慧化服务。推动线上和智能体育赛事活动开展,支持开展智能健身、云赛事、虚拟运动等新兴运动。开发国家社区体育活动管理服务系统,建设国家全民健身信息服务平台和公共体育设施电子地图,推动省、市两级建立全民健身信息服务平台,提供健身设施查询预定、体育培训报名、健身指导等服务,逐步形成信息发布及时、服务获取便捷、信息反馈高效的全民健身智慧化服务机制。

中国体育科学学会学会章程

(经 2022 年 7 月 12 日第九次全国会员代表大会审议通过)

第一章 总 则

第一条 本会全称为中国体育科学学会,英文译名为 China Sport Science Society,缩写为 CSSS。

第二条 本会是由全国从事体育科学及其相关学科研究的科学技术工作者及相关单位和团体自愿结成的全国性、学术性、非营利性社会组织。

第三条 本会宗旨是坚持以马克思列宁主义、毛泽东思想、邓小平理论、"三个代表"重要思想、科学发展观、习近平新时代中国特色社会主义思想为指导,团结、组织和带领广大体育科技工作者,开展学术交流,发挥学术共同体作用;倡导学术公正、独立和创新,致力于推动体育学科和技术领域理论研究、技术应用和科学技术成果转化;营造适宜科技创新和人才成长的环境,为体育和相关技术领域专业人士和学生的职业发展服务;承担社会责任,促进体育科学技术的普及和推广,为繁荣体育学术、增强人民体质、提高运动技术水平、促进体育产业和体育文化发展服务。

本会遵守宪法、法律、法规和国家政策,践行社会主义核心价值观,弘扬爱国主义精神,遵守社会道德风尚,自觉加强诚信自律建设。

第四条 本会坚持中国共产党的全面领导,根据《中国共产党章程》的规定,设立中国共产党的组织,开展党的活动,为党组织的活动提供必要条件。

第五条 本会贯彻"自主创新、重点跨越、支撑发展、引领未来"的科技工作指导方针,坚持独立自主、民主办会的原则和"百花齐放、百家争鸣"的学术方针,弘扬尊重劳动、尊重知识、尊重人才、尊重创造的风尚,倡导"献身、创新、求实、协作"的精神,坚持"为体育中心工作服务,为提高体育科学化水平服务,为体育科技工作者服务,加强自身建设"的工作定位和"科学引领体育、科技支撑体育"的指导方针。

第六条 本会接受业务主管单位中国科学技术协会和社团登记管理机关民政部的业务指导和监督管理。

第七条 本会的住所设在北京市。

第二章 业务范围

第八条 本会的业务范围:

(一)开展国内外体育科学学术交流活动,组织学术会议,活跃学术思想,促进学科发展,推动自主创新;组织重点学术课题探讨和科学考察等活动,密切学科间、学术团体间的横向联系与协作。

（二）多渠道、多形式地开展体育科普宣传、健康教育活动，普及体育科学技术知识，推广科学健身理念与方法，开展青少年体育教育活动，向社会提供咨询与服务，提高全民身体素质、体育素养。

（三）开展体育科学相关继续教育、技术培训活动，不断更新会员和体育科技工作者的知识结构，提高会员和体育科技工作者学术水平和创新能力。

（四）开展体育科学相关技术研究、技术咨询、技术服务和咨询服务；受政府委托承办或根据学科发展需要举办相关科技产品展览展示，推广先进科技成果，推动科技成果转化与应用，促进产学研结合，促进多方科技合作。

（五）依照有关规定主办科技期刊、编辑出版论文专辑、科技文献、体育学术与科普书刊相关的音像制品和其他技术资料；组织编写学科发展报告，引领体育学科发展；用各种方式传播体育科学技术信息。

（六）开展国际性、地域性的民间科技交流活动，建立与国（境）外相关团体和体育科技工作者的联系和交往，加强与国际、港澳台地区体育学术交流活动和科学技术合作；推举会员代表参加相关的国际学术组织及其活动。

（七）组织开展重大问题调查论证，为政府及有关部门制定战略决策、政策规划、法规标准提供咨询服务和技术支持，为政府科学决策提供依据。经政府有关部门批准，组织开展国家科学技术奖推荐、机构和人员评价、科技项目评估与论证、科技成果的鉴定与推广等工作，参与制定行业技术标准和规范等工作。

（八）按照规定经政府有关部门批准开展中国体育科学学会科技奖的评审与奖励工作，表彰、奖励在体育科技活动中做出突出贡献的会员和体育科技工作者，及在学会工作中成绩突出的学会专、兼职工作人员；发现、推荐和培养优秀体育科技人才。

（九）推动体育科学研究诚信监督机制的建立和完善，促进科学道德和学风建设。

（十）维护体育科技人员的合法权益，向有关部门反映会员和体育科技工作者的建议、意见和诉求，为会员提供多方面服务和各种活动。

（十一）兴办有利于体育科学技术发展的社会公益事业，兴办与本会宗旨相符的其他社会公益性活动，依法组织各种志愿者活动。

（十二）承担政府有关部门及其他单位委托组织开展的有关工作。

业务范围中属于法律法规规章规定须经批准的事项，依法经批准后开展。

第三章　会　　员

第九条　本会会员类别为单位会员和个人会员，个人会员包括学生会员、普通会员、外籍会员、高级会员、会士和荣誉会员。

第十条　会员入会条件：

拥护本会章程,遵纪守法,践行科学道德规范,有加入本会意愿,符合下列条件的,可申请成为本会会员。

(一)学生会员(Student Membership):在读的体育及相关专业的大学学生和研究生。

(二)普通会员(Membership):在体育及相关领域从业的专业人士。

(三)高级会员(Senior Membership):具有高级专业职称或在管理岗位任重要职位的体育及相关领域专业人士。

(四)会士(Fellow Membership):在体育及相关领域具有重大创新或做出杰出贡献的人士。

(五)荣誉会员(Honorable Membership):为本会的发展做出特殊贡献的人士。

(六)外籍会员(Foreign Membership):凡在学术上有较高成绩,对我国友好,并愿意与本会交流和合作的外籍专家、学者。

(七)单位会员:从事体育或相关领域工作,有一定数量的科技工作者,愿意支持并参加本会工作和活动,具有法人资格并具有良好信誉和影响力的科研、训练、教学、管理等企、事业单位及社会团体。

第十一条 入会的程序是:

(一)自愿提交入会申请;

(二)经理事会或常务理事会讨论通过;外籍会员须报业务主管单位核准备案;

(三)缴纳会费;

(四)由理事会或常务理事会授权的机构发给会员证。

第十二条 会员享有下列权利:

(一)本会的选举权、被选举权和表决权(学生会员、外籍会员除外);

(二)对本会工作的批评建议权和监督权;

(三)参加本会活动以及获得本会服务的优惠权或优先权;

(四)入会自愿、退会自由。

第十三条 会员履行以下义务:

(一)执行本会的决议;

(二)维护本会合法权益;

(三)完成本会交办的工作;

(四)按规定交纳会费;

(五)向本会反映情况,提供有关资料。

第十四条 会员会籍由本会统一管理,各类会员证书由本会统一印制。

第十五条 会员因故要求退会,须向本会秘书处提出书面申请,会员资格及获得的服务停止,已交会费不退。退会会员如希望恢复会员资格时,需重新办理入会手续。会员超出应交会费期限6个月以上未交纳会费,视为自动退会。

第十六条 会员如有严重违反本章程的行为,经理事会或常务理事会表决通过,予以除名。会员触犯刑律并被剥夺政治权利的,其会籍自动取消。

第四章 组织机构和负责人产生、罢免

第十七条 本会最高权力机构是会员代表大会,会员代表大会的职权是:

(一)制定和修改章程;

(二)选举和罢免理事、监事;

(三)审议理事会的工作报告和财务报告;

(四)审议监事会的工作报告;

(五)决定本会的工作方针和任务;

(六)通过提案和决议;

(七)制定和修改会费标准;

(八)决定终止事宜;

(九)决定其他重大事项。

第十八条 会员代表大会每届4年,每4年召开1次,须有2/3以上会员代表出席方可召开,决议须经到会会员代表半数以上表决通过方可生效,章程制定与修改须经到会会员代表2/3以上表决通过方可生效。因特殊情况需提前或延期换届的,须经理事会讨论通过,报业务主管单位审查并经社团登记管理机关批准同意。延期换届最长不得超过1年。

第十九条 理事会是会员代表大会的执行机构,在会员代表大会闭会期间,领导本会开展工作,对会员代表大会负责,其职权是:

(一)执行会员代表大会的决议或决定;

(二)选举和罢免理事长、副理事长、常务理事,决定聘用和解聘秘书长;

(三)筹备召开会员代表大会;

(四)向会员代表大会报告工作和财务状况;

(五)决定办事机构、分支机构、代表机构和实体机构的设立、变更和终止;

(六)决定副秘书长和本会各机构主要负责人的聘任;

(七)决定会员的吸收和除名;

(八)决定名誉职务的设立及人选;

(九)领导本会各机构开展工作;

(十)制定内部管理制度;

(十一)审批年度学术计划和工作计划;

(十二)决定其他重大事项。

第二十条 理事候选人由分支机构、地方学会和有关单位推荐,经理事会或常务理事会讨论同意,提交会员代表大会以无记名投票方式选举产生。理事会成员

每届更新不少于 1/3。

理事人选应是会员中在科学技术上有成就、学风正派、有一定影响、能参加本会实际工作的专家和科技工作者,以及热心学会工作并从事相关管理工作的人士。

第二十一条 理事会每年至少召开 1 次会议,由理事长或其委托人员召集,须有 2/3 以上理事出席方可召开,其决议须经到会理事 2/3 以上表决通过方可生效。特殊情况时,可采用通讯形式召开。

第二十二条 本会设常务理事会。常务理事会由理事会选举产生,人数不超过理事人数的 1/3,在理事会闭会期间行使本章程第十九条第(一)、(三)、(五)、(六)、(七)、(九)、(十)、(十一)项职权,对理事会负责。

第二十三条 常务理事会至少每半年召开 1 次会议,须有 2/3 以上常务理事出席方可召开,其决议须经到会常务理事 2/3 以上表决通过方可生效。特殊情况时,可采用通讯形式召开。

第二十四条 本会理事长、副理事长、秘书长必须具备下列条件:

(一)坚持党的路线、方针、政策,政治素质好,具有良好的学风和道德品质,具有与职务相称的管理能力;

(二)理事长、副理事长应是在本会业务领域内有较大影响的著名专家、学者、学科带头人或在本领域具有较大影响的人士;秘书长应是有运营和管理经验的人士;

(三)理事长、副理事长最高任职年龄不超过 70 周岁,秘书长任职时年龄不超过 62 周岁且为专职;

(四)热心本会工作,身体健康,能坚持正常工作;

(五)未受过剥夺政治权利刑事处罚,遵守国家法律,无重大不良行为(如刑事犯罪、严重违反社会道德规范)记录;

(六)具有完全民事行为能力。

第二十五条 理事长、副理事长、秘书长每届任期 4 年,连任不得超过 2 届。因特殊情况需延长任期的,须经会员代表大会 2/3 以上会员代表表决通过,报业务主管单位审查并经社团登记管理机关批准同意后,方可任职。

第二十六条 理事长、副理事长、秘书长如超过最高任职年龄的,须理事会表决通过,报业务主管单位审查并经社团登记管理机关批准同意后,方可任职。

第二十七条 本会理事长为本会法定代表人。法定代表人代表本会签署有关重要文件。因特殊情况,经理事长委托、理事会同意,报业务主管单位审查并经社团登记管理机关批准后,可以由副理事长或秘书长担任法定代表人。本会法定代表人不得兼任其他团体的法定代表人。聘任或向社会公开招聘的秘书长不得任本会法定代表人。

第二十八条 理事长行使下列职权:

(一)召集和主持会员代表大会、理事会和常务理事会;

（二）检查会员代表大会、理事会和常务理事会会议决议的落实情况。

第二十九条　秘书长行使下列职权：

（一）负责本会运营，主持开展本会日常工作，组织实施年度工作计划；

（二）协调各分支机构、代表机构、实体机构开展工作；

（三）提名副秘书长以及各办事机构、分支机构、代表机构和实体机构主要负责人，提交理事会或常务理事会决定；

（四）可根据工作需要，提名有关方面（如外事、法律和有关行业科技等）顾问人选，提交理事会决定；

（五）决定办事机构、代表机构、实体机构专职工作人员的聘用；

（六）处理其他日常事务。

第三十条　本会设立监事会，监事任期与理事任期相同，期满可以连任，连任不超过2届，换届留任监事不超过上一届全体监事的2/3。监事会由3—9名监事组成，设监事长1名，必要时可设副监事长1名。监事长、副监事长和监事年龄不超过70周岁。本会接受并支持委派监事的监督指导。

第三十一条　监事的选举和罢免：

（一）监事由会员代表大会选举产生或罢免；

（二）监事长、副监事长由会员代表大会或监事会选举产生。

第三十二条　本会的负责人、理事、常务理事、分支机构负责人和财务负责人及学会专职工作人员不得兼任监事。

第三十三条　监事会行使下列职权：

（一）列席理事会、常务理事会会议，并对决议事项提出质询或建议；

（二）对理事、常务理事、负责人执行本会职务的行为进行监督，对严重违反本会章程或会员代表大会决议的人员提出罢免建议；

（三）检查本会的财务报告，向会员代表大会报告监事会的工作和提出提案；

（四）对负责人、理事、常务理事、财务管理人员损害本会利益的行为，要求其及时予以纠正；

（五）向业务主管单位、行业管理部门、社团登记管理机关以及税务、会计主管部门反映本会工作中存在的问题；

（六）决定其他应由监事会审议的事项。

第三十四条　监事会每半年至少召开1次会议，遇重大事件可随时召开。监事会会议须有2/3以上监事出席方能召开，其决议须经全体监事一致同意方为有效。闭会期间，根据工作需要，可以书面、通讯等形式征求监事对工作的意见和建议。

第三十五条　监事应当遵守有关法律法规和本会章程，忠实、勤勉履行职责。

第三十六条　监事会可以对本会开展活动情况进行调查；必要时，可以聘请会计师事务所等协助其工作。监事会行使职权所必需的费用，由本会承担。

第五章　办事机构、分支机构

第三十七条　本会常设办事机构为学会秘书处,在理事会、常务理事会领导下,由秘书长负责,开展本会日常工作。

第三十八条　本会在本章程规定的宗旨和业务范围内,根据工作需要由理事会或常务理事会讨论设立分支机构、代表机构。本会的分支机构、代表机构是本会的组成部分,不具有法人资格,不得另行制订章程,不得发放任何形式的登记证书,在本会授权的范围内开展活动、发展会员,法律责任由本会承担。

分支机构、代表机构开展活动,应当使用冠有本会名称的规范全称,并不得超出本会的业务范围。

第三十九条　本会不设立地域性分支机构,不在分支机构、代表机构下再设立分支机构、代表机构。

第四十条　本会的分支机构、代表机构名称不以各类法人组织的名称命名,不在名称中冠以"中国""中华""全国""国家"等字样,并以"分会""工作委员会"等字样结束。

第四十一条　分支机构、代表机构的负责人,年龄不得超过70周岁,连任不超过2届。

第四十二条　分支机构、代表机构的财务必须纳入本会法定账户统一管理。

第四十三条　分支机构的设立、变更和注销,需由理事会或常务理事会讨论决定。

第四十四条　本会在年度工作报告中将分支机构、代表机构的有关情况报送社团登记管理机关。同时,将有关信息及时向社会公开,自觉接受社会监督。

第六章　资产管理、使用原则

第四十五条　本会经费来源:

(一) 会费;

(二) 捐赠;

(三) 政府资助;

(四) 在核准的业务范围内开展活动和提供服务的收入;

(五) 利息;

(六) 其他合法收入。

第四十六条　本会按照国家有关规定收取会员会费。本会开展的表彰奖励等活动,不收取任何费用。

第四十七条　本会的资产任何单位、个人不得侵占、私分和挪用;本会经费必须用于本章程规定的业务范围和事业发展,不得在会员中分配。

第四十八条　本会建立严格的财务管理制度,确保会计资料合法、真实、准确、完整。

第四十九条 本会配备具有专业资格的会计人员。会计不得兼任出纳。会计人员必须进行会计核算,实行会计监督。会计人员调动工作或离任时,必须与接管人员办清交接手续。

第五十条 本会的资产管理必须执行国家有关规定,接受会员代表大会和财政部门的监督。资产来源属于国家拨款或者社会捐赠、资助的,必须接受审计机关的监督,并将有关情况以适当方式向社会公布。

第五十一条 本会换届或更换法定代表人之前,必须进行财务审计。

第五十二条 本会专职工作人员的工资和保险、福利待遇,参照国家对事业单位的有关规定执行。

第七章 章程的修改程序

第五十三条 对本会章程的修改,须理事会表决通过后报会员代表大会审议。

第五十四条 本会修改的章程,需会员代表大会通过后 15 日内,报业务主管单位审查,经同意,报社团登记管理机关核准后生效。

第八章 终止程序及终止后的财产处理

第五十五条 本会完成宗旨或自行解散或由于分立、合并等原因需要注销时,由理事会或常务理事会提出终止动议。

第五十六条 本会终止动议经会员代表大会表决通过,并报业务主管单位审查同意。

第五十七条 本会在终止前,须在业务主管单位和有关机关指导下成立清算组织,清理债权债务,处理善后事宜。清算期间,不开展清算以外的活动。

第五十八条 本会经社团登记管理机关办理注销登记手续后即为终止。

第五十九条 本会终止后的剩余财产,在业务主管单位和社团登记管理机关的监督下,按照国家有关规定,用于发展与本会宗旨相关的事业。

第九章 附 则

第六十条 本会会徽为圆形,中区一个运动的人体象征体育,三环交叉图形象征科学技术,二者融为一体,蕴含着体育的发展离不开科学技术的进步、科学技术的进步必将促进体育事业的发展的理念。

第六十一条 本章程经 2022 年 7 月 12 日第 9 届第 1 次会员代表大会表决通过。

第六十二条 本章程的解释权属本会的理事会。

第六十三条 本章程自社团登记管理机关核准之日起生效。

国际化体育科技合作平台管理办法

（2023年2月2日）

第一章　总　　则

第一条　为贯彻《体育强国建设纲要》，深化体育领域国际科技合作与交流，充分发挥国际科技资源对我国体育强国建设、科技助力奥运备战的支撑保障作用，参照《国家国际科技合作基地管理办法》，结合我国体育事业发展实际，制定本办法。

第二条　本办法所称"国际化体育科技合作平台"（以下简称"国合平台"）是指由国家体育总局（以下简称"体育总局"）认定，在承担体育领域国际科技合作任务中具有明确发展规划和定位、取得显著成绩、具有引领示范作用的国内科研院所、高校、创新型企业和体育社会组织等机构载体。国合平台是体育总局科研条件平台的重要组成部分，是体育科技对外交流合作的骨干和中坚力量。

第三条　国合平台的建立旨在强化我国同国际间体育领域科技合作与交流，提升我国体育科技合作的质量和水平。通过发展"项目—人才—基地"相结合的国际体育科技合作模式，积极引进海外高层次人才及创新团队，联合科研攻关，打造世界一流团队。重点围绕实施科技助力奥运工程，巩固优势项目，补齐短板弱项，注重对引进的国际先进技术进行消化吸收再创新，提高我国体育科技自主创新能力，提升竞技体育综合实力和竞争力。

第二章　申报与认定

第四条　申报条件（应同时具备）：

（一）申报单位应为依法在我国境内注册的独立法人机构，能够独立开展体育领域国际科技合作的科研院所、高校、创新型企业和体育社会组织。

（二）在体育前沿技术和应用研究领域具有较强实力，是体育总局科研任务的重要承担机构。

（三）与海外体育相关的科研院所、高校、企业和体育社会组织已建立合作伙伴关系，在邀请海外知名学者短期来华授课服务、引进海外高层次人才及创新团队、共建海外创新载体和在海外设立研发机构等方面取得显著成效。

第五条　承担过国家或省级体育领域国际科技合作项目，合作研发成果形成自主知识产权，拥有体育总局或省级重点实验室、工程技术研究中心、企业研究院等创新平台，并具有国际化发展布局和能力的，可优先认定。

第六条　申报需提供以下材料：

（一）国际化体育科技合作平台申报书。

（二）独立法人资质材料（社会组织机构代码证书等）。

（三）与国外相关研究机构签署的主要合作文件（包括与国外签署的战略合作备忘录或者科技合作协议、产学研合作协议）、开展国际科技合作所取得的经济社会效益证明材料及国外相关研究机构背景材料。

（四）其他相关证明材料。

第七条 认定程序：

（一）体育总局根据工作安排定期拟定国合平台建设计划，发布申报指南。

（二）依据申报指南，符合条件的各类单位可自主申报。

（三）体育总局科教司负责组织有关专家对申报单位及材料进行形式审查、专家评审、现场考察和认定等工作。通过认定的单位，体育总局批准其成为国合平台建设单位。国合平台建设单位应编制《国际化体育科技合作平台建设任务书》，并经体育总局审定后作为建设期考核依据。

（四）国合平台建设期一年，逾期未通过验收的，视评估情况予以半年整改或取消立项建设资格。

（五）通过验收的国合平台正式纳入国际化体育科技合作平台序列管理。

（六）体育总局与国合平台依托单位签订协议约定具体工作，将服务保障国家队奥运备战任务作为重要考核内容。国合平台实行动态管理和评估，从设立之日起有效期4年。有效期截止前一年可进行延续申请，并上报相关材料，经体育总局审定后延续。

第三章 运行与管理

第八条 体育总局科教司作为国合平台的业务主管部门，承担以下管理职能：

（一）负责国合平台建设规划及相关管理政策的制定。

（二）推动国合平台与国家重大体育科技研发任务相结合，通过科研项目的支持，增强平台开展高水平体育领域国际科技合作的能力。引导国合平台有效利用科技资源，为引进技术和消化吸收再创新提供支撑服务。

（三）负责对国合平台的建设及运行进行综合评价和考核。

第九条 国合平台依托单位要加大对平台建设的投入，主动对接科技助力备战需求及国家战略任务，持续推动国合平台建设发展。鼓励国合平台依托单位根据自身工作性质建立特色工作团队，开展国际合作。

第十条 国合平台应主动围绕体育强国建设需求，积极参与国际交流合作，组织国际科技论坛，针对国家队备战需求邀请国际知名专家来华提供科技服务。通过引进来、走出去建立良性的技术引进和消化吸收再创新国际合作工作模式。

第十一条 国合平台每年须向体育总局上报《国际化体育科技合作平台年度执行报告》。

第十二条 体育总局在对国合平台进行跟踪评价和考核的基础上，对合作成效显著、发展迅速、技术引进实现突破、具有突出示范作用的国合平台进行推荐表彰。

第十三条 对于在动态管理和评估过程中发现的长期无体育领域国际合作项目、且没有国际合作研究实质进展、科技助力奥运备战作用发挥不充分，以及出现严重违纪违规行为的国合平台将取消其称号。被取消国合平台称号的单位，取消其三年内再次申请国合平台的资格。

第四章 支撑条件

第十四条 对于合作成效显著、具有突出示范作用的国合平台，在同等条件下，优先推荐申报国家重点研发计划政府间国际科技创新合作重点专项等相关科技计划项目，优先推荐申报国家国际科技合作基地、"一带一路"国际联合实验室等国家国际科技合作平台。

第十五条 体育总局支持国合平台承担国家队购买科技服务相关任务，适时设立国际体育科技合作专项对国合平台所开展的国际体育科技合作项目给予重点支持，并通过进一步加大相关项目和任务资金的投入力度和强度，推动国合平台高质量发展。

第十六条 对于国合平台引进人才、开展体育领域国际技术培训、人才培养和信息服务等方面的工作给予积极支持。在外国高端人才来华工作许可等方面提供必要的便利化服务，并积极争取体育总局相关人才优惠政策。

第五章 附 则

第十七条 本办法由体育总局科教司负责解释，自发布之日起实施，有效期5年。

国家体育总局科技创新项目管理办法

(2022年3月24日)

第一章 总 则

第一条 为保证国家体育总局科技创新项目(以下简称体育科技创新项目)的顺利实施,实现科学、规范、高效和公正的管理,根据国家科技管理有关规定,结合体育实际,制定本办法。

第二条 组织开展体育科技创新项目工作,旨在贯彻落实中共中央、国务院《国家创新驱动发展战略纲要》,进一步发挥体育总局在体育行业科技创新需求凝炼、任务组织实施、成果推广应用等方面的作用,引导社会科技力量面向体育科技创新需求开展科研攻关,推进体育科技创新,推动体育强国建设。

第三条 体育科技创新项目,是指体育总局凝炼体育科技创新需求,引导科研院所、高等院校、高新技术企业等企事业单位围绕需求,多渠道筹资落实研发经费、完成项目立项或签订科技服务合同,并经体育总局审定的项目。

第四条 体育科技创新项目属于体育总局科技项目。其完成情况将与科技成果入库、科研平台建设、科技创新人才推进计划及国家科技项目、创新平台、人才团队、科技奖励等工作联动,并作为体育领域科研平台评估与认定、创新人才遴选与培养的重要指标。

第五条 体育科技创新项目组织实施遵循需求牵引、目标导向、权责明确、分类实施、动态管理的原则。

第六条 体育科技创新项目,主要包括国家队科研攻关项目、创新研发项目、科技成果转化项目、国际科技合作项目等。

国家队科研攻关项目:应满足国家队备战科医保障工作需求,解决国家队科学训练瓶颈问题,具有理论和实践创新。

创新研发项目:应响应体育领域科技攻关需求,开展基础性、前瞻性理论研究或前沿性、应用性关键技术研发。

科技成果转化项目:应立足体育行业发展,以市场需求为导向,推广先进适用的新技术、新材料、新装备、新产品和新方法,促进体育科技成果向生产力转化,提升体育装备质量及行业服务水平。

国际科技合作项目:应通过开展与境外机构联合研究、技术交流等活动,推动我方与外方相关科技合作任务落实,提高我国体育科技国际合作水平和影响力。

第二章 组织管理职责

第七条 体育总局科教司(以下简称科教司)是体育科技创新项目的主管部门,负责项目的组织实施。科教司委托第三方作为负责体育科技创新项目的日常管理机构(以下简称管理机构),承担项目管理、监督检查、成果评价等工作。

第八条 承担单位是体育科技创新项目实施的责任主体,按照项目任务约定,为项目实施提供必要保障条件,完成既定目标,确保项目取得预期成效。多个单位共同承担的,由第一承担单位作为责任主体履行相关职责,加强项目任务实施的统筹协调。

第三章 项目申报

第九条 体育总局于每年第一季度向社会公开发布项目指南。项目指南由科教司根据相关规划、围绕国家重大战略和体育中心工作,向总局有关厅司局、直属单位、全国性体育社会组织、省级体育行政部门、高等院校、科研机构、高新技术企业等征集指南方向,并经专家研究、凝炼后形成。

第十条 申报单位根据年度项目指南要求,在申报期内完成相关材料编制,提交管理机构。

第十一条 申报单位须具备以下条件:

(一)申报单位应为在中华人民共和国境内注册、具有独立法人资格、具有较强科研能力和条件、运行管理规范的科研机构、高等院校、企事业单位等;

(二)具有健全的财务管理机构和制度,信用良好,三年内无重大违法记录;

(三)具有项目实施能力和基础,配备专业团队,能提供实施项目所必备的保障条件。

第十二条 项目申报须提供以下材料:

(一)《体育科技创新项目申报书》;

(二)原渠道立项及经费保障条件承诺书等相关证明材料;

(三)申报单位工商营业执照或事业法人证书复印件;

(四)其他必要提供的材料。

第十三条 项目执行周期原则上不超过2年,经费原则上不低于10万元。同一申报人同期申报项目数量不超过2项,在研体育科技创新项目数量不超过2项。

第十四条 鼓励以企业为主体、产学研相结合、跨行业等方式联合申报。多个单位联合申报时,应事先签订联合申报协议,约定各方权利和义务,并指定第一承担单位。

第四章 项目立项

第十五条 项目立项须经形式审查和综合评审。管理机构受理项目申报并开展形式审查。科教司组织评审专家,并会同有关单位对通过形式审查的申报项目内容完整性、指南任务相符性、技术先进性等进行评审,形成拟立项项目清单。

第十六条 评审专家由科教司从专家库选取,实行回避制度和轮换机制。评审专家应具有高级专业技术职称,掌握专业领域技术发展现状和趋势,并严格遵守客观公正以及保密等评审要求。

第十七条 拟立项项目清单报总局批准后予以公示,经公示无异议的项目列入当年体育科技创新项目予以立项,并下达给有关承担单位。项目承担单位须与科教司签订《体育科技创新项目履约承诺书》,明确任务要求,约定责任,作为项目实施、管理、成果评价的依据。

第十八条 原则上同一指南方向,择优确定1个项目,评价相近且技术路线明显不同的,可同时支持但不超过2个项目。

第五章 项目执行

第十九条 项目承担单位须在每年11月30日前向管理机构报送《体育科技创新项目年度进展报告》,当年立项项目除外。科教司委托管理机构每年适时对项目执行情况开展跟踪督查,及时向项目承担单位提出意见建议并督促整改。管理机构通过对项目执行情况评估,形成评估意见,以及进一步完善项目组织实施工作的意见和建议,通过书面或会议方式向科教司报告。

第二十条 项目实施中,承担单位如须变更项目负责人、项目实施周期、项目主要研究目标和考核指标等重大调整事项,由项目承担单位提出书面申请,提交管理机构。管理机构提出意见报科教司审核。项目执行期结束前3个月不再受理变更申请。

第六章 项目结题

第二十一条 项目任务完成后,按原立项渠道验收。项目通过验收后,项目承担单位应于3个月内将项目验收等相关材料报管理机构,并对真实性负责。

第二十二条 科教司组织专家,会同有关单位对项目成果进行评价。评价合格的项目经体育总局批准后予以结题,并作为体育总局科技成果统一登记,向社会公布。

第二十三条 体育科技创新项目实施动态管理,对存在下列情况的,科教司将从体育科技创新项目中予以撤销。

(一)逾期未报备年度进展报告或重大调整事项的;

(二)项目督查过程中发现存在重大问题的;

(三)未通过重大调整事项审核的;

(四)未通过原立项渠道验收的;

(五)提供的项目验收等相关材料存在弄虚作假的;

（六）未通过成果评价的。

第七章 成果管理

第二十四条 项目承担单位应对项目成果及时采取知识产权保护措施，依法取得相关知识产权。项目所形成的知识产权，其运用、保护和管理须按照国家有关规定执行。

第二十五条 依法取得知识产权的项目承担单位应当积极应用和推广项目成果，传播和普及科学知识，促进成果转化，并落实支持成果转化的科研人员激励政策。体育总局在协调推动项目成果转化应用等方面给予支持。

第二十六条 对涉及国家秘密的项目及取得的成果，有关单位和人员要遵照《中华人民共和国保守国家秘密法》《科学技术保密规定》及相关法规的规定，切实做好密级评定、确认和保密管理。

第八章 附　则

第二十七条 本办法由国家体育总局科教司负责解释。

第二十八条 本办法自印发之日起实施，有效期 5 年。

国家体育总局重点实验室管理办法

(2023年7月3日)

第一章 总 则

第一条 为加快实施国家创新驱动发展战略,推进体育强国和健康中国建设,规范和加强体育总局重点实验室(以下简称重点实验室)的建设与运行管理,依据《中华人民共和国体育法》和《中华人民共和国科学技术进步法》等有关法律法规,特制定本办法。

第二条 重点实验室是指由体育总局批准设立的,具备先进科研条件与设施,组织高质量科学研究与技术开发,聚集和培养优秀体育科技人才,开展高层次学术交流,产出高水平科研成果,开放共享先进创新资源,服务全民健身、竞技体育和体育产业的重要科研创新基地。

第三条 为提升体育科技创新与服务能力,根据不同的功能定位和目标任务,重点实验室实行分类管理。面向国家队重大科研攻关和科技保障需求设立运动项目类重点实验室;面向反兴奋剂智慧治理与数字体育等重点研究领域设立学科交叉类重点实验室;面向全民健身服务设立体卫融合等科学健身类重点实验室;面向体育运动共性技术等其他研究领域设立综合类重点实验室。体育总局可根据体育强国建设需要,相应增设新的重点实验室类别。

第四条 重点实验室实行"开放、流动、联合、竞争"的运行机制,坚持按需设立、分类管理、定期评估、动态调整。

第五条 重点实验室主要依托科研院所、高等院校、医疗卫生机构和具有行业优势的其他单位进行建设与运行,是具有一定独立性的科研实体,在人、财、物上实行相对独立的管理。

第二章 职 责

第六条 体育总局是重点实验室的宏观管理部门,主要职责是:

(一)制定重点实验室发展方针和政策,宏观指导重点实验室的建设和运行。

(二)负责重点实验室的立项建设、调整和撤销。

(三)组织重点实验室的验收、评估和检查。

(四)会同相关部门制定支持重点实验室建设发展的相关政策。

第七条 依托单位的主管部门对重点实验室建设与运行管理的主要职责是:

(一)落实重点实验室建设、运行、管理的有关政策,将重点实验室的建设发展纳入地方和部门的工作重点,支持重点实验室的建设与发展。

（二）研究制定支持重点实验室建设和发展的措施，为重点实验室在政策、项目、经费和条件建设等方面提供支持。

（三）落实重点实验室建设与安全运行所需保障条件，督促重点实验室依托单位落实相关条件以及相应人事配套政策。

（四）指导、监督重点实验室的建设、运行和日常管理。

（五）协助体育总局做好重点实验室的验收、评估和检查。

（六）落实重点实验室安全生产监督责任，做好重点实验室安全生产监督检查等工作。

（七）协调解决重点实验室建设和运行中存在的重大问题。

第八条 依托单位是重点实验室建设和运行管理的责任主体，主要职责是：

（一）将重点实验室发展列入本单位发展规划，为重点实验室建设与运行提供人员、经费、设备、场地等科研基础条件和后勤保障。

（二）在研究开发、人才培养、学科建设、开放课题、合作交流等方面对重点实验室给予重点支持。

（三）聘任重点实验室主任和学术委员会主任，组建重点实验室建设与运行管理委员会、学术委员会。

（四）根据学术委员会建议，提出实验室名称、发展目标、组织结构、研究方向等重大事项调整，经主管部门审核报体育总局批准。

（五）组织重点实验室年度考核，做好重点实验室日常监督管理，配合体育总局和主管部门开展验收、评估和检查等工作。

（六）负责审核重点实验室立项申请书、建设任务书、年度报告等材料的真实性和准确性，并承担材料失实的连带责任。

（七）严格落实重点实验室安全生产主体责任，完善重点实验室安全管理制度，做好重点实验室安全生产检查和隐患整改等工作。

（八）协调解决重点实验室建设运行中的实际问题。

第三章　立项与建设

第九条 体育总局根据体育事业发展需要，有计划、有重点地组织开展重点实验室立项建设工作，主要包括立项申请、评审、论证、验收。

第十条 依托单位立项申请重点实验室，应当具备以下基本条件：

（一）在中华人民共和国境内注册、具有独立法人资格。

（二）依托单位原则上应当注册5年以上，具有建设重点实验室的积极性和相应工作基础，承诺提供重点实验室建设运行所需经费、人员、设备、场地等必要支撑条件。

（三）依托单位为高等院校的，一般应当具备与重点实验室研究方向相一致的省级重点实验室或硕士以上学位点，以及稳定的经费支持。依托单位为科研院所或医疗卫生机构的,应当有稳定的研究队伍、经费支持和良好的科研基础条件。依托单位为企事业单位的,应当具备良好的科研基础条件,研发投入力度大、科研活跃度高、科研创新实力强。

第十一条 重点实验室须具备下列条件:

(一)定位清晰,特色优势明显,研究方向和研究内容合理,适应体育事业发展需要,有明确的研究目标和发展规划。

(二)研究实力强,在相关科研领域有重要影响,具有承担重大科研任务的能力。

(三)拥有较高水平的学术带头人,科研团队素质优良、结构合理、能力突出且规模能够满足重点实验室发展需要,有稳定的科研技术人员和管理人员队伍。

(四)有相应的研究场所、经费保障和良好的实验条件,包括必要的实验设施、仪器装备和技术支撑条件,人员与用房相对集中。

(五)具有相对完善的科研组织体系、管理体制和运行机制,创新文化氛围良好。

(六)无任何涉及兴奋剂违规及学术道德等方面的不良记录。

(七)安全管理制度完备,近5年未发生安全责任事故。

第十二条 根据体育总局发布的申报通知,符合立项申请基本条件的依托单位按要求填写重点实验室立项申请书。依托单位应当保证申请材料的真实性,并签署配套经费及条件保障等意见,经依托单位的主管部门审核后报体育总局。

体育总局直属单位可以直接申报。

第十三条 体育总局组织专家或委托第三方机构进行评审,择优立项。依托单位根据立项批复,组织编制《国家体育总局重点实验室建设计划任务书》(以下简称《任务书》),并组织专家进行可行性论证,《任务书》和论证报告报主管部门和体育总局备案。

第十四条 重点实验室建设坚持"边建设、边运行、边完善"的原则。建设应当严格按照《任务书》计划内容实施,建设期一般不超过2年。

第十五条 建设任务完成后,依托单位经自查后向主管部门和体育总局报送《国家体育总局重点实验室验收报告》,并提出验收申请。体育总局组织专家或委托第三方评估机构进行验收。

第十六条 通过验收的重点实验室,体育总局予以公示,公示期自公示之日起7个工作日。有异议者,应当在公示期内提出实名书面材料,并提供必要的证明文件,逾期和匿名异议不予受理。公示无异议后予以挂牌并正式运行。不能按期进行验收或验收未通过的,取消建设资格。

第十七条 鼓励以强强联合、协同共建的形式联合申请重点实验室,提升重点实验室创新能力。联合申请重点实验室必须确立一个法人单位为主要依托单位。

第四章 运行与管理

第十八条 重点实验室应当以满足体育事业实际需求为导向，积极完成体育总局委托的各项工作，主动接受有关部门的指导与监督。

第十九条 重点实验室实行依托单位领导下的主任负责制。重点实验室主任负责实验室的全面工作。

第二十条 重点实验室主任由依托单位聘任，报主管部门和体育总局备案。重点实验室主任一般应为依托单位固定人员，且是本领域高水平的学术带头人，具有较强的组织管理能力，一般不超过60周岁。每届任期4年，须有充分的时间履行重点实验室主任职责，不得兼任体育总局其他重点实验室主任职务。届满考核合格者可以连任，连任一般不超过2届。

第二十一条 重点实验室设立学术委员会。学术委员会是重点实验室的学术指导机构，主要职责是审议重点实验室的发展目标、研究方向、重大学术活动、年度报告和开放课题等。学术委员会应当符合以下要求：

（一）学术委员会由国内外优秀专家组成，委员总数应当为单数且不少于7人、不超过15人，其中依托单位人员不超过三分之一。

（二）学术委员会主任由依托单位聘任，须报主管部门和体育总局备案。一般应由非依托单位人员担任，应当为本领域高水平的学术带头人，具有正高级专业技术职称和较强的组织管理能力。

（三）学术委员会会议每年至少召开1次，每次实到人数不少于委员总数的三分之二。

（四）学术委员会委员由依托单位聘任，原则上应当具有高级技术职称，身体健康，能够履行学术委员会委员职责；每届任期4年，一般连任不超过2届，每次换届应更换三分之一以上委员，原则上2次不出席学术委员会会议的应予以更换。

（五）运动项目类重点实验室学术委员会须有2—3名本项目国家队教练员和1—2名具有运动项目科技医疗服务保障工作经验的专家担任委员。

（六）一位专家最多担任三家重点实验室学术委员会委员。

第二十二条 依托单位设立重点实验室建设与运行管理委员会。建设与运行管理委员会由依托单位负责人牵头，科研、人事、财务、资产、学科建设、安全保卫、后勤保障等管理部门参加，负责落实重点实验室条件保障和日常监督管理等工作，协调解决重点实验室发展中遇到的问题。

第二十三条 重点实验室人员由固定人员和流动人员组成。固定人员应当是聘期2年以上的研究人员、技术人员和管理人员，所占比例不少于重点实验室总人数的50%且不少于10人。交叉融合类重点实验室在人员条件上可以适当放宽。流动人员包括访问学者、博士后研究人员、客座教授、科研助理、研究生、项目聘用人员等。

第二十四条　重点实验室应当围绕主要研究方向和重点任务,凝聚和培养优秀体育科技人才,组织体育行业科技创新,促进科技成果转化,开展奥运备战参赛重大关键技术的科技创新、科技攻关和服务保障,开展全民健身和体育产业等相关领域的科学技术研究、服务支撑和研发活动,成为本领域科技创新与服务保障平台。

第二十五条　重点实验室应当建立健全各项规章制度,规范运行,并严格遵守国家有关保密、数据安全等法律法规和规章制度。重视学术道德和学术氛围建设,营造宽松民主、潜心研究的科研环境,对学术不端和兴奋剂零容忍。

第二十六条　重点实验室应当在依托单位支持的基础上,多渠道筹措研究与运行经费。鼓励各类机构、个人向重点实验室捐赠资金、设备。

第二十七条　重点实验室应当重视对社会公众开展体育科普工作,结合自身特点,采取网络、研讨会、专题报告、开放日等多种形式,面向社会普及体育科普知识。每年开放日不少于10天。

第二十八条　重点实验室应当建立"产教学研用"合作机制,加强与产业界的联系合作,积极推动科技成果转移转化。

第二十九条　重点实验室应当在保障科研仪器高效运转的基础上,积极推动科研设施、仪器设备、科学数据等开放共享,提高科技资源利用效率。有条件的重点实验室,应加强科研仪器设备的更新改造和自主研制。

第三十条　重点实验室应当加强自身知识产权保护与管理。按国家有关规定开展相关知识产权申请、技术成果转让、申报奖励等相关工作。固定人员与流动人员主要依托重点实验室资源完成的专著、论文、软件、数据库等研究成果均应标注重点实验室名称。

第三十一条　依托单位应当结合本单位实际情况,做好奥运科技攻关相关人员保障,在人员聘任、职称晋升、绩效考核、评优评先等方面给予政策倾斜,提高实验室成员参加奥运备战参赛等保障服务工作的积极性。

第三十二条　依托单位为医疗卫生机构的,应当充分发挥自身的医疗卫生资源优势,构建国家队医疗服务绿色通道,为国家队运动员和教练员提供优质、高效、便捷的医疗保障服务。

第三十三条　重点实验室实行重大事项报备制度。重点实验室有重大活动、重大组织调整、重点实验室主任或学术委员会主任调整等重大事项的,应及时由依托单位通过主管部门向体育总局报备。重点实验室需要更名、变更研究方向,以及进行结构调整、重组的,须由重点实验室主任提出书面申请,经学术委员会论证,由依托单位报主管部门和体育总局批准。

第五章　考核与评估

第三十四条　重点实验室必须开展年度自评并编制年度报告。

第三十五条　依托单位在审核年度报告基础上，对重点实验室进行年度考核，并于每年1月底前将上年度考核结果、年度报告和本年度工作计划一并报主管部门和体育总局备案。

第三十六条　根据年度考核情况，体育总局可以会同依托单位主管部门，选取部分实验室进行现场检查，发现、研究和解决实验室存在的问题。

第三十七条　体育总局对重点实验室进行定期评估。定期评估周期为4年，开放运行满2年的重点实验室应当参加评估。

第三十八条　体育总局负责重点实验室定期评估的组织实施，制定体育总局重点实验室评估规则，组织专家或委托第三方机构开展具体评估工作，确定和发布评估结果，受理并处理异议。

第三十九条　定期评估主要对重点实验室评估期内的整体运行状况进行综合评估，评估工作按照体育总局重点实验室评估规则进行。评估结果分为优秀、良好、整改、未通过评估四档。

第四十条　重点实验室服务国家队为取得奥运金牌作出突出贡献的，在重点实验室牌匾上镶嵌本届奥运会金牌样式。该重点实验室如无重大问题，评估结果应为优秀。

第四十一条　重点实验室在科学健身指导、体育科普宣传等全民健身或体育产业等领域作出突出贡献的，在重点实验室牌匾上镶嵌金星样式。该重点实验室如无重大问题，评估结果应为优秀。

第四十二条　重点实验室有以下情形之一的，不再列入重点实验室序列：

（一）重点实验室或相关人员发生兴奋剂违规等重大违法违规行为的。

（二）发生重大安全事故的。

（三）发生严重违反科学伦理和学术道德行为的。

（四）未通过评估的。

（五）逾期未提交材料的。

（六）不参加评估或中途退出评估的。

（七）不配合体育总局验收、检查等相关工作的。

（八）自行要求撤销重点实验室的。

（九）依托单位被依法终止的。

（十）其他无法正常履行重点实验室职责情况的。

有本条第一、二、三项所述情形的，4年内不得参加立项申请。

第四十三条　体育总局确定重点实验室评估结果并向社会公布。体育总局根据评估结果，对重点实验室进行动态调整。评估结果为整改的重点实验室，整改期为1年。期满后，由体育总局组织专家或委托第三方评估机构现场检查整改结果，检查通过后，评估结果为良好。检查未通过的实验室，不再列入重点实验室序列。

第四十四条 对评估结果优秀的重点实验室,在项目申报、业务委托、人才培养、创新团队建设等方面给予优先支持。

第六章 附 则

第四十五条 体育总局将对现有重点实验室通过"充实、调整、整合、撤销"等方式进行优化重组,优化重组后仍无法达到本办法基本要求的或不按要求参加优化重组的,不再列入重点实验室序列。

第四十六条 重点实验室统一命名为"×××国家体育总局重点实验室(依托单位)",英文名称为"Key Laboratory of ×××(依托单位英文名称),General Administration of Sport"。如,运动应激适应国家体育总局重点实验室(北京体育大学),Key Laboratory of Sports Stress and Adaptation(Beijing Sport University),General Administration of Sport。

第四十七条 体育总局重点实验室评估规则另行发布。

第四十八条 本办法由体育总局负责解释。

第四十九条 本办法自 2023 年 8 月 3 日施行,有效期 5 年。

体育科学技术奖管理办法

(2023 年 10 月 13 日)

第一章 总 则

第一条 为引导体育科学技术奖规范健康发展,提高体育科学技术奖整体水平,根据《国家科学技术奖励条例》《社会力量设立科学技术奖管理办法》等规定,结合体育工作实际情况,制定本办法。

第二条 体育科学技术奖由中国体育科学学会(以下简称体育学会)主办,体育总局指导,旨在奖励为体育科学技术进步做出突出贡献的个人和组织,通过鼓励体育科技创新,充分调动广大体育科技工作者的积极性、创造性,推进实现高水平体育科技自立自强,为加快体育强国建设提供有力支撑。

第三条 体育科学技术奖每两年奖励一次。坚持目标导向、结果导向、质量导向,从严控制获奖数量。

第四条 体育科学技术奖遵循精神奖励与物质奖励相结合的原则,以精神奖励为主。

第五条 体育科学技术奖的提名、评审和授予秉持公开、公平、公正的原则,不受任何组织或个人干涉。体育科学技术奖奖励工作不收取任何费用。授奖前须征得授奖对象的同意。

第六条 体育科学技术奖是提名国家科学技术奖的重要依据,体育科学技术奖一等奖具有国家科学技术奖优先提名资格。

第七条 体育学会应根据工作实际及时修定奖励章程。修定后的奖励章程应征询体育总局的指导意见和建议,并按规定向科学技术行政部门书面报告。

第二章 组织机构

第八条 体育学会设立体育科学技术奖奖励委员会(以下简称奖励委员会),负责对奖励工作进行指导和监督。

奖励委员会主要职责:

(一)审核体育科学技术奖有关的管理规定;

(二)聘请具备资格的专家组成体育科学技术奖评审委员会(以下简称"评审委员会");

(三)审定评审委员会的评审结果;

(四)研究、解决体育科学技术奖奖励工作中出现的其他重大问题。

第九条 奖励委员会实行聘任制,每届任期 4 年。奖励委员会设主任 1 名,由体育学会理事长担任；设副主任2名，分别由体育总局科技主管部门负责人及体育学会秘书长担任；设委员若干名，由相关知名专家和相关管理人员担任。奖励委员会委员的推选名单应报体育总局审查。

第十条　奖励委员会下设体育科学技术奖奖励工作办公室（以下简称奖励工作办公室）。奖励工作办公室设在体育学会秘书处，负责体育科学技术奖日常组织管理工作。

第十一条　奖励委员会聘请相关领域专家、学者组成评审委员会，负责该届体育科学技术奖的评审工作。评审委员会组成须经奖励委员会三分之二（含三分之二）以上委员同意。

第十二条　评审委员会主要职责：

（一）设立评审组，组织体育科学技术奖的评审工作；

（二）向奖励委员会提出获奖者和奖励等级的建议；

（三）对评审中出现的有关问题进行处理；

（四）对完善体育科学技术奖奖励工作提出咨询意见和建议。

第三章　奖项设置

第十三条　体育科学技术奖分为奥运攻关奖、体育科技创新奖两类，每类奖项分别设一等奖、二等奖、三等奖3个等级。

奥运攻关奖授予：在科技助力奥运工作中做出突出贡献，在解决国家队训练比赛中的关键、瓶颈问题上发挥重要作用，为国家队在奥运会取得优异成绩或重大突破做出突出贡献的个人和组织。

体育科技创新奖授予：在体育知识创新（基础研究和应用研究）中探索了新规律、创立了新学说、创造了新方法、积累了新知识，在体育技术创新中促进了科学技术的发明和创造，研发出了体育科技新产品，普及了体育科学知识，为推动体育科技进步做出突出贡献的个人和组织。

第四章　奖励运行

第十四条　体育科学技术奖实行提名制度，不受理自荐。候选者由以下单位和个人向奖励工作办公室提名：

（一）提名单位：

1．体育学会各分支机构和会员单位；

2．省级体育行政部门；

3．体育总局有关部门、有关直属单位；

4．有关全国性体育社会组织；

5．全国体育院校；

6．经奖励委员会批准的具有提名资格的其他单位。

（二）提名个人：

体育科学技术奖一等奖第一完成人可在本人从事学科专业范围内进行提名（同年度候选成果完成人除外）。

（三）单位提名实行限额制；个人提名名额限 1 项。

第十五条 提名单位、个人提名前须征得提名对象同意，对材料的真实性和准确性负责，并按照规定承担相应责任。

第十六条 有下列情形之一的，不得提名体育科学技术奖：

（一）已获得国家级、省部级科技奖励的科技成果；

（二）涉及国防、国家安全领域的保密科技成果；

（三）存在科研领域严重失信、涉及兴奋剂违规等违法违规等行为的；

（四）存在知识产权以及有关完成单位、完成人员等争议，且争议尚未解决的；

（五）有关法律、法规规定的其他情况的。

第十七条 提名材料经奖励工作办公室形式审查合格后，方可提交评审委员会进行评审。形式审查不合格的，提名材料退回提名单位或个人。

第十八条 评审委员会设立评审组进行初评，评审组负责提出初评建议并提交评审委员会。

评审委员会对初评建议进行复评，提出获奖者和奖励等级的建议，报奖励委员会。

奖励委员会根据评审委员会的建议，作出获奖者和奖励等级的决议。

第十九条 体育学会须对体育科学技术奖奖励决议进行公示，公示无异议后，可提请体育总局予以发布，体育学会颁发获奖证书。

第二十条 评审专家与候选者有重大利害关系，可能影响评审公平、公正的，应当回避。

第二十一条 禁止使用体育科学技术奖名义牟取不正当利益。

第五章 罚　则

第二十二条 候选者进行可能影响体育科学技术奖提名和评审公平、公正的活动的，由奖励工作办公室给予批评教育并向社会通告，取消其参评资格，并建议其所在单位或者有关部门依法依规给予处分。

其他个人或者组织进行可能影响体育科学技术奖提名和评审公平、公正的活动的，由奖励工作办公室给予批评教育并向社会通告；相关候选者有责任的，取消其参评资格。

第二十三条 获奖者通过抄袭剽窃、侵占他人科学技术成果，弄虚作假或者以其他不正当手段骗取体育科学技术奖的，奖励工作办公室报奖励委员会批准后撤销奖励，追回奖励证书等，向社会通告，并建议其所在单位或者有关部门依法依规给予处分。

第二十四条 提名单位和个人提供虚假数据、材料,或协助他人骗取体育科学技术奖的,由奖励工作办公室批评教育并向社会通告;情节严重的,暂停或取消其提名资格;对负有直接责任的人员,建议其所在单位或者有关部门依法依规给予处分。

第二十五条 评审委员会成员应当遵守评审工作纪律,不得有影响评审公平、公正的行为,一经发现,由奖励工作办公室给予批评教育、社会通告、取消评审委员会成员资格等处理,并建议其所在单位或者有关部门依法依规给予处分。

第二十六条 体育科学技术奖奖励工作实行科研诚信审核制度。奖励工作办公室负责对候选者、提名单位和个人、评审委员会成员的科研诚信严重失信行为予以记录并形成档案留存。

第六章 附 则

第二十七条 本办法自印发之日起实施,有效期5年。

附录Ⅱ 中国体育科技相关获奖成果

1978年全国科学大会奖励的13项体育科研成果

1. 北京体育学院梅振耀创制的《游泳相应速度表、游泳强度表》。
2. 北京体育学院贾冰怀的《运动员遥测心率发射仪》。
3. 原北京登山营翁庆章、吴永生、陈式文、王义勤等完成的《高山缺氧时人体若干机能变化的研究及其应用》。
4. 北京射击场黄雨成研制的《竞赛用'革新一号'慢射手枪》。
5. 北京医学院三院运动医学研究所曲绵域、田德祥、李梅君、济桂荣等完成的《运动员关节软骨损伤机制、修复、再生的研究》。
6. 北京医学院三院运动医学研究所陈吉棣、陈志民完成的《运动员合理营养的研究》。
7. 国家体委体育科学研究所梁焯辉、吴焕群、邱钟惠完成的《乒乓球的打法类型与技术分析》。
8. 国家体委体育科学研究所仪器装配室研制的《恒力矩自行车测功器》。
9. 国家体委体育科学研究所运动医学研究室外伤组及病理室完成的《髌骨张腱附丽区及其慢性损伤初步研究报告》。
10. 国家体委体育科学研究所运动医学研究室生理组完成的《我国优秀马拉松、中长跑和自行车运动员呼吸循环机能的研究》。
11. 国家体委体育科学研究所运动医学研究室义务监督组与北京医学院三院运动医学研究所合作完成的《过度训练综合症的研究》。
12. 国家体委体育科学研究所运动训练研究室唐礼、黄宗成、王云德、吴延禧，北京师范学院体育系刘澜波、邹延艾，北京体育学院卢德明、沈步乙、苏品、李良标、杨静宜等合作完成的《我国运动员人体形态的研究》。
13. 中国气象局研究所和中国科学院贵阳地球化学研究所等单位与中国登山队合作完成的《珠峰地区大气环境本底初步探讨》。

高等学校科学研究成果奖(人文社会科学)(体育学类)

成果名称	成果类型	学科类别	申报人	等级
第五届				
我国运动员流动中的产权问题研究	研究报告类	管理学	张贵敏等	三等奖
武术传播引论	著作	综合交叉问题研究	郭玉成	三等奖
我国优势项目高水平运动员参赛风险的识别评估与应对	著作	综合交叉问题研究	石岩	三等奖
体育锻炼行为坚持机制——理论探索、测量工具和实证研究	著作	教育学	陈善平	三等奖
第六届				
体育科学研究的方法学探索——基于中国体育学300篇博士学位论文的调查与分析	论文	体育学	黄汉升	一等奖
锻炼心理学——身体锻炼与心理健康的理论与实证研究	著作	体育学	陈作松	二等奖
运动竞赛关键时刻的"发挥失常":压力下"Choking"现象	著作	体育学	王进	二等奖
中国古代北方民族体育史考	著作	体育学	黄聪	三等奖
回归生活:残疾人体育价值引论	著作	体育学	于军等	三等奖
马术运动员制胜心理研究——"人-马一体感"模型的初步建构	论文	体育学	王斌等	三等奖
2008年北京奥运会中国体育代表团形象研究	研究报告类	体育学	易剑东等	三等奖
运动员社会行为论	著作	体育学	刘一民	三等奖
新农村建设中长三角地区农村体育活动现状及对策	论文	体育学	戴健等	三等奖
第七届				
论面向学生的中国体育与健康新课程	论文	体育学	季浏	一等奖
2008北京奥运会精神遗产的时代价值与传承机制	著作	体育学	陈作松等	二等奖
体育大国迈进体育强国的战略研究	研究报告类	体育学	池建等	二等奖
现代奥林匹克运动的大学化之路——基于互动发展的理论与实践	著作	体育学	方千华	二等奖
转变体育发展方式由"赶超型"走向"可持续发展型"	论文	体育学	杨桦,任海	二等奖

(续表)

成果名称	成果类型	学科类别	申报人	等级
儒家人文精神与我国体育文化产业发展战略研究	研究报告类	体育学	曹莉等	三等奖
社会转型视域下城市休闲体育生活空间的重构	论文	体育学	常乃军,乔玉成	三等奖
当代中国体育利益格局演化研究	著作	体育学	程林林等	三等奖
体育赛事产业区域核心竞争力形成机制研究	著作	体育学	丛湖平等	三等奖
Assessing Corporate Social Responsibility in China's Sports Lottery Administration and Its Influence on Consumption Behavior	论文	体育学	李海等	三等奖
Major Sports Events, Destination Image and Intention to Revisitfrom the Foreign Tourist's Perspective	论文	体育学	刘东锋	三等奖
SPARK 体育课程教师用书:学前/过渡阶段至小学二年级	著作	体育学	汪晓赞等	三等奖
大型体育场馆运营:理论与实务	著作	体育学	王健等	三等奖
全民健身服务实践体系建设研究	著作	体育学	于军等	三等奖
中国体育类民间组织研究	著作	体育学	张志勇等	三等奖
我国民族传统体育失范研究	著作	体育学	郑国华	三等奖
第八届				
从长安到雅典——丝绸之路古代体育文化	著作	体育学	孙麒麟	一等奖
中国体育发展方式改革研究	著作	体育学	杨桦	一等奖
体育法学概念的再认识	论文	体育学	周爱光	一等奖
职业化走向中的中国体育道德建设	著作	体育学	曹景川	二等奖
我国体育非物质文化遗产综合评价体系的构建与应用	论文	体育学	陈小蓉	二等奖
欧美体育社会学研究图景	著作	体育学	仇军	二等奖
中国武术与国家形象	著作	体育学	郭玉成	二等奖
北京奥运文化遗产保护性开发研究	著作	体育学	骆秉全	二等奖
第十一届全运会组织管理研究	著作	体育学	孙晋海	二等奖
国际视域下当代体育课程模式的发展向度与脉络解析	论文	体育学	汪晓赞等	二等奖
国际体育科学研究新进展与我国体育科学的理论创新	著作	体育学	方千华	二等奖
我国公共体育服务体系研究	著作	体育学	王家宏	二等奖
融合共享:运动弱势学生体育教育改革的时代诉求	论文	体育学	王健	二等奖
卷首看时局:中国学校体育时局分析	著作	体育学	王子朴	二等奖
我国地方体育产业引导资金政策实践、配置风险及效率改进——基于8个省、自治区、直辖市的实证调查及分析	论文	体育学	邢尊明	二等奖

(续表)

成果名称	成果类型	学科类别	申报人	等级
两种运动干预方案对小学生执行功能影响的追踪研究	论文	体育学	殷恒婵	二等奖
全民健身公共服务体系动力机制建设研究	著作	体育学	张瑞林	二等奖
公共体育服务体系建设	著作	体育学	戴健	三等奖
Physical activity among Chinese school-aged children: National prevalence estimates from the 2016 Physical Activity and Fitness in China-The Youth Study	论文	体育学	范翔	三等奖
体育健身休闲市场服务质量与消费者忠诚度关系研究	著作	体育学	黄谦	三等奖
体育治理视野下我国高端体育智库的建设研究	论文	体育学	杨国庆	三等奖
中国体育产业政策研究:总览与观点	著作	体育学	易剑东	三等奖
第九届				
新时代我国体育哲学社会科学研究现状与发展趋势——基于国家"十四五"体育学发展规划调研分析	论文	体育学	杨桦	一等奖
冰雪体育产业转型发展的理论与实践研究	著作	体育学	张瑞林	一等奖
中国儿童青少年体育健身发展报告(2016)	著作	体育学	陈佩杰	二等奖
体育学基本理论与学科体系建构研究	著作	体育学	方千华	二等奖
农村体育治理评价指标体系构建与实证研究	论文	体育学	胡庆山	二等奖
普通高中体育与健康课程标准(2017年版)解读	著作	体育学	季浏	二等奖
大型体育场馆经营权改革研究	著作	体育学	陈元欣	三等奖
参与与回报:老年人身体活动收益研究	著作	体育学	仇军	三等奖
"中美澳"竞技游泳人才培养体系研究——兼论中国游泳"浙江经验"	著作	体育学	李建设	三等奖
体教融合:新时代中国特色竞技体育后备人才培养的诉求、困境与探索	论文	体育学	刘波	三等奖
全民健身组织网络建设的理论与实践	著作	体育学	舒为平	三等奖
中国体育学学科发展战略研究	著作	体育学	孙晋海	三等奖
中国儿童青少年体育健康促进发展战略研究	论文	体育学	汪晓赞	三等奖
青少年体育锻炼习惯养成的理论与实践	著作	体育学	王坤	三等奖
尚武精神的消逝:社会变迁下的民族传统体育文化记忆与传承	著作	体育学	王智慧	三等奖

（续表）

成果名称	成果类型	学科类别	申报人	等级
运动戒毒康复理论与应用	著作	体育学	周成林	三等奖
中国职业体育产业政府规制改革与发展	著作	体育学	周武	三等奖
我国体育哲学社会科学国际话语权提升路径研究——基于福柯知识—权力理论	论文	体育学	邰峰	青年成果奖
体育学科核心素养的解构与阐释	著作	体育学	尹志华	青年成果奖
健康中国视域下学校体育治理的政策表达	论文	体育学	张文鹏	青年成果奖
幼儿体质影响因素的决策树研究	论文	体育学	赵广高	青年成果奖

注：第一～四届没有体育学相关成果获得奖项。

国家教学成果奖(1989～2022)(体育学类)

等级	年份(成果名称)	主要完成单位
1989 年(第一届)(仅设特等奖和优秀奖,不区分一、二等奖)		
特等奖	大学体育配套改革的成功实践	成都科技大学
优秀奖	普通高校体育课教学综合改革实验研究	东北农学院
优秀奖	坚持体育教学改革,努力提高教学质量	河北农业大学
优秀奖	公共体育教学改革	扬州师范学院
优秀奖	不断深化改革体育教学——努力提高学校体育整体效应	东南大学
优秀奖	体育教学系列化改革的探索	浙江农业大学
优秀奖	高师体育专业生理学课程建设	湖南师范大学
优秀奖	改革、创新,坚持教学、科研相结合,不断提高体育教学质量	玉林师范专科学校
优秀奖	优化体育教学、促进全面发展	郑州高炮学院
优秀奖	结合地质专业特点,改革体育教学	中国地质大学
优秀奖	田径教学训练方法与手段的改革研究	广州体育学院
1993 年(第二届)		
一等奖	运动训练专业(冰雪方向)综合教学模式	哈尔滨体育学院
二等奖	坚持十年体质测试深化体育教学改革	太原工业大学
二等奖	主动适应社会需要全面改革《学校体育学》教学的研究与实践	沈阳体育学院
二等奖	加强体育课程的整体改革与建设构建高校体育课程的新体系	吉林工业大学
二等奖	高校体育教育探索与实践	武汉工业大学
二等奖	创办辅修体育教育专业的教学改革	新疆师范大学
二等奖	高等师范院校公共体育教学模式的研究与实践	西北师范大学
1997 年(第三届)		
二等奖	全国普通高等学校体育教材理论教程(教材)	大连理工大学
二等奖	体育专业体操教学整体改革与实践	吉林体育学院
二等奖	《体育理论》课程改革与建设	南京师范大学
二等奖	普通高校体育教学模式的认识与实践	浙江工业大学
二等奖	改革教学手段,优化体操教学	山东师范大学
二等奖	高师体育教育专业建设的理论与实践	华南师范大学
2001 年(第四届)		
二等奖	理论与实践相结合,推动高校体育教育改革——体育课程立体化新模式的探索	上海交通大学
二等奖	体育教练员继续教育的设计与实践	北京体育大学
二等奖	用现代教育理论改革体育教育实习的探索与尝试	天津体育学院
二等奖	全国普通高等学校体育实践教程(教材)	大连海事大学

附录Ⅱ 中国体育科技相关获奖成果

(续表)

等级	年份(成果名称)	主要完成单位
二等奖	竞技教育课程创建的研究与实践	吉林体育学院
二等奖	健康为本重在健身——高校体育课程教学前探性改革与实践	南京理工大学
二等奖	高师公共体育课程"主、副项制"模式的研究与实践	福建师范大学
二等奖	体育专业《人体生理学》课程建设的改革与实践	华南师范大学
2005 年(第五届)		
一等奖	全国普通高校体育教育专业人才培养的改革、创新与实践	福建师范大学
二等奖	健康与文化并重的公共体育课程建设与改革	北京师范大学
二等奖	"北京体育大学研究生工作流动站"培养模式的实践探索	北京体育大学
二等奖	北京体育大学培养奥运会冠军规律研究	北京体育大学
二等奖	《田径——专升本》(教材)	首都体育学院
二等奖	体育原理课程改革的探索与实践	华南师范大学
二等奖	大学体育课程模式构建与实施	深圳大学
二等奖	西部民族体育人才培养的理论与实践	吉首大学
二等奖	拓展高校体育课程促进学生身心发展——大学生野外生存生活训练的教学研究与实践	华东师范大学等
二等奖	《全民健身概论》课程建设的理论与实践	成都体育学院
2009 年(第六届)		
一等奖	以构建运动心理学实践教学平台为途径增强体育专业学生综合实践能力	天津体育学院
二等奖	体育运动心理学多策略教与学新体系的创建与实践	北京师范大学等
二等奖	《田径》(教材)	首都体育学院
二等奖	教育、训练、科研三结合——中国特色体育院校人才培养模式的创新与实践	北京体育大学
二等奖	我国优秀运动员和教练员研究生教育创新与实践——北京体育大学研究生冠军班	北京体育大学
二等奖	田径投掷类项目教学改革成果创新研究	河北体育学院等
二等奖	21世纪体育教育人才培养的研究	苏州大学等
二等奖	冰雪人才培养实验教学示范中心基地建设的探索与实践	哈尔滨体育学院
二等奖	"菜单引导式"综合性设计性实验教学模式——运动生物化学实验教学改革的探索与实践	南京体育学院
二等奖	构建促进学生体质健康发展的课内外一体化体育教学体系	山东大学
二等奖	创新文化素质教育推进大学文化整体育人	湖南大学
2014 年(第七届)		
高等教育一等奖	面向国家重大需求,创建体医结合运动康复复合型人才培养模式	上海体育学院
高等教育一等奖	西南边疆少数民族传统体育文化教育传承体系构建与人才培养实践	云南师范大学等

(续表)

等级	年份(成果名称)	主要完成单位
高等教育二等奖	依托协同创新平台,实施国际化战略,构筑体育院校创新型人才培养体系	北京体育大学
高等教育二等奖	体育教育(国家人才培养基地)本科专业人才培养模式的改革与创新	福建师范大学
高等教育二等奖	我国冬季奥林匹克特色专业研究生课程体系建设研究	哈尔滨体育学院
职业教育二等奖	"校队合一"、"六个环节"优秀竞技体育后备人才培养模式创新与实践	广州体育职业技术学院
基础教育一等奖	中国基础教育体育与健康课程改革的实践探索和理论创新	华东师范大学等
2018 年(第八届)		
高等教育二等奖	"育人至上、体魄与人格并重"——全方位体育教育体系的构建与实践	清华大学
高等教育二等奖	体育强国建设背景下体育类专业人才培养"南体模式"的创新与实践	南京体育学院
高等教育二等奖	以人格养成为引领的卓越体育教师培养体系探索与实践	曲阜师范大学等
职业教育二等奖	对接健康中国战略,创建康复体能职业人才培养模式的探索与实践	上海体育学院
基础教育二等奖	我国中小学生体质健康测评体系的创新与实践	上海体育学院
基础教育二等奖	健康促进,奠基未来——省域《体育与健康》课程建设与实践创新	南京师范大学
基础教育二等奖	为了每一位学生的终身健康——高中专项化体育课程改革实践研究	上海市曹杨第二中学
基础教育二等奖	国家课程的地方方案:义务教育体育与健康课程建设的实践	浙江省教育厅教研室
基础教育二等奖	基于自闭症儿童身心发展的感知运动干预实践研究	北京市健翔学校
基础教育二等奖	"悦"体育园本课程的构建与实践研究	佛山市机关幼儿园
2022 年(第九届)		
基础教育一等奖	体脑双优:基于体育神经科学的体育实践课程研究与实践	扬州大学
基础教育一等奖	四有体育课堂:发展学科核心素养的行动路径	河南省基础教育课程与教学发展中心
基础教育二等奖	幼儿园"四季健康"体育课程的创新构建与园本实践	北京市朝阳区三里屯幼儿园
基础教育二等奖	"涵德、增智、创美、促劳"四位一体双向互促的高中体育育人模式构建与实践	吉林省实验中学
基础教育二等奖	一根绳的理想——普通学校"以体育人"创新实践路径的十年探索	上海市宝山区高境科创实验小学

附录 II 中国体育科技相关获奖成果

(续表)

等级	年份(成果名称)	主要完成单位
基础教育二等奖	中国学生体育素养测评体系的创新与实践	上海体育学院
基础教育二等奖	健体育人:普通高中体育教学质量保障体系的立体建构与实践探索	江苏省镇江中学
基础教育二等奖	区域整体推进校园足球的创新实践	成都市成华区教育科学研究院
基础教育二等奖	让每一个孩子都有自己的跑道:五育融合下小学"体育＋"育人模式实践探索	安阳市东南营小学
基础教育二等奖	"宝宝功夫"体育特色课程建设与实践	武汉体育学院
基础教育二等奖	小学校园体育综合运动干预的实践探索	深圳市龙华区龙华中心小学
基础教育二等奖	民族体育课程开发应用促进自治区各民族学生团结健康成长的实践研究	南宁沛鸿民族中学
基础教育二等奖	"小学体育综合育人"的实践探索	云南师范大学附属小学
基础教育二等奖	以体育人:中学生"三维多元"发展模式的创新与实践	西安交通大学附属中学
职业教育二等奖	浙江省卓越竞技体育人才"五环"培养模式的探索与实践	浙江体育职业技术学院
职业教育二等奖	运动训练专业群卓越体育工匠培养的五环模式研究与实践	湖南体育职业学院
职业教育二等奖	以标准为引领的"一主线双主体四循环"高水平女子摔跤人才培养创新与实践	乌鲁木齐市体育运动学校等
高等教育(本科)二等奖	"三亿人参与冰雪运动"背景下冰雪体育人才培养体系研究与实践	哈尔滨体育学院等
高等教育(本科)二等奖	基于卓越教师培养的体育教育专业综合改革理论创新与实践研究	华东师范大学
高等教育(本科)二等奖	新时代新体育教育改革"南体方案"的创新与实践	南京体育学院
高等教育(本科)二等奖	赓续·创新·发展:体育学类本科专业人才培养"中国模式"的探索与实践	福建师范大学等
高等教育(研究生)二等奖	新时代中国特色竞技体育拔尖人才培养模式改革与创新	北京体育大学
高等教育(研究生)二等奖	交叉融合创新·服务健康中国——运动健康高层次人才培养模式的构建与实践	上海体育学院